Série DIAITA
Scripta & Realia

ESTRUTURAS EDITORIAIS
Série DIAITA
Scripta & Realia

ISBN: 978-989-26-0885-3

DIRETOR PRINCIPAL
Main Editor

Carmen Soares
Universidade de Coimbra

ASSISTENTES EDITORIAIS
Editoral Assistants

João Pedro Gomes
Universidade de Coimbra

COMISSÃO CIENTÍFICA
Editorial Board

Adeline Ruquoit
CNRS-Paris, França

Ana Maria Maud
Universidade Federal Fulminense, Brasil

Ariel Guiance
Universidad de Córdoba, Argentina

Carlos Fabião
Universidade de Lisboa, Portugal

Francisco Contente Domingos
Universidade de Lisboa, Portugal

Frederico Lourenço
Universidade de Coimbra, Portugal

Henrique Soares Carneiro
Universidade de São Paulo, Brasil

Maria José Azevedo Santos
Universidade de Coimbra, Portugal

Maria José García Soler
Univerdidade do País Basco, Espanha

Nilma Morcef de Paula
Universidade Federal do Rio de Janeiro, Brasil

Todos os volumes desta série são submetidos a arbitragem científica independente.

ENSAIOS SOBRE PATRIMÓNIO ALIMENTAR LUSO-BRASILEIRO

Carmen Soares e Irene Coutinho de Macedo
(coords.)

IMPRENSA DA UNIVERSIDADE DE COIMBRA
COIMBRA UNIVERSITY PRESS

ANNABLUME

Série DIAITA
Scripta & Realia

Título Title
Ensaios sobre património Alimentar Luso-brasileiro
Studies on Luso-brazilian Food Heritage

Coords. Eds.
Carmen Soares e Irene Coutinho de Macedo

Editores Publishers
Imprensa da Universidade de Coimbra
Coimbra University Press
www.uc.pt/imprensa_uc
Contacto Contact
imprensa@uc.pt
Vendas online Online Sales
http://livrariadaimprensa.uc.pt

Coordenação Editorial Editorial Coordination
Imprensa da Universidade de Coimbra

Conceção Gráfica Graphics
Rodolfo Lopes, Carlos Costa, Nelson Ferreira

Infografia Infographics
Nelson Ferreira

Imagem da capa Cover's image
Juan van der Hamn [Public domain],
via Wikimedia Commons

Impressão e Acabamento Printed by
CreateSpace

ISBN
978-989-26-0885-3

ISBN Digital
978-989-26-0886-0

DOI
http://dx.doi.org/10.14195/978-989-26-0886-0

Depósito Legal Legal Deposit
382115/14

Annablume Editora * Comunicação

www.annablume.com.br
Contato Contact
@annablume.com.br

POCI/2010

© Outubro 2014
Annablume Editora * São Paulo
Imprensa da Universidade de Coimbra
Classica Digitalia Vniversitatis Conimbrigensis
http://classicadigitalia.uc.pt
Centro de Estudos Clássicos e Humanísticos
da Universidade de Coimbra

Trabalho publicado ao abrigo da Licença This work is licensed under
Creative Commons CC-BY (http://creativecommons.org/licenses/by/3.0/pt/legalcode)

Ensaios sobre Património Alimentar Luso-brasileiro
Studies on Luso-brazilian Food Heritage

Coords. Eds.
Carmen Soares & Irene Coutinho de Macedo

Filiação Affiliation
Universidade de Coimbra & Centro Universitário SENAC-São Paulo

Resumo
O presente livro oferece uma abordagem diacrónica de elementos patrimoniais de alguns dos padrões alimentares dos Portugueses e da forma como a receção e fusão dos mesmos se dá na cultura brasileira. A obra constitui-se de quatro partes, formadas por capítulos agregados por épocas históricas (da Antiguidade Clássica à Época Contemporânea).
Assim os capítulos reunidos na I Parte apresentam estudos sobre hábitos de consumo e rituais de convivialidade oriundos das duas grandes civilizações fundadoras da Europa, a grega e a latina, e têm por objectivo demonstrar como algumas práticas, hoje tidas irrefletidamente por hábitos dos tempos contemporâneos, são muito mais do que isso. Constituem a ligação do homem atual a um passado distante, a herança mediterrânea antiga, ainda assim modeladora da sua identidade.
Na Parte II o enfoque orienta-se para o universo da alimentação na Idade Média, quer abordando questões de ordem moral/religiosa, quer debruçando-se sobre dois dos universos mais documentados para a época em questão: a mesa dos reis e a das ordens monásticas.
Segue-se a Parte III, que permite ao leitor compreender, com base no exemplo da mesa régia e de um colégio universitário, alguns dos aspetos fundamentais da transição da Idade Média para a Idade Moderna. Os Descobrimentos portugueses provocaram um enorme impulso na produção de açúcar e, consequentemente, no fabrico, comércio e consumo de doces, temática central nesta parte da obra.
Na Parte IV, cria-se um espaço de reflexão sobre o contributo da herança cultural portuguesa na construção de um discurso sobre a cozinha brasileira e no aparecimento na sociedade, sob a influência colonial, de mitos, crenças e tabus associados ao aleitamento materno (um tema geralmente marginalizado no âmbito da História da Alimentação).

Palavras-chave
História da Alimentação, Património Alimentar, Dieta Mediterrânea Antiga, Idade Média, Época Moderna, Época Contemporânea, Portugal, Brasil, Lusofonia

Abstract
In this book the reader will find a diachronic analysis of some Portuguese food heritage patterns and the way they were received and adapted in the Brazilian culture. The work is organized in four parts, each one with several chapters, approaching food heritage from Classical Antiquity to the present.
Part I concerns eating practices and hospitality in the Greek and Roman worlds, the two great civilization founders of Europe. The main goal of its chapters is to demonstrate that some contemporary food habits are very strongly connected to a Classical Mediterranean heritage. The underlining of these cultural bounds between nowadays food culture and its past allows us to understand the real importance of food on the shaping of everybody's cultural identity.
Part II focus on food in the Middle Ages, particularly on its moral and religious issues. The social contexts considered are the king's table and the monastic communities, because those are the most well documented realities we have.
Part III discusses the transition from the Middle Ages to the Modern Era, taking as example, once again, the food habits of the royal family and also of a university college. With the Portuguese Discoveries came a great

impulse on sugar production and, consequently, on the manufacturing, commerce and consumption of sweets, a thematic central on this part.

Part IV is dedicated to the contribution of Portuguese heritage in structuring a discourse on Brazilian cuisine and to the early appearance on the Brazilian colonial society of myths, beliefs, and taboos concerning breastfeeding (a field of research usually marginal on Food History).

KEYWORDS

Food History, Food Heritage, Ancient Mediterranean Diet, Medieval History, Modern History, Contemporary History, Portugal, Brazil, Lusophone World

Coordenadoras

Carmen Soares é Professora Associada com agregação da Universidade de Coimbra (Faculdade de Letras). Tem desenvolvido a sua investigação, ensino e publicações nas áreas das Culturas, Literaturas e Línguas Clássicas, da História da Grécia Antiga e da História da Alimentação. Na qualidade de tradutora do grego antigo para português é co-autora da tradução dos livros V e VIII de Heródoto e autora da tradução do *Ciclope* de Eurípides, do *Político* de Platão e de *Sobre o afecto aos filhos de Plutarco*. Tem ainda publicado fragmentos vários de textos gregos antigos de temática gastronómica (em particular Arquéstrato). É coordenadora executiva do curso de mestrado em "Alimentação – Fontes, Cultura e Sociedade" e diretora do mestrado em Estudos Clássicos. Investigadora corresponsável do projecto DIAITA-Património Alimentar da Lusofonia (apoiado pela FCT, Capes e Fundação Calouste Gulbenkian: http://www.uc.pt/iii/research_centers/CECH/projetos/diaita)
CV completo disponível na plataforma DeGóis: http://www.degois.pt/visualizador/curriculum.jsp?key=7724126685525965

Irene Coutinho de Macedo é graduada em Nutrição e mestre em Nutrição Humana Aplicada pela Universidade de São Paulo e especialista em Educação em Saúde pela Universidade Federal de São Paulo. Docente e pesquisadora do Centro Universitário Senac e da Universidade São Judas Tadeu, nos seguintes temas: educação alimentar e nutricional, nutrição e cultura. É coordenadora do curso de Bacharelado em Nutrição do Centro Universitário Senac, membro da equipe editorial da Revista *Contextos da Alimentação* (ISSN 2238-4200) e colaboradora do projeto DIAITA - Património Alimentar da Lusofonia
Currículo Lattes: http://lattes.cnpq.br/2236612357599334

EDITORS

Carmen Soares: Associate Professor of the University of Coimbra (Faculty of Letters). Teaching activities, research interests and publications: Classics, Ancient Greek History and Food History. Author of several books and papers and translator into Portuguese of Herodotus (books V and VIII), Euripides (*Cyclops*), Plato (*Statesman*), Plutarch (*On Affection for Offspring*) and fragments of gastronomic Greek literature (Archestratus, *Life of Luxury*). Executive Coordinator of the MA in Food: Sources, Culture and Society and Coordinator of the MA in Classical Studies. One of the main investigators of the DIAITA Project: Lusophone Food Heritage supported by FCT, Capes and Calouste Gulbenkian Foundation (http://www.uc.pt/en/iii/research_centers/CECH/projetos/diaita)
CV: http://www.degois.pt/visualizador/curriculum.jsp?key=7724126685525965

Irene Coutinho de Macedo received her bachelor's degree in Nutrition and master's degree in Applied Human Nutrition from Universidade de São Paulo. She also has a specialist certificate in Education and Health from Universidade Federal de São Paulo. She is a professor and researcher in nutritional education and nutrition and culture of Centro Universitário Senac and Universidade São Judas Tadeu. Currently coordinates de Bachelor Degree in Nutrition of Centro Universitário Senac. Member of the editorial board of the peer-reviewed publication *Food Contexts* (ISSN 2238-4200) and collaborator of DIAITA - Lusophone Food Heritage.
Lattes profile: http://lattes.cnpq.br/2236612357599334

Notas sobre os autores

Ana Isabel Buescu: Professora da Faculdade de Ciências Sociais e Humanas da Universidade Nova de Lisboa. Os seus principais domínios científicos e interesses versam sobre História Moderna de Portugal, educação de príncipes, livros e livrarias aristocráticas, cultura de corte, cerimónias e rituais régios e história biográfica nos séculos XV e XVI.
https://www.fct.mctes.pt/fctsig/cv/presentation.PT/overview.aspx

Guida Cândido: licenciada em História da Arte, FLUC (1997). Coordena o Arquivo Fotográfico da Divisão de Cultura da Câmara Municipal da Figueira da Foz (2000). É autora de livros e publicações científicas nas áreas de museologia, património e gastronomia local. Mestre com a dissertação "Comer como uma Rainha: Estudo de um Livro da Casa de D. Catarina de Áustria".

Isabel Drumomd Braga: doutorada em História, especialidade em História Económica e Social (séculos XV-XVIII), pela Universidade Nova de Lisboa (1996) e Agregada pela Universidade de Lisboa (2006). Lecciona na Faculdade de Letras da Universidade de Lisboa desde 1990. Foi Professora Visitante na Universidade Federal Fluminense (Brasil) de Agosto a Dezembro de 2009, na Università di Catania (Itália) em Julho de 2011 e na Universidade Federal da Uberlândia (Brasil) em Novembro de 2013.
http://www.cidehus.uevora.pt/memb/cv/cvisabeldrumondbraga.pdf

João Pedro Gomes: arqueológo e mestre em História da Arte, investigador colaborador do CECH, tem desenvolvido estudos na área da História Social e Cultural Moderna (séculos XVI--XVIII), nomeadamente nos contextos sociais da produção, circulação e consumo de cerâmica portuguesa no espaço metropolitano e colonial e, recentemente, desenvolvido estudos na área da Alimentação Moderna Portuguesa, nomeadamente na cultura material associada, protocolos e contextos sociais de refeição e banquete.
http://www.degois.pt/visualizador/curriculum.jsp?key=0203471191816193

Leila Mezan Algranti: Professora Titular de História do Brasil I do Departamento de História - Universidade Estadual de Campinas e Pesquisadora nível 1 do Conselho Nacional de Desenvolvimento Científico e Tecnológico (CNPq). Tem desenvolvido pesquisas na área de História colonial em torno de temáticas referentes aos estudos de gênero, alimentação e cultura, história dos livros e leituras.
http://lattes.cnpq.br/9930201761518093

Maria Amélia Campos: investigadora do Centro de História da Sociedade e da Cultura da Universidade de Coimbra, desde 2008, concluiu o seu doutoramento nessa Universidade, em 2012, com a tese *Santa Justa de Coimbra na Idade Média: o espaço urbano, religioso e socio-económico*. A sua investigação tem-se centrado no estudo da cidade de Coimbra, nas suas colegiadas e freguesias medievais.
http://www.degois.pt/visualizador/curriculum.jsp?key=4757673875748934

Maria Helena Da Cruz Coelho: Prof. Catedrática da Faculdade de Letras da Universidade de

Coimbra (desde 1991) e Investigadora do Centro de História da Sociedade e da Cultura. Tem desenvolvido o seu ensino e investigação no âmbito da História Medieval (história política, religiosa, institucional, económico-social, o mundo rural, o poder municipal, a biografia, a vida quotidiana, a alimentação). É coordenadora científica do Mestrado "Alimentação: Fontes, Cultura e Sociedade" da Faculdade de Letras da Universidade de Coimbra.
http://www.uc.pt/chsc/investigadores/mhcc

Paula Barata Dias: Professora auxiliar do grupo de Estudos Clássicos da Faculdade de Letras da Universidade de Coimbra e investigadora do Centro de Estudos Clássicos e Humanísticos da linha de investigação Estudos Medievais e Patrísticos, é doutorada em Literatura Latina Medieval desde 2005 com um trabalho sobre o monaquismo de S. Frutuoso de Braga (Noroeste hispânico, séc.VII). A sua docência e investigação decorre na área científica dos estudos clássicos, tendo publicados numerosos trabalhos sobre Antiguidade Tardia, cristianismo antigo e alto medieval, patrística grega e latina. É docente do curso de Mestrado Alimentação: Fontes, Cultura e Sociedade, lecionando a disciplina de *Religiões e alimentação*. CV completo em http://www.degois.pt/visualizador/curriculum.jsp?key=3359419879432203

Regina Bustamante: Professora do Instituto de História da Universidade Federal do Rio de Janeiro (desde 1997), tem desenvolvido a sua investigação, ensino e publicações na área da História Cultural da Antiguidade Romana, abordando identidades/alteridades, imagética e África Romana.
http://lattes.cnpq.br/4721133282874091

Wanessa Asfora: Doutora em História Social pela Universidade de São Paulo e professora da Pós-graduação do Centro Universitário Senac São Paulo. Tem desenvolvido suas pesquisas em torno de temáticas referentes à relação entre alimentação e medicina no Ocidente pré-moderno.
http://lattes.cnpq.br/2212191426467823.

Sumário

Prefácio — 13

Parte I: Origens Mediterrâneas do Património Alimentar Luso-brasileiro

Pão e vinho sobre a mesa. Um "clássico" da Alimentação Portuguesa
(Bread & wine: a classical motif of the Portuguese Food) — 17
    Carmen Soares

"Diz-me o que comes e te direi quem és": uma representação musiva de xênia na África Romana
("Tell me what you eat and I will tell you who you are": a mosaic depiction of xenia in Roman Africa) — 51
    Regina Maria da Cunha Bustamante

Parte II: Identidades Alimentares da Idade Média

De Spiritu Gastrimargiae – distopia alimentar e gula na representação do inferno na tradição moral ocidental
(De Spiritu Gastrimargiae - food distopia and gluttony in the representation of hell in European moral tradition) — 71
    Paula Barata Dias

A Mesa do rei de Avis. Espaços, oficiais, alimentos e cerimoniais
(The table of John I, king of Avis: spaces, servants, food, ceremonial) — 89
    Maria Helena da Cruz Coelho

Alimentar a cidade de Coimbra na Baixa Idade Média: notas sobre os alimentos, as estruturas de transformação alimentar e os ofícios
(Feeding the city of Coimbra in the Late Middle Ages: notes on food production and processing structures and professional occupations) — 113
    Maria Amélia Campos

Parte III: Identidades Alimentares da Época Moderna

Aspectos da mesa do rei. Entre a Idade Média e a Época Moderna
(The king's table as an interdisciplinary field. Between Medieval and Modern times) — 141
    Ana Isabel Buescu

Confeiteiros na Época Moderna: Cultura Material, Produção e Conflituosidade
(The Confectioners in the Modern Era: Material Culture, Production and Bickering) — 165
    Isabel M. R. Mendes Drumond Braga

O contributo das fontes paleográficas para o estudo da história da alimentação: O caso do Livro de Superintendência de Cozinha do Real Colégio de São Pedro de Coimbra (séc. XVII)
(The contribution of paleographic sources for the study of history of food: The case of the Food's Superintendent Book of the Real Colégio de São Pedro de Coimbra (XVII century))   193
    Guida Cândido

Uma Doce Viagem: Doces e Conservas na correspondência de D. Vicente Nogueira com o Marquês de Niza (1647-1652)
(A Sweet Journey: Lisbon's Confectionery in the correspondence between D. Vicente Nogueira and the Marquis of Niza (1647-1652))   213
    João Pedro Gomes

Parte IV: Heranças portuguesas da gastronomia e nutrição brasileiras

Luis da Câmara Cascudo e a ementa portuguesa: a contribuição de Portugal na construção do pensamento sobre a cozinha brasileira
(Luís da Câmara Cascudo and the portuguese ementa: contributiond from Portugal for the construction of a Brazilian cuisine thought)   253
    Leila Mezan Algranti & Wanessa Asfora

Aspectos culturais na prática do aleitamento materno decorrentes da herança histórica do Brasil colônia
(Cultural aspects of breastfeeding practices influenced by Brazil's colonial period historical heritage)   275
    Irene Coutinho de Macedo

Bibliografia

    Fontes   293

    Estudos   295

Índice onomástico

    Antropónimos   327

    Topónimos/Etnónimos   328

    Alimentar   330

    Produção   336

    Ofícios/Mesteres   338

Índice Comum   341

Prefácio

O conjunto de estudos que com esta obra se apresenta a um público interessado nas questões atinentes ao conhecimento do Património Alimentar Luso-Brasileiro tem a particularidade inovadora de constituir uma primeira publicação conjunta, saída da pena de especialistas de dois países unidos por uma história de partilha de bens e saberes que alicerçam a identidade individual de cada um dos povos, Portugueses e Brasileiros.

Na verdade os estudos sobre o que vulgarmente se tem chamado de "História e Culturas da Alimentação" vêm assistindo, nas últimas décadas, a um crescente impulso, tanto em Portugal como no Brasil. O interesse do meio académico e do público em geral sobre a perceção do fenómeno alimentar (nas suas vertentes social, cultural, histórica e artística, sem descurar a dimensão nutricional/dietética) revela-se um tema de discussão cada vez mais atrativo e capaz de criar novas formas de diálogo entre os universos da investigação e do ensino académicos e as esferas civis dos profissionais do sector do turismo cultural e gastronómico, bem como da busca da certificação de produtos regionais, que se distingam pela pertença a um património histórico identitário, digno de preservação, visibilidade e divulgação nacional e internacional.

Todos os colaboradores responsáveis pela redação dos capítulos que integram este volume de "Ensaios sobre o Património Alimentar Luso-Brasileiro" fazem parte de uma vasta rede de colaboradores do projeto de investigação transnacional: DIAITA – Património Alimentar da Lusofonia[1]. Assim, o leitor (especialista e comum) encontra neste livro uma abordagem diacrónica (que começa na Antiguidade Clássica e vem até à Época Contemporânea) de elementos patrimóniais de alguns dos padrões alimentares dos Portugueses e da forma como a receção e fusão dos mesmos se dá na cultura brasileira, nos domínios concretos da construção da cozinha brasileira (tal qual a perspectiva o nome incontornável de Luís da Câmara Cascudo) e de práticas actuais, refletoras de uma herança colonial assimilada.

Importa destacar que os capítulos reunidos na I Parte da obra, consagrados aos estudos de hábitos de consumo e rituais de convivialidade oriundos das duas grandes civilizações fundadoras da Europa, a grega e a latina, têm por objectivo demonstrar como práticas hoje tidas irrefletidamente por hábitos

---

[1] www.uc.pt/iii/research_centers/CECH/projetos/diaita

dos tempos contemporâneos, são muito mais que isso. Constituem a ligação do homem atual a um passado distante, ainda assim modelador da sua identidade.

Na Parte II o enfoque orienta-se para o universo da alimentação na Idade Média, quer abordando questões de ordem moral/religiosa, quer debruçando-se sobre dois dos universos mais documentados para a época em questão: a mesa dos reis e a das ordens monásticas.

O conjunto de capítulos dedicado às identidades alimentares da Época Moderna (Parte III), abre com um estudo que permite ao leitor compreender, com base no exemplo da mesa régia, alguns dos aspetos fundamentais da transição da Idade Média para esta Nova Era, de abertura aos Novos Mundos. Além de uma análise muito concreta sobre a documentação de uma comunidade colegial, deparamos com outros dois estudos, ambos abordando, ainda que sob perspetivas distintas, um dos marcadores identitários mais célebres no mundo do património alimentar português: a doçaria, arte que muito deve, pela dependência natural que tem do açúcar, ao Brasil e que contribuiu para o desenvolvimento da própria doçaria brasileira tradicional.

No termo do livro (Parte IV), cria-se um espaço de reflexão sobre alguns dos testemunhos escritos e comportamentais da herança portuguesa, tanto na cozinha brasileira, como no desenho de crenças, mitos e tabus associados a um setor muitas vezes descurado em estudos sobre História da Alimentação, o aleitamento materno.

Está lançada uma primeira obra colectiva de autores portugueses e brasileiros, que esperamos venha a enriquecer o universo editorial luso-brasileiro de publicações sobre História & Culturas da Alimentação.

Carmen Soares
Irene Coutinho de Macedo

Parte I

Origens mediterrâneas do património alimentar luso-brasileiro

Pão e vinho sobre a mesa
Um "clássico" da Alimentação Portuguesa
(Bread & wine: a classical motif of the Portuguese Food)

Carmen Soares
Universidade de Coimbra (cilsoares@gmail.com)

Resumo: O propósito do presente estudo reside em analisar em que medida o pão e o vinho, *topos* do património alimentar português, se apresentam profundamente enraizados na ancestral matriz mediterrânea greco-romana. O sentido sócio-cultural das práticas alimentares a ambos associadas permite-nos considerar a importância que assumem enquanto marcadores da identidade de sociedades ditas "civilizadas", por contraste com as tidas por "silvestres".

Palavras-chave
Pão, vinho, dieta civilizada, dieta silvestre, literatura culinária, Antiguidade grega, Portugal moderno

Absract: The main purpose of this study is to consider if it is correct to explain the presence of bread and wine on a typical Portuguese meal based on its historical background of the Greco-roman civilization. During this inquiry we were able to conclude that both products always acted as identity labels of civilization versus primitivism.

Keywords: Bread, wine, civilized diet, primitive diet, culinary literature, Ancient Greece, Portugal on Modernity.

Numa casa portuguesa fica bem,
pão e vinho sobre a mesa.

De mote à minha reflexão sobre uma das várias identidades lusas, a Alimentação, servem os dois primeiros versos de um dos fados emblemáticos da Cultura Imaterial Portuguesa, cantado por uma das maiores (senão mesmo a maior) diva do fado, Amália Rodrigues, intitulado *Uma casa portuguesa*[1]. Escolhi uma canção, como podia ter considerado uma pintura, ou uma outra das muitas expressões artísticas que assumem as genericamente chamadas Culturas da Alimentação. No entanto houve uma primeira razão clara para a minha escolha ter recaído sobre um género artístico reconhecido, desde 27 de Novembro de 2011, como Património Imaterial da Humanidade pela UNESCO e que não foi, importa sublinhá-lo, a projecção internacional do género em causa. Tratou-se, sim, de esse hino

---

[1] Por vontade expressa da autora, este texto não segue o actual Acordo Ortográfico.
Letra: Reinaldo Ferreira; Música: Matos Sequeira, Artur Fonseca; Ano: 1953

http://dx.doi.org/10.14195/978-989-26-0886-0_1

a uma portugalidade das coisas simples e dos afectos ter encontrado do outro lado do Atlântico um cantor, que pelo reconhecimento mundial de que é alvo, em muito prestigia a memória de Amália Rodrigues. Refiro-me a Caetano Veloso[2.]

A fusão luso-brasileira materializada nesta dupla de artistas, embaixadores da lusofonia, emblematiza aquela que me parece ser a mais pertinente abordagem a fazer da História da Alimentação Portuguesa, a saber: através de um diálogo cada vez mais profícuo e desmitificador de parentescos milenares (com as heranças grega e latina) e seculares (com as diversas civilizações a que se abriu o actual espaço português, através das muitas importações e exportações de aquém e além mar).

Além destas motivações vindas do pulsar artístico, importa sublinhar que, no seio dos muitos universos da lusofonia, os interlocutores que paulatinamente se têm destacado, de forma cada vez mais sólida, tanto ao nível da investigação e ensino académicos, bem como de iniciativas culturais e económicas, são Portugal e o Brasil. Não é por acaso que se comemorou (em 2012-2013) o ano de Portugal no Brasil e do Brasil em Portugal.

O contributo que me proponho dar para o aprofundar do conhecimento e para a divulgação da História da Alimentação luso-brasileira recai sobre o domínio do que poderíamos designar de alimentos e práticas de sociabilização *primordiais*, i. e., *primeiras*, no sentido em que constituem elementos indispensáveis da mesa dos povos ditos civilizados. Assim, serão tidos em conta, como anuncia o título do meu estudo, o pão e o vinho, mas também outros alimentos que os acompanham, verdadeiros complementos da "refeição típica". Este será o domínio das "materialidades alimentares". Porém, conforme atesta a documentação escrita que irei ter em conta, esses quadros de recepção (à mesa) são, antes de mais, palco de representações de dinâmicas sociais mais ou menos complexas e de forte valor simbólico. Entramos, neste caso, na esfera, das "ideologias alimentares".

1. Terminologia, métodos e objectivos de investigação

Antes de avançar para a exploração das fontes, impõem-se alguns esclarecimentos terminológicos, metodológicos e de propósitos de pesquisa.

Quanto aos primeiros, convém notar o seguinte:

– "refeição típica" é, em primeira instância, um conceito de nítida inspiração literária homérica, mas compreendido fora desse âmbito especializado, pois remete para a ideia de que se trata de uma refeição constituída por alimentos recorrentes em numerosos contextos, pelo que se

---

[2] Álbum: Singles (1968-1978); canção 18: Por causa de você – Casa portuguesa – Felicidade.

caracteriza como modelo ou padrão cultural (que podemos adjectivar pelo recurso, nos casos que iremos considerar, a etnónimos – de 'portuguesa', 'grega', 'europeia'– mas também a outros adjectivos de sentido cultural – de 'civilizada', 'primitiva');

– "materialidades alimentares" são todos os elementos físicos da refeição (alimentos, objectos de serviço e de confecção dos mesmos, espaços e mobiliário);

– "ideologias alimentares" correspondem às interpretações da mais diversa natureza (social, económica, política, religiosa, em suma cultural) suscitadas quer pelos autores das fontes (quando se dá o caso de os próprios as transmitirem), quer pelos leitores-estudiosos das mesmas.

Em termos de metodologia seguida e de objectivos almejados, eis as directrizes que nortearam o presente trabalho, de estudo sobre as origens clássicas (leia-se mediterrâneas) do estereótipo alimentar civilizacional que consiste em assumir como parceiros naturais (diria, mesmo, inseparáveis) da dieta europeia e, muito em particular da dieta portuguesa, o pão e o vinho:

– breve reflexão sobre as evidências contemporâneas desse marcador identitário português;

– confirmação em fontes descritivas dos primeiros contactos dos Portugueses com povos dos Novos Mundos da lusofonia do estatuto do pão e do vinho como produtos civilizacionais por excelência;

– identificação das origens mediterrâneas antigas desse estereótipo cultural, através da análise de um *corpus* textual ilustrativo (nunca exaustivo) do estatuto primordial dos dois produtos na alimentação do primeiro povo (os Gregos) a estabelecer, através da sua expansão territorial pela bacia do Mediterrâneo e do Mar Negro, uma globalização alimentar, à escala dos seus espaços de implantação cultural, precisamente assente na produção e consumo de cereais (sob a forma de papas e/ou pão) e de vinho.

2. O pão e o vinho na alimentação portuguesa contemporânea

Os versos iniciais do fado de Amália Rodrigues, que servem de epígrafe ao presente estudo, datados de meados do séc. XX (1953), consagram um hábito alimentar de tal forma enraizados na cultura portuguesa que quase dispensa apresentações. No entanto, e tendo em conta que muitos dos contextos dessa presença remontam a um padrão cultural mediterrâneo com mais de 25 séculos, considero pertinente evocar, a título exemplificativo (e, uma vez mais, não exaustivo) as "cenas típicas" dessa comparência do pão e do vinho na dieta tradicional portuguesa.

Embora nas últimas décadas, muito por força da americanização das culturas europeias em geral, se tenha assistido, também no seio dos hábitos de consumo das famílias portuguesas, a uma substituição de alimentos e pratos tradicionais por outros de proveniência externa, a verdade é que, mais recentemente, se tem acentuado a recuperação de gostos e sabores regionais[3], sentidos como genuínos e meios indispensáveis para combater a perda de identidades locais/nacionais em risco. Exemplos mais mediáticos desse esforço de afirmação da autenticidade/portugalidade de produtos e receitas são iniciativas, de impacte e amplitude social e económica diversa, como as Rotas de Sabores, a constituição e actividades das Confrarias Gastronómicas, a certificação de qualidade conferida cada vez a um maior número de produtos e especialidades gastronómicas locais e regionais, sem esquecer o concurso, realizado em 2011, destinado a eleger as 7 Maravilhas da Gastronomia Portuguesa[4]. Todos estes esforços de recuperação e preservação de sabores tidos por genuínos e característicos de identidades locais e nacionais revestem-se de um enquadramento legal internacional e português que decisivamente têm contribuido para os estados assumirem responsabilidades políticas nesta matéria[5].

Mas não é para estas afirmações públicas do património e culturas da alimentação que pretendo chamar a atenção. Proponho-me lembrar práticas comuns, algumas em vias de extinção, outras ainda bem arreigadas na vida dos portugueses.

Nas refeições domésticas rotineiras, o pão continua a ter, no geral, o seu lugar à mesa, mais do que o vinho (sobretudo quando se trata de consumidores de uma faixa etária mais jovem). No entanto, quando estamos diante de uma ocasião de convívio especial (como a celebração de uma festa de família ou a recepção de convidados), a bebida nobre e eleita continua a ser o vinho. E, tal como já sucedia nos primórdios da civilização grega (assunto que desenvolverei mais adiante), nestas ocasiões, o vinho não apenas marca presença obrigatória à mesa do anfitrião, como pode constituir um presente oferecido pelo convidado. Em ambas as situações, por regra,

---

[3] Embora não caiba no âmbito deste estudo aprofundar a abordagem de uma perspectiva patrimonial da relação entre pão e vinho com o turismo e com a afirmação de uma identidade cultural local/regional, importa remeter para estudos que já se debruçaram sobre essa matéria, leque vasto de que destacamos, para Portugal, sobre o pão, Santos e Gama 2011, Barboff 2008.

[4] Sobre o destaque público que, com esta e outras iniciativas, em Portugal tem assumido a afirmação da gastronomia como património imaterial a preservar, leia-se D'Encarnação (2011: 236-238; 2012: 4-7).

[5] Em termos de orientações da UNESCO no domínio da cultura imaterial, foram produzidos os seguintes documentos: *Convenção para a Salvaguarda do Património Cultural Imaterial (2003)*, *Convenção para a Protecção e Promoção da Diversidade das Expressões Culturais (2005)*. No que se refere à legislação portuguesa, foram promulgados os seguintes normativos: *Lei do Património Cultural Imaterial* (lei nº 13/85 de 6 de Julho), revogada pela *Lei de Bases do Património Cultural* (lei nº 107/2001 de 8 de Setembro), que, por sua vez, foi regulamentada através do Decreto-Lei 139/2009 de 15 de Julho.

se verifica um empenho na escolha de um produto de qualidade, uma vez que através dele é o próprio "nome" dos sujeitos ofertante e agraciado que se procura ilustrar.

Se considerarmos as refeições tomadas fora de casa, há que ter em conta que estas tanto podem ser servidas em estabelecimentos públicos (restaurantes, bares, pastelarias, cantinas) como serem preparadas em casa para serem consumidas fora dela. Neste último caso, as formas mais comuns que assumem são as de farnel e merenda ou lanche. A primeira designação aplica-se a refeições tomadas ao ar livre, nos campos/locais de trabalho ou nos passeios de lazer. Já a merenda, menos substancial em termos alimentares do que o farnel, por regra não substitui refeições, mas é tomada entre refeições. Se o que buscamos são "clássicos" (leia-se, quadros emblemáticos) das práticas alimentares portuguesas, a díade da nossa investigação (pão e vinho) destaca-se em contextos como:

– os restaurantes de cozinha tradicional portuguesa e as tabernas ou tascas: a bebida rainha é o vinho e as entradas e/ou a própria refeição são sempre acompanhadas de uma cesta de pão; adianto, desde já, que entre os mais comuns acompanhamentos do pão, no serviço de entradas, surgem dois produtos cuja origem mediterrânea ancestralíssima iremos, na sequência desta análise, confirmar: o queijo e as azeitonas;

– nos farnéis partilhados por convivas de origem social mais humilde, nos passeios domingueiros, tão populares sobretudo no século passado; note-se que, em tom depreciativo, se continua a chamar a esses grupos de turistas "excursões do garrafão", num nítido tom crítico ao omnipresente garrafão de vinho, na maior parte das vezes tomado por sinónimo de inevitável embriagues, resultante de um consumo excessivo, estimulado pelo ambiente de festa e descontracção; o pão faz-se agora acompanhar de pratos frios variados;

– nas merendas: aqui podemos recuperar o típico menu dos trabalhadores rurais de há pelo menos cerca de 30 anos, que nos campos gozavam de uma ou duas pausas durante a jorna (geralmente a meio da manhã e da tarde), altura em que, além de vinho e pão ou broa de milho, comiam alimentos de conserva, sendo usual a presença de azeitonas, presunto, chouriço, queijo e carne entremeada (acompanhamentos que variam de acordo com os produtos locais).

Revista, ainda que de forma necessariamente sumária, a presença do pão e do vinho na alimentação portuguesa contemporânea, o que permite considerarmos ambos os produtos elementos estruturais da identidade alimentar lusa, vejamos como essa consciência de uma identidade alimentar própria e diferenciadora se foi formando ao longo da história do contacto dos portugueses com outros povos.

3. O PÃO E O VINHO: EMBLEMAS DE UM PADRÃO ALIMENTAR CIVILIZACIONAL

As identidades, individuais e colectivas, constituem-se a partir do confronto/diálogo de um 'eu' com um 'outro'. Assim sucedeu ao longo de toda a história da humanidade, contexto de que nos interessa destacar a experiência dos portugueses. É quando empreendem as viagens marítimas, nos sécs. XV e XVI, rumo à Índia e acabam por se estabelecer em três continentes (Ásia, África e América), que assistimos, nas fontes escritas em português, aos primeiros relatos do encontro entre civilizações tão díspares e em estádios de evolução tecnológica de tal forma distantes que se recuperam os estereótipos discursivos originários da Antiguidade greco-latina da oposição entre "civilizado" e "primitivo".

3.1. Sabores primordiais da alimentação portuguesa no Novo Mundo: padrão alimentar civilizado *versus* padrão alimentar silvestre

Não me deterei numa análise completa do retrato da alteridade dessas populações autóctones (reflectida tanto nos traços físicos e nos seus modos de vida em geral), mas cingir-me-ei ao objecto da actual pesquisa. Ou seja, que resposta encontramos para a pergunta: constituiam o pão e o vinho marcadores da identidade portuguesa/civilizada e, graças a essa condição, vêm descritos, em fontes contemporâneas ao achamento do Brasil e de outras terras, como mantimentos indispensáveis da dieta lusa e absolutamente desconhecidos desses 'outros', descritos como "primitivos" ou "silvestres"[6]?

Tomemos como testemunhos incontornáveis da época dois documentos que têm em comum serem os mais antigos escritos portugueses a abordar a temática em análise. Em primeiro lugar aquele que directamente se prende com o espaço lusófono sobre o qual incidimos a nossa atenção, o Brasil.

Em consideração teremos a Carta de Pêro Vaz de Caminha (1 de Maio de 1500) a D. Manuel, relatando ao monarca as suas impressões sobre a terra e as gentes do lugar a que Pedro Álvares Cabral, capitão-mor da armada, pôs o nome de Vera Cruz. Apesar de cronologicamente anterior, reservamos uma reflexão mais breve à *Crónica dos Feitos da Guiné* de Gomes Eanes de Zurara (1453-1460?). Desta fonte consideraremos apenas uma passagem

---

[6] Apesar de consagrada a oposição civilizado/selvagem, a conotação bestial e pejorativa que o segundo adjectivo comporta, leva-me a preferir usar, em sua vez, silvestre. De facto, em português, usa-se o termo "selvagem" para as feras, ao passo que "silvestre" se emprega no campo da botânica. A minha preferência deriva também do facto de na descrição em apreço, a carta de Pêro Vaz de Caminha sobre o achamento do Brasil, o retrato do 'outro' não conter nenhuma referência a bestialidade. Os índios são, sim, representados como elementos naturais do ecossistema que é a *silva* (palavra latina para 'floresta', da qual deriva tanto o adjectivo 'silvestre' como o substantivo 'selva'). Reservo o uso do adjectivo 'selvagem' para figurações de um 'outro' negativamente figurado, i.e., aparentado com as bestas.

sobre os arabo-berberes do deserto da Mauritânia, na medida em que também aí se refere a ignorância dessa população indígena relativamente aos dois "mantimentos artificiais" cuja história perscrutamos[7]. Confirma-se, deste modo, que os primeiros contactos dos portugueses com os Homens Novos, ocorridos durante a segunda metade do séc. XV e o dealbar do séc. XVI, dão origem a representações gastronómicas do 'eu' e do 'outro' coincidentes. Porque, como fundamentarei no decurso deste estudo, esses "retratos" herdam paradigmas de alteridade que remontam aos primeiros escritos ocidentais sobre a consciência multicultural do mundo, escritos esses gregos (logo mediterrâneos), julgo legítimo qualificar de estereótipo a concepção de uma dieta civilizada (baseada no consumo de pão/cereais e vinho) *versus* uma dieta silvestre (que, desconhecedora de qualquer produto transformado, compõe-se dos frutos que a terra gera espontaneamente, sem a intervenção das artes humanas). Comecemos pelo relato de Pêro Vaz de Caminha.

O primeiro contacto dos índios tupiniquins de Porto Seguro com a gastronomia portuguesa dá-se na sexta-feira, dia 24 de Abril, no barco do capitão-mor, nos termos a seguir citados[8]:

> "Deram-lhes ali de comer pão e pescado cozido, confeitos, fartéis, mel e figos passados; não quiseram comer daquilo quase nada. E alguma cousa, se a provavam, lançavam-na logo fora. Trouxeram-lhes vinho por uma taça, mal lhe puseram a boca e não gostaram dele nem o quiseram mais. Trouxeram-lhes água por uma albarrada; tomou cada um deles um bocado dela e não beberam; somente lavaram as bocas e lançaram fora".

Repare-se o lugar "primordial" (daí vir referido em "primeiro lugar" no *menu* servido) do pão, na categoria das comidas, e do vinho, na das bebidas. Também a ordem pela qual são servidas as iguarias merece um comentário, uma vez que obedece a uma convenção, também ela de origem greco-romana, de a refeição ter por prato principal um conduto a acompanhar o indispensável pão (conforme sugere a sintaxe do texto, ligando com a copulativa *e* os dois elementos), a que se seguem o que hoje chamamos de *sobremesas* e que na terminologia clássica antiga se denominava de *segundas mesas*. A composição ancestral e típica destas faz-se de doces e frutas (aqui forçosamente secas, pois trata-se de mantimentos embarcados para serem consumidos ao longo de meses). Além do mel,

---

[7] Estudo de referência em matéria de representações do 'outro' em textos portugueses contemporâneos dos Descobrimentos é o de Horta (1991), a que recorremos, com grande proveito, para a elaboração desta análise.

[8] Magalhães e Salvado 2000: 9.

um doce natural e uma presença obrigatória na dieta mediterrânea antiga (tópico a desenvolver mais adiante), o cardápio das sobremesas compõe-se de dois doces confeccionados, à época tidos por tipicamente portugueses: os confeitos e os fartéis. Dessa identidade lusa nos dão conta diversas outras fontes, conforme perceberemos de seguida.

Os confeitos, assunto abordado mais detalhadamente no capítulo da autoria de Isabel Drumond Braga, são uma designação genérica para 'doces', terminologia que cobre realidades como marmeladas, amêndoas cobertas de açúcar, frutas cobertas, massapão e açúcar rosado, entre outros[9]. Embora não possamos ter a certeza do doce exacto a que a designação genérica se reporta, se buscarmos o seu sentido provável em fontes modernas, mais ou menos contemporâneas da carta de Caminha, além dos processos do Tribunal do Santo Ofício, documentação estudada pela referida historiadora, devemos considerar o códice I. E. 33 da Biblioteca de Nápoles, conhecido por *Livro de Cozinha da Infanta D. Maria* e o *Vocabulario Portuguez e Latino* de Rafael Bluteau, de 1712.

Datado precisamente de finais do séc. XV-inícios do XVI, o *Livro de cozinha da Infanta D. Maria* revela-se uma achega preciosa no que toca a esclarecermos o sentido dos dois doces referidos na carta de achamento do Brasil, os confeitos e os fartéis ou fartes (plural de fartem). Verificamos que, curiosamente, também aí, tal como na carta de Caminha, as duas iguarias nos surgem referidas sequencialmente: primeiro a receita "Pera cõfeitos" (LVIII), logo seguida da de "Fartões" (LIX). Embora esta coincidência de ordem possa ser mero fruto do acaso, é de realçar que, em duas fontes praticamente contemporâneas, ambos os doces figuram lado a lado. Não obstante a impossibilidade de, com base na lacónica (para nós) referência de Caminha a "confeitos", podermos precisar que doces portugueses foram esses que os Tupiniquins pela primeira vez provaram, a colação entre o *Livro de cozinha da Infanta D. Maria* e o *Vocabulário* de Bluteau permite alguma especulação interessante.

Ao analisarmos a receita LVIII[10] do livro, verificamos que os ingredientes usados são erva-doce e açúcar, facto que nos leva a identificá-la com a única entrada do dicionário para "confeitos", precisamente intitulada "confeitos de erva doce"[11]. Ou seja, com base nestas duas fontes, parece que podemos

---

[9] No conjunto do capítulo, I. D. Braga recolhe informações mais detalhadas sobre o tipo de produtos que se vendem nas confeitarias e/ou são obra dos confeiteiros, com base na análise de processos do Tribunal do Santo Ofício (sécs. XVI-XVIII).

[10] Vd. Manuppella 1987: 128-131.

[11] Cf. Tomo 2, p. 453: "CONFEITOS de erva doce. Anisum durato saccharo circumtectum. Os que neste lugar poem os adjectivos saccharatus, & sacchareus, nem Grego, nem Latino fallaõ. E os que para significar confeitos usão de *Turunda, pastillus, Cittarus, strobilus,* &c. naõ fallaõ com propriedade. Tragemata, alem de ser huma palavra puramente Grega, significa o mesmo,

supor que uma das formas mais comuns dos confeitos eram os fabricados com essa planta aromática europeia, muito abundante no território português[12].

Mas passemos, agora, aos fartéis. Além de identificados no *Vocabulário* de Bluteau[13], encontramos a receita dessa sobremesa não só no que tem sido considerado o primeiro livro de cozinha manuscrito português, como noutro manuscrito do séc. XVI, atribuído a Luís Álvares de Távora, o 142 do Arquivo Distrital de Braga[14], e no primeiro livro de cozinha impresso brasileiro, denominado *Cozinheiro Imperial ou*

---

que *Bellaria*, que quer dizer tudo, o que se poem na mesa por sobremesa". Bluteau refere-se a uma especialidade de confeitos, aqueles em que se envolve em açúcar cristalizado o anis ou erva-doce. Passa depois a enumerar termos latinos e gregos que não servem para traduzir a realidade de que dá o sentido. *Turunda* e *pastillus* designam espécies de bolos, ao passo que strobilus designa o fruto da pinha do pinheiro (o 'pinhão') e cittarus (termo não registado em latim, o que está de acordo com a indicação de Bluteau de que é um erro usá-la), por sugestão da minha colega, Paula Barata Dias, deverá reportar-se a essência/goma de cedro (que em grego se diz *kerdos*), usada como aromatizante do açúcar.

[12] Claro que as entradas do *Vocabulário* para "confeitaria" e "confeiteiro" atestam, de forma indirecta, o vasto campo semântico do termo "confeito". Veja-se, no Tomo 2, p. 453, o seguinte: "CONFEITARIA. Confeitaria. Lugar, aonde se fazem, ou se vendem doces. *Locus, in quo fructus, flores, & alia saccharo condiuntur, vel in quo poma, & alia saccharo condita venduntur*. Chamaõlhe alguns. *Forum dulciarium*. Mas ainda que se ache em Marcial, *Dulciarius Pistor*, duvidaõ os Criticos, que se ache nos Antigos o adjectivo *Dulciarius*, a, um." Note-se que as matérias-primas de referência são as frutas (*fructus*, *poma*), flores e açúcar (*saccharus*). O genérico *alia* ('outras coisas') deixa o leitor moderno numa incerteza que apenas outras fontes da época permitem em parte aclarar. De entre as flores, um dos usos mais conhecidos é o de rosas para a confecção do açúcar rosado. Repare-se que os Romanos usavam o composto 'Padeiro de doces' (*dulciarius pistor*) para o que hoje se chama "pasteleiro", composição que atesta a proximidade ancestral entre as actividades de padaria e pastelaria. Bluteau abona o uso do adjectivo 'doceiro' em latim (*dulciarius*), evocando o poeta Marco Valério Marcial (séc. I d. C.), mais precisamente o poema 222 do seu livro XIV dos Epigramas, cuja tradução de Paulo S. Ferreira (in Pimentel 2004: 211) apresento: 222. Confeiteiro: Esta mão erguerá para ti mil formas doces / de arte: é para este apenas que trabalha a poupada abelha. "CONFEITEIRO. Aquelle, cujo officio he fazer, & vender doces. *Qui poma, & alia saccharo condit, vel saccharo condita vendit*. Lampridio na vida de Heliogabalo usa do substantivo *Dulciarius, ij. Dulciarios habuit* (diz este Author) *qui de dulcibus exhiberent, quaecunque coqui de diversis edulijs exhibuissent.*" Insiste-se na ideia básica de que o que caracteriza o ofício é preparar e vender produtos 'enriquecidos, temperados, codimentados' (*condita*) com açúcar. A autoridade latina de que se vale o dicionarista é agora Élio Lamprídio (séc. IV d. C.), suposto autor da *Vida de Heliogábalo*. A citação que faz reporta-se ao cap. 27. 3, passo que abrevia, uma vez que retira a referência aí também feita aos 'leiteiros' (*lactarii*), ou seja àqueles que têm por matéria-prima o leite. Veja-se o passo em apreço e respectiva tradução: *dulciarios et lactarios tales habuit, ut, quaecumque coqui de diversis edulibus exhibuissent vel structores vel pomarii, illi modo de dulciis modo de lactariis exhiberent* ("Teve uns doceiros e leiteiros tais que, qualquer que fosse a variedade dos alimentos que, quer despenseiros quer fruteiros entregassem para cozinhar, aqueles arranjavam-na ora como doce ora como prato lácteo").

[13] Cf. Tomo 4, p. 38: "FARTEM. Fártem. Tira de massa, que dobrada, envolve amendoas pisadas, canella, cravo, & açucar, conglutinados com miolo de paõ ralado. *Crustulum amygdalis contusis, casia, cariophyllis, & saccharo, molliorique panis derasi particulis inter se conglutinatis fartum*".

[14] Barros 2013: receitas 214 e 229 (de Fartens), 227 (da massa exterior dos Fartens) e 230 (uma especialidade para o autor/compilador, que a denomina *Fartens da Sr.ª D. Madalena de Távora que são os melhores do mundo*).

Nova Arte do Cozinheiro e do Copeiro, atribuído a R. M. C. Chefe de Cozinha, obra várias vezes editada no Rio de Janeiro, durante o séc. XIX[15].

Em comum, as quatro fontes apresentam o facto de o doce consistir, na maioria das receitas, numa massa exterior recheada com um creme feito à base de mel e/ou açúcar, ervas e água aromáticas (erva-doce, cidrão, água de flor) e/ou especiarias (cravo/cravinho, canela, gengibre e pimenta), ingredientes ligados com a ajuda de pão/bolo ralado e enriquecidos com frutos secos (amêndoas ou pinhões). Conjugando na sua confecção ingredientes naturais de Portugal ou que ao reino chegavam em abundância, graças às rotas marítimas estabelecidas com o Oriente, os fartéis permaneceram na memória culinária brasileira, até pelo menos aos meados do séc. XX, como marcas identitárias da doçaria portuguesa, conforme atesta o testemunho de Luís da Câmara Cascudo[16]. A própria etimologia latino-portuguesa do nome do doce, reflecte a origem lusa da iguaria, que, como sugere a quadra popular que acompanha a receita do *Cozinheiro Imperial*, deriva da ideia de 'fartar, encher a barriga'[17].

Importa assinalar que, na doçaria portuguesa, com a produção de cana-de-açúcar na ilha da Madeira e em São Tomé, substituiu-se progressivamente o mel pelo açúcar, potenciando-se, assim, o consumo de um dos ingredientes que também haveria de revolucionar a paisagem e a economia do Brasil colonial. Aliás, como já notou Isabel Drumond Braga em vários estudos, instituiu-se mesmo, entre a colónia e a metrópole, a prática de confeiteiros trocarem os seus produtos acabados por açúcar[18].

Voltando à carta de Pêro Vaz de Caminha, falta referir que, do elenco de sobremesas servidos aos Tupiniquins, fazem ainda parte o mel e os figos, ambos, como veremos, uma herança matricial mediterrânea, entre as várias que os portugueses transmitiram ao Novo Mundo.

Deste relato epistolar recolhe o leitor a confirmação clara da rejeição inicial que, num 'outro', desconhecedor da produção e consumo de mantimentos artificiais (resultantes de uma longa evolução da arte culinária), desperta um padrão alimentar estranho. Este repúdio, no entanto, não deve ter que ver

---

[15] Não tendo podido aceder à primeira edição (de 1840), consultei a 10ª, datada de 1887 (vd. Lima), que apresenta a receita de "Fartes de Especies" na p. 300. Sobre o significado deste livro no panorama cultural brasileiro do séc. XIX e sua relação com os livros portugueses de Domingos Rodrigues (*Arte de cozinha*, 1680) e Lucas Rigaud (*Cozinheiro Moderno ou Nova Arte de cozinha*, 1780), vd. Algranti 2004.

[16] No retrato que faz da cozinha portuguesa colonial, Câmara Cascudo (2007: 241) refere, precisamente, como doces mais genuínos "bolos e massas douradas, recobertos pelas camadas de ovos batidos, folhados, fartéis, beilhós, filhós, sonhos".

[17] Transcrevo a quadra citada (p. 300): "Tantos comas que te fartes/ E sem ser cousa de espantos,/ De fartes farta a barriga,/ Festeja a festa dos santos."

[18] Cf. n. 91 do estudo de Isabel Drumond Braga, publicado neste livro.

simplesmente com uma questão de sabor de que não se gosta, mas traduzir uma repulsa pela cultura do 'outro' (o desconhecido) em geral.

Ao longo da sua carta, Pêro Vaz de Caminha retoma por mais três vezes o assunto da alimentação. É interessante sublinhar que o autor vai deixando perceber um tema que, nas fontes clássicas, se assume como verdadeiro *topos* literário da descrição do "bom-selvagem", tipo em que se enquadram, sem dúvida, os Tupiniquins do texto quinhentista. Refiro-me à intolerância fisiológica ao vinho, acompanhada de uma sedução e, subsequente rendição, aos prazeres de uma mesa faustosa e sofisticada. Assim, da segunda vez que dois índios são levados ao barco de Álvares Cabral, damo-nos conta de que não só se aprimoram os anfitriões na forma de receber (agora come-se à mesa, em cima de uma toalha, estando os comensais sentados), como os hóspedes se revelam mais receptivos às novidades gastronómicas. Leia-se[19]:

> "À quinta-feira, derradeiro d' Abril, comemos logo quase pela manhã e fomos em terra por mais lenha e água. E, em querendo o capitão sair desta nau, chegou Sancho de Tovar com seus dous hóspedes. E, por ele não ter ainda comido, puseram-lhe toalhas e veio-lhe vianda e comeu. Assentaram cada um dos hóspedes em sua cadeira e de tudo o que lhe deram comeram mui bem, especialmente lacão[20] cozido, frio, e arroz. Não lhes deram vinho, por Sancho de Tovar dizer que o não bebiam".

Também na praia, uma das formas de os portugueses se familiarizarem com os numerosos índios que aí acorrem é oferecer-lhes de comer e de beber. Gradualmente e, no entender de Caminha, fruto de um necessário processo de habituação (cultural e física), o indígena passaria, na visão optimista do relator, a apreciar o vinho, como se percebe das seguintes palavras:

> "Comiam connosco do que lhes dávamos e bebiam alguns dele vinho e outros o não podiam beber, mas parece-me que se lho avezarem[21] que o beberão de boa vontade".

Antes de considerarmos a derradeira referência na carta a questões alimentares, e porque esse passo abre espaço a uma reflexão que já nas fontes antigas fora bastante tratada (refiro-me à díade interrelacional alimentação e saúde), tomemos em linha de conta a *Crónica* de Zurara. Quando o cronista quer dar conta do estádio primitivo em que viviam os habitantes das costas sarianas, a representação do 'outro' que ele constrói é a de um homem "selva-

---

[19] Magalhães e Salvado 2000: 24.
[20] 'Presunto'.
[21] 'Se os acostumarem a isso'.

gem", no sentido de que leva um modo de vida (uma *diaita*[22]) mais próximo da bestialidade do que da humanidade. Entre os marcadores apresentados dessa condição bestial, Zurara refere que essas gentes revelam falta de fé e desconhecimento das artes (agricultura, culinária, tecelagem, construção civil) – carências que levam a uma vida de ócio e de errância pastoril – bem como a um total desconhecimento das leis e da justiça; ou seja, a organização política das comunidades é-lhes em absoluto alheia. Uma vez mais, quando se trata de demonstrar o primitivismo de um povo em termos alimentares, os referentes civilizacionais são o pão e o vinho, como se lê no cap. XXVI[23]:

> "E assim, onde antes viviam em perdição das almas e dos corpos, vinham de tudo receber o contrário: das almas, porquanto eram pagãos, sem claridade e sem lume da Santa Fé; e dos corpos, por viverem, assim, como bestas, sem qualquer preceito de criaturas racionais. Porque eles não sabiam que era pão nem vinho, nem coberta de pano, nem alojamento de casa; e o pior era a grande ignorância que em eles havia, pela qual não haviam qualquer conhecimento de bem; somente [sabiam] viver em uma ociosidade bestial."

Na verdade, do retrato de conjunto da *diaita* destes mouros africanos resulta um quadro de tons negativos carregados, resumidos no termo insultuoso "bárbaros", que lhes aplica o cronista (cap. LXXVII). A este qualificativo parece, uma vez mais, subjazer o esteriótipo grego clássico de apelidar de 'bárbaro', antes de mais, todo o povo que fala uma língua incompreensível[24]. A esse marcador de alteridade soma Zurara outros não menos clássicos: o nomadismo pastoril e o desconhecimento de leis e do exercício da justiça, conforme se percebe da leitura do passo em apreço[25]:

> "A letra com que escrevem e a linguagem com que falam não é como a dos outros mouros, antes de outro modo. Porém todos são da seita de Mafamede; e são

---

[22] Termo grego usado, desde Homero (séc. VIII a.C.), com o sentido genérico de 'modo de vida' (determinado por alimentação, habitat, vestuário e costumes). Nos textos médicos hipocráticos (séc. V a.C.) *diaita* passará a assumir significados mais específicos, a saber: comida, bebida e exercício físico (sentidos fundamentais), a que se somam outros sentidos complementares, como são os banhos, a actividade sexual, o repouso (sono e morfologia do leito) e a ocupação do tempo (trabalho e ócio). Sobre este assunto, vd. Thivel 2000, Jouanna 2008 e 2012, Soares 2013: 14.

[23] Albuquerque e Soares 1989: 59.

[24] O exotismo linguístico não tem por referente a língua do narrador (o português), mas sim a de outros povos africanos. Parece-me haver, como sucedia à luz da concepção grega, uma relação directa entre o facto de o estranhamento linguístico ser o primeiro marcador da alteridade, pois Zurara, embora não estabeleça uma relação de causa-efeito entre o idioma e o título de 'bárbaro', refere esta denominação imediatamente depois de tecer considerações sobre a língua dos mouros africanos.

[25] Albuquerque e Soares 1989: 147-148.

chamados Alarves e Azenegues e Bárbaros. E todos andam como já disse, *scilicet*, em tendas, com seus gados por onde lhes [a]praz, sem qualquer regra nem senhorio, nem justiça; cada um anda como quer e faz que lhe [a]praz naquilo que pode".

Repare-se que este perfil bestial do 'outro' contrasta com a representação dos índios Tupiniquins, Homens silvestres, em comunhão com uma natureza pródiga, responsável esta por lhes dar uma condição física capaz de despertar a inveja dos Homens civilizados. Esta é, como veremos, uma forma de representar o 'outro' também presente na literatura grega, logo um legado literário mediterrâneo.

De facto, de acordo ainda com uma tradição discursiva clássica, há da parte de Pêro Vaz de Caminha o cuidado de expor o estado primitivo da subsistência dos indígenas, meros recolectores dos frutos que a natureza oferece, reverso do estado civilizado de quem vive da produção agro-pecuária, protótipo implicitamente encarnado no colono português. Atentemos, uma vez mais, no conteúdo da carta[26]:

"Eles não lavram nem criam, nem há aqui boi, nem vaca, nem cabra, nem ovelha, nem galinha, nem outra nenhuma alimária, que costumada seja ao viver dos homens; nem comem senão desse inhame que aqui há muito e dessa semente e frutos que a terra e as árvores aí lançam. E com isto andam tais e tão rijos e tão nédios, que o não somos nós tanto quanto trigo e legumes comemos."

De novo o cereal (empregue por sinédoque de 'pão') serve de marcador alimentar identitário de um 'eu' que, da comparação com o 'outro', constitui-se em estereótipo do retrato do Homem civilizado, mas diminuído diante de um Homem silvestre de compleição física mais saudável. Caminha deixa, deste modo, implícita no seu discurso uma relação de causa-efeito entre alimentação e saúde, revelando-se, também através desse tipo de raciocínio, um *continuum* científico entre a Antiguidade e o dealbar da Época Moderna.

3. 2. Fontes literárias gregas da identidade alimentar luso-brasileira

De facto, a crença em que os condicionalismos geo-climatéricos e dietéticos determinam o bem-estar e a longevidade dos indivíduos aparece-nos já largamente atestada em autores gregos do séc. V a. C. Não abordarei o tema nos escritos hipocráticos[27], mas num autor que, partilhando do substrato científico-cultural comum às elites gregas pensantes da época[28], mais se

---

[26] Magalhães e Salvado 2000: 26.
[27] De que se destacam, pela temática, os tratados: *Dos ares, águas e lugares* e *Da dieta*.
[28] Vd. Thomas 2000 e 2006.

aproxima da natureza da documentação que temos estado a analisar, de teor histórico-antropológico-cultural: Heródoto.

Das inúmeras referências pertinentes para a discussão presente, limitar-me-ei à história dos Etíopes de Longa Vida (em grego justamente chamados de *makrobioi*[29]). Caracterizada a sua *diaita* no livro III das *Histórias* (caps. 20-24), esses podem ser considerados o arquétipo do "Bom-Selvagem", indivíduo que vive de acordo com um padrão de vida de tipo paradisíaco e disfruta de dádivas de um ambiente natural, que lhe conferem bem-estar e lhe prolongam a vida. Nos antípodas desta representação idílica, a literatura grega oferece-nos o protótipo do selvagem bestial, encarnado no gigante Polifemo da *Odisseia* de Homero (canto IX, vv. 105-566) e da peça *O Ciclope* de Eurípides[30].

Atentemos brevemente nos elos de ligação entre as fontes clássicas e as portuguesas, exercício que visa não a defesa de um conhecimento directo daquelas por parte dos autores destas (que também não podemos liminarmente recusar), mas sim demonstrar a profundidade do enraizamento do substrato cultural heleno-mediterrâneo na identidade cultural europeia, em concreto na identidade cultural portuguesa.

a) Discurso histórico herodotiano e a Carta de Pêro Vaz de Caminha

O que há de comum entre o retrato dos índios tupiniquins e o dos fabulosos Etíopes de Heródoto? Um padrão alimentar em que não têm lugar os dois mantimentos artificiais conotados com um modo de vida civilizado; uma rejeição inicial (total ou parcial) desses alimentos; um abastecimento pródigo de sustento, dádiva da natureza; um vigor físico superior, associado à *diaita* local. Observemos como esses tópicos enformam a narrativa herodotiana.

A embaixada enviada pelo rei Cambises, senhor da Pérsia e do Egipto[31], às gentes da 'cara queimada' (que é o que significa literalmente a palavra grega *Aitiopes*) distingue o soberano local com uma série de presentes de hospitalidade, entre os quais figura o vinho (3. 20. 1)[32]. Apesar de desconhecerem a bebida e de, neste domínio, serem representados de acordo com o estereótipo primitivo de 'comedores de carne' e 'bebedores de leite' (3. 23.

---

[29] Cf. Heródoto, *Histórias* 3. 17. 1, 21. 3, 23. 3, 97. 2.

[30] Já tive ocasião de discutir, noutro lugar, o desenho, na literatura grega, destes dois arquétipos, contrastivos, do 'outro' não-civilizado (Soares 2009b).

[31] Cambises torna-se soberano do Egipto, após a tomada de Mênfis a Psamético III, em 525 a. C., iniciando a XXVII dinastia. Sobre o domínio de faraós persas, cf. Boardman 1988: 255-259.

[32] Também na *Odisseia*, no contexto do relato de Ulisses sobre a sua passagem pela ilha dos Ciclopes, reencontramos a referência à oferta de vinho como presente de hospitalidade. De facto, no canto IX (vv. 204-211), o rei de Ítaca recorda que Máron o presenteara com um vinho puro, doce como o mel.

1)³³, os Etíopes têm um rei que fica fascinado com o modo de fabrico do vinho (3. 22. 3). Repare-se que não se diz que este o provou. Aliás, é noutro passo das *Histórias* que o leitor depara com a reacção natural das gentes desconhecedoras do vinho ao seu consumo, a saber: a fraca tolerância do organismo à sua ingestão.

Recorde-se o episódio mais emblemático neste domínio, o do rico banquete "oferecido" pelos Persas aos soldados Masságetas inimigos (1. 207-212). Estes caem no ardil preparado por Ciro, uma vez que não percebem que as tropas persas débeis que encontram no acampamento adversário constituiam uma "presa" demasiado fácil e que o lauto repasto, formado de toda a espécie de iguarias e de vinho estreme, não passava de um "isco" para os enfraquecer³⁴. Pesados pela comida e adormecidos pela embriagues, acabam por ser capturados sem honra nem glória. Será na boca da rainha masságeta, mãe do príncipe infamemente capturado por Ciro, que Heródoto verbalizará, através da atribuição ao vinho do nome *phármakon*, a dimensão nefasta da bebida, ao ser chamada de 'droga, veneno' (1. 212. 3).

Do pão não é melhor a imagem que o *supra* referido rei dos Etíopes cria. Ao ouvir a descrição de como era produzido o cereal de que era feito, apelida o alimento de 'estrume' (3. 22. 4), numa provável repugnância perante a ideia de comer um alimento cuja matéria-prima se criava à base do adubo natural que é o estrume dos animais. Mais: o soberano encontra nesse elemento básico do regime alimentar civilizado a explicação para os hóspedes terem uma longevidade inferior à da sua raça, estimada aquela em 80 anos, número bastante inferior aos 120 de que se gabava atingirem os Etíopes.

Recordemos que a admiração de Caminha perante o vigor físico dos índios vinha acompanhada da constatação, a seu ver espantosa, de a alimentação dos portugueses, também ela à base de trigo (e legumes), os deixar numa condição física mais débil que a desse 'outro' desconhecedor da dieta cerealífera. Ou

---

³³ Sobre o papel da dieta como categoria que permite, na literatura grega, distinguir o Homem civilizado do Homem silvestre, do selvagem e do nómada, cf. Soares 2005: 121-129, Shaw 1982/83: 8-17 e Rosellini et Saïd 1978: 955-999.

³⁴ Como se lê em 1. 207. 6-7: *De acordo com as minhas informações, os Masságetas não têm qualquer experiência dos <u>deleites</u> da Pérsia e desconhecem igualmente os <u>grandes prazeres</u>. Pois bem, para homens deste tipo vamos abater, sem economia, e preparar uma série de cabeças de gado, a ser-lhes oferecida num banquete no nosso acampamento; ao que se acrescentam jarras de <u>vinho puro</u> –também <u>sem reservas</u>– e <u>toda a espécie de iguarias</u>. Tomadas estas medidas, deixamos para trás o contingente de menor valia, enquanto os restantes recuam de novo para junto do rio. Se realmente não falho na minha avaliação dos factos, os Masságetas, assim que puserem os olhos em toda aquela abundância de delícias, viram-se a elas e a nós é-nos deixada a oportunidade de cometer grandiosas façanhas.* Os sublinhados permitem destacar o relevo dado a menus sofisticados, abundantes e exóticos à luz do padrão alimentar do consumidor. Salvo indicação em contrário, todas as traduções apresentadas do grego são da minha autoria.

seja, embora adoptando estratégias discursivas diversas, tanto o autor grego como o português questionam, de forma indirecta, as putativas vantagens de um padrão alimentar civilizado sobre um padrão alimentar primitivo.

b) Discurso dramático de Eurípides

Falta-nos confirmar que, também na representação do selvagem, os autores gregos fazem uso do estereótipo alimentar em discussão, a que juntam, agora, notas fortemente negativas, como são o canibalismo e o desrespeito pelas normas de civilidade (domínio em que entra o código de hospitalidade/*xenia*) e da vida política (que tem por alicerce a justiça). É nos gigantes de um só olho, os Ciclopes, que o folclore grego cristaliza o protótipo do selvagem, pela primeira vez descritos na *Odisseia*, personagens que o trágico Eurípides reformula no seu drama *O Ciclope*[35]. Se no relato épico, o povo desconhecido com que depara Ulisses na sua errância pelo Mediterrâneo não desconhece os cereais (trigo e cevada) e o vinho, a verdade é que o poeta os continua a colocar num estádio civilizacional primitivo, i. e., pré-agrícola, já que esclarece que tal gente desconhece as técnicas de plantio e transformação, atendendo a que a natureza (por obra dos deuses, claro!) lhes oferece espontaneamente esses produtos básicos[36]. No entanto, quando o rei de Ítaca entra na gruta de Polifemo, não depara com nenhum desses alimentos, mas sim com os que fazem parte da representação do Homem primitivo pastor e nómada: o leite e o queijo, a par do gado ovino e caprino[37]. Parece, pois, que não aproveitam dessa dádiva divina, incompatível com o seu modo de vida a-político e incivilizado. Desconhecedores de uma lei comum, não necessitam de assembleias, nem vivem em comunidade, mas em estruturas unifamiliares isoladas[38].

Não obstante a presença, na representação do selvagem, de uma série diversa de marcadores culturais, é interessante notar que cabe à alimentação (e

---

[35] Para uma análise detalhada do retrato desse anti-herói, sacrílego e sem maneiras, vd. a 'Introdução' que acompanha a minha tradução portuguesa da peça (Soares 2009a: 27-61).

[36] *Odisseia*, IX, vv. 105-111, 357-358. Em ambos os passos se atesta que a terra dos Ciclopes, povo desconhecedor do consumo (logo também do fabrico) de vinho, é fértil em vinhas. No fundo, ao nível literário, regista-se aquele que foi e pode continuar a ser o aproveitamento dado ao fruto da videira: consumo ao natural ou seco (estádio que historicamente precedeu a descoberta da fermentação e produção de vinho), a par da sua transformação em bebida de teor alcoólico variável. Porque o objecto da nossa reflexão são as origens mediterrâneas da presença do pão e do vinho na dieta portuguesa, é interessante notar que os estudos arqueológicos feitos em lugares de confirmada presença púnica em Portugal (de influência grega), nomeadamente na região de Santarém, parecem confirmar que coincide com a chegada desses colonos a Portugal (séc. VII a.C.) a introdução do plantio da vinha, bem como o aproveitamento da oliveira para fins alimentares (Arruda 2003).

[37] *Odisseia*, IX, vv. 219-222.

[38] *Odisseia*, IX, vv. 113-115.

mais concretamente ao pão) a função de símbolo por excelência da alteridade. Disso nos damos conta ao lermos os seguintes versos[39]:

> *Aí dormia um homem monstruoso, que sozinho apascentava*
> *os seus rebanhos, à distância, sem conviver com ninguém:*
> *mantinha-se afastado de todos e não obedecia a lei alguma.*
> *Fora criado assim: um monstro medonho. Não se assemelhava*
> *a quem se alimente de pão, mas antes ao cume cheio de arvoredos*
> *de uma alta montanha, que à vista se destaca dos outros.*

A bestialidade do 'outro' exprime-se na prática do canibalismo, acto que, nas palavras do poeta, serve para comparar Polifemo a uma fera, o leão[40]. Eurípides aproveita os contornos homéricos e recria no teatro um Ciclope com uma *diaita* idêntica à acabada de descrever. Ao propósito da nossa investigação, importa reter que reencontramos o simbolismo da falta de civilidade contido na díade alimentar básica, feita de pão e de vinho, contraposta à díade primitiva, assente no consumo de carne e de leite. Esclarecedoras, neste contexto, são algumas das falas trocadas entre Ulisses e Sileno, intendente da gruta de Polifemo, de que destaco as seguintes[41]:

> ULISSES
> *Semeiam o trigo de Deméter ou do que é que vivem?*
> SILENO
> *De leite, de queijo e da carne das ovelhas dos seus rebanhos.*
> ULISSES
> *Mas conhecem a bebida de Brómio, o sumo das uvas?*
> ILENO
> *Nem pensar! É por isso que vivem numa terra sem graça.*
> (...)
> ULISSES
> *Vende-nos pão! Temos falta dele.*
> SILENO
> *Não há – como expliquei – nada mais além de carne.*

---

[39] *Odisseia*, IX, vv. 187-192 (trad. Lourenço 2005: 150).
[40] *Odisseia*, IX, v. 292.
[41] Eurípides, *Ciclope*, vv. 121-124, 133-134 (trad. Soares 2009a: 74-75).

Fig. 1: Krâter de sino. Estilo: Ático de figuras vermelhas, pelo Pintor dos Tirsos Negros, c.375 350 a.C.. Universidade de Coimbra, Instituto de Arqueologia. Proveniente de Alcácer do Sal. Alt.:29 cm. Diâm. máx.: 28 cm.

Tanto na versão épica como na dramática, o vinho, embora apreciado pelo 'outro', quando consumido em excesso leva à sua perdição. Assim como os Masságetas de Heródoto, o Ciclope sucumbe à embriagues e torna-se presa fácil da vingança de Ulisses.

Evocadas que foram algumas das fontes gregas clássicas para a importância do pão e do vinho na construção do padrão alimentar civilizado, é chegado o momento de buscarmos, num leque mais vasto de documentação escrita, o lugar primordial reservado a esses produtos na alimentação mediterrânea grega antiga, indiscutivelmente um dos substratos da alimentação portuguesa e suas derivadas.

4. A primazia do pão e do vinho na dieta mediterrânea

Antes de passarmos à análise de mais fontes antigas, há que esclarecer os critérios que determinaram a selecção dos documentos: o género literário dos mesmos e a semelhança ou dissemelhança dos contributos das fontes. Ou seja, elegendo trechos significativos provenientes de géneros diversos, como a épica (dos Poemas Homéricos), a lírica (de Xenófanes e Hipónax), o drama (de Eurípides), a prosa – historiográfica (de Heródoto) e a filosófica (de Platão) – e, como não poderia deixar de ser, a poesia gastronómica (de Arquéstrato), atestamos o tratamento transversal dado ao tema pelos autores clássicos.

Se bem que, de um modo geral, todos os textos que terei em consideração confirmem a obrigatoriedade da presença destes dois alimentos na mesa dos Antigos Gregos[42], retomo a minha análise não por aqueles que constituem a certidão de nascimento da literatura ocidental, os Poemas Homéricos (séc. VIII a. C.), mas por um trecho da tragédia de Eurípides, *As Bacantes* (ca. 406 a. C.)[43]. Esta subversão da ordem cronológica das fontes explica-se pelo facto de nos vv. 275-283 da peça depararmos com a indicação expressa de que são dois os deuses (cada um deles devidamente identificado como símbolo de determinado alimento) logo são dois os alimentos *de primeira importância para os seres humanos*: os cereais (no texto grego simplesmente chamado de 'secos'), com que Deméter alimenta os mortais, e o vinho (poeticamente designado pela perífrase 'bebida líquida do cacho'), descoberta de Baco, que o deus transmitiu aos Homens. Se, relativamente aos cereais, se percebe, pelo uso do verbo que significa 'alimentar' (cf. *ektrephei*), que são as suas potencialidades nutritivas que o transformam num produto de primeira necessidade, no que diz respeito ao vinho, a designação que lhe vem atribuída de 'remédio dos males' remete-nos para um domínio já na Antiguidade tido por indissociável da alimentação, a saúde. De facto, conforme vimos atrás, pode chamar-se ao vinho *pharmakon*, termo empregue tanto com sentido benéfico de paliativo ('remédio'), como sucede no caso presente, como com valor pejorativo ('veneno'), remetendo para um elemento agressor da saúde[44].

Indiscutível parece, pois, ser o lugar de destaque dado na *diaita* dos povos helénicos e seus descendentes culturais aos produtos que passaremos agora a considerar em contextos concretos de consumo.

---

[42] Preferi centrar a minha investigação na geralmente menos conhecida gastronomia grega, por comparação com a romana. Na verdade, sendo antepassada desta, está na origem de muito do que é a cozinha europeia em geral (com já sublinhou Dalby 1996: 1).

[43] Para uma tradução portuguesa, a partir do grego, introdução e notas à peça, vd. Rocha Pereira 1992.

[44] Repare-se que, tal como sucede com o termo grego em apreço, também o português 'droga' encerra um significado duplo antagónico, pelo que uma tradução abrangente de *pharmakon* será precisamente 'droga'.

4.1. Pão & vinho na dieta dos heróis homéricos

Como já foi observado por S. Sherratt (2004: 302), os heróis homéricos aparecem-nos constantemente em festins, não desperdiçando a mínima oportunidade para realizarem refeições de confraternização. Aliás essa é uma estratégia narrativa de nítidos reflexos sociais, usada, como notou a referida estudiosa, com o intuito de se confirmar o estatuto de heróis das personagens em causa (idem: 301).

Dos vários motivos que nos Poemas justificam o aparecimento dessas cenas de convívio em torno da alimentação, optei por cingir-me aos quadros de recepção e despedida de um hóspede[45]. Ou seja, tratando-se de um momento de quebra da rotina de um grupo, devido à intromissão de um elemento estranho no seu universo, assiste-se a comportamentos e reflectem-se valores fundamentais em qualquer época da história do homem, na medida em que o indivíduo é posto em confronto com o exterior da célula de que faz parte. Trata-se, por conseguinte, de uma ocasião privilegiada para detectarmos a afirmação de identidades diversas, da sua interacção e/ou confronto.

O ritual da hospitalidade (*xenia*) envolve uma série de etapas, mais ou menos obrigatórias, iguais ou com ligeiras variantes, num quadro que ninguém hesita em qualificar de "cena-típica", com todos os efeitos de previsibilidade e repetição que esse recurso narrativo acarreta para o discurso. Assim, por regra, antes de ser servida ao hóspede uma "refeição convencional"[46], assistimos à chegada deste, bem como ao convite para entrar e sentar-se. É na *Odisseia* que se concentra o maior número de episódios da típica refeição de recepção e despedida de um hóspede. Nos cinco trechos de natureza formular identificados[47], a maioria dos versos coincide, havendo ligeiras modificações, forçadas pela alteração do número de pessoas envolvidas[48], ou então alguns passos são mais breves do que outros (quando se omite uma parte do serviço, o que sucede com a distribuição quer do vinho quer das carnes[49]).

---

[45] Ficam de fora as ocasiões de simples satisfação das necessidades básicas de alimentação dos indivíduos, de celebração de alguma vitória ou de agraciamento aos deuses.

[46] A "formal meal", na terminologia de Edwards (1975: 54).

[47] *Odisseia* I 136-143 (deusa Atena recebida no palácio de Ulisses), IV 51-58 (Telémaco e Pisístrato recebidos no palácio de Menelau), VII 172-176 (Ulisses recebido no palácio de Alcínoo), X 368-372 (Ulisses recebido na casa da feiticeira Circe), XV 135-139 (partida de Telémaco e Pisístrato do palácio de Menelau).

[48] Em três passos os destinatários do serviço são em número de dois (Atena e Telémaco, no canto I; Telémaco e Pisístrato, nos cantos IV e XV), nos restantes uma figura individual, mencionada ora na 3ª pessoa (Ulisses, no palácio de Alcínoo, no canto VII), ora na 1ª pessoa do singular (o mesmo Ulisses, também no canto X, quando se encontra na morada da feiticeira Circe, porque estamos no contexto do relato pessoal das peripécias vividas pelo herói).

[49] Apenas as cenas do canto I e do XV contemplam uma referência completa ao serviço de mesa, entendendo-a nós por completa, devido ao facto de contemplarem as quatro partes da refeição, executadas por figuras distintas para cada uma dessas tarefas. Assim, a lavagem

Cito a primeira e mais completa ocorrência da refeição típica oferecida a um visitante[50]:

Uma serva trouxe um jarro com água para as mãos,
um belo jarro de ouro, e água verteu numa bacia de prata.
E junto deles colocou uma mesa polida.
A venerável governanta veio trazer-lhes pão,
assim como iguarias abundantes de tudo quanto havia.
O trinchador trouxe salvas com carnes variadas,
e colocou junto deles belas taças douradas;
um escudeiro veio depois servir o vinho.

Da recepção feita por Telémaco à deusa Atena, disfarçada de Mentes, rei dos Táfios, no salão do palácio de Ulisses sobressai um ambiente requintado. Denunciam esse luxo, engrandecedor das figuras dos heróis, espelho do seu elevado estatuto social, todos os detalhes sinestésicos de um cenário que, despido dos adereços sinónimos de abundância e de riqueza, se resumiria a uma mesa de pão e de vinho. Sobressaem o ouro e a prata, as matérias-primas preciosas do jarro da água e da bacia para lavar as mãos. Este último acto corresponde a um cuidado higiénico e de purificação tão ancestral e pervivente na contemporaneidade, se bem que muitas vezes hoje já despojado do simbolismo religioso original. Também as taças para onde se verte o vinho são de ouro. A mesa que a governanta coloca junto dos dois convivas, para serviço exclusivo da dupla de convivas, ao ser adjectivada de polida, parece apontar para um tampo de pedra, e, em termos de mobiliário do convívio, para o hábito grego, tão bem retratado nas pinturas de vasos, como sugerido noutros testemunhos escritos, da utilização de mesas portáteis individuais[51]. Em termos de alimentos servidos, é sobretudo na nota de abundância, pre-

---

das mãos e a disposição da mesa e do pão sobre esta cabem, no primeiro caso, a uma serviçal comum da casa (gr. *amphipolos*), no segundo, ao topo da hierarquia de servas femininas, a governanta (gr. *tamia*). Já o cortar das carnes assadas, em pedaços prontos a serem comidos juntamente com o pão, e o servir do vinho competem tanto a categorias de servos especializados (como são o trinchador – gr. *daitros* – e o escudeiro – gr. *kêrux*, apresentados no canto I, vv. 141 e 143, respectivamente), como, cumpridas por jovens nobres da casa/família do anfitrião, correspondem a signos de distinção social (atribuídos a um filho do anfitrião Menelau – a quem compete servir o vinho, cf. XV 141 – e a um filho de outro nobre, cf. 15. 140). A título ilustrativo recordemos que, no seio do panteão grego, a função de escanção foi atribuída a filhos do próprio Zeus, Hefestos e Ganimedes, e que na corte oriental persa, de acordo com o testemunho de um outro autor grego, Heródoto, a função de escanção-real era confiada a filhos dos validos do monarca (como vem relatado, no livro III das *Histórias*, caps. 34-35, a propósito do filho do nobre Prexaspes, homem de confiança de Cambises).

[50] *Odisseia*, I, vv. 136-143 (trad. Lourenço 2005, 6ª ed.: 29).

[51] Veja-se, a este propósito, o frg. 4, v. 1 de Arquéstrato, onde se lê: *Toda a gente deve comer de uma elegante mesa individual*.

sente no v.140, que o poeta sublinha os tons exuberantes com que pinta o seu quadro de banquete.

Mas o pão e o vinho, elementos principais de um qualquer repasto grego, não esgotam a mesa mediterrânea. A refeição só parece estar completa quando se adiciona a esses dois produtos, essenciais ao saciar do desejo de comida e de bebida, um terceiro elemento, destinado a guarnecer essa 'base' (em sentido literal, 'suporte' que conduz a comida à boca), o pão. Os substantivos empregues na épica para designar o que genericamente se poderá classificar de 'condutos' (pois são, verdadeiramente, alimentos *conduzidos* à boca pelo pão) correspondem aos plurais gregos *eidata* e *opsa*. O primeiro ocorre aqui, bem como nas quatro cenas idênticas a esta, e tem o sentido literal de 'comidas'[52], vertido na tradução e, quanto a mim muito oportunamente, por 'iguarias', na medida em que corresponde a todo um conjunto indefinido de alimentos (preparados ou naturais) cuja função é não só reforçar e diversificar a ingestão de nutrientes necessários à sobrevivência, mas sobretudo satisfazer o gosto dos consumidores. Quanto à designação *opsa*, usada com sentido genérico equivalente ao termo anterior, corresponde literalmente (graças ao parentesco com o vb. gr. *optao*, 'cozinhar'), e como define, por volta de 200 d. C., Ateneu de Náucrates, no seu *Sábios à Mesa* (227 a), a *tudo o que é preparado ao lume para servir de comida*, e é empregue, nos Poemas Homéricos, no que se pode chamar a versão simplificada do menu típico grego, refiro-me ao farnel de viagem[53].

Vejam-se as provisões que Telémaco e Pisístrato recebem das mãos da governanta, no momento em que partem do palácio de Pilos, no início da sua viagem, e Ulisses, das mãos da ninfa Calipso, quando embarca na jangada, rumo a casa. Se no primeiro passo – quando se afirma que *a governanta colocou no carro pão, vinho / e iguarias, das que comem os reis criados por Zeus*[54] – se alerta o leitor para o valor social distintivo da alimentação, no segundo denota-se a importância que, desde os primórdios da escrita ocidental, se confere ao gosto, pois diz-se que a comida oferecida pela ninfa, além de abundante, tinha o efeito de alegrar o coração, o mesmo é dizer, dar prazer, a quem a comesse[55]. Teremos, no entanto, que recorrer a outros passos da épica e de

---

[52] Do ponto de vista etimológico, *eidata comunga da raiz do vb. edo (igual em grego e latim, com o sentido de 'comer')*.

[53] Também os aprovisionamentos preparados para acompanhar os guerreiros em campanha militar (uma outra forma de 'viagem' muito comum ao longo de toda a história da humanidade) se centram nesses elementos básicos (cereais, vinho e outros suplementos proteicos, como a carne), sem esquecer, por razões de sobrevivência/saúde e não de higiene, a água potável. Já procedi a um estudo sobre "Alimentação e Guerra nas *Histórias* de Heródoto" (*Humanitas* 66, 2014).

[54] *Odisseia*, III, vv. 479-80 (trad. Lourenço 2005: 64).

[55] *Odisseia* V, vv. 265-267 (trad. Lourenço 2005: 98): *Na jangada colocou a deusa um odre de escuro vinho; / e outro, o odre grande, de água. Num alforge de pele / pôs comida e muitas coisas que alegram o coração*.

outras fontes, se quisermos informações que nos ajudem a entender a que alimentos poderiam estar os Gregos a referir-se na Antiguidade, quando falam de 'comidas' em geral.

Invariavelmente, as refeições dos heróis homéricos têm por conduto carnes[56]. Na esmagadora maioria das vezes são consumidos animais domésticos (bovinos, ovinos, caprinos e suínos[57]), ficando reservado à caça um papel bastante residual[58]. Se bem que essa constante e abundante presença de carne nas refeições, contrastiva com a realidade histórica do leitor padrão ateniense, possa ser decodificada como símbolo de um universo heróico idealizado, estudos arqueológicos têm demonstrado que as elites do Egeu, em determinadas épocas, comiam carne em abundância[59]. Estamos, seguramente, no domínio da utilização da comida como factor de distinção social.

As mesas dos grandes senhores, desde os primórdios da literatura, cobriam-se de carnes acabadas de preparar. À mesa dos mais humildes, daqueles que ainda assim gozam do privilégio de servirem essa casta de reis, vamos encontrar um hábito que atravessou séculos, para chegar aos nossos dias, o serviço de carnes frias, muitas vezes aproveitando restos do dia anterior. Este é o quadro desenhado para a recepção de Telémaco na casa do porqueiro de seu pai, Eumeu[60].

Guardei para o termo desta inquirição sobre a mesa dos heróis homéricos, o tratamento dado ao vinho. Além da prática recorrente, quer na civilização grega como na romana, de ser consumido cortado por água e, com alguma frequência, enriquecido com mel, encontramos nos Poemas Homéricos dois passos que atestam a adição de ingredientes mais raros: cevada e queijo. A leitura do trecho da *Ilíada*, mais detalhado quanto às técnicas de preparação da bebida, ajuda o leitor a perceber melhor a descrição sintética, de tipo enumerativo, da *Odisseia*. Atentemos em ambas as referências[61]:

---

[56] Sobre a alimentação na época homérica, vd. Heath 2000, Wecowski 2002, Andò 2004, García Soler 2010.

[57] Dos numerosos passos em que nos Poemas Homéricos se descreve o abate, preparação e serviço das carnes permito-me destacar a refeição oferecida por Aquiles a Ulisses, Ájax e Fénix, na sua tenda. Escolho-o por referir que as carnes assadas em espetos, sobre brasas e temperadas apenas com sal, provinham de três tipos diferentes de animais: ovelha, cabra e porco (*Ilíada*, IX, vv. 199-222).

[58] Nas duas vezes em que se regista a captura de animais selvagens para serem comidos (cabras monteses: *Odisseia*, IX, v. 154-158; veado: *Odisseia*, X, vv.156-186), só com a ajuda de alguma divindade os homens conseguiram efectuar a caçada. Parece-me ser esta uma linguagem metafórica para indicar que é da agro-pecuária que os homens civilizados devem sustentar-se e não dos bens da natureza selvagem.

[59] Sherratt 2004: 304.

[60] *Odisseia*, XVI, vv. 49-52 (trad. Lourenço 2005, 6ª ed.: 260): *À sua frente o porqueiro pôs um prato com as carnes / que tinham ficado da refeição anterior; / e colocando rapidamente o pão em cestos, / misturou o vinho doce numa taça cinzelada com hera.*

[61] Trad. Lourenço 2005: 260. Trad. Lourenço 2005, 6ª ed.: 169.

Ilíada XI	Odisseia X
Primeiro junto deles pôs ela uma mesa bela, Com pés de precioso azul, bem polida; e sobre ela colocou um cesto de bronze e uma cebola, **para temperar a bebida**, e pálido mel e grãos moídos de sagrada cevada. (...) Nesta taça, a mulher semelhante às deusas misturou vinho de Pramno, e por cima ralou queijo de cabra com um ralador de bronze; e polvilhou depois a branca cevada.	Circe sentou-os em assentos e cadeiras e serviu-lhes queijo, cevada e pálido mel com vinho de Pramno; mas misturou na comida drogas terríveis para que se esquecessem da pátria
vv. 628-631, 638-40[1]	vv. 233-236[2]

O serviço de mesa é prestado aos convivas tanto por uma serva, no primeiro caso (na tenda do rei Nestor), como pela senhora da casa (a feiticeira Circe), no segundo. Para os convivas preparam uma bebida que, sem dispensar a tradicional junção de vinho[62] e água (subentendida no emprego da forma verbal 'misturou'[63]), introduz uma paleta gustativa de sabores muito diversificados, com destaque para a fusão do doce, do lácteo e do elemento base da alimentação, o cereal. Esta é, sem dúvida, uma outra maneira de conjugar à mesa o vinho e a matéria-prima de que se fazia o pão!

4. 2. Pão & vinho à mesa dos poetas líricos

Evoquemos, de seguida, o testemunho dos poetas líricos[64], fontes que nos ajudam a perceber tanto a variação de gostos no que à preparação do vinho diz respeito, como a pluralidade de usos gastronómicos dada a condutos-base como são os *supra* mencionados queijo e mel. Num desses textos confirma-se a origem mediterrânea, ainda hoje conservada em Portugal, bem como em vários países do sul da Europa, de combinar o consumo de queijo com mel, acompanhados do indispensável par pão&vinho. Desse costume nos dá conta Xenófanes de Cólofon (sécs. VI-V a.C.), poema que tem o interesse

---

[62] Um dos vinhos mais famosos entre os Gregos antigos era precisamente este, o *Prámnios*. Conforme refere García Soler (2001: 296), com base num estudo exaustivo das fontes, a designação pode derivar tanto da origem geográfica do produto, que viria da ilha Icária, onde havia um rochedo chamado *Pramnía*, como da variedade da videira.

[63] Cf. grego *kúkese*.

[64] A propósito da alimentação em autores líricos da Época Arcaica, vd. García Soler 1997 e 1998.

acrescido de denunciar um gosto contra a corrente popular de beber vinho com mel (frg. 1 Diels-Kranz). Neste caso, da leitura da elegia, resulta clara a preferência do autor pelo consumo de vinho apenas diluído em água (daí a alusão à grande taça em que se fazia essa mistura, o *krater*), ficando o queijo e o mel reservados ao estatuto de acompanhamentos do pão. Apresentamos em tradução nossa os vv. 1-10, trecho relevante para a actual reflexão[65]:

> *Agora sim, está o chão puro, e as mãos de todos*
> *e as taças de vinho. Um coloca-nos coroas entrançadas,*
> *outro estende-nos um líquido perfumado numa taça de libações.*
> *Também o* krater *está cheio de boa disposição.*
> *Outro é o vinho preparado, ele que diz jamais vir a deixar*
> *no barro um cheiro ao mel de flor.*
> *No centro um sacro aroma exala do incenso,*
> *fresca é a água, doce e pura.*
> *Presentes estão pães dourados e uma sumptuosa mesa,*
> *de queijo e rico mel repleta.*

Quer o lugar, os objectos, bem como os participantes do banquete são submetidos a uma purificação/higienização prévias. Continuemos hoje, ou não, a evocar a presença do divino nos momentos de partilha dos alimentos à mesa, não diferimos dos gregos antigos em termos de cuidados de limpeza. Também os utensílios usados variavam em formas e funcionalidades, como se percebe da pluralidade de designações contidas no texto para os recipientes de líquidos: as taças, com asas, para beber o vinho (gr. sing. *kylix*), o grande vaso para mistura deste com a água (*krater*) e a taça, sem pé nem asas e geralmente com um lóbolo central (para colocar um dedo, ajudando a segurá-la), onde se juntava vinho puro com outros líquidos (leite, água, mel, azeite)[66], bebida a ser oferecida aos deuses, vertendo parte dela para o solo e bebendo todos os convivas da mesma taça a porção sobrante (gr. *phiale*)[67]. Arredado do vinho, o mel de flores (pois também o havia de palma[68]) faz juntamente com o queijo e o pão as honras da mesa.

---

[65] Para a edição grega, vd. Gentili-Prato (1988: 166).
[66] Vd. Burkert 1993: 153-159.
[67] Sobre as formas dos vasos gregos, vd. Richter-Milne 1935. Informação útil nesta matéria acessível em: www2.ocn.ne.jp/~greekart/vase/s_menu_e.html
[68] Heródoto (I 193, IV 194, VII 31) refere-se ao mel artificial, obtido através da cozedura das tâmaras levemente fermentadas (García Soler 2001: 376). Também Estrabão, ao descrever os bens da Babilónia (*Geografia* 16. 1. 14), enumera entre as várias dádivas da palmeira o mel. Outra substância adoçante conhecida pelos Gregos era o que chamavam de *aeromeli*. Provavelmente tratava-se de maná de tamarisco, que há na Pérsia, Índia e Sinai, apresentando-se nas folhas de alguns vegetais sob a forma de lágrimas (García Soler 2001: 375-6).

É legítimo interrogarmo-nos se as fontes escritas contemporâneas de que dispomos nos permitem proceder a uma interpretação sociológica da mesa grega. O testemunho de outro poeta lírico dos sécs. VI-V a.C., Hipónax, revela quão relativa pode ser a concepção de "mesa farta". Considere-se o fragmento 26 West, em que se contrapõe um nível elevado de vida à modéstia mais elementar, aquela a que, no geral, se viam constrangidos os servos:

> *Realmente um deles vivia regalado, pois todos os dias, tal qual o eunuco Lâmpsaco, banqueteava-se à grande com atum fêmea e "pastas deliciosas", a ponto de devorar o património! Até que precisou de cavar o solo pedregoso das montanhas, para comer figos, com moderação, e um pãozinho de cevada – uma ração de escravo.*

No domínio dos condutos é flagrante o contraste entre o requinte de comer um peixe nobre (o atum) e uma espécie de *paté* (as "pastas deliciosas"), preparado com queijo, mel e alho (ingredientes esmagados a ponto de formarem uma pasta, conforme sugere a etimologia do substantivo *muttotos*, derivada do verbo *muttoteuo*, que significa 'esmagar'[69]) ou alimentar-se do pão menos cotado (o de cevada), acompanhado de uma dose modesta de um dos frutos mais comuns na Grécia, o figo. A este último menu atribui Hipónax o substantivo 'ração' (*khortos*), termo de evidente valor depreciativo, por remeter o público não só para o universo da escravatura, mas, antes disso, para o mundo dos animais.

De facto, tal como sempre tem sucedido ao longo da história do Homem, na alimentação espelha-se o estatuto sócio-económico dos indivíduos. Nas palavras dos dois autores gregos que nos falta considerar, Platão e Arquéstrato, encontramos desenvolvida a ideia principal do poema de Hipónax: a conotação da "comida de pobre" com produtos acessíveis à população comum e de "manjar" com produtos raros e especialidades gastronómicas de preparação mais elaborada.

4. 3. Pão & vinho: ideal alimentar na *República* de Platão

Na *República* (372 a5-373 a), a propósito do *modo de viver* (vb. *diaita*) das gentes de Calípolis, Sócrates e Gláucon fazem-se porta-vozes de dois modelos contrastantes. A vida simples, idealizada pelo primeiro, tem por base os cereais e o vinho, sendo que aqueles seriam consumidos nas duas formas mais usuais, a saber: a cevada, na preparação de papas; o trigo, sob a forma de pão. Também os condutos, que, apenas por instigação do interlocutor, Sócrates é impelido a acrescentar, pertencem à dieta dos extractos sociais mais humildes. Na categoria de pratos salgados entram as azeitonas, o queijo, os bolbos (plantas silvestres) e os vegetais (plantas cultivadas); na das sobremesas, os inevitáveis figos, o grão-de-bico e as favas, além de frutos silvestres torrados (bagas de murta e bolotas). Não obstante as garantias de saúde que para o Mestre um tal regime

---

[69] Sobre este prato, vd.: Hipócrates, *Epidemias* 2. 6. 28.

alimentar comporta, Gláucon considera que essa seria a 'ração' (cf. uso do vb. *khortazo*) própria dos habitantes de uma cidade de porcos.

Quais seriam, então, os condutos e as sobremesas de uma cidade luxuosa, modelo em que pensa o aristocrata Gláucon? Não nos oferece porém Platão, na resposta de Sócrates, a informação detalhada que buscamos.

4. 4. Pão & vinho na literatura gastronómica de Arquéstrato

O texto que nos pode ajudar a conhecer exemplos concretos de uma alimentação requintada terá sido composto em data não muito distante da das obras de Platão. Refiro-me ao poema *Iguarias do Mundo* (gr. *Hedupatheia*) de Arquéstrato de Gela (Sicília, séc. IV a. C.)[70]. De entre os cerca de 60 fragmentos chegados até nós, atenho-me apenas a seis. Para o fragmento 38, contendo uma receita de atum fêmea, remeto pelo simples facto de esse pescado se encontrar entre as iguarias louvadas por um autor oriundo, muito provavelmente, do meio aristocrático siciliano[71]. Já o frg. 60 afigura-se-me bastante explícito na correspondência entre produtos e estatuto sócio-económico dos indivíduos. Eis as palavras do autor:

> *Durante um banquete coroa sempre a cabeça com grinaldas de todas as variedades de flores que as planícies férteis da terra oferecem, perfuma os cabelos com gotas de finos perfumes e, durante todo o dia, coloca sob o ténue fogo do brasido mirra e incenso, fruto fragrante da Síria. Quando estiveres a beber, que te sirvam um dos seguintes <u>acepipes</u>: um enchido do estômago, uma teta de porca estufada, molhadinha em cominho, vinagre bem forte e sílfio e toda a espécie de aves tenras da época, grelhadas. Esquece os modos dessa gente de Siracusa, que, à maneira das rãs, se limitam a beber, sem comer. Mas tu, não vás na conversa deles e come os petiscos de que te falo. Todos os restantes <u>acepipes</u>, por seu lado, são um <u>sinal</u> evidente de uma <u>aviltante</u> pobreza, a saber: <u>grão-de-bico cozido, favas, maçãs e figos secos</u>.*

O presente testemunho esclarece ainda outros aspectos, como a preparação dos convivas e do ambiente do banquete, purificados e perfumados de fragrâncias várias. Uma vez mais reencontramos os produtos consumidos ao natural e abundantes na natureza conotados com a origem humilde dos consumidores – na categoria das leguminosas, o grão-de-bico e as favas; as comuns maçãs (comidas frescas, na sua época) e figos (que secos se conservam, para consumo fora da época de colheita). A sofisticação está do lado de especialidades feitas de partes

---

[70] Sobre a obra do siciliano, vd. Olson-Sens 2000, Wilkins 2011, Soares 2012.

[71] Trad.: *Pega num rabo de atum fêmea – estou a falar de um grande atum fêmea, cuja terra mãe é Bizâncio. Depois de bem partido, grelha todas as postas, deitando-lhes apenas umas pedras de sal e esfregando-as com azeite. Come-as quentes, ensopando-as num molho salgado bem apurado. Se quiseres comê-las sem molho, também são excelentes, semelhantes aos deuses imortais em natureza e aspecto. Porém, se as servires regadas com vinagre, o prato fica estragado* (publicado em Soares 2012: 47).

específicas do animal doméstico mais consumido, que era o porco (vísceras e teta de porca), e de aves de caça, bem como da presença da planta aromática mais requintada de então (porque rara e criada apenas em estado selvagem), o sílfio.

De Arquéstrato, primeiro autor conhecido de um guia gastronómico, falta-me considerar mais quatro fragmentos, aqueles que se relacionam com alimentos da dieta grega que já nos apareceram noutros autores. Antes de analisar os trechos em que o autor se centra no pão e no vinho, convém assinalar que na sua obra temos a confirmação do consumo de azeitonas e de bolbos, ao que tudo leva a supor, servindo de 'entrada' (gr. *paropsis*[72]) a uma refeição completa, composta ainda pelas primeiras e segundas mesas.

Assim, no frg. 8 (que consiste num único verso), lêmos a recomendação *que te sejam servidas azeitonas engelhadas, amadurecidas na árvore*. Em questão estão as azeitonas pretas (i. e., que maturaram na árvore), que eram conservadas em sal durante o tempo necessário (daí apresentarem a pele engelhada) para perderem a acidez e se tornarem agradáveis ao palato[73].

Também os bolbos[74], terminologia genérica de difícil correspondência botânica exacta, se serviam bem condimentados, tradição culinária que o nosso autor claramente rejeita, quando escreve, no frg. 9, o seguinte: *Às taças com molhos de bolbos e de caules digo adeusinho, bem como a todo o tipo de aperitivos*. Na referência aos caules devemos entender a alusão a uma das plantas de sabor acre mais cotada entre os *gourmets* gregos e romanos antigos, o já referido sílfio. Criada apenas em estado selvagem, acabou por ser substituída, após a sua extinção, no séc. I d. C., pela assafétida.

Claro que o pão marca presença à mesa dos Gregos desde as entradas, posição primordial que Arquéstrato lhe reconhece quando afirma, no seu fr. 5 (vv. 1-2), que *Em primeiro lugar são os dons de Deméter de farta cabeleira que vou mencionar, meu caro Mosco*. Ou seja, é aos cereais/pão, ambos ofertas da deusa a que os Romanos haveriam de dar o nome Ceres (de que deriva em português o substantivo 'cereal'), que cabe, segundo a reconstituição que modernamente se faz da ordem por que Arquéstrato teria escrito os seus versos, o lugar de abrir o serviço de mesa propriamente dito. Faz todo o sentido que lhes seja concedida semelhante primazia, pois, conforme atestaram as mais antigas fontes em matéria de mesa grega (os Poemas Homéricos), desde que esta é posta, sobre ela se depositam cestas de pão.

---

[72] Repare-se que os Gregos formam a palavra que traduzimos por 'entrada' precisamente antepondo ao nome *opson* ('comida, prato') o sufixo *para* ('ao lado de'). Ou seja, trata-se de preparados que se servem para acompanhar o prato principal ou o antecedem.

[73] Outra maneira que os gregos antigos tinham de tornar as azeitonas comestíveis era colhê-las verdes e curá-las em salmoura, daí serem chamadas 'salgadas' ou 'marinadas'.

[74] A propósito dos bolbos, leia-se Degani 1997.

Da leitura completa do trecho em questão recolhemos uma série de informações pertinentes em domínios ainda hoje tidos em conta quando se caracteriza um produto alimentar, a saber: a qualidade, a origem e diversidade tipológica. Passemos, então, à leitura dos restantes versos do fr. 5:

> *Presta bem atenção ao que te digo. Os melhores e mais finos de todos (limpos das impurezas da mais comum cevada) podem arranjar-se em Lesbos, na colina rodeada pelo mar da famosa Éreso – mais brancos que a neve pura! Os deuses, se por ventura comem farinha de cevada, é aí que, para eles, Hermes a vai comprar. Também a há razoável em Tebas das Sete Portas, em Tasos e noutras cidades – mas assemelha-se a grainhas, quando comparada às anteriores! Não tenhas qualquer dúvida a respeito disto.*
>
> *Compra um pão da Tessália, que tenha sido bem enrolado à mão até formar uma bola, aquele a que os locais chamam* krimnites *e outros pão* kondrinos. *Em segundo lugar o meu elogio vai para o filho da farinha de trigo de Tégea, o pão escondido. No entanto, quando se trata de pão feito para vender na praça, é a ilustre Atenas que oferece aos mortais o de melhor qualidade. Mas em Éritras, de abundantes cachos, um pão branco, a sair do forno no momento em que atingiu o ponto exacto de cozedura, é esse que faz as delícias da refeição.*

O nosso poeta começa por tecer considerações à qualidade das matérias-primas do pão, a cevada e o trigo, estabelecendo uma hierarquia com base na sua origem geográfica. Rodeada de planícies aráveis férteis, Tebas surge aos ouvidos do leitor da época como uma região naturalmente propícia à produção de cereais. Já os topónimos insulares podem suscitar alguma surpresa. Tasos é famosa sobretudo pela produção de outro produto, o vinho (aspecto a que voltaremos, quando analisarmos o frg. 59). Aos cereias produzidos nestes dois lugares reserva-lhes uma adjectivação modesta, pois qualifica a sua farinha de cevada simplesmente de 'razoável, aceitável' (v. 8). No que diz respeito a Éreso, em Lesbos, tomada pelo poeta por melhor produtora de cereais no universo grego, os achados numismáticos, tal como Arquéstrato, atestam essa faceta de produtora cerealífera, ao exibirem exemplares do séc. III a. C. precisamente com a figura de Hermes de um dos lados e uma espiga do outro[75]. Repare-se que os critérios de qualidade do cereal então enunciados permanecem válidos nos dias de hoje: a cor e o nível de moagem. Daí que se destaque a alvura da farinha de Lesbos (isenta de misturas) e o contraste entre a fina crivagem desta e o grão grosso (comparável a grainhas de uva) da cevada oriunda de outras paragens.

Numa sequência lógica, segue-se à tipologia dos cereais, a do pão[76]. Há o de cevada e o de trigo. Na primeira categoria enquadram-se dois dos três

---

[75] Cf. Olson-Sens 2000: 30.
[76] Sobre as diversas variedades de pão grego, leia-se García Soler 1995.

tipos referidos, aparentados ainda pelo facto de, a avaliar pelas designações que lhes atribui o poeta, serem feitos de grão grosseiramente moído, a saber: 'pão de bola da Tessália' ou *krimnites* (substantivo da família de *krimnon*, ou seja, 'farinha grossa de cevada'); *kondrinos* (derivado de *kondros*, designação para 'grão grosso').

O pão de trigo recebe a sua denominação não de qualquer característica da farinha, mas do processo de cozedura. Daí ser apelidado de 'pão escondido' (alusão à cozedura num pequeno forno cerâmico, dentro do qual se 'escondia' o pão).

O texto de Arquéstrato dá conta, ainda, de uma diferenciação tipológica de grande actualidade para os leitores dos nossos dias. Refiro-me à distinção que faz entre 'pão comercial' (aquele que se vende na praça/mercado) e 'pão caseiro'. A sua preferência, como a de muitos dos consumidores nossos contemporâneos, recai sobre este último, que, num sugestivo discurso sinestésico, chega à mesa imaginária do leitor sob a forma de um pão branco, quentinho, acabado de sair do forno!

Quanto ao vinho, além de uma única referência ao seu uso como ingrediente de um estufado (de tremelga, frg. 49[77]), surge ainda no frg. 59, trecho do poema a que sugiro apelidemos de "carta de vinhos" (numa claro esforço de aproximação entre o discurso gastronómico antigo e o dos nossos dias). Eis a tradução desses versos:

> *Oxalá que, quando pegares na taça repleta de Zeus Salvador para beberes, esteja já envelhecido, com a cabeça bastante grisalha e a cabeleira humedecida enfeitada de branca flor, o vinho natural de Lesbos, rodeada pelo mar.*
>
> *O vinho da sagrada Fenícia, o Biblino, também o louvo, apesar de não o equiparar ao anterior. Na verdade, se não o conheces, a primeira vez que o provares, irás achar que possui uma melhor fragrância do que o Lésbio – aroma esse que tem devido à sua muita idade; mas se passares a bebê-lo, acha-lo-ás muito inferior. Já o outro vai parecer-te não um vinho requintado, mas ambrósia. Se, no entanto, aos tipos fanfarrões, cabeças de vento e fala-baratos que troçam deste vinho, dizendo que o Fenício é de todos o melhor, não lhes ligo a mínima <   >[78].*
>
> *Também o Tásio é bom de beber, se for envelhecido, durante anos, por numerosas e lindíssimas estações.*
>
> *Eu cá, também sei tecer louvores aos rebentos da vinha carregados de cachos de outras cidades, e não ignoro os seus nomes. Porém nenhum desses vale nada, diante do vinho de Lesbos. Mas há pessoas que se regozijam em elogiar apenas os bens da sua terra.*

---

[77] Cf. Soares 2012: 41: *E uma tremelga, estufada em azeite e também em vinho e ervas verdes aromáticas e um pouco de queijo ralado.*

[78] Lacuna no texto.

Fig. 2: Kráter de sino. Estilo: Ático de figuras vermelhas, c. 400-375 a.C. Universidade de Coimbra, Instituto de Arqueologia. Proveniente de Alcácer do Sal. Alt.:35 cm. Diâm. máx.: 34 cm.

Decorrente do propósito deste primeiro gastrónomo da Antiguidade[79], de compor um roteiro (em grego diz-se um 'périplo', já que o meio de transporte usado era o barco[80]) que desse a conhecer a toda a Hélade (frg. 1) *onde há a melhor comida e bebida* (frg. 3), deparamos, tal como sucedeu acima a propósito

---

[79] Como tal reconhecido, já no séc. II d. C., pelo enciclopedista romano, Ateneu de Náucrates, que resgatou do olvídio parte da sua obra, ao citá-la numerosas vezes no seu *Sábios à Mesa (Deipnosophistai)*.

[80] À letra, o substantivo périplo significa 'navegar' (do verbo *ploo*) 'em torno de' (da preposição/prefixo *peri*), ou seja, viajar pela costa de um território que o autor identifica com os continentes então conhecidos, a Ásia e a Europa (cf. frg. 2: *Percorri a Ásia e a Europa*).

do pão, com uma verdadeira hierarquia de vinhos, de acordo com as suas qualidades. Não é, portanto, uma invenção moderna a prática de avaliar os vinhos de acordo com uma série de características organolépticas (paladar, aroma e aspecto), bem como usar denominações toponímicas (antepassadas das actuais denominações DOP, IGP, DOC e IG[81]). Estamos, seguramente, perante o antepassado da noção de *terroir* aplicada ao vinho, como também a há, hoje, atribuída ao pão[82].

Antes, porém, de atentarmos nessa informação especializada, porque emitida por uma personagem que dá sinais de ser um entendido em vinhos, e não um comum consumidor dessa bebida, importa identificar mais uma tradição mediterrânea antiga pervivente na actualidade: o acto de brindar, ou seja beber à saúde de alguém, ritual que tem, na sua base, as primordiais homenagens aos deuses, em nome de quem se bebe e a quem se oferece a própria bebida. No caso de um simpósio grego, convívio reservado sobretudo ao consumo de vinho, e que podia seguir-se à refeição propriamente dita (o *deipnon* ou jantar), assinalava-se o início do festim por meio de várias libações, uma delas, provavelmente correspondente à segunda ou terceira taça, era consagrada a Zeus Salvador[83].

Hoje brinda-se a tudo, sem que desse leque alargado de destinatários da homenagem prestada pelos convivas estejam arredadas entidades consideradas divinas. *Beber vinho com outros* (sentido literal do termo grego *symposion*) foi e continua a ser um acto evocativo, independentemente de a evocação/brinde ser feita no início, no meio ou no final de um convívio.

O texto de Arquéstrato revela, sem dúvida, verdadeiras preocupações de um crítico de vinhos moderno, ao referir aspectos como a distinção entre vinhos de castas "nacionais" (gregos) e "estrangeiras" (não gregos). Na categoria dos primeiros, Arquéstrato distingue os vinhos de duas ilhas, Lesbos e

---

[81] DOP: Denominação de Origem Protegida; IGP: Indicação Geográfica Protegida. Outras designações de origem são DOC (Denominação de Origem Controlada), IG (Indicação Geográfica) e, ainda, Vinhos Regionais. Todas estas categorizações estão brevemente apresentadas no Portal do Vinho Português (www.infovini.com)

[82] Santos e Gama (2011: 279) chamam a atenção para a existência hoje em Portugal de várias "Terras de Pão", localidades que, no intuito de promover os seus pães como património identitário local, apostaram na sua valorização enquanto produtos locais diferenciadores e genuínos. Na verdade hoje há uma panóplia de iniciativas neste âmbito, de que destacamos, a título meramente ilustrativo: feiras ("Feira do Pão e Doçaria", Montemor-o-Velho; "Feira do Pão Quente e Queijo Fresco", Vaqueiros; "Feira do Pão e do Biscoito", Valongo), festas ("Festa dos Tabuleiros", Tomar), organismos associativos ligados ao produto (como é o caso das confrarias gastronómicas, vd. "Confraria do Pão", Terena, Alentejo; "Confraria do Pão de Santo António", Lisboa) e parques molinológicos (Ul, Oliveira de Azeméis).

[83] Sobre esta prática grega de realizar diversas libações ao deus supremo do panteão olímpico, vd. Olson-Sens 2000: 216 (comm. ad loc.).

Tasos[84]; na dos segundos, o Biblino, originário da Fenícia[85]. Além da origem geográfica do produto, também o envelhecimento da bebida vem apresentada como abonação da sua excelência. Repare-se que, qual verdadeiro *expert* na matéria, Arquéstrato assinala a presença de espuma branca, aqui designada de 'branca flor' (a *flos vini* dos latinos) e o bouquet exalado pela bebida como marcadores da sua qualidade. Mais, chama a atenção para o que se poderia designar de "falsa qualidade" de um vinho, aquele que, se bebido em pequena quantidade e ao primeiro gole deixa na boca uma boa impressão, mas que, quando passa a ser consumido de forma regular, perde esse encanto imediato. Essa é a diferença assinalada a propósito do Lésbio, que é bom para provar, mas não para beber!

Numa altura em que os galardões de distinção seguiam padrões diversos dos que hoje nos regem, não estranhamos que o primeiro prémio em termos de vinhos assuma não a forma da moderna "medalha de ouro", mas de metáfora, ao ser comparado à ambrósia, que, juntamente com o néctar, constituem a alimentação exclusiva dos deuses[86].

5. Considerações finais

A análise retrospectiva que levámos a cabo sobre os vários sentidos do consumo do pão e do vinho, dois produtos emblemáticos da alimentação portuguesa (de herança antiga mediterrânea), permite-nos aferir uma série de constatações pertinentes para o estudo cientificamente apoiado da história do património alimentar luso-brasileiro.

Primeiro, não é legítimo caracterizar a identidade cultural alimentar portuguesa sem buscarmos as fontes primevas de que brotam. Daí se justificar o profundo enraizamento que a comparação entre documentos gregos antigos e outros do Portugal da Época Moderna revela quanto à transmissão de um património ancestral, sujeito aos inevitáveis ajustes que o passar dos tempos impõe, mas, mesmo assim, matricialmente clássico.

---

[84] Salviat 1986 fez um estudo exemplar de levantamento dos documentos (em sentido amplo) que permitem aplicar ao vinho de Tasos uma concepção moderna, bem ilustrativa da relação intrínseca entre um produto e a terra em que é produzido, conferindo-lhe características ímpares. Refiro-me a noção de *terroir*. Os testemunhos considerados vão das ânforas, a inscrições, textos literários e epigráficos, sem esquecer um papiro. Sobre as denominações geográficas dos vinhos gregos, vd.: Dalby 2000, García Soler 2002.

[85] A antiga Biblos situava-se entre as actuais cidades costeiras libanesas de Tripoli e Beirute.

[86] Aliás na *Ilíada* (X, v. 341) afirma-se claramente que os deuses não comem cereais nem bebem vinho. Mais, já vem da tradição homérica o hábito de comparar o vinho não só à ambrósia, mas também ao néctar. A propósito do vinho que lhe serve Ulisses, o ciclope Polifemo afirma: *Mas esta bebida é ambrósia misturada com néctar* (*Odisseia*, IX, v. 359; trad. Lourenço 2005: 155).

Segundo, por uma questão de respeito e preservação da memória dos povos lusófonos, e no que ao conhecimento do património e cultura da História da Alimentação Luso-brasileira em concreto diz respeito, importa destacar dois aspectos:

1. a herança alimentar mediterrânea da Antiguidade deve ser presentificada, por forma a não corrermos o risco de viver em sociedades não apenas anamnésicas, mas, mais grave do que isso, mal informadas a ponto de, por pura ignorância, terem por novo e exclusivo da contemporaneidade em que vivem realidades com uma longa história (passado esse que também faz parte da sua história);

2. o achamento do Brasil, pelos portugueses, e de Portugal pelos brasileiros, continua a fazer-se hoje também através de identidades gastronómicas, cujo lastro remonta e tem aspectos em comum com um outro achamento, ocorrido há mais de dois milénios, por povos mais evoluídos (como os Gregos, com a sua civilização assimiladora) de povos então também tidos por primitivos.

A pesquisa e reflexão desenvolvidas sobre o pão e o vinho à mesa dos Portugueses (prática que levaram na sua bagagem cultural para o Novo Mundo) confirmam a polissemia lhes está associada. Alimentos básicos e indispensáveis da mesa dos mais antigos povos da bacia do mediterrâneo, Gregos e Romanos, pão e vinho funcionam como produtos alimentares de aculturação de povos em estádios de evolução menos desenvolvidos, praticantes de uma *diaita* ('modo de vida') que, por estar intimamente ligada à floresta (*silva*), denominamos de "silvestre".

Já numa perspectiva de confronto entre estratos sócio-económicos de uma mesma comunidade, e por serem alimentos básicos (por oposição a produtos raros, logo tidos por mais requintados), o pão e o vinho não espelham (salvo se forem, sobretudo no caso do vinho, de qualidade excepcional) um padrão alimentar elitista, mas sim, na maioria das situações, humilde. Nesta rubrica do confronto entre alimentos ordinários e iguarias, vislumbrámos que, dependendo da época histórica em que nos situamos, a hierarquia social vai variando. Não obstante essas variantes diacrónicas, a verdade é que a alimentação constitui desde sempre um marcador de distinção social.

Em suma, demonstrando que o pão e o vinho, além de serem estereótipos no mundo da Alimentação Portuguesa, representam dois pilares fundacionais da vertente alimentar da dieta mediterrânea, quisemos, com base na análise de documentos históricos de várias épocas, mas sobretudo da antiguidade grega, apresentar algumas das mais reveladoras evidências histórico-literárias da "certidão de nascimento" da dieta mediterrânea, uma das grandes influências do Património Alimentar da Lusofonia.

"DIZ-ME O QUE COMES E TE DIREI QUEM ÉS":
UMA REPRESENTAÇÃO MUSIVA DE XÊNIA NA ÁFRICA ROMANA
("Tell me what you eat and I will tell you who you are":
a mosaic depiction of xenia in Roman Africa)

Regina Maria da Cunha Bustamante
Universidade Federal do Rio de Janeiro (rmbustamante@terra.com.br)

Resumo: Nas sociedades clássicas, xênia relacionava-se originalmente à hospitalidade: era um presente em alimentos ofertado aos hóspedes. Por extensão, foi empregado genericamente às pinturas de naturezas-mortas, que decoravam as salas de jantar ou de recepção. Na África Romana, houve uma difusão deste tipo decorativo em mosaicos. Selecionamos um deles visando analisar suas implicações culturais.

Palavras-chave: alimentação; África Romana; mosaico

Abstract: In classical societies, *xenia* was originally related to hospitality: it was a gift of food offered to guests. By extension, it was generically used in relation to still life paintings, that decorated the dining and reception rooms. In Roman Africa, there was a diffusion of these type of decorative mosaics. We selected one of them to analyze its cultural implications.

Key words: alimentation; Roman Africa; mosaic

Introdução

Os antigos romanos tinham uma máxima: *"Dize-me o que comes e te direi quem és"*[1]. Desta forma, expressavam que o ato de comer, mais que uma mera necessidade de sobrevivência, possuía um significado sociocultural. Tal noção foi enfatizada pela Antropologia através dos estudos de Lévi-Strauss[2,] que considerou a cozinha como uma linguagem que traduz a estrutura social[3,] Assim, o sentido de alimentação se ampliou para além da satisfação das carências elementares do homem: o ato físico de sobrevivência ascendeu a um ato cultural[4,] A Antropologia propiciou um espaço de reflexão sobre

---

[1] Em 1825, Brillat-Savarin retomou este ditado no seu livro *A fisiologia do gosto através do aforismo IV*. Por isso, ao fazer uma busca na internet, o gastrônomo francês aparece como autor da frase.

[2] A tetralogia *Mitológicas* de Lévi-Strauss se compõe de: *O cru e o cozido* (original de 1964), *Do mel às cinzas* (original de 1966), *A origem dos modos à mesa* (original de 1968) e *O homem nu* (original de 1971). Entre o volume 1 e o 2 de *Mitológicas*, Lévi-Strauss publicou um ensaio sintético e bastante esclarecedor sobre a temática, que foi intitulado de *O triângulo culinário* (original de 1965).

[3] Lévi-Strauss 1968: 35.

[4] Ver os verbetes do volume 16 da *Enciclopédia Einaudi*: alimentação de Valeri (1989: 191-209) e cozinha de Aron (1989: 281-304), complementados pelos verbetes de fome de Valeri (1989: 169-190), vegetal de Fabietti (1989: 210-224), animal de Barrau (1989: 225-239) e fogo de Perlès (1989: 264-280).

o tema⁵, privilegiando a análise das preferências alimentares, da significação simbólica dos alimentos, das proibições dietéticas e religiosas, dos hábitos culinários, do comportamento à mesa e, de uma maneira geral, as interações da alimentação de cada sociedade com seus mitos, sua cultura e suas estruturas sociais.

Até poucas décadas atrás, a gastronomia⁶ não era considerada em si mesma um objeto de investigação histórica. Só passou a sê-lo quando a História interessou-se por comportamentos e hábitos cotidianos (morte, casamentos, modas...), para melhor conhecer as sociedades. Ao longo da existência, o homem consagra ao gesto que o faz sobreviver uma atenção e um lugar que têm variado com a cultura e a história. Este gesto cotidiano não tardou a se transformar num ritual, numa poética do gosto. Assim, na trilogia organizada por Nora e Le Goff, um marco da nova historiografia em meados da década de 1970, há três textos⁷ que abordam, direta e indiretamente, este tema no volume dedicado aos Novos Objetos da História, abarcando, significativamente, 25% deste tomo. Dois desses textos, de autoria de Detienne e Vidal-Naquet, referem-se à Antiguidade Grega e analisaram, respectivamente, a partir do diálogo com a Antropologia, as relações existentes entre a alimentação e os mitos gregos e entre os sacrifícios religiosos e a vida política⁸. Em outra perspectiva, pautou-se o texto sobre o século XIX de autoria de Aron, que se preocupou em ressaltar a profunda mutação metodológica para trabalhar o tema da culinária, pois demanda uma abordagem plural: biológica, médica, social, econômica, demográfica e administrativa. Desta forma, preparar os alimentos e comê-los ganham um novo status no campo da História.

Especificamente para Roma Antiga, os estudos nesta área são bastante diversificados: descrições dos hábitos alimentares, procurando apresentar o cotidiano da sociedade romana⁹, preocupações com a questão do abastecimento e a política do "pão e circo"¹⁰ e interesse em definir e compreender a cultura alimentar através do valor da comensalidade, dos tipos de alimentos consumidos, da cozinha e da dietética¹¹. No presente texto, selecionamos um

---

⁵ E.g., Certeau 1998: 131-149 e 298-332.

⁶ Literalmente, a lei do estômago; do grego *gaster* = *estômago e nomos* = *lei;* termo criado, em 1533, por Rabelais no seu livro Pantagruel.

⁷ Detienne 1995: 52-67; Vidal-Naquet 1995: 116-140; Aron 1995: 160-185.

⁸ Para maiores detalhes sobre estes temas, ver Vernant e Detienne 1990.

⁹ Carcopino s/d; Grimal 1988: 255-257; Paoli 1956: 117-137; Robert 1995: 121-152; Veyne 1990: 178-199.

¹⁰ Garsney 1988, 1998: 238-253 e 1999. Especificamente sobre o abastecimento militar, ver Remesal 1986. O site do *"Centro para el Estudio de la Interdependencia Provincial en la Antigüedad" / CEIPAC (*http://ceipac.gh.ub;es/) disponibiliza textos sobre estudos de ânforas de azeite e a relação entre exército e a sua distribuição, além de diversas outras informações sobre a permanência romana ao longo de todo o Mediterrâneo.

¹¹ E.g.: Andre 1981; Dosi e Schnell 1986; Blanc e Nercessian 1992; Corbier 1998: 217-237;

mosaico figurativo da África Romana para abordar o tema da alimentação. Analisaremos as significações presentes na imagem musiva, observando as condições de produção deste discurso imagético em pedra, os aspectos sociais, econômicos, políticos e religiosos desta representação, visando compreender as interações da culinária com a cultura específica daquela época e lugar. Para tanto, partimos da premissa de que a imagem é uma maneira de se reconhecer e se elaborar o dado sensível, porém não numa perspectiva isomórfica em relação ao real. Ela se insere na ordem do texto, no sentido em que precisa ser "lida", para ser compreendida. Para tanto, nós, historiadores, devemos deixar de ser "analfabetos visuais"[12]. Privilegiamos aqui o modo de produção de sentido da imagem através da sua interpretação, ou seja, como provoca significações. A imagem foi considerada como uma ferramenta de expressão e comunicação, pois transmite uma mensagem para outro, uma mensagem visual, sendo composta de diversos signos e, configurando-se, portanto, em uma linguagem[13]. De acordo com Bérard[14], a imagem corresponde a uma narrativa a partir de um repertório comum de elementos estáveis e constantes, criados e compartilhados pela sociedade. Através das combinações associativas desses elementos, podemos passar da relação de referência à relação de significação.

Quantas palavras vale a imagem musiva?

A ferramenta "Contar Palavras" do Word, rápida e precisamente, nos forneceria um número. Entretanto, mais que uma "cifra", interessa-nos aqui "decifrar".

A imagem em foco possui como suporte material um mosaico policromático, que decorava o pavimento de uma exedra (sala de recepção) de uma rica residência urbana (domus) em Hadrumetum (atual Sousse, na Tunísia) e foi datado do início do século III. Seu motivo figurativo é uma xênia. Este termo – xenia – está relacionado originalmente à hospitalidade: "presente que, entre gregos e romanos, os hospedeiros tinham o hábito de dar ou de enviar àqueles que recebiam, como marca de hospitalidade e de amizade."[15] O arquiteto latino Vitrúvio nos informa que o termo passou a ser aplicado "às pinturas em que imitavam aquelas coisas que eram oferecidas aos hóspedes. Deste modo, os pais de famílias, quando hospedados, não se sentiam em terra estranha ao encontrarem nestes aposentos uma discreta liberalidade."[16]

Dupont 1998:199-216; Grotanelli 1998: 121-136; Longo 1998: 266-276; Mazzini 1998: 254-265; Sassatelli 1998: 186-198.
[12] Burke 2004: 12.
[13] Joly 1997: 48.
[14] Bérard 1983: 5-37.
[15] Rich 2008: 713, tradução nossa.
[16] Vitrúvio, *Tratado de Arquitetura VI, 7, 4*.

Assim, xênia foi genericamente empregada às numerosas representações de naturezas mortas compostas por frutas, vegetais, caça e outros alimentos, encontradas nas decorações das salas de jantar ou de recepção, inserindo-se, portanto, num contexto tanto de honrar os convidados quanto de enfatizar a generosidade do senhor da casa. A partir do século II, este tipo de representação foi extremamente difundido na África Romana através de mosaicos, ocupando um lugar muito importante nos esquemas de decoração doméstica, em especial, nas residências da elite local[17].

A literatura imperial privilegiou os testemunhos caricaturais dos banquetes romanos[18]. Estes estavam inseridos na categoria de "consumo conspícuo" e serviam como símbolo de ostentação, pois cada anfitrião tentava suscitar a admiração dos seus convidados através da exposição de pratos exóticos ricamente adornados, apresentados por escravos bem vestidos em baixelas de ouro, prata, cristal e vidros trabalhados, num ambiente com móveis requintados e com pinturas e mosaicos decorando paredes e chão. O fausto pretendia estabelecer uma espécie de hierarquia de poder no tecido das relações sociais. Civilização onde o espetacular estava onipresente, a Roma Antiga compreende-se melhor enquanto cultura de dimensão acentuadamente teatral. Era uma sociedade escópica, ou seja, estava sempre à mostra, em suma, uma sociedade do espetáculo. De fato, o espetacular impunha-se tanto na vida pública quanto na privada. A representação assumia-se como categoria indispensável: desde as marchas dos triunfos às procissões fúnebres, dos discursos eloquentes no fórum às diversões no circo e anfiteatro; e estava também presente nas refeições das elites, como analisaremos no mosaico afro-romano.

Na África do Norte, já havia uma tradição cartaginesa na confecção de mosaicos. Com o domínio romano, houve sua interrupção, embora subsistisse em algumas cidades de origem púnica. Por volta do final do século I e do II, os mosaicistas da região criavam mosaicos geométricos em preto e branco com padrões muito simples, semelhantes aos italianos do mesmo período, relegando suas próprias tradições. Somente em meados do século II, esses artesãos, favorecidos pela prosperidade norte-africana, começaram a se afastar dos padrões romanos com a gradual introdução da policromia nas bordas e da integração de elementos florais e geométricos. Produziram-se então mosaicos figurativos, que seguiam a tradição helenística, com cenas idílicas e mitológicas. O estilo africano chegou a sua maturidade no século III e foi

---

[17] Ennaïfer 1996: 65-85.
[18] Petrônio, *Satiricon 26,7-70, 7*; Horácio, *Sátira* 2, 8, 80-95; *Juvenal*, Sátira 4, 140-142. Castro (2012: 71) observa a necessidade de "não confundir gêneros mais perto da atmosfera do quotidiano (comédia, sátira, epigrama, epístola) com a realidade" e lembra que "cada gênero traduz uma opção estética (que dá continuidade a uma tradição literária) e enquadra-se num registro ficcional".

disseminado em outras partes do Império Romano, como Sicília, Sardenha, Roma e Espanha. Este estilo caracterizou-se pelo uso da policromia e pela representação de cenas cotidianas, caras à elite. Os mosaicistas norte-africanos renovaram seu repertório iconográfico, inspirando-se na realidade ao seu redor. Começaram a se interessar particularmente por aspectos da vida diária, em especial aqueles relacionados à elite que encomendavam os mosaicos, como atividades em suas propriedades rurais, jogos (corridas de carruagens nos circos e caçadas e lutas de gladiadores nos anfiteatros, financiadas por este grupo) e outras atividades sociais, dentre elas, a comensalidade[19].

Na época imperial, os romanos faziam três refeições diárias: o *jentaculum* (vinho, pão e queijo) de manhã; depois, ao meio-dia, o *prandium*, pequena pausa sem qualquer ritual, em que se comia, geralmente de pé, um pouco de carne e fruta com algum vinho; e, por fim, ao cair da tarde, a cena, que era a principal refeição do dia, em que a família e, eventualmente, convidados se reuniam confortavelmente para compartilhar uma comida mais substanciosa regada à bebida e à diversão. A cena era preparada para usufruir o *otium* e se opunha ao ligeiro prandium, que ocorria ao meio-dia, quando ainda se voltaria às atividades, ou seja, ao *negotium*. A cena requeria tempo para seu preparo e consumo; despertava a gula e o prazer, propiciando a civilidade e a sociabilidade, típicas do meio urbano[20]. Enquanto o prandium estava mais de acordo com a dieta frugal dos camponeses, pautada principalmente em alimentos de origem vegetal, a cena estava condizente com as transformações no regime alimentar, com o consumo crescente de carnes e produtos exóticos vindos de todo Império, como se comprova no tratado culinário de Apício, que apresentou a nova dietética romana, sensivelmente distante da tradicional frugalidade[21]. Desenvolveu-se uma etiqueta refinada e suntuosa à mesa, estabelecendo hierarquias e conferindo prestígio social[22].

No ambiente doméstico, o lugar inicial das refeições era o atrium[23]. No século II a.C., com a adoção do perystilum (pátio cercado com colunas), que retirava a intimidade do atrium, as refeições passaram a ser realizadas no triclinium. Esta

---

[19] Ennaïfer 1996: 65-85; Dunbabin 2003; Bustamante 2003: 95-111; D'Arms 2004: 428-450; Trombetta, 2005: 141-146, Balmelle et alii 1990.

[20] Dupont 1998: 199-216.

[21] Os antigos romanos eram frugais (de *frux, fruto; fruges, frutos*) e aproveitavam quase todos os produtos da terra. Se até ao século II a.C., a alimentação dos grupos sociais pouco diferiu, após a expansão romana, a mesa da elite distanciou-se gradualmente. Na época imperial, o regime frugal circunscrevia-se aos camponeses e às camadas mais pobres da população. Para maiores detalhes, Castro 1997: 13-61.

[22] Robert 1995: 121-152; Bustamante 2003: 95-111; D'Arms 2004: 428-450; Castro 2012: 69-79.

[23] Era um pátio quadrado coberto com uma abertura central no teto, o *impluvium*, para recolher a água da chuva em um tanque (*compluvium*) e que servia também para ventilar o cômodo e iluminá-lo. Em torno do *atrium*, distribuíam-se os outros cômodos da casa. (Barton 1996: 33-47)

denominação devia-se ao fato de apresentar, como elemento fixo em cada um dos três lados do aposento, um leito para os convivas se reclinarem e comerem. Ao centro, encontrava-se a mesa, elemento móvel do jantar. A distribuição dos convivas pelos leitos obedecia a uma hierarquia. Cada leito tinha um nome de acordo com sua disposição: ao fundo da sala, o *medius lectus*, com os lugares de honra (chefe da família e convidados importantes); à direita, o *summus lectus* e, à esquerda, o *imus lectus*, o menos importante dos três.

O mosaico selecionado foi encontrado em um cômodo próximo do *triclinium* de uma rica residência urbana (*domus*), a "Casa do Triunfo de Dioniso", na cidade de Hadrumetum (atual Sousse, na Tunísia). A arquitetura privada da elite, cristalizada na domus, foi uma das criações mais belas da arte greco-romana[24]. O mosaico analisado enfeitava o pavimento da exedra (sala de recepção, frequentemente construída em forma de abside, como no presente caso), situada em torno do *peristylium* e defronte do *triclinium* (sala de jantar). Os mosaicos traziam leveza às *domus* da elite local, ao decorar seus aposentos como se fossem afrescos e tapetes. Como referido anteriormente, o tema do mosaico é uma xenia, motivo decorativo muito comum nos mosaicos afro-romanos[25]; um exemplo é o mosaico que apresentamos (figura 1, à direita).

O mosaico seguiu o formato absidal da exedra, que decorava. A distribuição espacial dos seus elementos icônicos maiores ressaltou determinado elemento (cervo) ao dispô-lo no centro da cena com os outros elementos (dois patos, quatro cestas e quatro pratos com vegetais) rodeando-o de forma simétrica e radial. Esquematicamente, o mosaico apresenta-se da seguinte forma:

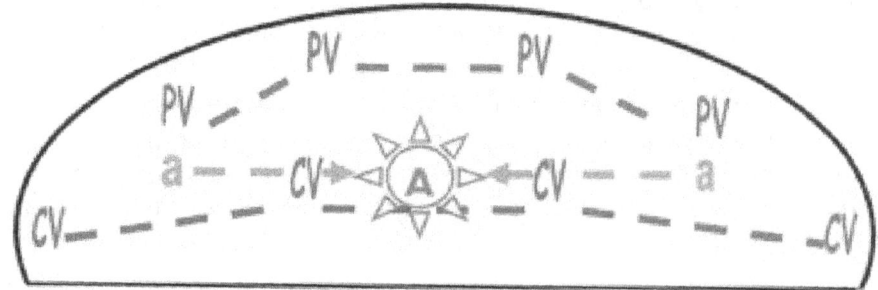

Legenda:
A – Animal (Cervo)
a – animal (pato)
CV – Cesta de alças com Vegetais (uvas, tâmaras, figos, cítricos, pêras...)
PV – Prato com Vegetais (uvas, tâmaras, figos, cítricos, pêras...)

Fig. 2: esquema da distribuiçãoo dos elementos

---

[24] Thebert 1990: 303.
[25] Balmelle et alii 1990; Ennaïfer 1996: 65-85; Khader 2003.

"Diz-me o que comes e te direi quem és": uma representação musiva de xênia na África Romana

Fig. 1: pormenor pavimento da *exedra* da "Casa do Triunfo de Dioniso" em *Hadrumetum*; Período: início do século III; Dimensões: 4,2m X 1,87m; Acervo: Museu de Sousse na Tunísia

As carnes[26] (patos e cervo) formam a linha principal do mosaico. De todo o conjunto, destaca-se o cervo, animal de caça (distintamente dos patos, que podiam ser domesticados), como alimento mais importante tendo em vista sua posição central: os patos têm suas cabeças voltadas para o cervo e as cestas e os pratos de vegetais o circundam. Não é, portanto, uma mesa frugal que se infere pelo mosaico; está longe do tradicional ideal da dieta vegetariana condizente com o mos maiorum (costume dos ancestrais). Os alimentos ali apresentados, por sua diversidade e abundância, denotam riqueza. Esta é ainda mais acentuada pela presença dos animais. Para o seu preparo e consumo, as carnes demandam tempo, o que estava mais adequado para a cena. Além disso, a quantidade indica um número significativo de convivas, que extrapola o grupo familiar, o que confirma a sociabilidade e a ostentação, características desta refeição. Castro[27] atenta que "a quantidade, a qualidade e apresentação daquilo que o indivíduo come definem o seu estatuto e permitem social, moral e política", devendo, entretanto, evitar moralismos ao analisar os alimentos de luxo e percebê-los em sua complexidade histórico-cultural.

No mosaico, elementos icônicos menores estão espalhados entre os principais anteriormente analisados. Identificaram-se: melões (inteiros e em fatias), abobrinha, cítricos, cacho de uvas, figos, romãs e rosas, sendo estas duas últimas mais reiteradas que os demais elementos. As rosas estavam relacionadas à eternidade. No mito referente à morte de Adonis (o amado de Vênus), de seu sangue brotaram as primeiras rosas vermelhas. Por isso, se converteram em símbolo tanto do amor que vence a morte quanto do renascer[28]. Além disso, flores e perfumes no banquete possuíam um caráter religioso por seu papel profilático, ou seja, proteção contra sortilégio e forças ruins[29]. Por sua vez, as romãs estavam associadas à fertilidade em virtude das suas numerosas sementes incrustadas na polpa do seu fruto. Este era o símbolo de algumas deusas – como a fenícia Astarté (também cultuada na África Romana) e as latinas (gregas) Vênus (Afrodite), Ceres (Demeter) e Proserpina (Perséfone) dos Mistérios de Elêusis e Minerva (Atena). As duas primeiras divindades – Astarté fenícia e Vênus latina – tinham seu culto associado na região norte-africana, por possuírem atributos semelhantes; era a prática da interpretatio. A fruta também foi referência para outras deusas, como Magna Mater (Cibele), que ficou grávida pelo contato com uma ro-

---

[26] O consumo da carne na Antiguidade Clássica poderia ocorrer em um contexto sacrificial, conforme nos apresenta Vernant e Detienne (1990), Grottanelli (1998: 121-136) e Castro (2012: 75-76). Entretanto, consideramos que, no caso do mosaico, insere-se no marco de uma "nova cozinha cosmopolita" que demarca fronteiras sociais (Castro 2012: 78).
[27] Castro 2012: 71.
[28] Biedermann 1993: 402.
[29] Robert 1995: 128.

mãzeira, e Juno, que, ao ser representada segurando-a, tornava-se símbolo do casamento. O cultivo da romã era conhecido no âmbito do Mediterrâneo e do Oriente Próximo; os fenícios foram os que provavelmente o difundiram e aclimataram em regiões mais quentes[30], como era o caso da África do Norte, que abrigou colônias fenícias e, posteriormente, esteve sob domínio de uma dessas colônias: Cartago. Os antigos romanos chamavam a fruta de punicum[31], uma referência tanto à sua cor vermelha quanto aos cartagineses. A presença das rosas e das romãs conferia ao mosaico ora analisado a eternização de um voto de uma mesa sempre farta tanto aos proprietários da casa e seus descendentes quanto aos hóspedes.

No mosaico, há outro elemento a considerar: a coroa de quatro hastes, acima do cervo, que acaba por enfatizar a posição de destaque deste animal no texto imagético musivo. Esta coroa era composta por milhetes, emblema da sodalitas (confraria, colégio, corporação) dos Leontii, uma das associações que organizavam e patrocinavam os jogos nos anfiteatros. Reforçando a referência a esta confraria, há também os quatro milhetes, que circunscrevem todos os demais elementos icônicos do mosaico, servindo como uma moldura. O próprio número quatro também estava relacionado aos Leontii.

No anfiteatro, ocorriam as caçadas (*venationes*) e lutas de gladiadores (*ludi gladiatorii*), tipos de espetáculos bastante apreciados por todos os segmentos sociais. Na África Romana, a grande popularidade das venationes inspirou a formação de associações, que organizavam materialmente os espetáculos: forneciam caçadores profissionais, pessoal auxiliar e equipamento, bestas para combate ou adestramento no anfiteatro. Além de participarem da organização dos espetáculos, as sodalitates funcionavam como associações de torcedores e sociedades funerárias; desenvolviam também atividades econômicas relacionadas à produção agrícola, artesanal e comercial, principalmente fabricação e transporte de azeite[32]. Este tipo de agrupamento foi muito característico da África Romana, onde havia vários deles, que concorriam entre si: os Leontii, Telegenii, Pentasii, Simematii, Florentinii, Crescentii, Taurisci... Distinguiam-se um do outro pela composição de símbolos/emblemas e números, que serviam como sinais de reconhecimento de cada um deles. A seguir, apresentamos um dos quadros, elaborado por Beschaouch[33], sobre estas associações na África Romana, identificando o número, o emblema e a divindade tutelar de algumas delas[34]:

---

[30] Biedermann 1993: 215.
[31] Gaffiot 1998: 1279.
[32] Beschaouch 1977: 486-506.
[33] Beschaouch (1966: 157 e 1977: 497) elaborou quadros com o número, o emblema e a divindade tutelar de cada uma das associações da África Romana.
[34] Utilizamos tamanho maior de fonte e o negrito para ressaltar a *soldalitas dos Leontii*, que está relacionada ao mosaico ora analisado.

Nome da *sodalitas*	Emblema	Numeral	Divindade tutelar
Taurisci	Folha de hera	II	Dioniso?
Telegenii	Crescente sobre haste	III	Dioniso
Sinematii	S	III	Demeter?
Leontii	**Milhete**	**IIII**	**Vênus**
Pentasii	Coroa com cinco pontas	IIIII	*Dominae*
Decasii	?	X	?
Egregii	Crescente sobre haste	XIII	Dioniso

Podemos que observar que, no mosaico em foco, além da coroa com os quatro milhetes em cima do cervo e também servindo como moldura do mosaico, há referências indiretas à sodalitas dos *Leontii*: as rosas e romãs, que estavam associadas a Vênus, divindade tutelar da referida corporação.

Algumas das corporações atuaram em toda a África Romana e Beschaouch[35] chegou a levantar a possibilidade de existirem seções, sob forma de sucursais ou filiais, até na Itália. Seus emblemas e numerais apareceram em cerâmica, inscrições em epitáfios e mosaicos de pavimentos de termas, de anfiteatros e de várias casas particulares, às vezes, em painéis ilustrando lutas entre animais selvagens, presumivelmente montadas pelas corporações em questão e, outras vezes, simplesmente, como um painel de soleira ou dentro de um conjunto decorativo geral. Em tais casos, podemos pressupor que o proprietário estava proclamando a sua pertença a uma corporação em particular[36]. Assim, aquele que encomendou o mosaico em questão declarou seu orgulho de pertencer aos *Leontii*, que organizavam e patrocinavam as *venationes*, um tipo de espetáculo bastante apreciado, o que lhe trazia prestígio social. Esta prática de financiamento de espetáculos, construções públicas, embelezamentos do espaço público, banquetes, distribuição de dinheiro e alimentos para os cidadãos pela elite local inseria-se no quadro urbano e no gênero de vida tradicional no Império Romano, criando uma solidariedade urbana ao englobar diferentes grupos sociais. Era uma questão de obrigação (*munus*) para aqueles que pertenciam à elite local[37], especialmente por ocasião de sua ascensão às dignidades públicas ou municipais[38]. Neste processo, como se objetivava a promoção social, era imprescindível o reconhecimento público, condição necessária

---

[35] Beschaouch 1977: 502-503.
[36] Beschaouch 1966: 150-157, 1977: 487-495 E 1987: 680; SLIM 1996: 214.
[37] Veyne 1976.
[38] Lussana 1952: 100-113; Duncan-Jones 1963: 159-177.

para uma carreira local, o que ocorria através das prodigalidades, como a organização e o financiamento de espetáculos no anfiteatro.

Na cidade de Hadrumetum, havia um anfiteatro para a realização de caçadas e combates de gladiadores. A partir do século II, além desse edifício, foram construídos outros monumentos públicos (como teatro, circo e termas) e suntuosas residências aristocráticas, que denotam a riqueza da sua elite municipal. Hadrumetum situava-se numa região que, desde a Antiguidade, permaneceu próspera devido à cultura da oliveira, conforme o mapa "A agricultura na África do Norte"[39], exposto a seguir.

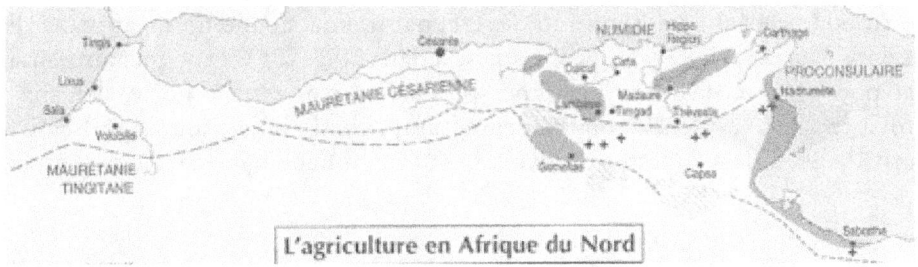

Legenda do mapa: ++ Culturas irrigadas | Cultura intensiva da oliveira | /// Cultura intensiva do trigo | _ _ _ Limite da cultura seca de grãos | - - - *Limes*[40]

A cidade era de origem fenícia e se encontrou material arqueológico que remonta ao século VI a.C. Durante a Segunda Guerra Púnica (218-202 a.C.) entre Cartago e Roma, *Hadrumetum* aliou-se a Roma recebendo como recompensa o *status* de *ciuitas libera* (cidade livre), o que lhe permitiu manter a sua autonomia até as guerras civis do Primeiro Triunvirato entre Pompeu e Júlio César, em meados do século I a.C.[41] Como se posicionou favorável aos pompeianos, com a vitória de Júlio César, foi agravada com pesados tributos juntamente com o *conuentus ciuium romanorum*[42] ali instalado[43]. Entretanto, moedas hadrumetinas da época de Augusto mostraram que a libertas era

---

[39] Wattel 1998: 117.

[40] "Trata-se, inicialmente, de um limite cadastral agravado de servidão para a passagem de uma estrada ou de um caminho; a partir do Império, designa o espaço bidimensional que separa as regiões submetidas à autoridade de Roma daquelas que lhe escapam. Este espaço é controlado militarmente, o que supõe uma via de comunicação, terrestre ou fluvial, e pontos de apoio variados (muralha, fortim, torre de vigilância, campo legionário, etc.). Não se deve dar a esta palavra o sentido de fronteira linear administrativa ou política. No Baixo Império, o limes é protegido por unidades militares permanentes, os *Limitanei et Riparenses*, e, em cada província, um *praepositus limitis* é encarregado da manutenção de um setor do limes." (Lamboley 1995: 230, tradução nossa).

[41] Apiano, *História Romana* XCIV.

[42] "Associação oficial de cidadãos romanos nas aglomerações que não tivessem estatuto de município ou de colônia." (Lamboley 1995: 116, tradução nossa).

[43] Júlio César, *Guerra da África* XCVII, 2.

ainda conservada ou foi restaurada. A história municipal de Hadrumetum é mal conhecida[44], devido à continuidade da ocupação humana da cidade, o que afeta a sobrevivência de material epigráfico. Por uma tábua de patronato, datada de 326 (ILS 6111), sabemos que o imperador Trajano (98-117) promoveu Hadrumetum à colônia honorária[45] e estabeleceu um procurator regionis Hadrumetinae (procurador da região de Hadrumetum), responsável pelos domínios imperiais (ILS 1437). Desde o Principado, Hadrumetum era um centro regional e, no governo de Diocleciano (284-305), com a criação da província de Bizacena[46], a cidade tornou-se a sua capital. Em fins do século II (193-197), um cidadão de Hadrumetum, Decimus Clodius Albinus[47], disputou o trono imperial com Septímio Severo, natural da cidade norte-africana de Leptis Magna. A ascensão da dinastia severiana (193-235), de origem afro-síria, ao poder favoreceu ainda mais a prosperidade das províncias norte-africanas; foi a época de esplendor em Hadrumetum, quando houve uma significativa atividade edilícia[48]. Neste contexto, foi confeccionado o mosaico em questão.

---

[44] Para o Principado, ver Gascou 1972: 67-75 e, para o Dominato, ver Lepelley 1981: 261-264. Há ainda a monografia de Foucher (1964) sobre a cidade.

[45] "Diz-se colônia honorária (*colonia honoraria*) quando se trata da promoção de uma comunidade em colônia sem envio de colonos; esta promoção era decidida pelo imperador." (Lamboley 1995: 104, tradução nossa). O sentido de colônia, portanto, não implicava necessariamente na criação de uma nova cidade. O mais relevante era a noção jurídica, pois, dependendo do tipo de colônia, envolviam direitos plenos de cidadania aos colonos. Assim, ao lado de colônias construídas *ex nihilo*, para serem focos de romanização em áreas estratégicas, havia também as colônias honorárias. Roma incentivava a lealdade das comunidades locais já existentes através da concessão do título honorífico de colônia como recompensa por sua fidelidade, quando sua história tornasse possível, desejável ou necessária esta transformação, tanto para o sistema imperial como para os habitantes da cidade. As concessões de direito de cidadania estavam estreitamente relacionadas à romanização. Ocorriam em benefício de cidades ou cidadãos que já eram razoavelmente romanizados. Era um tipo de reconhecimento de um grau de romanização suficiente para justificar a agregação de uma cidade à comunidade dos cidadãos romanos. Entretanto, uma romanização mais intensa era também incentivada por esta concessão, que favorecia um movimento espontâneo de adesão em favor dos costumes e leis romanos. Paulatinamente, o direito e as leis locais se adaptavam às formas romanas. (Bustamante 2006: 109-136).

[46] Ignora-se a data precisa da criação da província; supõe-se entre 294 e 305. A reforma administrativa diocleciana dividiu a Província da África Proconsular em três: Zeugitana ou África Proconsular propriamente dita, Bizacena e Tripolitânia. Esta divisão visava aumentar os recursos fiscais destinados a enfrentar as ameaças exteriores, reforçar a autoridade imperial e, ao mesmo tempo, diminuir a do procônsul da África Proconsular, cujo poder em geral fazia o jogo dos usurpadores. (Mahjoubi 1983: 482).

[47] História Augusta, *Clodius Albinus* IV, 1.

[48] No século II, a África do Norte passou por uma significativa atividade edilícia, de acordo com o estudo de Jouffroy (1986), que levantou, para o período, a construção de: 140 templos, 27 basílicas, 27 termas, 17 teatros, 8 anfiteatros e 32 arcos triunfais. Esta tendência se manteve no século seguinte: 112 templos, 11 basílicas, 35 termas, 9 teatros, 5 anfiteatros e 36 arcos triunfais. Porém, nos séculos IV e V, houve, no geral, um decréscimo de construções; para o século IV: 26 templos, 20 basílicas: 29 termas, 3 teatros, 3 anfiteatros e 15 arcos triunfais; e, para o século V: 13 templos, 10 basílicas, 15 termas, 2 teatros, 2 anfiteatros e 8 arcos triunfais.

"Diz-me o que comes e te direi quem és": uma representação musiva de xênia na África Romana

A riqueza da África do Norte, tanto no período romano quanto pré-romano, era quase inteiramente baseada em produtos agrícolas[49], mas houve um incremento significativo com o domínio romano[50]. O principal agente dessa expansão agrícola foi a oliveira[51], base para a manufatura de azeite[52]. Esta atividade é atestada pela descoberta arqueológica de prensas bem preservadas na África Romana, que permitiram ter uma ideia da sua capacidade de produção a partir das medidas dos seus componentes: uma

---

[49] Raven 1984; Cherry 1998.
[50] Mattingly e Hitchner 1995.
[51] Camps-Farber 1953 e Mattingly 1996. Sobre as condições que propiciaram a expansão da oleicultura na região durante o período romano, Carandini (1983: 157) apontou que o "boom" agrícola da África Romana não pode ser explicado se o uso de tecnologias ou sistemas hidráulicos não tivesse mudado. A percepção de que os romanos introduziram melhores técnicas de cultivo e trabalhos hidráulicos (coleta e distribuição de água) na África do Norte foi contestada por Shaw (1984), que defendeu que o esquema rural de controle da água foi construído antes da chegada dos romanos. Por sua vez, as descobertas arqueológicas na África do Norte publicadas por Hitchner (1988 e 1990) demonstraram que a prática de métodos de cultivo-seco na rica região agrícola em volta de Cillium e Thelepte era de origem indígena. As pesquisas arqueológicas trouxeram à luz o dinamismo da economia romana (Greene 1986) e, neste viés, situam-se os estudos de Mattingly sobre a economia oleícola na África do Norte (e.g., Mattingly 1988 e 1996; Mattingly e Hitchner, 1993). Mattingly (1996: 239-244) sustentou que foi a existência de um mercado consumidor de azeite no Império Romano que impulsionou, nas áreas de exportação de azeite, o significativo investimento na oleicultura e em equipamentos de processamento do produto. Opondo-se ao viés "primitivista" de Finley para abordar a economia antiga (1980), vista como uma economia subdesenvolvida (conceito retomado por Garnsey e Saller 1987: 43-63) com um pequeno comércio inter-regional e mínima mudança ou crescimento, Mattingly (1996: 247) considerou o comércio de longa distância do azeite como um importante componente do comércio marítimo mediterrâneo, que englobava tanto o comércio livre quanto o grande mecanismo redistributivo do governo imperial (annona). Distintamente de Mattingly, que concebeu a demanda do Império em seu conjunto como um grande consumidor de azeite, mais recentemente, Leveau (2007: 651-670) enfatizou o caráter regional da economia das zonas de produção e sublinhou que, para os produtores, o desenvolvimento da arboricultura (incluindo aí a oleicultura) podia, muito bem, ser uma maneira de promover sua cidade ou província, antes de ser uma resposta às necessidades do Império. É o que Leveau denominou de "a passagem do ideal do modelo de economia comercial ao real da economia regional". A discussão sobre natureza da economia antiga e, em especial a romana, está longe de se esgotar, como bem apresentaram Scheidel e Reden (2002), Andreau (2010: 5-48) e Cardoso (2011: 15-36).
[52] O azeite era utilizado em diversas funções no mundo antigo, tais como: alimentação (tempero, conservação do alimento, gordura), cuidados corporais (os homens passavam antes dos exercícios esportivos e massagens com azeite, perfumado ou não, eram feitas após o banho), medicamento (humano e veterinário), iluminação com lamparinas, tratamento do couro... Os diversos azeites não eram empregados indiferentemente a todos esses usos; por exemplo, os azeites de azeitonas verdes serviam principalmente na perfumaria e na farmácia; o azeite de azeitonas maduras era reservado para a alimentação; o azeite das lamparinas era, em geral, obtido quando da segunda prensagem. Os subprodutos do azeite – os seus resíduos sólidos e líquidos – também eram aproveitados: combustível, ração animal, fertilizante, inseticida, antitraça, conservador de madeira, à prova de água, curativo epidérmico, lubrificante e panaceia para animais. Ver: Mattingly 1996: 222-226.

prensa pequena, provavelmente, teria uma capacidade máxima anual de aproximadamente 2-3 mil litros, e uma prensa maior, que era comum em áreas exportadoras de azeite, de 10 mil litros anuais[53]. Massivos investimentos a longo prazo eram demandados: a oliveira, para alcançar uma produção significativa, precisa de 20 anos de maturação, quando não era originária de enxerto (que requer, mesmo assim, de 5 a 8 anos, em boas condições)[54]; acrescentavam-se ainda os recursos para prensas, olarias (fabricação de ânforas, vasos cerâmicos para armazenamento e transporte de produtos) e mão de obra extrafamiliar. Daí, Andreau[55] considerar a oleicultura como "cultura das elites": ela permitia lucros substanciais, quando praticada em larga escala e com os meios adequados (tempo, recursos e trabalhadores).

Do porto de Hadrumetum, saía a produção de azeite da região para a exportação. Através do estudo das ânforas[56], é possível mapear a atividade comercial, visualizando as rotas comerciais, que ligavam as áreas produtoras às consumidoras, para delinear o processo de distribuição de mercadorias. Roma carreou parte significativa da produção provincial, como apontam, por exemplo, os trabalhos arqueológicos no Monte Testaccio (colina formada pela acumulação de restos de ânforas e situada atrás da zona portuária do rio Tibre em Roma, que foi a base para tipologia de ânforas de Dressel) e no porto de Óstia, localizado na foz do rio Tibre, por onde entravam os produtos de diferentes regiões do Império para Roma. Mattingly[57] destaca que, desde a década de 1970, os estudos das ânforas "revolucionaram" a abordagem da atividade comercial a longa distância. Para tanto, houve trabalhos que contribuíram para aperfeiçoar a tipologia de Dressel, tais como os estudos do inglês Callender, que escreveu, em 1950, sua tese de doutoramento sobre os selos anfóricos, cuja publicação, em 1965, impactou a pesquisa de Zevi[58]. Nas décadas seguintes, encontramos os estudos dos pesquisadores espanhóis Rodríguez-Almeida[59] e Remesal[60], que, escavando no Monte Testaccio, trouxeram dados sobre a produção e o consumo do azeite, a partir das ânforas esféricas Dressel

---

[53] Mattingly e Hitchner 1993: 439-462.
[54] Mattingly 1996: 219.
[55] Andreau 2010: 88.
[56] Em fins do século XIX, Dressel realizou uma tipologia pioneira de ânforas de origem itálica, a partir da capacidade dos vasos, forma da barriga ou da ponta, aspecto das alças e sua colocação e tipo de colo. Isto permitiu identificar a origem geográfica das ânforas e seu período de fabricação. Atualmente, com o recurso do computador, retomaram-se a estes trabalhos visando aperfeiçoar os seus resultados. Ao sistema Dressel, acrescentaram-se, por exemplo, a tipologia de Lamboglia (ânforas romanas republicanas) e a de Pascual (ânforas ibéricas principalmente).
[57] Mattingly 1996: 239-241.
[58] Zevi 1965.
[59] Rodríguez-Almeida 1972, 1979, 1984a e 1984b.
[60] Remesal 1977/1978, 1981, 1983 e 1989.

20, originárias da Bética e predominantes no governo dos imperadores da dinastia antonina (96-192). Neste mesmo sítio arqueológico, foram encontradas ânforas tunisianas e líbicas, datadas de períodos mais tardios, indicando a mudança da área exportadora de azeite para Roma, o que também se verificou em outras regiões do Mediterrâneo Ocidental[61]. Esta tendência foi igualmente constatada no porto de Óstia. Anselmino e sua equipe[62] nos apresentam um quadro síntese com os resultados dos trabalhos de arqueologia subaquática com ânforas, realizados em Óstia, em que se destaca a expressiva importação de produtos norte-africanos a partir do século II. Justamente, no período de elaboração do mosaico (início do século III), observamos, no quadro a seguir (em negrito e com tamanho maior da fonte), uma exportação norte-africana bastante significativa para Roma: 71% das ânforas, que chegaram a Óstia, eram de origem norte-africana.

Percentuais de Ânforas de Várias Partes do Império Romano para Óstia					
Período: Anos	Região				
	Itália	Gália	Hispânia	África do Norte	Egeu
0 a 50	28	29	31	11	1
50 a 100	15	32	28	19	6
100 a 150	17	19	31	29	4
150 a 200	2	9	10	55	23
200 a 250	4	6	10	**71**	10
250 a 400	0	22	0	40	38

Um mercado mediterrâneo integrado[63], como o propiciado pelo Império Romano, favoreceu o enriquecimento das elites provinciais,

---

[61] Keay 1984; Panella 1986, 1993 e 1994; Peacock, Benjaoui e Belazreg 1989 e 1990.
[62] Anselmino et alii 1986.
[63] A integração do Mediterrâneo na Antiguidade, em seus múltiplos aspectos (econômico, político, cultural, demográfico...), tem sido um topos nos debates dos latinistas desde fins do século XIX. A questão do Mediterrâneo suscitou a discussão de diferentes conceitos, tais como: imperialismo (Garsney e Whittaker 1978; Woolf 1992; Mattingly 1993), romanização (Freeman 1993; Webster e Cooper 1996; Fentress 2000, Keay e Terrenato 2001), sistema-mundo / centro-periferia (Rowlands et alii 1987; Woolf 1990; Frank e Gills 1993; Dana 2012: 57-76), globalização (Hingley 2011), mediterranização (Shaw 2001: 419-453; Horden e Purcell 2000; Morris 2005; Horden e Purcell 2005: 348-375), redes (Malakin 2009), mobilidade (Moatti 2004 e 2008; Moatti e Kaiser 2009)... É perceptível a relação dessas variadas abordagens com a contemporaneidade: expansão colonial europeia de fins do século XIX e início do XX, processo de descolonização na segunda metade do século XX, da Guerra Fria à Queda do Muro de Berlim e ao fim da URSS, transformações com a "globalização" a partir de fins do século XX (capitais transnacionais e crises financeiras globais, livre circulação de mercadoria e pessoas

e, especificamente na região norte-africana, a ascensão da dinastia dos Severos, de origem afro-síria, alavancou ainda mais a prosperidade da região e acarretou um peso maior da sua elite no cenário político do Império Romano. De acordo com Jacques[64], as relações dos imperadores Septímio Severo (193-211) e Caracala (211-217) com a África e a Síria modificaram a repartição geográfica do recrutamento dos membros da ordem equestre[65]: houve uma diminuição nítida na proporção de italianos e ocidentais (respectivamente, menos de 30% e, aproximadamente, 10% no século III), enquanto os africanos e orientais alcançaram 30% do efetivo real. Mesmo entre a ordem senatorial, evidenciou-se uma maior inserção de africanos. Se eles eram pouco numerosos no século I, isto mudou em fins do século II com o governo dos Severos: mais da metade dos senadores africanos, cuja origem é conhecida, eram da rica região oleícola[66], na qual a cidade de Hadrumetum se localizava (ver mapa "A agricultura na África do Norte"). A obtenção do poder imperial pelos Severos, que favoreceu a ascensão político-social da aristocracia provincial afro-romana enriquecida, estava profundamente enraizada na prosperidade econômica, advinda da cultura da oliveira e da produção e exportação do azeite africano, que foram, por sua vez, potencializadas sob o governo dos Severos. Nas palavras de Mattingly[67]:

> "Oleocultura and oil production can thus be recognized as potentially significant elements in individual aristocratic fortunes in various areas of the Roman world. (…) Similarly, during the same century [século II], there was a steady build-up of Tripolitanian and African members of the senate at Rome, culminating in the creation of the first African princeps, Septimius Severus of Lepcis Magna. Personal patronage may have played its role in bringing these people into the senate; but without enormous financial resources of their own, provincial aristocrats were unlikely to be taken so far or so fast. The rise to prominence of such a body of African senators is more likely to have been a consequence of their already considerable economic importance, and archaeological evidence

---

versus restrições de mobilidade, fechamento de fronteiras e taxações, unificação monetária e de mercados, global versus locais, crises identitárias, intensificação da comunicação com internet e redes sociais...)

[64] Jacques 1992: 350-351.

[65] Sob Augusto (27 a.C.-14), a ordem equestre foi reestruturada a partir de uma base censitária e se distinguia da ordem senatorial. A elevação de cavaleiro era concedida pelo imperador que exercia a função de censor. Foi nesta ordem renovada que o imperador pode forjar uma elite de funcionários dinâmicos e fiéis ao novo regime, pois eram dependentes diretamente do Príncipe. Durante o Principado, a ordem equestre não cessou de aumentar seu papel político em detrimento da ordem senatorial (Lamboley 1995: 91-92).

[66] Christol e Nony 1995: 195.

[67] Mattingly 1996: 245-246.

now supports the view that the economic centre of the western Mediterranean was shifting to its southern shore in advance of this political development (which may itself, of course, have accelerated the trend). For without the extraordinary and single-minded, long-term development of oleoculture in the territorium of Lepcis Magna, that town might have remained undistinguished and Septimius Severus simply a local notable. Olive oil may not actually have been the king-maker, but it could be regarded as the prime source of his princely-sized inheritance. Economic developments in the Roman empire could thus have long-term political consequences."

Conclusão

Para se compreender a cultura visual da antiga sociedade romana, devemos atentar para o consumo social que, basicamente, tece hierarquias e consolida bases, lugares e relações de poder. Na análise da documentação escrita e imagética, devemos considerar seu contexto histórico específico, o que nos permite apreender a sua complexidade, a sua historicidade cultural. O termo cultural é utilizado em um sentido mais amplo, abarcando atitudes, mentalidades e valores e suas expressões, concretizações ou simbolizações em artefatos, práticas e representações.

A elite local, que comissionava os mosaicos, estava ansiosa para ver publicizados e eternizados seus signos de status. Assim, as *xeniae* foram reproduzidas em imagens para decorar os vários aposentos de recepção de suas residências, dentre eles, os exedrae e triclinia, exaltando, deste modo, sua prosperidade e generosidade e também suas crenças e costumes, ou seja, tudo aquilo que a identificava como pertencente à civilização romana. Através de tais imagens, a elite utilizava suas residências para tornar pública a sua mesa farta e, no caso, sua pertença aos Leontii, símbolos de prestígio nesta sociedade de caráter escópico. A riqueza desta elite local, fundamentada, sobretudo, na produção de azeite, encontrou, portanto, uma forma de expressão na decoração sofisticada de suas residências urbanas (*domus*) e rurais (*villae*), onde afirmava seu status e seus valores culturais[68]. Em termos da temática alimentar, observamos a distância da tradicional dieta frugal condizente com o mos maiorum (costume dos ancestrais) e a adoção de uma nova dieta própria de um estilo de vida cosmopolita e enriquecido da elite provincial. A decoração doméstica buscava reafirmar a posição privilegiada do seu proprietário frente à comunidade romanizada. A aceitação social dos mosaicos nas cidades afro-romanas era uma prática do estilo de vida urbano romano, constituindo-se em um dos elementos decorativos mais admirados,

---

[68] Thébert 1990: 300-398.

pois adornavam com cores vivas o chão (*opus tessellatum*), as paredes e o teto (*opus musiuum*). Ao mesmo tempo, revelaram também a vida e os prazeres, os valores, as crenças e as práticas da elite na África Romana. Evidenciamos, através do mosaico, o papel central da riqueza da elite local, reforçando a interação entre poder, status, prestígio e religião, formando uma tessitura sociopolítica. No mosaico em questão, esta interação se apresenta na conjugação da xenia com os símbolos dos Leontii, que organizavam e patrocinavam as venationes. Para tanto, era necessário que houvesse prosperidade e paz, o que se verificou na África do Norte em fins do século II e na primeira metade do III, quando imperava a dinastia severiana de origem afro-síria, que beneficiou a região.

Inferimos, assim, o papel dos mosaicos na decoração doméstica e os tipos de mensagens com as quais eram imbuídos. A própria natureza do suporte – o mosaico – constitui-se em um vetor para potencializar o status e o prestígio da elite em diversos momentos: nos gastos de recursos significativos para a decoração dos interiores de suas residências com opulentos pavimentos, evidenciando assim o aumento da importância da esfera do privado e uma maior hierarquização social; na seleção dos temas retratados relacionados a um estilo de vida faustoso condizente com a fortuna da elite; e na localização dos mosaicos em ambientes de sua casa, onde ocorria a sociabilidade, visando afirmar sua posição privilegiada frente à sociedade e apregoar sua imagem para o exterior. Havia temáticas que eram reproduzidas e se inseriam na retórica, que teve papel central no mundo greco-romano na construção do pensamento e expressão da elite. Era uma maneira de representar experiências e acontecimentos dentro de certa espécie de moral ou rede social; era uma forma de expressar alguns "significados compartilhados"[69], que fundamentavam a cultura da qual se originavam, construindo e consolidando uma identidade romana entre a elite provincial. Assim, a imagem musiva nos diz, não apenas o que comiam, mas quem eles eram, tal como preconizava a máxima romana.

P.S.: Respondendo a pergunta "quantas palavras vale a imagem musiva?", a ferramenta do Word objetivamente nos informa: 10.343 palavras, incluindo notas e bibliografia. Portanto, bem mais que as mil palavras do popular ditado!

---

[69] Huskinson 2000: 7.

Parte II

Identidades Alimentares da Idade Média

DE SPIRITU GASTRIMARGIAE – DISTOPIA ALIMENTAR E GULA NA REPRESENTAÇÃO DO INFERNO NA TRADIÇÃO MORAL OCIDENTAL
(*De Spiritu Gastrimargiae* - food distopia and gluttony in the representation of hell in European moral tradition)

Paula Barata Dias
Universidade de Coimbra (pabadias@hotmail.com)

Resumo: A partir da evocação de um motivo iconográfico popular do gótico tardio – a representação do inferno como um lugar em que os supliciados são processados como bens alimentares numa cozinha de pesadelo, devorados por Lúcifer – pretende-se discutir os fundamentos para a representação do inferno enquanto lugar de disforia alimentar, numa espécie de condensação de todos os vícios causadores da queda.

Palavras Chave: Gula, Luxúria, Evágrio, Cassiano, Gregório, inferno, cristianismo

Abstract: Based on a later-gothic popular iconographic motive – the representation of the Hell as a place where the damned are processed as food in a nightmare kitchen and eaten by Lucifer – we intent to discuss the fundaments of the representation of Hell as a place of eating disforia, in a way of concentration of all vices responsable for the human fall.

Keywords: Gluttony, Lust, Evagrius, Cassian, Gregorius, Hell, Christianism

O nosso propósito é mostrar que, tendo o tema uma tradição literária e iconográfica complexa, pode encontrar a sua principal motivação nas primeiras reflexões sistemáticas sobre a gravidade da *gastrimargia*, "loucura do estômago", da gula para a ruína do edifício espiritual do homem. Colocada na base do aperfeiçoamento espiritual, o combate contra a gula é paradoxal pois, na sua derrota, assenta toda a esperança de o homem se elevar para além da sua natureza puramente carnal. Neste sentido, a gula é o denominador comum em que se geram todos os vícios e os desequilíbrios morais do homem em vida e por isso a imagética dos desequilíbrios por ela proporcionada foi utilizados na composição do inferno como uma cozinha distópica, em que são consumidos os condenados.

Quem visita a cidade italiana de Pisa pode ainda hoje contemplar, em tons já um pouco esbatidos, "l'Inferno", um fresco monumental de grandes dimensões (6x7 m) da autoria de Buonamico Buffalmacco, executado entre 1336-41 por encomenda dos frades dominicanos para o Camposanto Monumental de Pisa, na Piazza del Duomo. Alessandro da Morrona, gravador italiano do séc. XV, reproduziu este fresco medieval entre as trinta e duas gravuras que compuseram a sua obra *Pisa Illustrata nelle Arti del Disegno* (circa 1480-1500). A nitidez da gravura a preto e branco, com 223x28 mm de tamanho, permite-nos ler e apreciar com mais detalhe o que está contido no fresco original, hoje muito erodido pelo tempo.

Neste fresco apresenta-se um tema muito comum na arte gótica do centro da Europa[1] – o da representação do inferno – referenciam-se os tópicos próprios do tratamento artístico do tema próprios do estilo gótico: a cena "superpovoada", em claro estilo *horror vacui*, por uma multidão sofredora e desordenada de supliciados sobre um fundo de chamas, a multiplicidade das formas assumidas pelos demónios; a imaginação e a crueldade implícitas nos tormentos representados com enorme realismo; o centro da cena ocupado por uma figuração gigantesca de Lúcifer. Pese a continuidade nos motivos e no tratamento global do tema de uma série iconográfica vasta, que pudemos seguir a partir de alguns frescos e iluminuras, a pintura de Buonamico Buffamalco prendeu-nos a atenção pelo modo exaustivo com que nela se concentra um conceito fundamental para a interpretação da obra: o inferno como a figuração de um pesadelo alimentar, em que atores, supliciados e castigos se apresentam como figurantes das etapas do processo digestivo – ingestão, digestão e excreção.

A gravura dispõe-se em quatro níveis, sendo o superior o da entrada para o Inferno – uma serpente ou um dragão de boca escancarada engole os homens condenados, empurrados por pequenos demónios que lhes enrolam serpentes em volta dos corpos ou os vão esquartejando, despejando os membros para essa boca hiante. O nível seguinte, disposto como se fosse a continuação do corpo, em corte transversal, do ventre do dragão, mostra demónios de face animalesca a picarem os condenados com forquilhas, e a usarem estes instrumentos para os movimentarem num caldeirão, onde estes fervem. No terceiro nível, percebe-se que há uma representação simbólica dos suplícios de acordo com as culpas dos condenados[2]: pares abraçados

---

[1] "O Inferno", anónimo presente no Museu de Arte Antiga de Lisboa, proveniente de um dos mosteiros após a desamortização novecentista, é um quadro dominado pela representação de suplícios vários indiretamente relacionados com a alimentação (figuras femininas, do lado direito, estão penduradas como peças de carne num talho; na parte inferior, um supliciado gira no espeto), no centro, um caldeirão, onde borbulham clérigos, em lume aceso atiçado pelos demónios. O foco mais rico desta geografia física e humana do inferno encontra-se em Itália: Coppo di Marcovaldo, "Juízo Universal – o Inferno", Florença, Batistério de S. Giovanni, de 1260-70, anterior à versão da Divina Comédia de Dante. Giotto, "O julgamento Final", de 1303-1306, em Pádua, Capela dos Scrovegni; Nardo di Cione, "O Inferno", 1350-1355, Florença, Igreja de Santa Maria Novella, Chappelle Strozzi (1379-1455); Giovanni de Modena, "O Inferno", Bolonha, Basílica de S. Petrónio, Chapelle Bolognini), realizado em 1404; Tadeo di Bartolo, "Juízo universal", (observe-se o detalhe de Lúcifer como um monstro trifauce, devorador e excretador, San Gimigano (1391)); Mestre de Avicena, "Paraíso e Inferno", datado de 1435, Galeria Nacional de Arte de Bolonha. Em todos estes exemplos nos confrontamos com a mesma variação sobre o tópico da digestão aplicada aos vários tipos de vícios punidos, com a figura central de Lúcifer a devorar e a excretar os condenados.

[2] A representação do Inferno como o lugar onde são punidos uma ordem ou um catálogo

devoram-se mutuamente, ou a si próprios ou são mordidos por serpentes; numa outra cena, um festim, em que os demónios abrem à força a boca dos condenados, obrigando-os a comer da mesa; um demónio defeca para a boca de um condenado, deitado no chão. No último dos anéis, os demónios arrancam línguas, partem os dentes, introduzem um funil na boca de um condenado e derramam nela metal fundido. No canto superior direito, vários condenados com as cabeças adornadas por coroas, portanto nobres, são pisados e picados por demónios. Um é assado num espeto giratório. No centro da gravura, um Lúcifer gigante atravessa três dos anéis, e, acocorado, exibe a parte frontal do seu corpo: cara, tronco, ventre. Três bocas engolem supliciados; nas mãos prende outros dois que aguardam o mesmo destino; no fundo do seu ventre, o ânus é simultaneamente a abertura genital e a boca de um focinho de leão. Dela sai um supliciado com a cabeça para a frente, puxado pelos braços por um demónio. Estabelece-se a ambiguidade, pois a cena tanto pode ser interpretada como Lúcifer a defecar ou como "a dar à luz" (neste caso, "dar às trevas") um condenado.

Não conhecemos nenhuma representação do Inferno, lugar da pena perpétua para as culpas terrenas, que materialize tão consistentemente os tormentos infernais a partir da fisiologia da alimentação e do processo digestivo dos seres vivos. Neste particular caso, todos os condenados, mesmo os luxuriosos, os soberbos, os avarentos, os coléricos, são tratados como bens alimentares para encherem o ventre da serpente esfomeada que é o próprio inferno, e a fome de um Satã que, triturando no seu aparelho digestivo os condenados para os eliminar como restos inúteis desse processo, acaba por

---

exato de pecados está presente na obra de Dante Alighieri *A Divina Comédia*. Quer-se ver a influência de Dante na difusão destas figurações do inferno como um lugar de espaço organizado em círculos, conforme as penas. Mas parece-nos largamente abusivo. Os tópicos artísticos já existiam em iluminuras de manuscritos, pelo que Dante recolhe influências, enquanto criador literário, num movimento artístico que lhe é anterior e contemporâneo. Têm estas obras de arte como denominador comum a tradição literária dos tratados morais sobre vícios e virtudes, no seu auge na Baixa Idade Média. A figuração do inferno como uma boca escancarada, e de Lúcifer como um monstro deformado, antropomorfizado com características animalescas que mantem detetável a similitude com o humano, inclusivamente a apresentação do rosto trifauce do demónio, encontram-se já em manuscritos de um tipo particular de obras, anteriores ao séc. XIV (Abadessa Herrad von Landsberg, "ilustração do inferno", enciclopédia iluminada *Hortus Deliciarum*, Monte Saint-Odile, Alsácia, c. 1176; "Inferno", Saltério de Winchester, Londres, British Library, c. 1150; Irmãos de Limbourg, "A Grelha do Inferno", miniatura do Livre des Très Riches Heures du Duc de Berry, (Chantilly, Musée Condé, 1416) , c. 1440; Ludolfo de Saxónia, *Speculum Humanae Saluationis*, 1455; Newberry Library, Chicago, EUA; "Satã Trifauce devorador de homens", *Codex Altonensis da Divina Comédia*, Bibliotheca Gymnasii Altonani, Hamburgo, Alemanha, séc. XIV; Simon Marmion, *Visions du Chevalier Tondal* uma versão em francês e ilustrada do *Visio Tnugdali*, texto do séc. XII escrito por Marcus, monge irlandês, (Ms. 30, Getty Museum, Los Angeles, 1475).

os expelir inteiros, retomando estes, como supliciados, um ciclo infinito de sofrimentos.

Nos nossos dias, a observação desta cena provoca estranheza, e até mesmo repulsa pelo realismo primitivo nela presente. Se nos transportarmos para o fim da Idade Média e para a mentalidade de um observador deste fresco de Pisa, contudo, ele experimentaria terror, mas também a familiaridade face ao seu horizonte de expectativas quanto à vida espiritual após a morte, a confirmação de um modelo de carácter, e do seu anverso – os vícios, em que se embebera, geração após geração. Na verdade, estas representações artísticas exprimem as crenças quanto ao destino escatológico do homem, e fazem parte de um património tornado popular, ou vulgar na Idade Média. As semelhanças nas representações, o género literário a que pertencem as obras ilustradas (enciclopédias, livros de horas, Penitenciais) indiciam-nos que esta forma de retratar as culpas e os castigos infernais se situava no domínio da cultura comum, e fazia parte dos instrumentos de modelação do carácter moral cristão, a privilegiarem o propósito da salvação eterna[3].

Por outras palavras, o homem da Idade Média compreenderia esta representação do inferno sob a alegoria de uma fome sempre insatisfeita, porque ela se situa no vértice de uma tradição moral e espiritual desenvolvida no cristianismo, que é o da correspondência entre o tipo de culpas ou pecados carregados pelos homens e o castigo que lhes é inerente. O inferno, dentro da sua anarquia, apresentava-se, deste modo, como um lugar dotado de uma previsível ordem, ou pelo menos compreensível a partir de um sistema de crenças confortantes, como a da correspondência entre a culpa e o castigo.

Nos alvores da Idade Média Europeia, as visões iconográficas e literárias do inferno passaram a incluir, na sua descrição, uma tipologia graduada de castigos, de acordo com as culpas carregadas pelos condenados[4]. A origem literária dos dois temas é distinta, um claramente escatológico e fantástico, próprio de um discurso apocalíptico, o outro de contornos éticos e moralistas, dedicado às experiências do homem no seu quotidiano. Mas já alguns textos antigos permitem tornar a análise da ação e a avaliação do carácter dos homens

---

[3] Saliente-se, a este propósito, o *Elucidarium* de Hugo de Autun (séc.XI), livro de esclarecimento enciclopédico do que "havia de obscuro no mundo", escrito para monges e clero menos cultos. O livro III é consagrado à escatologia cristã. Tornou-se uma obra de grande divulgação na Idade Média, traduzida mesmo em línguas vivas. Dele se conhecem trezentos manuscritos (Migne, s/d: vol. 172, cols 1109-1176). A obra da Abadessa de Herrad Von Landesberg e de Ludolfo da Saxónia, indicados na n. 2, pertencem ao mesmo género.

[4] Mt 5, 22; 8, 18; Lc. 16, 22-26; Apoc. 20, 10: o inferno, um lugar de chamas e de dor. As visões do inferno resultam de catábases, físicas ou como resultado de experiências oníricas ou místicas. A literatura apocalíptica apócrifa foi fundamental para a fixação desta imagética *Livro de Henoch*, *Apocalipse de S. Pedro*, (séc. II); *Apocalipse de S. Paulo*, 11-18; 31-44 (séc. IV); Santo Agostinho, *De Civ. Dei* 22, 29 (apud Gardiner, 1989).

De Spiritu Gastrimargiae – distopia alimentar e gula na representação do inferno na tradição moral ocidental

em vida consequente com uma escatologia, ou destino sobrenatural seguido por estes homens. É o que faz o Sermão da Montanha, provavelmente o mais conhecido entre eles para a fundamentação cristã[5]. Mas também o apócrifo *Apocalipse de Pedro* apresenta, na sua descrição do inferno, uma distribuição detalhada das penas em função dos atos e do carácter em vida, assim como outros textos de género idêntico, produzidos em épocas e com divulgações distintas. Estes apocalipses proporcionaram à imaginação cristã ocidental uma composição visual para o Inferno que os Evangelhos, por si, apresentam com contornos muito vagos.

Assumido que este tipo de representações iconográficas faz parte integrante de um discurso adquirido sobre o conceito de inferno, vamo-nos concentrar na questão essencial: como explicar que este lugar disfórico se estruture de um modo tão coerente em torno da figuração da função alimentar, no que esta tem de preparação dos alimentos (separar e expor, cozer, grelhar, picar), agentes (os que cozinham, i.e. os demónios), alimentos (os condenados, reduzidos a bens alimentares); na representação das etapas do processo digestivo em si? Poderemos, finalmente, detetar na representação deste lugar limite como figuração de um pesadelo alimentar, a influência da reflexão cristã sobre a disforia alimentar que representa a gula, ou a *gastrimargia*, a "loucura do estômago?"

Seria de esperar, dentro da causalidade culpa-castigo, que a gula fosse o vício ou pecado a que, nos infernos, coubesse uma pena relacionada com a realidade alimentar, por excesso ou privação dos alimentos, alvo de abuso em vida. Não é essa casuística, no entanto, que encontramos nestas representações do inferno. Isto é, o castigo a figurar o tratamento dos alimentos segundo vários processos alimentares não submete apenas os gulosos, mas todos os outros pecadores. Na gravura apresentada, qualquer pecado capital resultará no castigo universal de se ser digerido, de modo diferenciado mas implacável, conforme as culpas, pelo inferno, num movimento perpétuo de sofrimento, atendendo a que Lúcifer engole, transporta para o seu interior, e por fim excreta, ou faz nascer, os condenados intactos para que o mesmo ciclo recomece.

Podemos apontar algumas explicações para o que está em causa na interpretação do inferno como uma cozinha em laboração, ou como o interior transformador dos órgãos digestivos, e do destino dos condenados como uma sujeição a processo digestivo. Em primeiro lugar, figurará o próprio conhecimento de proximidade com a realidade inexorável dos alimentos e do alimentar-se como parte do quotidiano humano. Não escapa a qualquer

---

[5] Lc 6, 20-26 *mas ai de vós, os ricos, porque recebestes a vossa consolação. Ai de vós, os que estais fartos, porque haveis de ter fome.*

observador a constatação de que a vida humana está fatalmente condicionada pela periodicidade do alimentar-se. Ao ato de comer e à saciedade decorrente dos alimentos ingeridos sucede, pouco tempo depois, a conclusão do processo digestivo através da eliminação do não digerido, e também, imparavelmente, o disparar da sensação da fome.

Dependendo das condições sociais, este processo biológico e orgânico pode ser vivido com mais ou menos ansiedade, mas é universal à condição humana. Esta natureza constante, cíclica e imparável própria do ato alimentar tornou-se, por isso, uma alegoria apropriada para a iconografia do inferno, em que os condenados servem de alimento à boca sempre insatisfeita de Lúcifer, sofrendo as dores de serem devorados pelo inferno, atravessando intactos o aparelho digestivo do inferno, continuando um ciclo infinito que suspende a passagem do tempo e das transformações na matéria, mas também a ideia de "proveito" ou de "benefício" que acompanha o processo natural da digestão. Se os homens comem para viver, e os alimentos se transformam em energia ou na própria substância humana, o processo digestivo do inferno é um fim em si próprio, estéril e inútil.

Uma outra razão para esta obsessão pelo processo alimentar pode residir na relação que o homem medieval tinha com o corpo. É sobre ele, e em forma de sofrimento físico, que caem os castigos. Nas pinturas do Julgamento Final, os condenados são representados despidos, ao contrário dos salvos, que transportam vestes gloriosas. Instância de conflito, o corpo exibido na sua crua realidade é o lugar em que se joga a perdição ou a salvação da alma. As más condições sanitárias, as doenças e as fomes endémicas tornavam facilmente visível aos olhos de todos a imagem de corpos fragilizados[6]. A degradação do corpo e a morte ocorriam, ao contrário do que ocorre nos nossos dias, à vista de todos, e eram alvo de uma reflexão piedosa e moral. Por isso, as maiores ameaças para a integridade deste corpo, para a sua robustez, tais como a fome e má nutrição, os ferimentos, as doenças e más formações congénitas, ou seja, manifestações de um quotidiano de corpos sofridos e degradados, projetam-se na representação do inferno, o não lugar de que escapariam os cristãos cumpridores.

O homem cristão da época medieval atribuiria porventura à gula, parte integrante desta tipologia de desequilíbrio moral e espiritual do homem, uma maior gravidade do que aos outros vícios, a ponto de condensar, na iconografia do inferno, a súmula da maldade humana? Seria pior ser-se guloso do

---

[6] Braunstein,999. Le Goff, Truong 2003. Le Goff, 1994: 290-294 "Há que pensar nessa fragilidade física, nesse terreno fisiológico propício para alimentar, em bruscas erupções de crises coletivas, as doenças do corpo e as extravagâncias da alma".

que soberbo? O comer em excesso seria mais reprovado pelo próprio, e mais apontado pelos outros, do que a preguiça, ou a cólera[7]?

A resposta preliminar a estas interrogações é de que sim. Neste aspeto, a natureza exterior e a visibilidade das manifestações da gula são fundamentais: a gula, tal como a luxúria, ou mesmo a ira, implica da parte dos pecadores um comportamento ativo, visível, exposto aos olhos da comunidade. Pecados como a soberba, a avareza, a preguiça, e mesmo a vaidade, podem ser omissos em termos de comportamentos observáveis, pela subtileza das suas manifestações. O corpo de alguém que consome alimentos em excesso é um corpo gordo, um corpo de "barriga inchada". Apreciar e deglutir grandes quantidades e variedades de alimentos tornam quem o faz um alvo de atenção. Portanto, não é necessariamente pela sua gravidade que a gula se torna uma espécie de denominador comum para o homem vicioso em geral, mas pela sua incidência e visibilidade. Pode atingir pessoas de todo o género, cultura, estrato social, modificando-lhes o comportamento e o aspeto. Há, evidentemente, a favorecer a representação da gula como o cúmulo dos vícios, os limites à figuração do impacto de cada um dos outros vícios, de incidência mais cerebral e abstrata. Os homens que se batem contra a vaidade e a soberba são alguns dos que encetaram o caminho de aperfeiçoamento, uma vez que a ascese cristã é um exercício de seleção todos são chamados, poucos os escolhidos[8]. Além disso, como se manifestam publicamente, como se representam um homem vaidoso ou um soberbo?

Todos os homens, portadores de um corpo vivo, em tudo semelhante aos dos outros seres animais, enfrentam, numa primeira etapa, as pulsões do estômago e da líbido[9]. Para progredir até à perfeição espiritual, impõe-se a determinação de dominar as necessidades e os apetites naturais da própria fisiologia humana. Além disso, os pecados nascidos do desequilíbrio da fisiologia do corpo transportam uma dificuldade acrescida, que é a do discernimento da justa medida. Manter a saúde e a vida, deixando o corpo funcionar para esse propósito, é aceitável, desejável e impossível de contrariar dentro do que são os comportamentos humanos frequentes, quotidianos. Nestas circunstâncias, a alimentação e o sexo estarão sempre presentes. De modo

---

[7] O termo "remorso", como sabemos, tem por etimologia o supino *remorsum*, do vb. latino *remordeo*, "remoer". E é fácil ver a aproximação à realidade da digestão na etimologia do termo "purgatório" (de *purgare*) conceito teológico desenvolvido na Idade Média.

[8] *Esforçai-vos por entrar pela porta estreita, porque muitos, digo-vo-lo Eu, tentarão entrar sem o conseguir" (Lc. 13 24) "nenhum daqueles que foram convidados provará da minha ceia* (Lc. 14, 24); "muitos são convidados, poucos os escolhidos..."; "é mais fácil um camelo passar pelo fundo de uma agulha..." (Lc. 18, 25; Mc, 10, 25; Mt. 19, 24).

[9] Dias, 2006: 98: "Do instinto para a hiper-consciência, dos prazeres do estômago ao vício da soberba, é evidente uma ordenação psicológica e somática na consideração dos vícios que deformam a alma, e que resultam de uma análise do universal humano, psicológico e social".

constante e permanente, portanto, a fina linha entre o aceitável e o vicioso se encontrava no horizonte da avaliação e da decisão do homem medieval, sem exceções. Já que todos estão sujeitos ao fardo de um corpo, importante é saber como discernir o adequado à conservação da vida e da sua geração das suas manifestações excessivas e destemperadas.

Por isso, não parece surpreendente que elevar o homem do seu corpo, da sua animalidade primitiva seja, de facto, a primeira das batalhas em que todos se reconhecem, reprimindo o desregramento do ventre, a sobrealimentação, o desejo de consumir em excesso ou de selecionar, pelo prazer que oferece, determinados alimentos. O homem que não estiver apto a dominar o estômago e a líbido, não terá condições para, elevando-se dessa "animalidade", enfrentar combates mais subtis, que envolvem capacidades de domínio emocional e intelectual de que os animais estão desprovidos.

O condicionamento dos alimentos, na sua quantidade e qualidade, e o controlo da líbido constituíram parte fundamental da disciplina emanada pela Igreja nos seus textos jurídicos, instituições e nos seus penitenciais, que estabeleciam um ritmo, de acordo com o tempo litúrgico, para os jejuns, abstinência de determinados alimentos, e para a continência sexual. Este condicionamento do ventre apresenta um caráter ordinário, inserido na vivência de determinadas épocas do tempo cristão como o advento e a quaresma, ou reforçado para as ordens religiosas, canónicas e regulares; mas também um caráter extraordinário, associado à penitência e correção de desvios ou pecados cometidos pelo cristão. À exceção da exortação à partilha material e da esmola – consideradas dentro dos instrumentos de combate contra a avareza – para além do jejum e da abstinência, não encontramos na disciplina cristã mais nenhum método de purificação dos pecados capitais com esta natureza sistemática e capacidade de incidência em todos os lares cristãos: pobres, ricos, analfabetos, incultos, doentes, saudáveis, rurais, urbanos, todos entenderiam o apelo à moderação no uso, ou privação circunstanciada de determinados alimentos.

Neste sentido, a representação do inferno enquanto um "pesadelo alimentar" presente na iconografia da representação do inferno poderá ter um valor metonímico: o castigo das culpas de vária ordem materializa-se na representação da disforia alimentar, do desequilíbrio e distorção dos processos do alimentar-se e do digerir, porque se trata de uma linguagem simbólica que todos entendem, uma espécie de denominador comum, e também o ponto de partida para uma escala de degradação da alma humana que, na alimentação e no sexo, tem o seu primeiro e universal degrau[10].

---

[10] Os efeitos da ingestão exagerada, ou da privação de alimentos, são facilmente observáveis. Os corpos modificam-se de acordo com a maior ou menor exposição aos alimentos. Os hábitos sociais modificam-se, conforme a pessoa cede, ou se priva, do prazer dos alimentos. Do ponto de vista da representação iconográfica, tornava-se pois, se não apelativo, pelo menos fácil, represen-

Podemos, contudo fundamentar este inferno enquanto distopia alimentar fazendo apelo a toda uma tradição literária e catequética, inserida na reflexão sobre os pecados capitais que corrompem a alma e que defende para a gula e para a luxúria, logo desde as primeiras manifestações do tema, um lugar primordial dentro dos corruptores da alma[11]. Não nos será possível percorrer a imensa tradição escrita dedicada ao catálogo dos vícios, mas vamos considerar o testemunho de três autores fundamentais para a fixação do género e divulgação do tema no mundo cristão: Evágrio do Ponto (345-400), *Prakticon*; Cassiano de Marselha (360-435), *Institutiones Coenobiticae*, livro V, *De Spiritu Gastrimargiae*; Gregório Magno (540-604), *Moralia in Job*, livro XXXI, 45, 87-91[12].

Encontramos indícios da formação de uma tipologia de virtudes e do seu inverso, os vícios, nos textos evangélicos, ainda que não detetemos uma atenção particular quanto à virtude da temperança ou ao vício da gula. No "Sermão da Montanha", as virtudes (as qualidades dos bem aventurados) incidem sobre questões de relacionamento do homem com o outro ou com a comunidade. Também no diálogo com o jovem rico, Cristo insiste que a perfeição a que o jovem almeja depende primeiro do cumprimento dos Mandamentos de Moisés, em seguida do seu desprendimento da família, da terra, dos bens materiais, e, por fim, da sua determinação em segui-Lo incondicionalmente, no que pode ser, no contexto, um convite a que se torne um dos discípulos para além dos doze principais que acompanhavam a pregação de Jesus. Jesus não menciona a abstinência como um método primário para "alcançar o céu"[13].

Também na Sua ação se encontram muitos episódios em que os alimentos são assunto e contexto, sem que a mensagem seja a da sua privação, ou da culpabilização quanto ao ato de comer. Os milagres testemunhados pelos que O seguiam envolveram a multiplicação de alimentos, proporcionando-se uma abundância pouco habitual; também várias parábolas se constroem com temas e motivos alimentares, sem que haja uma exortação à privação de alimentos como uma estratégia positiva para a transformação do carácter. Pelo contrário, encontramos várias vezes Jesus a ser recebido e servido na

---

tar quadros de deformação ou do comportamento alimentar ou dos seus efeitos.

[11] A obra de Newhauser fornece um estudo sistemático sobre as manifestações do género no Ocidente cristão, indicações bibliográficas e, o que é mais precioso, uma lista exaustiva das composições dedicadas ao tema. É um estudo ideal para quem deseja inteirar-se sobre o tema, nos seus aspetos gerais, embora, pela natureza assumida pelo próprio estudo, nele não se encontre uma análise detalhada dos textos, ou mesmo da singularidade de cada elemento do catálogo. Nas pp. 53-54, uma útil lista bibliográfica dedicada ao tema (Newhauser 1993). Dias 2006: 95-99.

[12] Eds. consultadas em Évagre le Pontique em Guillaumont, Guillaumont 1971, Jean Cassien em Guy 2011 e Gregorius Magnus in Adriaen 2005.

[13] Sermão da montanha Mt. 5, 1-12; Lc. 6, 17 ss.; interpelação do jovem rico Mt 19, 16-30; Mc. 10, 17-31; Lc. 18, 18-30.

casa dos seus seguidores. Um dos sinais da ressurreição de Jesus é o de que Jesus tem fome, e deseja alimentar-se do que os apóstolos comem[14]. As cartas paulinas indiciam já uma mudança nesta atitude, e os seus escritos estão na base do ascetismo alimentar como um dos comportamentos agradáveis a Deus. Embora a moderação seja a mensagem fundamental, Paulo situa o condicionamento alimentar como uma questão circunstancial e flexível, de importância relativa, não devendo esta comprometer a evangelização de povos não judeus[15].

Ainda que os Padres da Igreja anteriores ao séc. III tenham já apresentado a perturbação do consumo excessivo de alimentos como uma falha moral grave[16], será a partir do movimento monástico no séc. IV, e dentro do estabelecimento da disciplina ascética, num discurso pedagógico e pragmático destinado aos que se querem tornar monges, que se sistematizará o catálogo dos vícios corruptores da caminhada do monge até Deus. Saliente-se a forma do discurso, claramente inclinado para a análise dos comportamentos e para a transformação do carácter. A formulação em catálogo de uma problemática tão complexa como é a das fraquezas do espírito humano obedece a este requisito, desejado desde as primeiras manifestações do género, de ser um texto de aplicação prática, divulgado junto de um destinatário preciso.

Os primeiros tratados dedicados à construção da personalidade moral do monge, de Evágrio para os monges do Egipto, de Cassiano, inspirado no primeiro, para os cenóbios de Marselha, têm como destinatário o monge ou as comunidades monásticas a constituírem-se, apurando em forma de tratado literário, uma série de reflexões dispersas, sentenças, ditos que já eram correntes na efervescente e criativa cultura monástica oriental, entre os anciãos, líderes espirituais e os seus jovens seguidores. Neste sentido, o helenófono Evágrio, testemunha em primeira mão deste saber transmitido oralmente e monge no Egipto; o monge latino Cassiano, visitante dos cenóbios orientais, influenciado pela vivência ascética egípcia e pelo texto evagriano, podem considerar-se sistematizadores de usos e de um saber prático e, uma vez divulgados, contribuintes ativos para a estabilização e conservação destas reflexões morais ligadas ao aperfeiçoamento interior pela purificação dos vícios. A participação de Gregório Magno nesta reflexão foi mais modesta, mas decisiva para o impacto que a mesma viria a ter na cultura cristã ocidental. Gregório Magno introduziu no seu comentário ao livro de Job um

---

[14] Dias 2008: 157-175. Jesus jejuou no deserto durante quarenta dias, após batismo. Só depois se inicia a sua pregação.

[15] Dias 2012: 115 - 129.

[16] Recomendamos o estudo de Montanari e Ilaria 2012: 37-55. Orígenes, Clemente de Alexandria, Gregório de Nissa, Basílio de Cesareia afloraram aspetos do tema e teriam contribuído para a sistematização evagriana, tendo este sido discípulo de Basílio evagriana.

curto capítulo sobre os *principalia uitia*. Os oito pecados capitais da tradição monástica reduziram-se, na formulação gregoriana, a sete, ligeiramente os que se generalizaram na cultura cristã ocidental[17], tendo a acédia desaparecido do catálogo.

De facto, Gregório Magno tem por destinatário todos os cristãos, sendo o principal responsável pelo alargamento do destinatário inicial desta reflexão. Inicialmente dirigido para os monges que desejavam prosseguir a ascese, ou seja, caminhar no aperfeiçoamento até Deus, Gregório Magno propõe este rigor e disciplina a todo o cristão, no que é um dos muitos passos da influência e generalização da agenda monástica sobre o cristianismo em geral. Neste sentido, a *acedia*, porventura o *vitium* mais estritamente monástico, nascido na solidão das longas horas do monge entregue, imóvel, a si próprio, abandona o catálogo. Introduz também a inveja, pecado alimentado pela perceção da diferença e da variedade entre os indivíduos. Secundarizado no uniformizado ambiente monástico, recrudesceria no diversificado mundo secular[18]. Procede Gregório a outra modificação, muito significativa: Evágrio, e Cassiano colocam a gula e a luxúria nos primeiros lugares da lista, ao passo que, para Gregório, estes são o fim da linha.

Evágrio do Ponto apelida de *logismoi* "maus pensamentos" os pecados que atormentam a alma. Estes "maus pensamentos" são despertados pelos demónios que inspiram (*to pneuma*, *spiritus*) os monges, roubando-lhes a impassibilidade, o estado de insensibilidade sensorial que lhes permite desligarem-se do mundo sensível e procurar o mundo espiritual. Cassiano, seguidor de Evágrio, mantém esta formulação "externa" da motivação para os males (os combates continuam a fazer-se contra os *spiritus*), as más inspirações promovidas pelos demónios, embora a atenue. Não se pretende discutir aturadamente a questão, mas a escolha dos termos implica uma visão distinta quanto à origem do mal. Para Evágrio, a fonte é externa: são os demónios que, independentemente da vontade dos homens, instigam os *logismoi*, inevitáveis à condição monástica. Cassiano encontra-se no meio-termo, na medida em que o termo *uitium* implica uma fragilidade interna, uma fraqueza que torna

---

[17] Segundo o catecismo católico, os pecados capitais são a soberba, avareza, inveja, gula, luxúria, ira, preguiça.

[18] Este movimento de secularização teve por protagonistas alguns monges que se tornaram, por circunstâncias várias, também bispos: Martinho de Braga, Eutrópio de Valência e, sobretudo, Gregório Magno. Newhauser considera que, na Europa ocidental, a reflexão sobre vícios e virtudes, teve duas origens de excelência " The octad of vices was to exert its greatest influence later on the development of the Irish and Anglo-Saxon Penitentials, but the geographical area in which its reception left behind the first literary remains is the Iberian Peninsula. In a certain sense, the treatise of vices and virtues was created twice: once in greek at the end of fourth century (…) and then in Latin, in the clerical culture of Iberian Peninsula in the sixth century, at the point of contact between monastic and secular Christian culture" Newhauser, 1993: 109. Martinho de Braga em Migne s/d 72, cols 31-46 e Barlow 1950, Díaz y Díaz 1958: 27-35.

o homem suscetível a cair em tentação. Já para Gregório Magno, o termo genérico é *uitia*. Como interpretar esta dinâmica? Entre a fonte grega e a receção gregoriana nos alvores da Idade Média o tema perdeu riqueza especulativa e mesmo fundamentação científica, apoiada no que, para Evágrio, resultava do conhecimento acerca do corpo e da mente humana[19].

Evágrio apresenta sumariamente o seu catálogo, reservando uma exposição particular sobre cada ponto no desenvolvimento[20]. Termina a apresentação com uma frase quanto à intervenção humana nesta geração de *logismoi*: "não nos diz respeito que estes pensamentos perturbem ou não a alma; o que nos diz respeito é se eles permanecem ou se não permanecem, e se despertam as paixões ou se não as despertam". Ou seja, a tentação é inevitável, pois depende de agentes exteriores ao homem. O homem pode, sim, fortalecer-se contra estes agentes externos. Atentemos nas caraterísticas do mau pensamento da gula: (cap. 7, p. 509)

> O mau pensamento da gula exorta o monge ao abandono imediato (ekptosin taxeian) da ascese: descreve-lhe o estômago, o fígado, a vesícula, a hidroprisia, uma doença grave, a carência do necessário, a falta de médico. Muitas vezes traz-lhe à lembrança irmãos que pereceram destes males. Outras vezes estimula estes doentes a visitar os que vivem na abstinência (tois encrateuomenois) e a contar-lhes os seus sofrimentos, argumentando que ficaram assim devido à ascese.

Quanto à luxúria, este é o mau pensamento que se revela aos abstinentes, porque sofreram uma "alteração corporal" (cap. 8, 510) *O demónio (daimon) da fornicação está obrigado a desejar corpos diferentes (diaforon somaton); ataca com violência os que vivem na abstinência; para que desistam, convencidos de que nada alcançarão*.... A diminuição da ração disponível e da quantidade de água é um bom remédio contra a *gastrimargia*, a "loucura do estômago" que, no cap. 16 (p. 540) é apresentada também como "*o desejo de variedade nos alimentos*". Um estado físico saciado deseja sempre mais alimentos de todo o tipo (ou seja, um corpo bem nutrido não conhece a sensação de saciedade, deseja sempre mais); ao passo que a fome recebe um pão como uma fonte infindável de satisfação. Por isso, o ideal é manter o corpo em falta de alimentos.

---

[19] Veja-se e.g. a introdução do *Prakticon*, uma sucinta e exata teoria acerca do desejo humano, radicado na sensação. (Guillaumont, Guillaumont, 1971, 498: trad. nossa): 2. *O reino dos céus é a impassibilidade da alma, mais o verdadeiro conhecimento dos seres (ton onton)*; 4. *O que se ama, é procurado em absoluto, e o que se procura, luta-se para se possuir; e se todo o prazer tem origem no desejo (epithumia), o desejo nasce da sensação (aisthesis), porque o que está isento de sensação também está livre de paixão (pathos).*"

[20] Guillaumont, Guillaumont, 1971: 506: 6. *oito são os pensamentos geradores que incluem todos os pensamentos (logismoi): o primeiro é o da gula (gastrimargia), depois vem o da fornicação (porneia).*

De Spiritu Gastrimargiae – distopia alimentar e gula na representação do inferno na tradição moral ocidental

Evágrio começa por descrever as manifestações concretas do *logismos* da gula, que, surpreendentemente, não referem o prazer de comer, ou refeições copiosas, antes radicam numa preocupação ansiosa quanto aos efeitos da abstinência na saúde dos órgãos digestivos e no bem-estar geral. O medo da falta de assistência, a lembrança dos irmãos doentes, o dar ouvidos aos que adoeceram, e argumentam que foi devido à penúria alimentar. Num cenário próximo da hipocondria, esta preocupação com o bem-estar do corpo parece despertar no monge a atenção para a sua natureza enquanto "corpo". Assim, os que vivem na abstinência, de "corpos diferentes" são atacados pelo demónio da fornicação. Evágrio estabelece já, portanto, o encadeamento dos *logismoi*, em que o abstinente, de corpo fragilizado, fica mais suscetível, ou se encontra na antecâmara de enfrentar o demónio seguinte, o da luxúria. Cf. cap. 8, (p. 536) *quando o desejo se inflama, a fome, a dor e a anacorese (anachoresis- o isolamento) extinguem-no*. cap. 35 (580) Cap. 53, (p. 620) *os que, infelizmente, alimentam bem o seu corpo, ao tratarem bem dela, despertam os desejos*; Continuamos, pois, no domínio da corporalidade: o desejo é despertado pelas sensações, e estas podem ser "desviadas" por estímulos contrários aos que despertam o prazer: a fome, a dor (a auto-flagelação, e.g.), o isolamento ajudam a devolver o homem ao estado de paz sensorial.

Há também a assunção da dualidade espírito-corpo do homem, em que cada uma das partes é alvo de diferentes paixões (cf. 35, p. 580) *As paixões (pathe) da alma expulsam do homem a sua origem; as paixões do corpo, o corpo. E as paixões do corpo são estancadas pela abstinência*. A par desta dualidade, Evágrio formula claramente a maior gravidade das paixões agregadas à parte emotiva (e.g. a ira, a acédia, a tristeza; cap. 38, p. 586). Para as paixões do corpo, contudo, o remédio da abstinência impõe-se para disciplinar as paixões nascidas das sensações radicadas no corpo: *É a partir das sensações que as paixões são naturalmente agitadas; mas se a caridade (agape) e a abstinência (enkrateia) estiverem presentes, as paixões não se agitam (...) ora, a parte emotiva (thumos) carece de mais remédios do que a dos desejos (epithumia), e por isso a caridade é chamada de grande* (cf. 1Cor 13).

Evágrio utiliza também a conceção tripartida da alma platónica, acomodada à espiritualidade cristã desde os padres alexandrinos. Deste modo, os *logismoi*, e as virtudes que os contrariam, acompanham esta geografia da espiritualidade do homem (cap. 89, pp. 682-686): a alma está dotada de uma parte racional (*logistice*), chamada de prudência, inteligência, sabedoria (*phronesis; sunesis; sophia*); uma parte emocional (*epithumetike*), chamada de continência, caridade e abstinência (*sophrosyne, agape, enkrateia*); uma parte emocional (*thumike*) chamada de coragem e perseverança (*andreia, hupomone*). Cada uma destas partes da alma tem uma missão na salvaguarda da integridade do todo: deste modo, cabe à continência (*sophrosyne*) olhar com impassibilidade as coisas que despertam fantasias irracionais; cabe à caridade (*agape*) comportar-se sempre, mesmo estando a alma cercada de demónios, como se estivesse na presença de Deus; cabe à abstinência (*enkrateia*) rejeitar com alegria todo o prazer da boca (*pasan hedonen tou farungos*).

Cassiano de Marselha dedica a segunda parte das suas *Inst. Coen.* (Livros V-XIII) à exposição do combate aos *octo principalia uitia*, iniciando-se o livro V com o catálogo dos vícios a apresentar. Nesta breve passagem da introdução, é evidente a admiração pelas tradições orientais e a consciência do processo de adaptação ao Ocidente latino:

> propomos-nos agora, com a força que o Senhor nos dá graças às vossas preces a encetar o combate contra os oito principais vícios, que são: o primeiro é a gastrimargia, que se interpreta como a concupiscência da gula; segundo, a fornicação; a filargyria – que significa avareza, ou, expresso mais literalmente, o amor ao dinheiro;, o quarto a ira; o quinto a tristeza; o sexto a acedia, que é a ansiedade da alma ou o tédio do coração; o sétimo a cenodoxia, que corresponde à vanglória ou à glória inútil; o oitavo a soberba[21].

Para Cassiano (cap. 3-5), reprimir a *gulae concupiscentia* implica reconhecer o justo equilíbrio para os jejuns, que não é o mesmo para todos, posto que a idade, a condição física e a atividade do monge condicionam. A persistência no jejum não depende apenas da fortaleza da alma (cap. 5, p. 196 *super modo ieiuniorum (…) non in sola fortitudine mentis consistunt*), mas do estado da condição física. Nem todos suportam o rigor de grãos mal cozidos em água, ou legumes crus. Mas uma regra a todos se impõe: ninguém coma até à saciedade (cap. 5.2, p. 198) *ne quis iuxta mensuram capacitatis suae saturitatis oneretur ingluuie*. Ou seja, a qualidade da alimentação deve ser adequada à condição física de cada homem, mas a moderação na quantidade é imperativa, porque de um estômago repleto, seja de que tipo de alimentos se tratar, engendra-se a luxúria, pois o corpo sufocado pelos alimentos não permite ao espírito guardar o discernimento da moderação. Um corpo de estômago cheio é um corpo luxurioso em potência. Evocando Ez. 16, 49, Cassiano lembra Sodoma, que comia *pão in saturitate et abun-*

---

[21] Guy 2011: V, 1, p. 190. Este excerto exprime o esforço de procurar as palavras certas, por um tradutor um tradutor de uma realidade linguística e ideológica: a *gastrimargia*; a *filargyria*; a acedia; a *cenodoxia* mantêm transliterado o termo grego, propondo Cassiano uma explicação acessória para cada um que, ora decompondo o termo original ora propondo um correspondente semântico na língua latina (cf. uso distinto de *vb* como *interpretatur gulae concupiscentiae* (a concupiscência da gula não corresponde literalmente a *gastrimargia*, que significa "loucura do estômago"; para a *filargyria*, o autor fornece o correspondente semântico latino, desdobrando o composto grego "*intellegitur auaritia, uel, ut proprius exprimatur amor pecuniae*"; para acedia, o autor fornece alternativas entre um termo e uma perífrase latina *anxietas siue taedium cordis*; para a *cenodoxia*, o autor decompõe o termo nos seus vocábulos originais, traduzindo-os literalmente, mas oferecendo duas alternativas para o adj. *quod sonat uana seu inanis gloria*.

dantia. (cap. 6, p. 200) *e como a abundância de pão acendeu nos seus corpos um fogo inextinguível, o julgamento de Deus condenou-os a arderem através de um fogo sulfuroso vindo do céu*, comenta Cassiano, associando os pecados da gula e da luxúria à perdição de Sodoma, numa prefiguração do *ardor inextinguibilis* do inferno.

Para Cassiano, disciplinar o estômago é o primeiro combate de quem se inicia na vida monástica, fundamentando-o com o exemplo desportivo. O lutador deve disciplinar o corpo, robustecer a condição física antes de se apresentar ao combate com os adversários. Escravo da carne, o homem que cede à concupiscência do corpo é indigno do "combate olímpico" (cap. 13, p. 210). E conclui o raciocínio *é impossível que um ventre cheio tenha a experiência dos combates do homem interior, e é indigno enfrentar combates mais difíceis aquele que pode facilmente ser derrotado*[22]. E continua na exortação (cap. 14, p. 212) *Calquemos aos pés, portanto, em primeiro lugar, a concupiscência da gula*, prosseguindo uma série de exercícios espirituais de grande exigência física: vigílias, leitura, compunção interior, lágrimas, meditação intensa no horror dos vícios despertados pela gula. Todos estes exercícios levarão à perceção dos alimentos, não como um prazer desejado, mas mais um fardo necessário ao corpo do que um objeto desejado pela alma.

Trata-se, portanto, ao encontro de Evágrio, de adormecer a sensação de prazer decorrente dos alimentos, ou seja, não deixar o espírito colher a satisfação de um corpo saciado. (cap. 14, p. 212)

> O espírito ocupado nesta compunção permanente, expulsaremos a lascívia da carne a que o calor dos alimentos incendeia com mais força. Assim poderemos nós, através da abundância das nossas lágrimas, apagar o incêndio no nosso corpo, transformado numa fornalha sempre alimentada pelas tentações e pelos vícios que ardem mais do que a nafta e a pez do rei da Babilónia; e, por fim, o Espírito espalhará sobre nós o seu orvalho, e o fogo da concupiscência carnal poderá ser, com a graça de Deus, completamente extinta[23].

Ultrapassada a concupiscência da gula, o monge não será considerado nem escravo da carne, nem infame pelos vícios e, como *in olympiacis disciplinis*, será considerado digno dos combates mais difíceis, o verdadeiro combate espiritual

---

[22] Guy 2011: V. 13, p. 210 *Impossibile enim est saturum uentrem pugnas interioris hominis experiri nec bellis robustioribus adtemptari dignum est eum, qui potest deici leuiore conflictu.*

[23] Guy 2011: V. 14, p. 212 *Quo studio mentis et iugi compunctione detenti lasciuiam carnis, quae fotu escarum euhementius insolescit, et aculeos eius noxios retundemus, atque ita fornacem corporis nostri, quae rege Babylonio ocasiones peccatorum et uitia nobis iugiter subministrante succenditur, quibus naphtae et picis poterimus extinguere, donec Dei gratia, spiritu roris sui in cordibus nostris insibilante, aestus carnalis concupiscentiae penitus ualeaant consopiri.*

reservado aos vencedores. Assim, o *solidissimum fundamentum* de todas as lutas reside primeiro na extinção do incêncio dos vícios carnais (cap. 16, p. 214).

Gregório Magno introduz a sua reflexão sobre as *temptantia* ou *uitia* no cap. 45, 87 do livro 31 dos *Moralia*, em comentário ao versículo de Job 39, 25 *Exhortationem ducum, et ululatum exercitus* "A exortação dos chefes e o grito dos guerreiros", sentido pelo cavalo de guerra, no início de um combate. É este motivo do combate que inspira a Gregório o excurso acerca do verdadeiro combate, o espiritual. (cap. 45, 89, p. 1911) Dos sete pecados, cinco são espirituais e dois carnais o *uentris ingluuies* e a *luxuria* (à letra "o inchaço da barriga", mas vamos manter a referência à gula, anotando, no entanto, a perceção visual da modificação corporal trazida pelo excesso de alimentos, provavelmente a imagem de um corpo obeso).

Na apresentação do seu catálogo de vícios, no entanto, a escala inverte-se: o início de todo o pecado é a *superbia*, que nos autores anteriores, cumulava o edifício moral dos combates: um pecado da razão, em que só caíam os que tivessem vencido as etapas anteriores. Para Gregório os servos (*soboles*) da soberba são: *"eptem nimirum principalia uitia, de hac virulenta radice (i.e. superbia) proferuntum, scilicet inanis gloria, inuidia, ira, tristitia, auaritia, uentris ingluuies, luxuria*. Assim, a inversão na ordem é aparente, e o sentido original é preservado: a soberba é o mais graduado dos vícios, tendo por servos os restantes. O autor conserva com grande precisão o carácter multiplicador de cada vício principal. Apresentemos os vícios secundários nascidos dos vícios corporais:

> *De ventris ingluuie, inepta laetitia, scurrilitas, immundicia, multiloquium, hebetudo sensus circa intellegentiam propagantur. De luxuria, caecitas mentis, inconsideratio, inconstantia, praepitatio, amor sui, odium Dei, affectus praesentis saeculi, horror autem uel desperatio futuri generatur*[24].

Gregório apresenta um argumento de peso para a complementaridade do ataque da gula e da luxúria, associação que os autores anteriores também estabeleceram, mas sem esta clareza, que é a proximidade entre os órgãos digestivos e os genitais. Desta forma, a disposição natural do corpo reproduz o contágio entre estes dois vícios, já que os órgãos que lhes estão associados são contíguos (cap. 45.89, p. 1611)

> *Post haec uero duo carnalia uitia, id est uentris ingluuies et luxuria, supersunt. Sed*

---

[24] (nossa trad.) *a partir da gula, a alegria sem propósito, as bufonarias, a imundice, a fala arrazoada, o juízo estupidificado invadem a inteligência. Gera-se da luxúria a cegueira da mente, a imponderação, a inconstância, a precipitação, o amor de si próprio, o ódio a Deus, o amor pelas coisas presentes, a repulsa e mesmo o desespero no futuro.*

De Spiritu Gastrimargiae – distopia alimentar e gula na representação do inferno na tradição moral ocidental

> *cunctis liquet quod de uentris ingluuie luxuria nascitur, dum in ipsa distributione membrorum uentri genitalia subnixa uideantur. Vnde dum unum inordinate reficitur, aliud procul dubio ad contumelias excitatur*[25].

Reunindo agora, finalmente, as informações recolhidas da análise às reflexões sobre a gula junto dos autores modelares para fixação do catálogo dos pecados mortais como tema de reflexão espiritual e catequético, tenhamos presente a coerência entre a caracterização do destempero do estômago nos autores antigos e o relevo que a disforia alimentar viria a assumir na iconografia do inferno, a cuja identificação procedemos no início do artigo:

Para Evágrio, o mais subtil dos autores, o mundo terreno está povoado de demónios que tentam, inexoravelmente, os monges, aqueles que se dispõem a enfrentá-los com mais heroísmo. A única ação humana possível é a de treinar a impassibilidade de modo a, adormecendo a capacidade sensorial, não permitir a excitação das paixões. A "loucura do estômago" pode ser contrariada pela abstinência, que significa permanecer no limiar da satisfação das necessidades mínimas de alimento para o funcionamento do "fardo do corpo", usando a expressiva fórmula de Cassiano. Evágrio abre assim a porta para a representação visual dos demónios como seres que provocam, estimulam, incomodam o homem nas suas sensações.

Nos três autores encontramos fundamentos para o carácter primordial e fundamental dos pecados do corpo, em particular da gula, na fragilização do complexo edifício moral do homem. O destempero da boca, com o desregramento do corpo, o amolecimento, o descontrolo sobre os desejos, enfraquece o homem e deixa-o incapaz de prosseguir patamares mais altos, mais dignos, do combate espiritual. O homem guloso e luxurioso vive na constante inquietação de ver as sensações escravas das necessidades físicas, consumido, ardendo numa permanente insatisfação, sem capacidade para se elevar moralmente. É Cassiano quem melhor descreve este estado "incendiado" do homem guloso e luxurioso, em estado de digestão permanente, tal como os habitantes de Sodoma ou os fogos perpétuos da Babilónia, pelo calor gerado pela sobrealimentação, aceso num fogo inextinguível que se propaga aos sentidos eróticos, despertando a luxúria, não tivesse, como bem apontou Gregório, a natureza assinalado a proximidade entre as duas funções, alimentar e sexual, pela contiguidade dos órgãos que lhes dizem respeito.

Quando o estômago vive em saciedade, aquecido pela atividade da digestão permanente, contamina e incendeia a luxúria. Cassiano descreve

---

[25] "Depois destes, por fim sobram os dois vícios corporais, a gula e a luxúria. Mas apresentam-se em conjunto, porque a luxúria nasce da gula, e também na própria disposição dos membros, vêem-se os órgãos genitais debaixo da barriga. Pelo que, quando um se satisfaz de modo desordenado, sem sombra de dúvida o outro é estimulado para as indecências".

uma inquietude e um estado de degradação indigno de um homem que procura Deus, "escravo" dos seus prazeres primários, preso a um não tempo, um infindável ciclo de preencher uma saciedade nunca extinta. Cassiano descreve, portanto, um "inferno presente" para os homens débeis que se deixam prender pelas sensações do estômago.

Podemos, portanto, concluir, que as representações góticas do inferno da Idade Média que glosam obcessivamente motivos ligados ao processo digestivo ou ao tema alimentar se encontram inspiradas pela reflexão que foi feita sistematicamente pela reflexão moral cristã, monástica ou secular, sobre a gula, seja a "loucura do estômago"; "a concupiscência da gula"; ou o "inchaço da barriga", uma vez que estas reflexões salvaguardam o carácter primordial e gerador de males deste vício corporal que, sendo primário, exibe a capacidade de fazer ruir qualquer homem.

Fig. 1: "Questo el Inferno del Chaposanto di Pisa", in La commedia, de Dante Alighieri com comentário de Cristoforo Landino, 1481, impresso por Nicolaus Laurentii. Yale University Beinecke Rare Book & Manuscript Library.

A Mesa do rei de Avis.
Espaços, oficiais, alimentos e cerimoniais
(The table of John I, king of Avis: spaces, servants, food, ceremonial)

Maria Helena da Cruz Coelho
Universidade de Coimbra (coelhomh@gmail.com)

Resumo: D. João I e a corte régia itinerou pelo reino por motivos de guerra ou em tempo de paz devido a exigências várias, das políticas e cerimoniais às lúdicas e pessoais. Aposentou-se, comendo e dormindo, em diversas instalações, entre castelos, mosteiros, e casas senhoriais de nobres e clérigos. Teve, porém, os seus próprios paços, onde mais demoradamente estanciou, bem como também percorreu os da rainha, e neles nos deteremos para conhecer mais de perto a sua cozinha e mesa. Constituídas as casas do rei e da rainha, em 1387, dispomos de um arrolamento sobre os seus vassalos e oficiais, que nos permite dar conta do número e função dos oficiais afectos à cozinha e à mesa de D. João I e de D. Filipa de Lencastre. Chegaram ainda até nós duas cartas de quitação que nos relatam algumas compras efectuadas pelos oficiais régios de objectos de mesa e sobretudo de bens alimentares. Com estas fontes e com as narrações cronísticas tentaremos acercarmo-nos dos pratos, dos gostos, dos sabores, da ética e etiqueta da mesa quotidiana ou festiva do rei de Avis.

Palavras-chave: corte régia medieval, palácio real, oficiais da cozinha e da mesa régia, mantimentos régios, cerimonial e da etiqueta da mesa do rei e da rainha.

Abstract: John I and the Royal Court travelled throughout the Kingdom for reasons of war or, in peacetime, due to various requirements, from political and ceremonial to personal and leisure ones. They stayed, eating and sleeping, in several dwellings, including castles, monasteries and manor houses of nobles and clerics. The king had, however, his own palace, where he remained for longer periods of time; he also stayed at the Queen's residence. We will focus on both royal dwellings in order to look more closely at their kitchen and table. The Houses of the King and of the Queen were established in 1387, and we have some inventories of their vassals and servants that allow us to give an account of the number and function of officers assigned to the kitchen and table of King John I and Philippa of Lancaster. We came also to know two letters of discharge that report some purchases of tableware and, above all, of food, made by the royal servants. Through these sources and using chronicle narratives we will try to approach the dishes, tastes, flavours, etiquette and manners of the everyday or festive day table of the King of Avis.

Keywords: medieval royal court, royal palace, servants of the royal kitchen and table, royal victuals, ceremonial and etiquette of the table of medieval kings and queens

1. Itinerários e aposentos

Como bem sabemos, os monarcas e a corte régia eram, em tempos medievais, itinerantes, uma condição intrínseca da própria realeza, que lhe permitia uma mais cabal apreensão do espaço e da gente do reino, como não menos uma exibição e propaganda do seu supremo poder. As deslocações dos monarcas eram exigidas por motivos de guerra, por acontecimentos políticos, como a realização de Cortes, pela presença em cerimónias ou actos solenes, pela fuga a pestes, pelas actividades lúdicas, como a caça, ou por certas deslocações sazonais da sua preferência[1].

D. João, muito em particular compelido a uma significativa actividade bélica nos anos iniciais do seu reinado, teve de percorrer largos e longos percursos, dentro e fora do reino. Todavia, o seu demorado reinado contou também com muitas etapas de maior abrandamento na itinerância, e mesmo, a partir de certa data, de uma acentuada sedentarização[2].

A partir da cidade de Lisboa, que o elevou ao poder, em campanhas de guerra mais ou menos activas até aos finais do século XV, circulou entre o Minho, Trás-os-Montes e Beira, mas desceu também ao Alentejo e saiu mesmo do reino, na campanha luso-inglesa, avançando pela província de Salamanca, como noutras expedições conheceu vilas e cidades galegas ou estremenhas[3].

No dobrar da centúria, firmada a paz em 1402, renovada por sucessivos tratados, o rei, já em idade madura, com cerca de 45 anos, abrandou a itinerância e optou mais significativamente pela sedentarização, ainda que em 1415 rumasse até Ceuta. A corte régia fixou-se, então, em torno do triângulo urbano e comercial de Lisboa, Santarém e Évora e, a partir de meados da década de 20, era quase apenas nesses locais que vivia o monarca com os seus familiares, vassalos e clientelas.

1.1 *Paços*

Toda esta intensa mobilidade da corte régia nos leva a problematizar as condições materiais da sua aposentadoria e alimentação. Primeiro do monarca e seus privados, e, em seguida, do seu maior ou menor séquito, consoante as circunstâncias[4].

Recorriam os monarcas, na sua itinerância, a diversas instalações para se acomodarem. Antes de mais a espaços militares de castelos, por vezes associados a alcáçovas, residências do poder militar. D. João I muito se terá aproveitado deles quando circulou por terras nortenhas de Entre Douro e Minho ou pelas raianas e interiores de Trás-os-Montes e Beiras. Ao mesmo tempo serviam-se de espaços religiosos, em particular de mosteiros,

---

[1] Leia-se Gomes 1995: 241-255.
[2] O itinerário de D. João I, elaborado a partir dos registos de chancelaria (que têm uma natureza própria e por vezes apresentam lacunas e deficiências) foi estudado por Moreno 1988.
[3] Uma síntese da itinerância de D. João I nos seus percursos "de andada" ou "de estada " se encontra na obra de Coelho 2008.
[4] Cfr. Gomes 1995: 255-285.

principalmente em áreas onde outras possibilidades de instalação não se apresentavam, tendo o rei de Avis recorrido, no norte, aos de Grijó, Paço de Sousa e Santo Tirso e, no centro-sul, à casa beneditina de Semide e às cistercienses de Alcobaça, Almoster e Odivelas, à franciscana de Alenquer e à dominicana da Batalha. E não hesitaram mesmo em acomodarem-se em residências privadas de senhores eclesiásticos ou laicos, como fez D. João I quando se recolheu nos paços do arcebispo D. João Esteves de Azambuja, nos arrabaldes de Santarém, ou na quinta do seu guarda-mor, Martim Afonso de Melo, em Água de Peixes, no Alvito.

Mas, em certas cidades e vilas, enquadradas em ambientes mais urbanizados ou campestres, os soberanos dispunham também de paços, de residências próprias[5]. Localizavam-se, no geral, em lugares mais estratégicos e intensamente percorridos pela itinerância da corte régia ou de permanência prolongada. Muitos seriam apenas construções modestas e pouco imponentes, que estavam à guarda de um oficial próprio, o paceiro, apenas se destacando uns quantos.

Em Coimbra, Santarém e Lisboa dispunha o monarca de residência nas suas alcáçovas, encimadas em estratégicas áreas defensivas e amuralhadas, que, por isso mesmo, eram também de incómodas acessibilidades[6].

Assim em Coimbra, o soberano poderia ter, por vezes, preferido os paços de Santa Clara, mas a região oferecia-lhe muitas outras possibilidades[7], desde logo em Tentúgal, onde o infante D. Pedro, duque de Coimbra, renovou o paço real com a sua capela, e aí estanciou muitas vezes D. João I.

Mais para sul, por todo o litoral estremenho, contava o rei com castelos e também com paços, sobretudo os que a rainha possuía nas suas terras aí localizadas. O rei de Avis terá assim ocupado os castelos de Leiria e Alenquer ou os paços da rainha em Torres Vedras, os paços do rei na alcáçova de Óbidos e ainda os que a rainha detinha na vila, adossados ao muro, com capela própria. Deixou, porém, marca mais assinalável em Leiria, onde mandou erguer um paço de quatro pisos, flanqueado por duas torres, servido pela igreja gótica de Nossa Senhora da Pena. No andar nobre, com uma varanda de arcos apontados com vista para a cidade, existiam três salas e três câmaras, espalhando-se pelos demais andares as cozinhas, edifícios de armazenamento e latrinas. Esta residência acastelada oferecia já um certo conforto, com vários

---

[5] Gomes 1995: mapa 3, aponta a localização das residências régias nos séculos XIV e XV. Veja-se também Marques 2010: 93-101 e Silva 2010: 78-97.
[6] As diversas instalações e paços em que se alojou D. João I foram abordadas por Coelho 2008: 215-220, remetendo-se para as abonações bibliográficas aí especificadas.
[7] Desde logo o paço de Botão, em área florestal e cinegética, mas também o castelo e igrejas dentro do recinto amuralhado de Montemor-o-Velho ou, nas terras ducais, qualquer residência em Vila Nova de Anços.

pontos de luz, tectos forrados a madeira, pavimentos ornamentados com cerâmica policromada e vários compartimentos com lareiras, indiciadas por diversas pequenas chaminés.

De mais paços dispunha ainda em Arruda, Aldeia Galega ou em Atouguia. Aqui se encontravam os conhecidos Paços da Serra d'El-Rei, com vários edifícios e terrenos cercados, em que se criavam mesmo animais exóticos, como cisnes, de que D. João I muito disfrutou em repousantes estadias.

Em Santarém, para além da alcáçova, havia um paço no Chão da Feira, na rua da Porta de Leiria, de mais fácil acesso, que D. João I deverá ter alargado, mandando derrubar casas situadas nessa rua.

Mas as terras estremenhas e ribatejanas eram uma excelente área cinegética, na qual os monarcas tinham muitos reguengos e espaços coutados, com paços nas proximidades, como os da Valada, de Muge ou de Salvaterra. E nas lezírias do Tejo, mandou D. João I construir, nos anos 20 da centúria de Quatrocentos, a sua residência de campo preferida, onde se recolhia frequentemente nos últimos anos da sua vida. Na propriedade que ficou conhecida por Vala de Almeirim ergueram-se, então, grandes paços com amplas salas, câmaras, varandas e jardins de muitas árvores e laranjeiras. Tinham mesmo capela própria, em honra da sua tão venerada Santa Maria. Por todo o circuito envolvente disseminavam-se casas térreas e sobradadas que podiam alojar os cortesãos, bem como se apresentavam campos cultivados, como vinhas, pomares, hortas "com palmeiras e outras árvores", a par de um "cerrado". Num ambiente campestre, assegurava-se, a um tempo, o prazer da convivência com a natureza, a alegria da caça e o deleite de saborear frescas verduras e frutos.

Por sua vez, na grande urbe lisboeta, D. João I dispunha dos Paços do Castelo, residência régia com uma certa monumentalidade, na qual o monarca realizou ainda obras de acrescento e melhoramento. Entre as salas, a principal, com uma área de cerca de 480m2, seria assinalável, dispondo igualmente de diversas câmaras e de capela régia de invocação a S. Miguel. Completavam-nos diversas cozinhas e um pátio, o dito "curral" do paço, onde várias edificações se instalavam.

A Mesa do rei de Avis. Espaços, oficiais, alimentos e cerimoniais

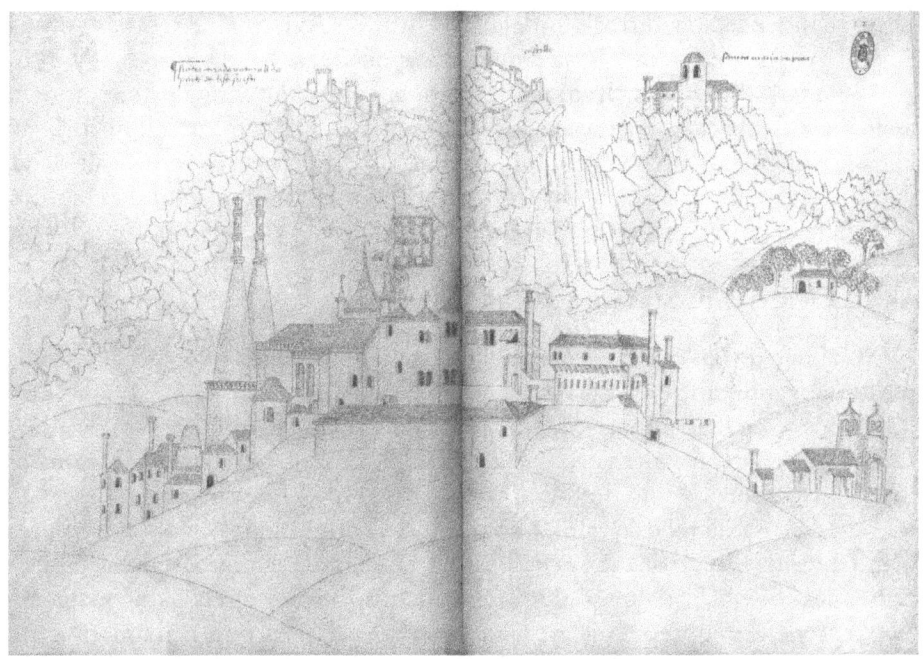

Fig. 1: Palácio da Vila em Sintra (*Livro das Fortalezas* de Duarte de Armas. Instituto dos Arquivos Nacionais/ Torre do Tombo).

No entorno de Lisboa, disseminados pelo campo, oferecendo calma e lazer, estavam à disposição do rei os paços do Lumiar e de Belas. Todavia, era essencialmente nos paços de Sintra que o monarca se refugiava para fugir ao rigor do Verão, para repousar e para se desenfadar em caçadas. Por isso acrescentou e melhorou esses paços régios da vila, que teriam, no seu tempo, vinte e seis compartimentos, repartidos entre rés-do-chão e primeiro andar, com uma torre, além de dois eirados, cozinhas e capela, numa superfície total pouco inferior a 1000 m2, como nos dá conta a descrição dos mesmos de D. Duarte no *Livro dos Conselhos*[8]. Compunham-no grandes salas e várias câmaras, além de espaços interiores mais pequenos e especializados, entre oratórios, guarda-roupas, saquitaria, várias casas para escrivães e privadas.

Teria, pois, capacidade para alojar a corte do rei e da rainha e até a dos infantes com os seus séquitos. Daí a grandeza das suas cozinhas, equipadas com diversas fornalhas e fornos, servidas por duas monumentais chaminés cónicas, que davam saída aos fumos. E a condução das águas, que corriam da serra para o seu interior, muito facilitaria nelas os afazeres das refeições e da lavagem da utensilagem.

---

[8] *Livro dos Conselhos*:166-168.

Finalmente, em terras alentejanas, o rei de Avis podia acolher-se nos alcáçares de Évora, Crato, Estremoz, Elvas ou Beja.

Mas justamente em Évora, a terceira cidade-capital da corte, porque a residência fortificada era de reduzidas dimensões, D. João I mandou edificar, logo nos começos do seu reinado, uns paços no mosteiro de S. Francisco, que contava com duas câmaras, com trascâmara e privada, e ainda com um ferragial cercado com horta e laranjeiras.

2. Oficiais de mesa e cozinha

Conhecidos os espaços, que podiam dar cama e mesa ao rei, perscrutemos os homens que o deviam servir.

Após o seu matrimónio com D. Filipa de Lencastre, em Fevereiro de 1387, D. João I constituiu a casa do rei e a casa da rainha, que deviam organizar, disciplinar e ser modelo de toda a vida cortesã[9].

Desta casa do rei e da rainha, bem como da dos infantes, conhecemos para o ano de 1402 um arrolamento do pessoal, que nos dá conta dos moradores na corte, dos membros da mais alta linhagem aos simples oficiais domésticos[10]. A partir dele poderemos acercarmo-nos dos oficiais que tinham funções na aquisição e aprovisionamento dos alimentos, na cozinha e na mesa real.

Mas antes de abordarmos a questão deste oficialato, convém referir alguns aspectos gerais.

Desde logo sabemos que no monarca se condensa uma dupla pessoa, pública e privada, e as instituições e pessoal da corte acompanhavam estes seus diferenciados corpos. No desenho da espacialidade da residência real, era a sala que se traduzia no espaço público de acolhimento, de funcionalidades políticas e de comensalidade, enquanto a câmara correspondia ao espaço íntimo, pessoal e privado da pessoa do rei.

Nos séculos XIV e XV esta separação era já muito vincada, o que se repercutia na vida cortesã. No que à alimentação dizia respeito, como agora nos interessa, cada vez menos o monarca comia com largas assembleias de comensais, mas tomava os alimentos em ambientes restritos, em câmaras, onde poderia privar com a rainha e com alguns vassalos mais íntimos.

O cerimonial e a ritualidade da mesa, com uma significativa presença de convivas, ficaria essencialmente restrito aos ciclos festivos religiosos, pessoais e políticos. Por isso os vassalos régios, fruto da evolução económica e social e até do clima de guerra vivido nestas centúrias, seriam providos ao seu sustento,

---

[9] Veja-se sobre a casa do rei e da rainha no seu conjunto Coelho 2008: 182-191.
[10] Publicado em *MH*, I, doc. 122; Faro 1965: doc. 5, que lhe atribui uma data crítica entre 1405 e 1406.

Fig. 2: Retrato de D. João I. Museu Nacional de Arte Antiga. Lisboa. (MNAA 2006 pint.)

quando estanciavam na corte, essencialmente graças às moradias que recebiam e que lhes garantiam a comida, a bebida e a alimentação das suas montadas[11].

Neste contexto, compreende-se também que houvesse uma "cozinha del-rei de seu corpo" e uma "cozinha do paço"[12], o que de igual modo nos remete para a tomada privada de alimentos pelo monarca na sua câmara ou para a sua partilha em banquetes, com vassalos e convivas, na sala ou aula régia.

Ainda como pano de fundo, será de ter em conta que este rol do pessoal da casa real teria sido decretado pelo monarca e seus conselheiros com vista à diminuição das despesas da casa real[13]. Assinadas tréguas com Castela, o monarca procurava "correger" a sua casa, que o passaria a acompanhar e servir de uma forma mais permanente na governação interna do reino. E remodelava igualmente a casa da rainha e também as dos infantes, todos pequenos e de menor idade, não tendo mesmo ainda nascido D. Fernando e já havendo morrido o primogénito D. Afonso[14].

Na discriminação dos oficiais da casa do rei, chegam até nós os nomes dos vários oficiais, que cuidavam do sustento real, com seus nomes e respectivos pagamentos[15], mas sem a especificação, como é evidente, das funcionalidades ou hierarquias[16]. O oficial que superintendia no serviço da mesa do rei, na dispensa ou ucharia e na cozinha era o vedor, pago com 7000 libras, o do rei, e com 9100 libras, o da rainha. Tinha o vedor autoridade sobre todos os demais oficiais, que tentaremos hierarquizar em grande medida pelo montante de numerário que recebiam.

Seguir-se-lhe-ia então o manteeiro, contemplado com 2200 libras, que deveria guardar e dispor da baixela e acessórios necessários à mesa, desde os objectos de prata aos panos. Mas, a par deste, havia ainda um reposteiro[17],

---

[11] Sobre esta evolução das moradias leia-se Gomes 2011: 36-42.

[12] Gomes 1995: 307.

[13] Remetemos para a nota crítica que acompanha a publicação do mesmo em *MH,* I, doc. 122.

[14] Este nasce a 29 de Setembro de 1402 e nunca é referido no documento. Por sua vez o primogénito de D. João I e D. Filipa, D. Afonso, tinha já falecido em Dezembro de 1400. São pois citados D. Duarte, D. Pedro, D. Henrique, D. João e a infanta D. Isabel. (Sobre a linhagem do casal de Avis leia-se Coelho: 2008: 158-160). Os infantes só virão a ter casa própria em 1408.

[15] Mas esta domesticidade, dada a sua proximidade com a pessoa do monarca, recebia muitas vezes ainda os seus favores. E assim deparamos na chancelaria com diversas cartas régias que os beneficiavam de variados modos, as quais nos revelam também os seus nomes e cargos. A elas aludiremos a propósito dos diversos ofícios.

[16] Para um confronto com os oficiais da casa real em tempos modernos, consulte-se Pereira 2011: 82-99; e sobre a mesa na Casa dos duques de Bragança, veja-se Cunha 2011: 64-81.

[17] E haveria um reposteiro-mor, membro da média ou alta nobreza, e outros, vassalos da casa real, que lhe estavam subordinados. Enquanto Mestre de Avis, D. João recompensou os serviços na guerra do seu vassalo Afonso Esteves, que fora reposteiro-mor de D. Fernando, mas abraçara a sua causa, doando-lhe, hereditariamente, a 7 de Outubro de 1384, uma herdade no termo de Azambuja (*CHDJ,* vol. I, t. 3, doc. 1328). Ao seu reposteiro-mor, Pero Lourenço de Távora, doou D. João I algumas terras no almoxarifado de Chaves, por carta de Guimarães, de 5 de Novembro

que também cuidaria de certos utensílios específicos da mesa e, por certo, até de alguns alimentos, como a fruta, ou condimentos mais raros, do sal às especiarias e açúcar. Recebia o reposteiro 1200 libras e a ele estava associado um escrivão de reposte, que auferia o mesmo montante.

Um valor superior de 1950 libras cabia ao copeiro, a quem competia zelar pela bebida do rei e acompanhá-lo nas refeições[18]. Já o aprovisionamento da casa real em alimentos pertenceria ao despenseiro, que tinha um escrivão ao serviço da despensa, auferindo o primeiro 1800 libras e o segundo 1200. Mas também com o abastecimento de víveres estava relacionado o uchão e o comprador que recebiam, cada um, 1200 libras.

Logo depois, num apartado intitulado jograis, enunciavam-se essencialmente servidores da mesa que velavam pelo conforto do ambiente e pelo aparato, etiqueta e ritualidade das refeições conviviais. Assim, para responder à crescente dimensão cerimonial da corte joanina, havia vários jograis[19], portanto menestréis que animavam festas e banquetes, mas também, num paralelismo com as mais evoluídas cortes europeias, um arauto, ou seja, um oficial de armas com funções cerimoniais e diplomáticas, um trombeteiro, que dirigiria o corpo de músicos, um mestre do relógio e um reposteiro e periliteiro(?), que talvez cuidassem ornamentação e aconchego dos aposen-

---

de 1385 (*CHDJ*), vol. I, t. 3, doc. 1087), a terra de Aguiar de Sousa com a total jurisdição, a 3 de Julho de 1387 (*CHDJ*, vol. II, t. 1, doc. 4), e as honras de Galegos e Lordelo, no termo de Vila Real, com as suas rendas e jurisdições, em 29 de Outubro de 1395 (*CHDJ*, vol. II, t. 2, doc. 898). Permitiu-lhe ainda que, mediante o pagamento da dízima, pudesse fazer certos canais no rio Douro (*CHDJ*, vol. IV, t. 1, doc. 137, de Évora, 15 de Abril de 1421) e confirmou-lhe diversas cartas régias de privilégios e doações de D. Fernando e suas, enquanto regente e depois rei, feitas a seus pais, Lourenço Peres de Távora e Alda Gonçalves (*CHDJ*, vol. IV, t. 1, doc. 144, de Évora, 27 de Abril de 1421). Por sua vez o reposteiro-mor de D. Filipa, Fernão Lopes de Abreu, recebeu de D. João I, enquanto fosse sua mercê, a doação de diversos direitos régios cobrados em Elvas (*CHDJ*, vol. II, t. 1, doc. 40, de Coimbra, 6 de Fevereiro de 1390). Entretanto, ao reposteiro-mor do infante D. Duarte, o cavaleiro Diogo Fernandes de Almeida, aforou D. João I, por carta de Lisboa, de 1 de Novembro de 1429, uma casa e uma várzea em Abrantes (*CHDJ*, vol. IV, t. 2, doc. 766). Muito beneficiou também o reposteiro-mor da infanta D. Isabel, Afonso Vasques, homem da criação do rei, doando-lhe hereditariamente bens que comprara por dois contos e umas tantas mil libras, além de lhe conceder a administração do morgado de Óbidos e de lhe legitimar um filho (*CHDJ*, vol. IV, t. 1, docs. 338, de Évora, 23 de Agosto de 1421; 347, de Montemor-o-Novo, 25 de Setembro de 1421; 259, de Montemor-o-Novo, de 25 de Janeiro de 1422). Um outro seu reposteiro, mas que não seria o principal, Gonçalo da Ponte, filho de um clérigo de Ponte de Lima, viu-se legitimado por carta de Lisboa, de 7 de Maio de 1422 (*CHDJ*, vol. IV, t. 1, doc. 282).

[18] Ao seu criado e copeiro, Vasco Anes, doou D. João I, enquanto fosse sua mercê, a 20 de Maio de 1388, a renda e os direitos de uma azenha em Atalaia, no termo de Tavira (*CHDJ*, vol. I, t. 3, doc. 1354). Também ao seu criado e copeiro, Gomes Lourenço, a sua mulher e um filho emprazou o rei de Avis, a 28 de Setembro de 1427, duas quintas e uma granja em Torres Vedras e Atouguia, pela renda anual de 1000 reais brancos (*CHDJ*, vol. IV, t. 2, doc. 543).

[19] Recebia um 2000 libras e 3 outros 1650 libras cada um. Depois, num acrescento ao rol, referem-se outros dois, sem especificar o seu pagamento.

tos[20]. Neste conjunto englobava-se, ainda, o cozinheiro João Martins, que recebia 1000 libras[21].

Todavia, um acrescento ao pessoal que fora previamente ordenado faz-nos saber que o rei tinha ao seu serviço, para além destes, mais três cozinheiros[22], dois reposteiros, certamente de câmara, um para ele e outro para os infantes[23], e, atente-se, 32 moços de câmara[24], o que nos remete para um crescendo do serviço privado na casa real, onde se desenrolariam muitas das refeições de D. João I.

O rei de Avis manifestava um particular gosto pela arte venatória, sobretudo pela caça grossa de montaria. Logo, na constituição da sua casa, havia um especial arrolamento dos monteiros. E aí, para além dos ofícios específicos de monteiro, monteirinho, moços do monte, homens de pé, caminheiros, sapateiros, ferradores, azeméis, cavalariços, caçadores, alveitares e falcoeiro, enumerava-se todo um conjunto de serviçais ligados à alimentação, o que nos esclarece sobre a subsistência dessas comitivas régias de caça.

Na verdade, encontramos vários oficiais que superintendiam ao abastecimento dos géneros – dois homens da dispensaria, um da reposte e ainda o reposteiro do infante – e outros que tratariam das bebidas, os três homens de copa[25]. Mais especificamente, para responder ao fornecimento de pão cozido, que se quereria leve e fofo para os senhores, acompanhavam a comitiva a regueifeira do rei, com a manceba que a auxiliava, a do infante, e ainda se lhe acrescentava a manceba da regueifeira da rainha[26], que serviria a sua senhora, já que D. Filipa por certo se juntaria ao seu marido e filho em muitas das refeições campestres de caça. Note-se que são mulheres as responsáveis pela confecção cuidada do pão[27], que se demarcava como uma actividade essencialmente feminina[28]. Encontramos também um carniceiro, que por certo seria imprescindível para cortar a carne dos animais caçados, e ainda um iguador, que devia superintender

---

[20] Note-se que, no século XVI, o reposteiro evolui para uma função de guarda das tapeçarias, alcatifas e almofadas (Pereira 2011: 92). Por sua vez "periliteiro", palavra cujo significado desconhecemos, poderá levar-nos a pensar em peliteiros, que tivessem a seu cargo os resguardos e peles. O arauto e mestre do relógio recebiam, cada um, 1650 libras, o reposteiro 1200 e o "periliteiro" 1000.

[21] Também aqui é referido o comprador dos infantes, mas que depois se repete no apartado a eles respeitante.

[22] O seu ordenado mensal era de 1200 libras, devendo por isso ser da cozinha privada do rei.

[23] Recebiam 800 libras.

[24] Destes havia 10 mais importantes, que recebiam uma ração de sete pães (equivalente a 900 libras) e 22 que recebiam uma ração de 4 pães (equivalente a 500 libras), o que dava um total mensal de 20 000 libras. Cfr. Gomes 2011: 37.

[25] Cada um destes oficiais auferia 600 libras.

[26] As regueifeiras pagavam-se a 600 libras e metade as mancebas.

[27] Sabemos também que, a uma regueifeira do rei D. Fernando, Maria Vasques, o Mestre de Avis doara, enquanto fosse sua mercê, uma casa para morar, sem pagar aluguer, à porta de Mancos, em Santarém (*CHDJ*, vol. I, t. 2, doc. 655, de 5 de Setembro de 1384).

[28] Cfr. Coelho 1990a: 45-47.

A Mesa do rei de Avis. Espaços, oficiais, alimentos e cerimoniais

Fig. 3: D. Filipa de Lencastre (*Genealogia dos Reis de Portugal* de Simão Bening. British Library, Londres. Add. 12 53, nº 10)

na distribuição das rações alimentares dos muitos servidores da comitiva[29]. Este vasto corpo de oficiais demonstra-nos, inequivocamente, a importância da arte venatória na corte avisina.

A lista de pessoal, que vimos seguindo, contempla ainda a casa da rainha, no seu séquito de donas, donzelas, vassalos e servidores. Era a casa da rainha o centro simbólico do gineceu, do núcleo feminino que compunha o universo social da corte. A casa da rainha tinha, pois, uma organização autónoma da do rei, com rendimentos e oficiais próprios. Essa autonomia garantia-lhe uma itinerância e vida separada da do monarca, ainda que as rainhas frequentassem, com mais ou menos regularidade, a corte régia[30]. E D. Filipa foi nela bastante assídua até porque com frequência participava nos negócios políticos e diplomáticos do reino[31].

As funções de mesa e cozinha da rainha eram dirigidas, como já dissemos, pelo vedor, mas especificava-se ainda o copeiro, dois cozinheiros, um escrivão da cozinha[32], uma regueifeira, um reposteiro e muitas mulheres, sem serviços especificados, que se repartiriam pelos trabalhos domésticos da câmara e da mesa[33]. Atente-se que um dos cozinheiro era inglês, Richard, e outro português, Afonso Peres. Assim poderia D. Filipa dar resposta aos gostos culinários que trouxera da sua terra natal ou ainda surpreender os convivas da sua mesa com novidades de pratos e sabores ingleses, enquanto Afonso Peres responderia aos gostos culinários portugueses dos frequentadores da sua casa[34].

Os infantes, que teriam nesta data, idades compreendidas entre os 11 anos – D. Duarte – e dois anos – D. João –, circulariam essencialmente entre a casa do rei e a da rainha. No entanto, já tinham alguns oficiais que estavam particularmente afectos à sua alimentação, como um comprador[35], uma reguei-

---

[29] Recebiam, cada um, 500 libras.
[30] Sobre a itinerância das rainhas com os seus séquitos e funcionalidades, leia-se Rodrigues 2011: 44-63.
[31] As obras de Coelho 2011b e Silva 2012, entre os muitos aspectos da biografia desta rainha, abordam o seu protagonismo político.
[32] Justamente ao escrivão da cozinha da rainha, Vasco Afonso, concedeu D. João I, enquanto fosse sua mercê, a 12 de Outubro de 1390, umas casas em Lisboa, na Rua da Ferraria da judiaria (*CHDJ*, vol. II, t. 1, doc. 440).
[33] O cozinheiro inglês, mais bem pago que o português, auferia 1000 libras e o segundo 800, mas superiorizava-se a ambos o escrivão da cozinha com 1700 libras. O copeiro recebia 1500 libras, a regueifeira 600 e o reposteiro 500.
[34] Estas interferências e influências dos gostos nacionais ou regionais, que se detectam nos livros de cozinha, embora estes sejam mais exemplificativos de uma certa uniformização, de uma cozinha internacional ou de "uma espécie de gótico internacional em matéria de gosto alimentar", são analisadas por Laurioux 2001: 78-82.
[35] Comprador do infante D. Duarte fora Afonso Esteves, que, em 31 de Maio de 1413, recebeu de D. João I o emprazamento, em três vidas, de umas casas em Castelo de Vide, na Rua de Santa Maria (*CHDJ*, vol. III, t. 3, doc. 1048). Por sua vez o comprador-mor de D. Duarte, o escudeiro Pedro Anes, criado do conde D. Afonso, meio-irmão de D. Duarte, foi contemplado

feira com a sua manceba, um cozinheiro, três reposteiros (dois de D. Duarte e um da infanta D. Isabel), para além de vários moços de câmara[36]. Note-se que o cozinheiro aqui referido tem o mesmo nome do cozinheiro português de D. Filipa, o que nos leva a questionar se não seria o mesmo, o qual teria a seu cargo o especial provimento dos pequenos infantes na casa da rainha.

3. Alimentos

Conhecidos os homens e os espaços, acerquemo-nos da alimentação real.

Mas, também aqui, haverá que ter em conta as múltiplas condicionantes da itinerância régia.

Na verdade, o Mestre de Avis e depois rei D. João I viveu em contextos de guerras e percursos rápidos de andada desde 1383 até aos finais do século XIV. Nessas circunstâncias estaria sujeito à comedoria que lhe ofereciam os hospedeiros e às contingências do abastecimento dos exércitos, por muito que, como chefe e rei, sempre usufruísse de um superior estatuto.

Durante o cerco de Lisboa, não terá por certo comido pão feito de bagaço de azeitona, de malvas ou de raízes de ervas ou esgaravatado o chão para colher grãos, nem recorrido à carne de bestas[37]. Mas terá provavelmente conhecido uma pior qualidade de géneros, quando o cereal, o vinho, o gado, as aves e os ovos escasseavam e os seus preços subiam, havendo talvez até recorrido à carne salgada que viera para o abastecimento da cidade[38], e tendo suportado um racionamento de alimentos e de bebidas, desde logo de água. Basta recordar que Almada se rendeu aos castelhanos pela sede, tendo os seus moradores bebido água suja de lavar roupa ou salgada e comido pão amassado com vinho, que só se podia tragar quando estava quente, e em vinho tiveram de cozer a carne e o pescado[39].

Surpreendemos poucas vezes o rei de Avis a tomar uma qualquer refeição em contextos militares. Na Páscoa de 1387, passada no arraial de Benavente de Campos, onde não havia muito gado nem alimentos, como nos refere a *Crónica*[40], à noite D. João I pediu vinho e fruta e esteve em conversa com os seus homens[41]. Já no regresso da campanha anglo-lusa por terras de Castela, ainda que houvesse míngua de carnes, D. João não prescindiu de carne de

---

pelo infante com uma coutada a par de Santarém, doção que D. João I confirmou, a 8 de Março de 1421 (*CHDJ*, vol. IV, t. 1, doc. 290).

[36] O comprador recebia 1000 libras, a regueifeira 600 e a sua manceba metade, enquanto os reposteiros parecem totalizar 4500 libras.

[37] *CRDJ*, cap. 148. Noutras contingências fez-se também pão de bolotas (*CRDJ*, I, cap. 100).

[38] *CRDJ*, I, cap. 115. A Santarém foram buscar gados, que depois salgaram em tinas.

[39] *CRDJ*, I, cap. 136.

[40] *CRDJ*, II, cap. 100.

[41] *CRDJ*, II, cap. 102.

vaca, cozinhada de três maneiras distintas[42]. Mas, em algumas campanhas mais duras, poder-lhe-á ter acontecido o mesmo que a Nuno Álvares Pereira, quando em luta com os castelhanos por terras alentejanas, que durante um dia não teve mais para comer que um pão encetado, um pequeno rábano e um pouco de vinho, que um homem de pé levava numa cabacinha[43].

Outros momentos de refeições ao ar livre, bem mais aprazíveis e deleitosos, ocorreriam durante as caçadas. Aí, como escreve D. João I no seu *Livro de Montaria*, "as iguarias (seriam) muitas, como cumpre de haverem os reis, que em tais lugares comerem; e outrossim que vinho que houverem de beber"[44]. Mas justamente o monarca aconselhava equilíbrio, por causa do esforço despendido e do calor do corpo, recomendando que os convivas comessem pouco e bebessem o vinho misturado com água, mais ainda que nos dias normais, ou seja, se estivessem habituados a bebê-lo terçado com água deviam então tomá-lo meado. Mas tais notas deixam-nos bem perceber que nesses momentos devia prevalecer o excesso, a que a euforia da caçada quase convidava, e não a regra ou os actos comedidos.

Será tempo, porém, de nos aproximarmos das refeições do rei nos seus paços, tomadas mais em privado, na câmara, no quotidiano dos dias, ou mais convivialmente, na sala, em dias extraordinários e comemorativos.

À mesa real chegavam as mais requintadas iguarias ao jantar (refeição servida entre as 11 e 12 horas) e à ceia (servida entre as 6 e 7 horas)[45]. Em dias normais, poderiam degustar-se três pratos de carnes ao jantar e dois à ceia, além de outras vitualhas não contabilizadas, entre caça e marisco, como o determinava a pragmática de 1340 para os ricos-homens[46], mas o seu número seria muito mais avultado nos banquetes festivos. Carne, caça, pescado, acompanhados de pão[47] e vinho, e seguidos de frutas e doces não faltariam, demarcando-se a distinção real pela qualidade dos produtos e a sua requintada confecção[48]. No superior refinamento da mesa dos grandes, as melhores viandas não eram simplesmente cozidas, assadas, desfeitas, chacinadas ou fritas, mas manipulavam-se de muitas destas maneiras antes de se apresentarem em pratos, entre outros, de almôndegas, pastéis, tortas, empadas, doces, confeites ou conservas[49].

---

[42] *CRDJ*, II, cap. 112.

[43] *CRDJ*, I, cap. 146.

[44] *Livro da Montaria*, cap. VII.

[45] O jantar teria lugar entre as 10 e as 11 horas e a ceia ao cair da tarde, princípio da noite, segundo uns, ou entre as 11 e as 12 o primeiro e a ceia pelas 6 ou 7 horas da tarde, segundo outros, o que também dependeria dos períodos do ano. (Marques 2010: 28; Arnaut 1986: 56-59).

[46] Marques 1980: 109-110.

[47] Na casa real entraram 2000 pães em 1424 (*CHDD*, vol. II, doc. 41).

[48] Genericamente, sobre a alimentação medieval, a um tempo um acto biológico, social e cultural, se reporta a obra de Laurioux 2002. Para um confronto da alimentação e da mesa dos diversos grupos sociais, veja-se a obra, largamente ilustrada, de Birlouez 2011.

[49] Leia-se Arnaut 1986: 104-111; Gonçalves 2010: 244-250.

Na verdade, conhecemos uma preciosa carta de quitação de D. João I, passada em Lisboa, a 15 de Dezembro de 1430, e dirigida ao tesoureiro João Gonçalves, escudeiro que o serviu durante seis anos desde 1424, enumerando-se o que este recebera em panos, peles, armas, pratas, dinheiro, matérias-primas, objectos vários, géneros, especiarias, armas e livros, que nos deixa entrever um pouco o cenário da sua alimentação, gostos e mesa[50].

Sabemos, desde logo, que D. João I, que por certo se alimentaria bem, não prescindia de carne de vaca cozida, assada e "desfeita" (picada ou em enchidos)[51]. Mas à corte, e por certo à sua mesa, chegaria também a carne de porco, de coelho e de aves, muito em especial a das apreciadas perdizes[52]. E gostaria de uma comida bem condimentada e com diferentes paladares. Entravam, por isso, nas cozinhas reais, grandes quantidades de especiarias e condimentos da terra ou importados. Refira-se, porém, que sobre os apetrechos da cozinha e o recheio das dispensas dos paços régios pouca informação colhemos, informando-nos apenas a referida quitação da existência de 410 tigelas, com múltiplas funções, 3 caldeiras, 50 seirões de esparto e 3 tonéis vazios[53].

Mas tal fonte é bem mais esclarecedora quanto aos alimentos e afins[54].

É-nos, então, dado a saber que, no ano de 1424, o tesoureiro de D. João I recebeu cerca de 5 quilos e meio de pimenta e a mesma quantidade de gengibre branco, 2 quilos e 720 gramas de cravo da Índia e 6 quilos e 800 gramas de canela e cinamomo[55]. Nos anos seguintes de 1426 a 29 os valores perfizeram 11 quilos de pimenta, 5 quilos e meio de gengibre, 467 quilos e 440 gramas de açafrão e 11 quilos de canela e cinamomo[56]. Nas refeições reais os sabores fortes e picantes prevaleceriam, ainda que aromatizados com certas ervas, e os manjares desprenderiam cheiros intensos e convidativos ao prazer da degustação[57].

---

[50] *CHDD*, vol. II, doc. 41.

[51] *CRDJ*, II, cap. 112.

[52] *HFAC*, vol. I, doc. 341, de 8 de Fevereiro de 1427, carta de quitação ao comprador do rei, Afonso Anes, que se reporta ao que ele despendera em 12 anos passados. Ficara, no entanto, devedor de certo abastecimento em peixe e carne, que se discrimina, dívida que lhe era perdoada. Em tal carta enumeravam-se 9 cobros (porções) de cachaço, 4 lacões (presuntos) e 224 assadas de porco (lombo de porco para assar), além de 157 coelhos, 110 concarez (parece ser uma ave, mas que não identificámos), 152 pombos e 10 perdizes.

[53] *CHDD*, vol. II, doc. 41. Sobre o equipamento de várias cozinhas senhoriais portuguesas e o respectivo pessoal de cozinha consulte-se Arnaut 1986: 47-55; Gonçalves 2010: 239-244. E para um contexto europeu do recheio de cozinhas de diversos estratos sociais leia-se Piponnier 2001: 123-129.

[54] Para um confronto com um livro de contas de cozinha do século XVI, que nos relata o abastecimento alimentar na corte de D. João III, veja-se a obra de Santos 2002. Os alimentos da mesa real em Quinhentos são igualmente particularizados por Buescu 2011: 304-317.

[55] Cinamomo era, também, um certo tipo de canela.

[56] *CHDD*, vol. II, doc. 41.

[57] Sobre o consumo das especiarias, as preferências de gostos, oscilando entre o forte, o doce e o ácido, e o apelativo visual das cores dos pratos, veja-se Laurioux 2001: 71-74, 77-78. Por sua vez Flandrin 2001: 95-110 analisa o uso das especiarias e condimentos na culinária, não apenas

O rei de Avis seria, igualmente, bom apreciador de peixe. À casa real, como nos dá conta uma outra carta de quitação passada ao comprador do rei, Afonso Anes, chegava uma enormíssima variedade de pescado, fresco ou seco, entre lampreias, arenques, congros, cações, galhudas (também uma espécie de cação), salmonetes, linguados, azevias, pescadas, besugos, choupas (sargos), bogas, cachuchos, mugens, bodalos, fanecas, tainhas, rodovalhos, solhos, samas, gorazes, alitães (espécie de peixe seco, proveniente de pequenos tubarões que se pescavam no Algarve), moreias, evos (certa espécie de peixe), sardinhas, enguias, além de crustáceos, bivalves e moluscos, como lagostas, ostras, sibas (chocos) e lulas[58], o que bem demonstra o apreço por este alimento, mais leve e puro que a carne, mesmo algo sacralizado[59], que obrigatoriamente se servia em dias de abstinência e jejum[60].

Por sua vez a quitação passada ao tesoureiro João Gonçalves refere-nos que, nos anos de 1426 a 29, entraram nas cozinhas reais 11 322 pescadas secas e 120 peças de alitães[61]. Além disso, D. João I, querendo ter o privilégio de degustar trutas quando itinerava pela comarca da Beira, instituiu mesmo uma coutada régia no Zêzere, no pego de Mourão, cerca de Belmonte[62].

Por contraponto ao seu marido, D. Filipa comia "não por deleitação somente por suster a vida. Nem o seu cozinheiro não era muito constrangido para buscar novas maneiras de iguarias", como afirma Zurara na *Crónica da Tomada de Ceuta*[63].

Cumpririam o rei e a rainha os jejuns e abstinências nos dias determinados pela Igreja, privando-se de carne e alimentos. D. Filipa "jejuava tanto como a sua natureza podia sofrer", tendo até o físico de a obrigar a comer, como refere Zurara[64].

No que toca aos vinhos, seriam os melhores que chegariam à corte, ainda que de diversas qualidades, até para contemplar os diferentes gostos e exigências de acordo com os pratos. No ano de 1424 entraram na escançaria

---

em relação com os sabores, mas também com a dietética

[58] *HFAC*, vol. I, doc. 341. Vejamos os quantitativos que a fonte refere – 28 lampreias, 63 arenques, 206 congros secos, 28 congros frescos, 5 cangrias (será feminino de congro?), 3 empadas de congro, 23 cações, 26 cações secos, 54 galhudas (mais à frente enumera outra vez 54 galhudas, o que parece ser uma repetição), 586 salmonetes, 300 linguados, 222 azevias, 2740 pescadas secas, 1687 besugos, 160 choupas douradas, 212 bogas, 251 cachuchos, 1181 mugens, 1414 bodalos, 51 fanecas, 72 tainhas, 4 rodovalhos, 12 postas de solho, 102 samas, 269 gorazes, 271 alitães, 3 moreias, 20 postas de evo, 40000 sardinhas, 5 enguias, 22 lagostas, 136 ostras, 12 sibas, 70 lulas (este valor surge arrolado por duas vezes, certamente uma repetição). Será de destacar os milhares de sardinhas, que, sendo baratas, alimentariam certamente a domesticidade, e, logo depois, ultrapassando os milhares de espécies, e por ordem decrescente, as pescadas secas, os besugos, os bodalos e os mugens.

[59] Coelho 1995: 100-101.

[60] O consumo do pescado – mas também da fruta – na corte de D. Afonso V foi estudado por Santos 1997: 1-33.

[61] *CHDD*, vol. II, doc. 41.

[62] *CHDJ*, vol. II, t. 3, doc.1502, de 16 de Março de 1403.

[63] *CRTC*, cap. XLVI.

[64] *CRTC*, cap. XLVII. As refeições "gordas" e "magras" da mesa régia em itinerância foram estudadas por Gonçalves 2011: 286-303.

régia avisina 8 100 litros de vinhos e, nos anos de 1426 a 29, 26 100 litros de vinhos da terra, 3 600 litros de tintos e mais de 12 piparotes de malvasia[65], sendo estes dos melhores vinhos doces e perfumados.

Mas a família de Avis parece ter sido moderada no beber[66]. Como vimos, pelos menos durante as caçadas, D. João I recomendava que se bebesse vinho combinado com água, como certamente ele o faria. D. Duarte, por sua vez, bebia o vinho misturado com duas partes de água, D. Henrique não terá bebido durante a maior parte da sua vida e também parece ter sido abstémio o infante D. Fernando. De facto, na corte avisina, não se afigurava ser elogiosa a fama de ser um grande bebedor[67].

Todavia, uma refeição muito habitual e leve, que podia ocorrer a qualquer hora do dia ou da noite, era constituída, como se dizia, por vinho e fruta, que se compunha desses elementos mas também de doces e confeitos. Eram estes confeitos pequenas sementes ou frutos que se cobriam de açúcar.

Assim, o tesoureiro da casa real adquiriu 10 quilos e 880 gramas de confeitos em 1424, enquanto nos anos seguintes entrou um piparote deles. O precioso açúcar marcava já uma presença significativa na corte joanina. Em 1424 refere-se uma quantidade de 14 quilos e 450 gramas e para os anos de 1426 a 29 alude-se a 88 quilos de açúcar em pão[68], certamente em forma, onde fora depositada a calda fervida do açúcar, e ainda 44 quilos de açúcar de panela, portanto caramelizado.

De onde proviria? Como hipótese, atendendo aos altos valores e ao modo como se apresentava, perguntamo-nos se poderia vir do Algarve. Na verdade, em 1404, D. João I coutara ao mercador genovês João de Palma um terreno em Quarteira, onde ele tinha uma plantação de cana de açúcar[69] e daí poderia chegar esse adoçante, embora não sejam de excluir outras possíveis proveniências[70]. E com ele se fariam depois os confeites e as conservas.

Entre 1426 e 29, havia na casa real 5 açucareiros de gengibre confeite e outros tantos de marmelos confeitos. Mas muitos mais confeitos se poderiam confeccionar, dado que entraram na dispensa régia 44 quilos de amêndoas descascadas, em 1424, e 506 quilos nos outros quatro anos. E para as refeições leves de fruta e vinho, como para a sobremesa, a casa do rei adquiriu também nesses anos 300

---

[65] *CHDD*, vol. II, doc. 41.
[66] Um estudo da circulação dos vinhos e seus consumos se apresenta no trabalho de Coelho 2005a: 112-121.
[67] Arnaut 1986: 39-40. Sobre a necessidade das bebidas do homem medieval, mas muito em particular sobre o prazer e sociabilidade em torno do vinho, leia-se Verdon 2002.
[68] Designava-se açúcar em pão a calda da cana de açúcar fervida e apurada, que era colocada numa forma de barro cónica para transporte, que era denominada pão de açúcar.
[69] *CHDJ*, vol. II, t. 3, doc. 1577.
[70] Digamos que seria também possível vir da Sicília, de Granada ou Valência e ainda de Ceuta. Não nos parece poder ter vindo da Madeira, dado que a primeira referência ao açúcar da Madeira data de 1433 (Cfr. Nunes 2003: 9-10).

romãs e 44 quilos e 660 gramas de tâmaras[71], fruto que a presença portuguesa em Marrocos podia já garantir com esta forte expressão de consumo na mesa do rei.

4. Banquetes

As refeições alargadas teriam lugar por ocasião das festas religiosas – desde logo Natal, Epifania, Páscoa e Pentecostes e em dias de alguns santos[72] – mas também sempre que o monarca desejava receber embaixadores e convidados ilustres ou comemorar eventos especiais, muito em particular as alianças de casamento.

Os banquetes reais, manifestações de poder, propaganda e espectáculo, revestiam-se de uma etiqueta e cerimonial rigorosos[73]. Todo o ritual se desenvolvia em torno da figura central do rei, colocado ao meio da mesa principal e mais elevada, se várias existissem, codificando-se a partir dele, e por honra dos lugares a si mais chegados, a disposição dos convivas, segundo o seu estatuto social e respeitando a mais rigorosa hierarquia[74].

Fig. 4: Representação do jantar de D. João I com João de Gand em Ponte de Mouros. (*Chronique d'Alngleterre* de Jean Wavrin. British Library. Roy.14.E.IV, f. 244v).

---

[71] *CHDD*, vol. II, doc. 41.

[72] Um sentido socialmente alargado do convívio festivo nestas festas litúrgicas e noutros momentos da vida e trabalho dos homens se pode colher no estudo de Coelho 2010: 144-169.

[73] Strong 2004 estuda os banquetes segundo diversas perspectivas de análise.

[74] A estratégia política da mesa é tratada por Miranda 2011: 382-405.

A sala estaria cerimoniosamente ornamentada com tapeçarias, reproduzindo as armas reais e outra armaria, ou cenas de caça, de guerra ou afins, e com ostentação se exibia a rica baixela de ouro e prata, que se utilizava[75].

É do nosso conhecimento que o rei de Avis possuía, pelo menos, dezanove taças de prata de bastiães, portanto ornamentadas com lavores em relevo, que pesavam cerca de 7 Kg, três copas com suas sobrecopas, logo tapadas, com mais de 3,5 kg e dois agomis de prata[76]. Das copas jorraria o vinho que enchia as taças dos comensais, enquanto os agomis serviam para dar água às mãos. Mas dispunha também de uma rara baixela de vidro, que viera de Ceuta, no Inverno, e que o seu armeiro guardara para só a apresentar ao monarca no Verão, quando seria agradavelmente fresca para o serviço da mesa[77].

Para compor a ambiência da sala, dando-lhe aparato, conforto e beleza, dispunha a casa real de reposteiros de pano de Gales, que se utilizavam muitas vezes para dissimular as portas, e ainda de panos de armar, peças móveis, fossem tapeçarias para decorar, panos para cobrir as paredes, emprestando-lhes calor no Inverno, ou cortinados para compartimentar um salão[78]. Acrescentavam-se 11 bancais com figuras, certamente de animais ou pessoas, e 9 com rótulos, talvez com títulos e divisas, portanto tecidos almofadados com que se cobriam as mesas e os bancos, oferecendo maior comodidade nos repastos. Depois de resguardadas com os bancais, as mesas eram cobertas com toalhas, possuindo D. João I toalhas francesas, que envolviam mais de 200 m de tecido. Para além disso a quantidade de panos adquiridos pela casa real entre 1425 e 1429, importados de Inglaterra, Irlanda, Escócia, País de Gales, Países Baixos, França e Península Ibérica, entre escarlatas, cetins, brocados e muito outros, poderiam evocar-nos o luxo e aparato da corte, que se ostentaria muito em particular na sala e na mesa.

À mesa respeitavam-se as éticas e etiquetas no modo de chegar os alimentos à boca, apenas com três dedos, e de manter as hierarquias, a compostura e as boas maneiras durante a refeição[79]. Luz, música, dança, entretenimentos deviam dar brilho e alegria ao convívio em torno da mesa. Sendo ainda comum, nesse espaço e momento, sublinhar a habitual familiaridade com os animais,

---

[75] Cfr. Arnaut 1986: 60-73; Piponnier 2001: 129-132. Para tempos modernos, os espaços e baixela da mesa dos reis são estudados por vários autores na obra *A Mesa dos Reis de Portugal*: 116-165.

[76] *CHDD*, vol. II, doc. 41.

[77] *Livro da Virtuosa Benfeitoria*, livro segundo, cap. XXIX.

[78] Marques 2010: 111.

[79] Arnaut 1986: 73-87 ; Gonçalves 2010: 256-259. O cerimonial e a etiqueta das mesas reais entre a medievalidade e a modernidade são abordados por diversos especialistas na obra *A Mesa dos Reis de Portugal*: 188-259. Romagnoli, 2001: 111-121, estuda o processo civilizacional dos bons comportamentos e das regras de mesa e Alexandre-Bidon 2001:137-139 aborda também as normas de civilidade.

por todos os cães, que, disseminados pela sala, iam sendo mimoseados com alguns sobejos de comida pelos convivas.

Nos inícios do reinado de D. João I não teríamos ainda o espectáculo e a ritualidade acabados do banquete polarizado em torno de um rei absoluto. Mas o respeito e a adequada distribuição das hierarquias sociais, as regras de bem acolher e servir, a demarcação do rei e da corte, segundo cânones prefixados, fariam parte da cultura cortesã avisina, que foi, por isso, evoluindo de acordo com as modas coevas e os contactos com estrangeiros, mormente os ingleses, cujos costumes mais se terão divulgado e imposto com a rainha D. Filipa.

E mesmo nos momentos menos favoráveis eles tinham lugar. Assim, quando em 1386, D. João se encontrou, pela primeira vez, com o duque de Lencastre em Ponte de Mouro, numa tenda, aí "asentaram-se a comer ambos dhuuma parte, sem curamdo da parte dereita nem esquerda, ca ajmda nom era entom em vsso"[80].

Estas liberdades de assento à mesa, se não houvesse a correcta noção das hierarquias, podiam causar graves problemas. Lembremos que, por ocasião do banquete de bodas de casamento oferecido por D. Juan I de Castela e D. Beatriz, em Badajoz, aos mais altos fidalgos portugueses e castelhanos, Nuno Álvares Pereira, vendo quebradas as precedências nobiliárquicas, e não tendo sido guardados, para si e para seu irmão Fernão Pereira, os lugares que a honra da sua linhagem exigia, derrubou violentamente a mesa, onde lhes competia sentarem-se, e abandonou, muito irado, o convívio[81].

Mas se a moda da distribuição, seguindo a direita e a esquerda da figura principal, não era ainda corrente na década de 80 na corte de Avis, outras regras de etiqueta já existiam. Assim, logo no ano seguinte, estando D. João I com o mesmo duque, instalados em tendas nas terras de Guimarães, o monarca convidou para um banquete os ingleses, galegos e castelhanos que estavam na companhia do duque "e fez-lhes huuma muy real salla naquela tenda hu forom os conselhos e em outras que armaram junto todas ao lomgo huuma ante outra". Foi vedor da cerimónia Nuno Álvares Pereira "asseentamdo cada huum segumdo seu estado aas mesas hu aujam de comer". E porque de nobres estrangeiros se tratava, como deferência máxima, "gramdes fidalgos (claro que portugueses) seruiam de toalha e copa e das outras cousas a tal convite pertençentes"[82].

Ainda que em situações fora do comum, pois estávamos em acampamentos de cercos, torna-se claro que não se prescindia de montar uma arquitectura efémera de salas em tendas, de respeitar uma etiqueta de distribuição dos convivas pela mesa, segundo as suas dignidades, da mesma forma que se

---

[80] *CRDJ*, II, cap. XCII.
[81] *CRDF*, cap. CLXVI.
[82] *CRDJ*, II, cap. XCIV.

punha em prática um uso talvez bem português e da corte avisina, o de, em especiais momentos, sempre os grandes servirem as mais elevadas hierarquias, chegando-lhes a toalha e água para as mãos.

Fig. 5: Representação do casamento de D. João I com D. Filipa de Lencastre (*Chronique d'Alngleterre* de Jean Wavrin. British Libray. Londres).

E, finalmente, evoquemos as bodas reais do casal de Avis, descritas por Fernão Lopes:

> "as mesas estauom ja muyto guarnidas de todo o que lhe compria, nom soomente homde os noiuos auyam destar, mas aquellas hu era hordenado de comerem bispos e outras homradas pessoas de fidalgos e burgueses do logar e donas e domzellas do paaço e da çidade.
> O mestresalla da uoda era Nunaluarez Pereira, Comdestabre de Portugall. Seruidores de toalha e copa e doutros offiçios eram gramdes fidalgos e caualleiros, homde ouue assaz de jguarias de desuairadas maneiras de manjares. Em quanto o espaço do comer durou, faziam jogos a vista de todos homeens que o bem sabyam fazer, assy como trepar em cordas e tornos de mesas e salto reall e outras cousas de sabor; as quaaes acabadas, alçarom-sse todos e começarom a damçar, e as donas em seu bamdo cantando arredor com gramde prazer"[83].

---

[83] *CRDJ*, II, cap. XCVI.

Tradição e modernidade convergiram nesse banquete. As mesas estavam aprontadas com os seus compridos mantéis e boa baixela. A comida foi em abundância, variada e confeccionada de diversas maneiras. Como era costume, a cerimónia foi dirigida pela mais alta figura do reino, o Condestável, e, uma vez mais, o serviço à mesa, de toalha e copa, coube a grandes fidalgos e cavaleiros.

Havia várias mesas, pressupondo-se que o casal real ocuparia a principal, para ser admirado e venerado por todos. Nas demais distribuíam-se os convidados, em lugares ordenados. Mas, numa novidade muito consentânea com estes tempos primevos da realeza joanina, nelas se sentavam bispos, fidalgos, burgueses, homens e mulheres, numa grande abertura aos diversos estratos sociais e ao convívio de ambos os sexos. Talvez nunca antes vistos teriam sido os malabarismos proporcionados durante a refeição, entre saltos e acrobacias. E terminado o festim, foi ainda em alegre partilha que dançaram homens e mulheres, ao som do mavioso cantar de vozes femininas.

Anunciava-se o extraordinário festivo da futura corte avisina. E a dimensão cerimonial da vida da corte ter-se-á ampliado com a presença dos arautos e oficiais de armas, codificando as hierarquias sociais, do mestre sala, do trinchante, do trombeteiro e do corpo de músicos e jograis[84], que acompanhavam a realeza. Acrescentada ainda com o rigor do tempo marcado por um relógio mecânico, por certo de origem inglesa[85], já que parece ser dessa nacionalidade o "mestre do rrelogio", Colim, que se conhece para 1402[86].

E teremos de concluir.

A mesa do rei caracterizava-se pela abundância, pelas "muitas iguarias", como afirma D. João I no *Livro de Montaria*. A mesa do rei de Avis distinguia-se pela melhor e maior quantidade dos alimentos, pela sua requintada confecção e cuidada apresentação, e pela etiqueta do serviço. E em tempos joaninos ela teria sido ainda um espaço material e concreto, mas também ritual e simbólico, da miscigenação cultural entre costumes, modas e gostos ingleses e portugueses.

Na cultura de aparato da corte, a festa irrompia com frequência nos paços do rei, da rainha e dos infantes. Ou mesmo em espaços mais amplos de ar livre, como as frequentes caçadas. E com ela a mesa mais se abrilhantava em víveres, em criadagem, em baixela, em cerimónias, em cortesias.

---

[84] Seis jograis e um arauto se contam na lista da casa real em 1402, como vimos (*MH*, I, doc. 122,), enquanto servia D. Filipa o judeu Judas Negro, "grande trovador, segundo as trovas daquele tempo" (*CRTC*, cap. XXX).

[85] Segundo a tradição, o duque de Lencastre oferecera a D. João I um relógio mecânico (Marques 2010: 68).

[86] *MH*, I, doc. 122.

Mas, mesmo no comum "pão de cada dia", a mesa real sobressaía face à dos demais membros da sociedade, mormente face à dos não privilegiados.

Porque, ontem como hoje, a mesa é bem o consumado paradigma das hierarquias sociais e a realeza ocupava, em qualquer tempo ou espaço, o topo da pirâmide social.

Alimentar a cidade de Coimbra na Baixa Idade Média: notas sobre os alimentos, as estruturas de transformação alimentar e os ofícios
(Feeding the city of Coimbra in the Late Middle Ages: notes on food production and processing structures and professional occupations)

Maria Amélia Álvaro de Campos
Centro de História da Sociedade e da Cultura da UC (melicampos@gmail.com)

Resumo: Durante a Idade Média, dentro da cidade de Coimbra reconhecemos a existência de espaços de cultivo e de equipamentos relacionados com a produção e a transformação alimentar. Na malha urbana coimbrã deste período, a implantação de hortas, currais, galinheiros, entre outros elementos, denunciava a produção hortícola, bem como a criação de animais, com o intuito de alimentar a unidade familiar e complementar – ou prover totalmente – o abastecimento doméstico.
Neste trabalho, partimos da análise dos forais e das posturas de Coimbra, instrumentos fundamentais para a regulamentação dos direitos e dos tributos da cidade, e analisámos, de seguida, os contratos de enfiteuse produzidos no âmbito da gestão do património de algumas igrejas da cidade. Da análise deste conjunto documental, identificamos os alimentos de que a cidade se abastecia e os principais agentes de produção e de distribuição alimentar. Entre outros exemplos, dar-se-á protagonismo aos almuinheiros e aos vinhateiros; aos peixeiros e aos carniceiros; aos forneiros e aos lagareiros.
Com o reconhecimento e o estudo das profissões e das actividades de que dependia o abastecimento da cidade, granjearemos compreender e expor o seu funcionamento e mecanismos; e a sua implantação na malha urbana da cidade. Por fim, pretendemos, igualmente, contribuir para a consolidação do conhecimento da dieta alimentar do homem medieval, mais precisamente, do habitante de Coimbra dos séculos XIII, XIV e XV.

Palavras-chave: Coimbra na Idade Média; lagares de azeite; fornos de pão; produção de vinho; abastecimento de carne; abastecimento de peixe; ofícios.

Abstract: During the Middle Ages, we can identify, inside the city of Coimbra, the existence of farming areas and food production and processing equipments. During this period, within the urban fabric of the city, we recognize the presence of vegetable gardens, cattle sheds, henneries, amongst others, which reveal the existence of horticultural as well as livestock production, whose purpose was to feed the family unit and complement – or completely provide for – the domestic supply.
In the present paper, we based our analysis on the charters and codes of Coimbra, fundamental tools that regulate the rights and tributes of the city; next, we studied, the emphyteutic leases that were produced to manage the estate of several city churches. From the analysis of this body of documents, we identified the food items that supplied the city and the main agents behind the food production and supply.

Amongst other examples, we highlight the vegetable gardeners and wine producers; fishmongers and butchers; bakers and pressers.

With the identification and the study of the professional occupations and activities upon which the city supply depended on, it is our intention to understand and disclose its functioning and its mechanisms; and their implementation within the urban fabric. Finally, it is also our intention to contribute to the available knowledge pertaining to the diet of the medieval man and, in particular, the inhabitant of Coimbra during the 13th, the 14th and the 15th centuries.

KEYWORDS: Coimbra in the Middle Ages; olive oil mills; bread ovens; wine making; meat supply; fish supply; professional occupations.

Houve um tempo em que, no território português, não se produzia milho maís, nem batata, nem laranja doce. Nesse tempo, e falamos de um período anterior ao achamento do Brasil e à descoberta do caminho marítimo para a Índia, a grande base da alimentação era o pão, o vinho, a carne e o peixe. As doses principais de vitaminas e de minerais encontravam-se na fruta, que se comia fresca ou seca, e nas hortaliças e legumes que, dependendo da época do ano, se produziam em maior ou menor quantidade[1]. Nesse tempo, a alimentação era condicionada pelas capacidades da terra e pela variedade da fauna[2] e da flora autóctones. Embora entrassem no reino produtos vindos do Oriente e do Norte de África, a sua distribuição era lenta e, como alimentos de excepção, só chegavam às mesas dos mais abastados[3].

No início deste estudo, visamos a caracterização da alimentação da população urbana de Coimbra, na Idade Média. Para tal, procuraremos reconhecer os principais alimentos que abasteciam a urbe. De seguida, identificaremos, no interior da cidade, os indivíduos que se ocupavam das actividades relacionadas com o sector alimentar, sobretudo com a produção, a transformação e a comercialização dos produtos e estudaremos a sua relação com a malha urbana, procurando reconstituir a sociotopografia destes profissionais[4].

Num primeiro momento deste estudo, faz-se o reconhecimento dos alimentos que entravam na cidade ou nela se compravam e vendiam, através dos diplomas de legislação concelhia e dos forais outorgados pelo monarca ao concelho de Coimbra, durante o século XII. Para completar a informação

---

[1] Para uma caracterização geral da alimentação em Portugal, no período medieval, ver Arnaut 1967: XXIII-CXXX, Marques 2010: 27-44; Santos 1997; e Gonçalves 2011: 226-259. Sobre a alimentação medieval, na Europa, ver Flandrin e Montanari 2001: 11-81 e Adamson 2004.

[2] Veja-se, por exemplo, a variedade da carne consumida, em Portugal, na Idade Média, em Arnaut 1967: XXX-XXXV.

[3] Desde logo as especiarias como a pimenta, os cominhos, o açafrão, o cravo, a canela, o gengibre, entre outros, ver Arnaut 1967: XXXVII-XLII.

[4] Esta é uma metodologia explorada por Falcão 2011: 460-586 e por Melo 2009: vol. 2.

neles contida, recorreremos ainda ao foral manuelino, apesar de este ser posterior à cronologia que aqui nos interessa analisar[5].

De seguida, com o objectivo de identificar os ofícios responsáveis pela produção e pela distribuição dos alimentos e os equipamentos de transformação alimentar, analisámos os fundos arquivísticos pertencentes às colegiadas medievais de Coimbra, que nos permitiram observar um quadro amplo em que se incluem quase todas as freguesias da cidade[6]. Uma vez que a maioria destas igrejas se instituiu como colegiada entre o último quartel do século XII e os finais do primeiro quartel da centúria seguinte, a cronologia dessa análise, condicionada pelo âmbito de produção da documentação que a suporta, tem o seu termo *a quo* fixado no ano de 1222. Por sua vez, estabelecemos o termo *ad quem* no ano de 1450. Pese embora a vasta cronologia que assim apresentamos, a grande maioria dos dados que colhemos datam dos séculos XIV e XV os quais, por essa razão, nos merecerão maior cuidado.

Desse conjunto de fontes, esmagadoramente composto por contratos económicos de gestão de propriedade urbana, retirámos as informações relativas às estruturas, aos equipamentos e aos profissionais responsáveis pelo provimento alimentar da cidade. Antes, porém, de nos abalançarmos para o estudo destas questões dentro da cidade, composta pelo núcleo amuralhado e pelos arrabaldes, procuremos apresentá-la, tendo em conta a sua conjuntura histórica, a sua situação geográfica e a sua relação com o território circundante.

1. A cidade de Coimbra

Conquistada definitivamente pelos cristãos em 1064, Coimbra[7] apresentar-se-ia, mais tarde, como ponto estratégico decisivo para o avanço da conquista do território, pelos condes portucalenses e pelo seu filho Afonso Henriques. Este, ao estabelecer-se aqui em 1131[8], alicerçava na cidade do Mondego a sua política de autonomia do condado e de emergência de um novo reino. Desse modo, Coimbra foi a primeira capital de Portugal e assim

---

[5] Tais diplomas encontram-se actualmente reunidos e publicados na obra de Coelho 2013.

[6] Excepção feita à freguesia da Sé e à freguesia de São João do Mosteiro de Santa Cruz, tutelada pelo mesmo mosteiro. Infelizmente, do conjunto dos fundos arquivísticos das colegiadas de Coimbra, não conseguimos analisar o referente à igreja de Santiago. Assim, esta parte do trabalho assenta no estudo das colegiadas de São João de Almedina; de São Salvador; de São Pedro; de São Cristóvão; de São Bartolomeu; e de Santa Justa.

[7] Para uma contextualização histórica da cidade de Coimbra, nos inícios da nacionalidade e durante todo o período medieval, ver, entre outros, Coelho 1992; Coelho 2003a; Coelho 2003b; Ventura 2003; Coelho 2005c; Gomes 2006; Campos 2010; Coelho 2013.

[8] Ver Mattoso 2007: 105-111.

permaneceu até à segunda metade do século XIII, quando perdeu esse estatuto a favor da cidade de Lisboa[9].

Ocupada, ao longo dos séculos, por diferentes povos e culturas, Coimbra caracterizava-se, durante o período em análise, por uma malha urbana reveladora da síntese das diferentes heranças, na qual as várias sedes do poder político e eclesiástico sobressaíam, por via dos seus edifícios de maior notabilidade. No interior da urbe, estes assinalavam a divisão das diferentes jurisdições[10]. Esvaziada das suas funções políticas, de principal sede da corte do monarca, na Almedina, a Alcáçova seria escolhida, durante o século XIV, para sede do Estudo, por dois diferentes períodos[11].

Do ponto de vista socioeconómico, a cidade, em permanente diálogo com o rio que a banhava, reunia um importante grupo de mercadores[12] e de outros comerciantes[13], assim como diversos sectores manufactureiros ligados à metalurgia, à curtição e à transformação de pelames, à olaria e, como veremos mais à frente, aos diferentes processos de produção e transformação alimentar.

---

[9] Durante o reinado de D. Afonso III, ver Ventura 2006b: 164-172.

[10] Na Almedina, até à transferência da capital do reino para a cidade de Lisboa, a Alcáçova constituía a primeira morada do monarca e alojava os principais serviços do poder régio (ver Pimentel 2003); numa cota ligeiramente inferior, reconhecíamos o paço episcopal e, mais abaixo, a Sé (ver Morujão 2010); neste espaço amuralhado tinham ainda lugar as igrejas paroquiais de São João de Almedina, de São Salvador, de São Pedro (ver Varandas 1999) e de São Cristóvão (ver Matos 1998). Nos arrabaldes, encontramos as igrejas paroquiais de São Bartolomeu (ver Guardado 1999), de Santiago e de Santa Justa (ver Campos 2012) e, desde 1131, do Mosteiro de Santa Cruz (ver Martins 2003 e Gomes 2007). Mais afastados do núcleo urbano, em ambas as margens do Mondego, encontravam-se também o Mosteiro de Celas da Ponte e, a partir do século XIII, os mosteiros mendicantes da cidade, S. Domingos, S. Francisco e Santa Clara, ver Gomes 1998. Ver figura 1.

[11] Ver Coelho 1992.

[12] Ver Coelho 1998.

[13] Desde logo, os almocreves, responsáveis pelo transporte e distribuição de diferentes géneros. Estes são dos poucos profissionais urbanos que o foral de 1111 individualiza, ver Coelho 2013: 24 e doc. II.

Alimentar a cidade de Coimbra na Baixa Idade Média:
notas sobre os alimentos, as estruturas de transformação alimentar e os ofícios

Figura 1: A cidade de Coimbra e a identificação das suas freguesias urbanas[14].

Coimbra, constituída pela colina amuralhada e pelos seus arrabaldes, em franco desenvolvimento a partir do século XIII, encabeçava um território rural com o qual mantinha uma relação de interdependência económica e sobre o qual exercia a sua jurisdição municipal[15]. A cidade era a cabeça política que regulamentava o quotidiano e os tributos dos camponeses ao mesmo tempo que era o centro onde aqueles faziam escoar os excedentes da sua produção, tirando daí algum proveito e abastecendo-a. Podemos dizer, por isso, que, em grande medida, o termo alimentava a cidade[16].

As dimensões do termo ou alfoz de Coimbra, espaço rural de limites difíceis de definir, chegam-nos através de um documento de 1344[17], no qual

---

[14] Os esquemas cartográficos que acompanham este trabalho têm por base o levantamento topográfico da cidade de Coimbra na actualidade.
[15] Sobre a evolução da relação jurisdicional entre Coimbra e o seu termo, ver Ventura 2002: 27-30.
[16] Sobre a relação cidade-campo, embora para o caso de Évora, ver Beirante 2008: 298-304.
[17] Madahil 1943: VIII.

se identificavam cerca de cinquenta paróquias que os historiadores[18] têm considerado corresponder ao território dessa jurisdição. Em traços gerais, tal território estendia-se de Este a Oeste numa distância de 40 km e de Norte a Sul, numa distância de 90 km.

Em torno de Coimbra, caracterizado pelos seus densos olivais e férteis almuinhas, encontrava-se o aro da cidade num território que, nos dias de hoje, se divide pelas freguesias de Santo António dos Olivais, de Santa Clara, de São Paulo de Frades, de Eiras e de São Martinho do Bispo[19].

Se o termo provia a cidade do cereal[20] e do vinho[21] que aí se consumia e comercializava, no aro encontramos uma densa mancha de olivais[22], de terrenos com vinhas e oliveiras – culturas frequentemente desenvolvidas em regime de complantação – bem como de almuinhas e pomares[23] onde seria cultivada grande parte dos legumes, das verduras e da fruta que se lhe destinava. Em torno da cidade, principal mercado consumidor, as diferentes culturas distribuíam-se formando anéis concêntricos, que se afastavam do centro, consoante diminuísse o tempo de perecibilidade dos produtos[24].

2. Os produtos alimentares:

Com o intuito de apresentar os diferentes tipos de produtos que alimentavam a cidade de Coimbra, na Idade Média, inquirimos os diplomas que lhe foram outorgados ou confirmados pelo poder central. Mais precisamente, analisámos as posturas de 1145[25], estatuídas pelos homens-bons da cidade e corroboradas por D. Afonso Henriques; o foral de 1179[26], outorgado por esse monarca ao concelho de Coimbra; e o foral manuelino datado de 1516[27]. Embora o último diploma ultrapasse a cronologia em que se enquadra este

---

[18] Ver Oliveira 1971: 21 e Coelho 1990b: 115.
[19] Para uma maior pormenorização deste território, ver Oliveira 1971: 32.
[20] Ver Coelho 1986: 130-152. Deste território, sublinhem-se as boas características agrícolas do reguengo do Bolão, com os melhores índices de fertilidade.
[21] Ver Coelho 1986: 152-172.
[22] Ver Coelho 1986: 172-181.
[23] Ver Coelho 1986: 188-195.
[24] Ver Trindade e Gaspar 1973/1974: 3-11.
[25] Ver Coelho 2013: 35-41 e doc. III.
[26] Note-se que, em 1111, o concelho de Coimbra recebeu carta de foral dos condes D. Henrique e D. Teresa. No entanto, como o seu clausulado se reporta, essencialmente, à regulamentação da estratificação social, alicerçada no trabalho e nas funções a exercer em contexto militar (ver Coelho 2013: 23-27), o documento torna-se irrelevante para este estudo. Pelo contrário, o documento de 1179, outorgado a Coimbra, Lisboa e Santarém – triângulo estratégico para a prossecução da conquista do território meridional –, visava a regulamentação das dinâmicas urbanas, do multifacetado trabalho dos mesteirais, da tributação de matérias-primas e dos produtos, ver Coelho 2013: 41-52 e doc. IV.
[27] Ver Coelho 2013: 62-66 e doc. V.

estudo, julgamos oportuno analisá-lo por nele se relatar uma realidade que podemos fazer reportar a épocas anteriores[28].

Nas posturas de 1145, os homens-bons de Coimbra, no que dizia respeito à alimentação, demonstravam especial preocupação com o tabelamento da venda da carne (de gado e de caça) e do peixe. A carne deveria ser vendida no mercado – na *algazaria* –, enquanto o peixe se venderia nos barcos em que afluía à cidade. Assim, no que dizia respeito aos animais de grande porte, tabelava-se a venda na cidade da carne de vaca, de veado, de carneiro, de cordeiro e de porco. De criação ou de caça, vendia-se, também, o coelho e uma grande diversidade de aves: pombas, perdizes, galinhas, patos, grous, abetardas e rolas. Regulamentava-se igualmente a venda de marisco e do peixe de rio e de mar que entrava na cidade, normalmente por via fluvial. Este deveria ser vendido, dentro das barcas em que era transportado e por quem o trazia. Tais trocas deveriam ser sempre superentendidas pelo almotacé[29].

Nas tendas da cidade, o habitante de Coimbra poderia comprar lacticínios como o queijo e a manteiga; gorduras como o azeite[30]; e outros produtos como o mel, a pimenta e o carneiro pisado cru.

Neste documento, regista-se, de forma assinalável, o cuidado colocado na protecção das vinhas, sendo quaisquer estragos ou danos provocados nestas culturas altamente penalizados. Destas determinações, percebe-se, não só a preocupação com a salvaguarda do vinho, bebida primordial da dieta alimentar medieval, como também o respeito pelos rigorosos trabalhos que a viticultura exigia.

O foral de 1179 não traz novidades significativas quanto à variedade dos produtos alimentares que abasteciam a cidade. Neste caso, porém, ao definir o pagamento da jugada especificava-se a cultura do trigo e do milho, como principais cereais panificáveis no termo da cidade.

---

[28] A reforma manuelina dos forais, ordenada em 1497, por D. Manuel I, visava a actualização da linguagem, a conversão e a actualização dos tributos, a recuperação de direitos e o evitar dos abusos na sua cobrança, ver Neto 1997: 165-175. Embora os forais manuelinos tenham resultado em diplomas mais completos do que simples actualizações dos forais medievais, estes retratam, em grande medida, uma realidade semelhante à dos finais da Idade Média.

[29] Sobre estes aspectos das Posturas de 1145, ver Coelho 2013:37. Importa realçar a figura do almotacé que, enquanto oficial concelhio, estipulava preços e medidas e fiscalizava o seu cumprimento, do mesmo modo que, entre outras funções, supervisionava a observância das normas de qualidade e de higiene dos produtos, ver Melo 2009:287. Pesem embora as várias alterações que o cargo de almotacé foi sofrendo, ao longo dos séculos, nas suas atribuições e na sua relevância social, este cargo foi um dos mais antigos ofícios concelhios em Portugal, herdados do modelo de administração local islâmico, Coelho 2008: 19-22.

[30] Note-se que, embora também utilizado na cozinha, o azeite, dada a sua necessidade para a iluminação, era muitas vezes preterido pela manteiga e pela banha de porco, ver Santos 2006: 146-147.

Do mesmo modo, refere-se nesse diploma, pela primeira vez, o direito do relego, período de tempo de que o monarca dispunha para vender o seu vinho em regime de monopólio, sem a concorrência de outros produtores. Todavia, só mais tarde, no clausulado do foral manuelino é que vemos fixado esse período de cerca de três meses, entre os inícios do mês de Novembro e os princípios de Fevereiro.

Na entrada do século XVI, o foral de Coimbra dá-nos conta, igualmente, de uma alargada variedade de géneros que abasteciam a cidade. Desde logo, elencam-se os vários cereais panificáveis: o trigo, a cevada, o centeio, o milho painço e a aveia. De seguida, referenciam-se diferentes tipos de carne: de gado bovino, ovino, caprino e suíno, assim como um conjunto considerável de animais de caça, como os coelhos e as lebres, as perdizes, os patos e as galinhas, entre outros. São também taxados os alhos e as cebolas[31] que entravam na cidade. Dos bens de mercearia, destacam-se, neste diploma, especiarias como a pimenta, a canela, o ruibarbo, a canafístula e o açúcar; géneros de produção animal como os ovos e o mel; gorduras como o azeite; e lacticínios como os queijos curados e a manteiga salgada. Por fim, dava-se ainda entrada a uma vasta panóplia de frutas e de legumes secos – castanhas[32], nozes, ameixas, figos, amêndoas, pinhões, avelãs, bolotas, lentilhas, entre outros – e de fruta e legumes frescos – laranjas, cidras, peras, cerejas, uvas verdes, figos, melões, hortaliças, entre outros.

3. As estruturas de transformação alimentar:

Apesar de o seu abastecimento depender, em grande medida, do meio rural que a envolvia, a cidade de Coimbra, apresentava, no seu interior, unidades e equipamentos de produção alimentar. Desde logo, como nas outras cidades portuguesas de Norte a Sul do país, a casa corrente coimbrã revestia-se de diferentes funcionalidades residenciais e económicas; previa, na maioria dos casos, a existência de um cortinhal – também denominado de vergel – implantado no fundo do lote[33]; e, pontualmente, dispunha de equipamentos de transformação alimentar, de armazenamento e de abastecimento de água[34].

O cortinhal de fundo de lote era uma presença contínua em toda malha urbana. Nesta, porém, sobressaíam, durante a Baixa Idade Média, por

---

[31] Dado o seu sabor forte, estes deveriam ser o principal condimento da cozinha da época, ver Adamson 2004: 7.

[32] As castanhas, sobretudo na Beira Alta e em Trás-os-Montes, eram amplamente utilizadas como principal acompanhamento ou mesmo em substituição do pão, em maus anos cerealíferos, ver Marques 2010: 32 e 37.

[33] Ver Trindade 2002: 25-31 e 144-145.

[34] Sobre os diversos aspectos da paisagem coimbrã, na Idade Média, ver Gomes 2006 e Campos 2010.

exemplo, as casas do prelado da cidade[35] ou dos priores das suas principais igrejas[36]. Tais residências, com maiores dimensões, poderiam integrar hortas, currais, cavalariças, fornos, entre outras estruturas, configurando complexos habitacionais a fazer lembrar as *cortes*, que caracterizaram a paisagem de Coimbra, durante os séculos XII e XIII[37].

Por entre a malha do casario, detectámos a implantação frequente de dois tipos de estruturas destinadas à transformação e à confecção de alimentos: os lagares de azeite e os fornos de cozer pão.

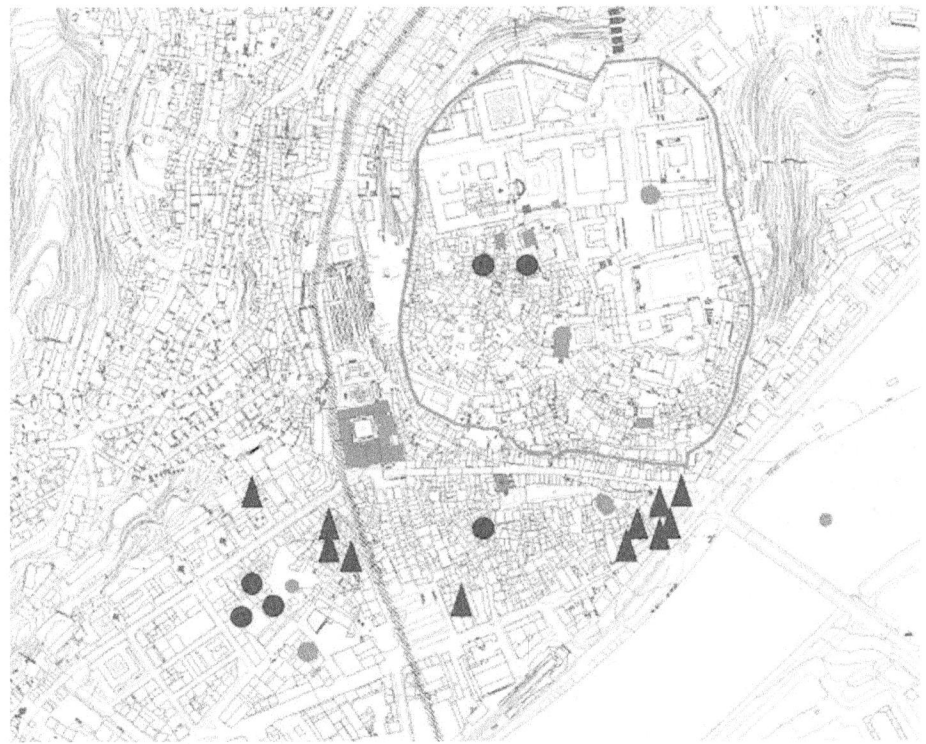

Figura 2: Localização dos lagares (▲) e dos fornos de pão (●), dentro da cidade[38].

---

[35] Uma possível reconstituição dos edifícios que compunham o paço do bispo de Coimbra, pode ser lida em Alarcão 2008: 128-129.

[36] Por exemplo, sobre as casas do priorado da colegiada de Santa Justa, ver Campos 2012: 193-194.

[37] Ver Ventura 2006a.

[38] Note-se que os esquemas cartográficos que acompanham este trabalho não pretendem – porque seria impossível fazê-lo – representar a topografia destas estruturas, mas apenas dar uma visão de conjunto das suas áreas de implantação e, consequentemente, da sua dispersão na malha urbana.

Necessária a água enquanto força motriz do lagar e enquanto elemento fundamental ao longo de todo o processo da produção do azeite[39], encontramos os primeiros, junto ao rio ou junto ao curso da Água de Runa[40]. Deste modo, nos séculos XIV e XV, podemos referenciar, nos arrabaldes da cidade, cerca de onze lagares de azeite.

Ao longo desse percurso da Água de Runa, na freguesia de Santa Justa, os lagares situavam-se, principalmente, na Rua de Oleiros (que corresponde, sensivelmente, à actual Rua de João Cabreira)[41]. Na freguesia de São Bartolomeu, reunia-se um conjunto considerável de lagares de azeite[42] os quais, embora os documentos não nos permitam precisar a sua localização, julgamos situarem-se na área da Ribeira, junto ao rio. Em Santiago, a zona da Lameira que, como o nome indica, correspondia à margem lamacenta do rio, era, também, lugar de implantação destas estruturas[43]. Nestes equipamentos, para além do azeite, fundamental na alimentação portuguesa e combustível essencial para a iluminação, produzia-se a baganha ou o bagaço, gordura com diversas utilizações, como a saboaria e a forragem de animais[44].

Ao contrário desses lagares que dependiam da força das águas para o seu funcionamento, os fornos de cozer o pão encontravam-se disseminados por toda a malha urbana. A sua posse estava isenta de tributo, uma vez que, pelo foral de 1179, se estabelecia que os habitantes de Coimbra podiam possuir, livremente, tendas e fornos de pão ou de oleiro[45]. Na verdade, pese embora os riscos que o fogo representava dentro da cidade, onde, facilmente se propagaria qualquer incêndio, reconhecemos estes

---

[39] Ver Santos 2006.

[40] Uma torrente de água, que correu a descoberto até ao século XVI, e que, da sua nascente, acima do que é hoje o Jardim da Sereia, vinha desaguar ao rio por um percurso semelhante ao das actuais ruas Sá da Bandeira e Olímpio Nicolau Fernandes, ver Alarcão 2008: 185-186 e Campos 2012: 95. Ver figura 2.

[41] Ver Paiva 2002: doc. 190c (1332.02.19); ANTT, Colegiada de Santa Justa, m. 19, n. 400 (1365.08.05); ANTT, Colegiada de Santa Justa, m. 15, n. 304 (1382.12.17); e ANTT, Colegiada de Santa Justa, m. 15, n. 311 (1387.11.14).

[42] Ver ANTT, Colegiada de São Bartolomeu, m. 14, n. 9 ou Guardado 1999: doc. 30 (1335.05.13); ANTT, Colegiada São Bartolomeu, m. 14, n. 10 ou Guardado 1999: doc. 33 (1341.01.09); e ANTT, Colegiada São Bartolomeu, m. 14, n. 11 ou Guardado 1999: doc. 34 (1341-04-28).

[43] Ver ANTT, Cabido da Sé de Coimbra, 2ª incorporação, m. 80, n. 3460 (1354.03.04).

[44] Note-se que segundo a *Crónica de D. João I*, julga-se que em momentos de grande carestia, como por exemplo na crise de 1383-85, este produto possa ter sido usado, pelas populações e pelo exército, para fazer pão, ver Arnaut 1967: XXVIII-XXIX.

[45] Ver Coelho 2013: doc. IV.

fornos em vários pontos da Alta[46] e da Baixa[47]. Apenas no século XV, encontramos aquilo que nos parece ser uma medida de precaução face ao risco de incêndio, quando Santa Justa, ao emprazar um forno e uma casa anexa onde se costumava guardar a lenha, ordenava que se fizesse o sobrado dessa casa e que, a partir desse momento, se deixasse de guardar a lenha no seu piso térreo[48].

Quer os fornos, onde se confeccionava o alimento primordial da dieta medieval, quer os lagares de azeite, que citámos anteriormente, integravam, normalmente, o património de senhorios mais vastos sendo explorados, através da concessão do seu usufruto, por via do regime enfiteutico. Assim, em troca da exploração destas infraestruturas, os seus concessionários deviam o pagamento de uma pensão em géneros ou em moeda, aos seus proprietários ou aos respectivos intermediários[49]. Antes de pagar tal renda, estes deviam, ainda, o dízimo à igreja. Decorridos durante o século XIV, chegaram até aos nossos dias vários documentos que testemunham a rigorosa cobrança do dízimo das poias do pão alvo ou de segunda[50], cozidos nesses fornos, assim como do azeite e da baganha[51], produzidos nesses lagares.

---

[46] Reconhecemos um forno na freguesia de São João de Almedina [ANTT, Colegiada de São Salvador, m. 1, s/n. (1439.04.22)] e outro na freguesia limítrofe de São Salvador [ANTT, Colegiada de São Salvador, m. 6, s/n (1435.12.29)], ambos seriam, relativamente, próximos da área da pedreira.

[47] Reconhecemos três fornos na freguesia de Santa Justa [ANTT, Colegiada de Santa Justa, m. 15, n. 307 (1387.05.09) e ANTT, Colegiada de Santa Justa, m. 15, n. 288 (1387.06.08)], localizando-se um deles no adro dessa igreja [ANTT, Colegiada de Santa Justa, m. 5, n. 137 (1439.07.01)] e um forno na freguesia de Santiago [ANTT, Colegiada de São Cristóvão, m. II, n. 31 ou Matos 1998: doc. 89 (1258.02)].

[48] No ano de 1405, (ANTT, Colegiada de Santa Justa, m. 5, n. 135), a igreja diz que no piso térreo desse edifício se deixe de guardar a lenha e se guarde, antes, uma besta de carga, necessária ao transporte de lenha para o referido forno.

[49] Por exemplo, em 1387, a colegiada de Santa Justa manda citar um ourives por este não pagar o dízimo das poias que recebia de um forno que trazia emprazado, nessa freguesia. O facto de estarmos perante um ourives pode indiciar que este fosse apenas o intermediário entre o proprietário do forno e o profissional que, de facto, o explorava, ver ANTT, Colegiada de Santa Justa, m. 15, n. 307 (1387.05.09).

[50] Sobre o dízimo das poias, cobrados perante a audiência do bispo, pela igreja de Santa Justa, ver ANTT, Colegiada de Santa Justa, m. 15, n. 288 (1387.06.08) e m. 15, n. 289 (1387.06.18).

[51] Sobre as contendas pelo dízimo do azeite e da baganha, por parte da igreja de São Bartolomeu, ver ANTT, Colegiada de São Bartolomeu, m. 14, n. 9 ou Guardado 1999: doc. 30 (1335.05.13); m. 14, n. 10 ou Guardado 1999: doc. 33 (1341.01.09); m. 14, n. 11 ou Guardado 1999: doc. 34 (1341.04.28); m. 14, n. 12 ou Guardado 1999: doc. 35 (1345.07.06).

4. As profissões relacionadas com a produção e o comércio de alimentos:

De seguida, procurámos, dentro da população urbana, referenciar todas as profissões relacionadas com a produção e a distribuição de produtos e de géneros alimentares[52].

Neste sentido, organizámos seis grupos que, por ordem decrescente da representatividade que assumem na amostra estudada, se apresentam da seguinte forma: em primeiro lugar, o da exploração agrícola; em segundo o da produção e venda de azeite a par com o da pesca e da venda de peixe; seguindo-se o grupo profissional ligado à panificação; o da preparação e da venda de carne; e, por fim, o da comercialização do vinho.

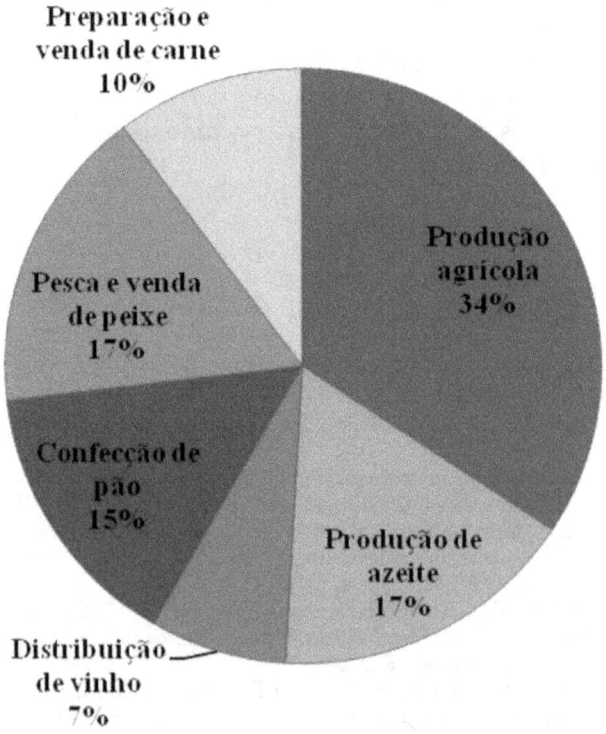

Gráfico 1 – Grupos profissionais relacionados com a alimentação (1222-1450).

Na análise não foram compreendidos os comerciantes quando estes não eram identificados como vendedores de géneros alimentares. Assim, não ponderámos

---

[52] Para uma contextualização do tema, ver Desportes 2001. Ver gráfico 1.

os indivíduos identificados como mercadores, almocreves, merceeiros, tendeiros e tendeiras, quando estes não eram referidos como comerciantes destes produtos.

Neste ponto do trabalho, cumpre-nos ainda fazer outra ressalva para explicar a expressão residual das profissionais femininas incluídas nesta amostra. Tal situação deriva do carácter económico da documentação analisada, na qual, não obstante a relevância do trabalho feminino, a mulher é mais frequentemente identificada como "filha de…", "mulher de…", etc., sem que a sua ocupação profissional fosse indicada. Com efeito, logramos reconhecer actividades laborais das mulheres apenas, a partir das raras ocasiões em que estas surgiam como titulares dos contratos ou eram citadas, a título individual, perante as instâncias judiciais, talvez por serem mulheres solteiras ou viúvas[53]. Todavia, a sua residual representatividade na documentação coligida não é proporcionalmente relacionável com o papel que estas desempenhavam, quer na preparação, quer na comercialização dos alimentos. Na cidade medieval portuguesa, era frequente o trabalho das verceiras, na venda de legumes, das peixeiras, sardinheiras ou marisqueiras, na venda do peixe; das enxerqueiras, na distribuição da carne à enxerca; e das padeiras, na confecção e venda do pão. Comerciantes de designação mais genérica, encontravam-se, ainda, as regateiras e as vendedeiras, responsáveis pela transacção de diversos víveres[54].

4.1. Os almuinheiros:

Passando, de seguida, para a análise das profissões, começamos por notar que, numa relação de continuidade com a realidade rural que caracterizava os arredores da cidade, a residência dos almuinheiros, em Coimbra, teve uma expressão significativa durante o período aqui estudado. A implantação da sua residência, na freguesia de Santa Justa[55], às portas da cidade, permite-nos perceber uma população que usava a cidade como dormitório, ao desenvolver a sua actividade profissional no aro que a envolvia, como, por exemplo, na região correspondente à actual freguesia de Eiras.

---

[53] Ver Campos 2013: 218.
[54] Ver Coelho 1990a: 40-44.
[55] Durante o período estudado, encontramos dezoito almuinheiros e uma almuinheira a residir nesta freguesia [ANTT, Cabido da Sé de Coimbra, 1ª incorporação, m. 11, n. 8 (1222), ANTT, Colegiada de Santa Justa, m. 31, n. 702 (1345.10.09); m. 35, n. 808 (1352.05.27); m. 10, n. 204 (1354.01.05); m. 4, n. 99 (1354.01.22); m. 24, n. 466 (1368.08.20); m. 20, n. 405 (1371.07.17); ANTT, Cabido da Sé de Coimbra, 2ª incorporação, m. 82, n. 3742 (1376.03.10); ANTT, Colegiada de Santa Justa, m. 31, n. 709 (1376.11.02); m. 5, n. 131 (1379.05.07); m. 15, n. 306 (1386.02.04); m. 26, n. 582 (1389.01.01); m. 32, n. 727 (1395.05.11); m. 33, n. 767 (1405.11.17); m. 3, n. 60 (1420); m.15, n. 300 (1442.04.26)]. Para além de diversos almuinheiros cujo local de residência não conseguimos apurar, referenciámos ainda um residente na freguesia de São Pedro [ANTT, Colegiada de São Pedro, m. 1, s/n. (1380.06.16)] e outro na freguesia de São Salvador [ANTT, Colegiada de São Salvador, m. 4, s/n. (1419.01.02)]. Ver figura 3.

Figura 3: Residência dos almuinheiros (▲), dentro da cidade.

Tal ofício fornecia a cidade dos alimentos que na documentação vemos, genericamente, designados por hortaliças e fruta. Para o século XV, sabemos que tais alimentos eram, diariamente, lavados em lavatórios públicos. Em 1425, levados perante a audiência do bispo, acusados de não pagarem o dízimo à igreja de Santa Justa, os almuinheiros Martim Anes e Gil Vasques foram constrangidos, por sentença eclesiástica, a separarem, diariamente, a parte referente ao dízimo e a colocá-la no lavatório onde era costume irem lavar a sua colheita quotidiana[56].

Era muito frequente a presença de árvores[57] nestas almuinhas, assim como da complantação da vinha e da oliveira[58]. Nos períodos do ano menos próprios à cultura de legumes e vegetais, esses terrenos eram aproveitados

---

[56] Ver ANTT, Colegiada de Santa Justa, m. 15, n. 299 (1425.12.01). Infelizmente, neste documento, não há nenhum elemento que nos permita propor a localização deste lavatório.

[57] Ver, a título de exemplo, ANTT, Colegiada de Santa Justa, m. 12, n. 232 (1372.12.05).

[58] Eram frequentes, por exemplo, na região de Coselhas (f. Eiras, c. Coimbra), ver ANTT, Cabido da Sé de Coimbra, 2ª incorporação, m. 92, n. 4433 (1302.04.10).

para o cultivo de produtos menos exigentes, como o milho painço[59] e o alcacel usados, essencialmente, para as forragens dos animais. Durante a primeira metade do século XV, a igreja de Santa Justa mandava citar Catalina Vaz, almuinheira, dizendo que esta produzia, nos seus cortinhais e almuinhas, alcacel que vendia e dava às suas bestas, sem nunca o dizimar. A paroquiana defendeu-se afirmando que nunca tinha tanta colheita que lhe permitisse vender, e que tal cereal servia apenas para alimentar os animais de que necessitava para trabalhar[60].

4.2. A panificação:

A seguir a estes produtores, encontramos na cidade os responsáveis por cozer o pão. Este alimento podia ser alvo, feito com farinha de trigo, ou escuro, pela utilização de milho, de centeio ou de cevada considerado, nesse caso, de segunda qualidade[61]. Claro que, para a transformação deste cereal em farinha pronta a amassar, era fundamental o trabalho dos moleiros, contudo estes não eram uma presença frequente na cidade. Talvez a ela se deslocassem, para recolher o cereal dos celeiros dos proprietários urbanos e, mais tarde, para restituir o mesmo cereal em forma de farinha[62], mas a sua residência seria, com certeza, mais próxima dos moinhos que operavam, localizados no termo da cidade[63]. Por este motivo, não foram objeto da nossa análise.

Pelo contrário, tal como encontramos fornos dispersos por toda a malha urbana, também os forneiros[64] e as forneiras[65] se encontravam quer na Alta, quer na Baixa da cidade, trabalhando nos fornos que traziam a prazo e recebendo as poias correspondentes ao pão que aí coziam para outrem[66].

---

[59] Ver ANTT, Colegiada de Santa Justa, m. 20, n. 408 (1433.07.18).

[60] Ver ANTT, Colegiada de Santa Justa, m. 15, n. 300 (1442.04.26).

[61] Sobre a cultura dos vários cereais panificáveis, em Portugal, ver, entre outros Marreiros 1996: 404-410. Sobre o consumo de cereais, na Europa, ver Flandrin e Montanari 2001: 31-34 e Adamson 2004: 1-5.

[62] Para o caso da cidade do Porto, ver Melo 2008: 295.

[63] Para a compreensão da implantação destes equipamentos no termo de Coimbra e na restante região do Baixo Mondego, ver Coelho 1986: vol. II, figura 10.

[64] A residir, provavelmente, na freguesia de São João de Almedina, reconhecemos três forneiros, ver ANTT, Colegiada de São João de Almedina, m. 1, n. 26 (1349.06.21); m. 2, n. 24 (1405.05.03); ANTT, Colegiada de São Salvador, m. 4, s/n. (1429.10.13); ANTT, Colegiada de São João de Almedina, m. 3, n. 15 (1432.06.01); m. 3, n. 33 (1446.05.02); com residência provável na freguesia de São Salvador reconhecemos um forneiro, ver ANTT, Colegiada de São Salvador, m. 4, s/n. (1445.07.03); por fim, reconhecemos cerca de seis forneiros residentes na freguesia de Santa Justa, ver ANTT, Cabido da Sé de Coimbra, 2ª incorporação, m. 49, n. 1945 (1365.03.31); ANTT, Colegiada de Santa Justa, m. 15, n. 288 (1387.06.08); m. 5, n. 135 (1405.10.09); m. 8, n. 153 (1426); m. 5, n. 137 (1439.07.01); m. 30, n.733 (1446.05.21). Ver figura 4.

[65] ANTT, Colegiada de Santa Justa, m. 15, n. 289 (1387.06.18).

[66] Embora na cidade houvesse padeiras que amassavam e coziam o pão, as famílias poderiam optar por usar a sua farinha e amassar o seu próprio pão, levando-o ao forno, apenas, para que

Figura 4: Residência dos forneiros (▲) e das padeiras (●), dentro da cidade.

Por seu turno, em circunstâncias e cronologias diferentes, reconhecemos três padeiras[67], dispersas pela malha urbana. Para além da cozedura, estas eram responsáveis, também, pelo amassar do pão, tarefa, aparentemente, exclusiva das mulheres[68].

4.3. O comércio de vinho:

Como já dissemos, o pão e o vinho eram a base da alimentação medieval. No interior da urbe, à partida, não se produzia vinho uma vez que todos os

---

fosse cozido, ver Marques 2010: 37 e Gonçalves 211: 240. As várias questões sobre o dízimo das poias, a que já aludimos anteriormente, revelam ser essa a principal fonte de rendimento dos forneiros.

[67] Maria, com residência provável na freguesia de São Pedro, ver ANTT, Colegiada de São Pedro, m. 5, s/n. (1230.10); Margarida Martins, com residência provável na freguesia de Santa Justa, ver ANTT, Colegiada de Santa Justa, m. 4, n. 81 (1403.05.06); e Constança Anes, moradora na Rua dos Prazeres, na freguesia de São Bartolomeu, ver ANTT, Colegiada de São Bartolomeu, m. 7, n. 36 (1419.05.15).

[68] Ver Coelho 1990a: 45 e 46.

lagares que referenciámos, se destinavam à produção de azeite. Em todo o caso, era na cidade que se desenvolviam as trocas de que se ocupariam os vinhateiros que encontramos aí a residir. Nos séculos XIV e XV, a maioria destes profissionais surgiam como fregueses das paróquias da Almedina[69]. De resto, nos inícios dos século XV, os açougues da cidade onde, anteriormente, teria lugar o comércio de diferentes produtos alimentares, eram designados por «açougues velhos, onde se vendem os vinhos»[70].

Figura 5: Residência dos vinhateiros (▲), dentro da cidade.

---

[69] Identificámos um vinhateiro, morador na freguesia de São Salvador [ANTT, Colegiada de São Cristóvão, m. 13, n. 10 (1368.10.30)]; dois vinhateiros, residentes na freguesia de São João [ANTT, Colegiada de São João de Almedina, m. 2, n. 4 (1377.03.04); m. 2, n. 25 (1408.04.18); ANTT, Colegiada de São Pedro, m. 4, s/n. (1423.06.25)]; dois vinhateiros moradores na Colegiada de São Cristóvão [ANTT, Colegiada de São Cristóvão, m. 20, n. 7 (1411.09.05), m. 20, n. 7 (1411.09.05)]; dois vinhateiros com residência provável na freguesia de São Pedro [ANTT, Colegiada de São Pedro, m. 8, s/n. (1350.04.01); m. 2, s/n. (1418.01.25)]. Por fim, referenciámos um vinhateiro com residência provável no arrabalde da cidade, em Santa Justa [ANTT, Colegiada de Santa Justa, m. 21, n. 430 (1392.08.11)]. Ver figura 5.

[70] Ver ANTT, Colegiada de São João de Almedina, m. 2, n. 25 (1408.04.18).

Entre os séculos XIII e XVI, no reino de Portugal, os açougues eram edifícios onde tinha lugar o comércio, não só da carne, mas também de outros géneros alimentícios[71]. Herança do urbanismo islâmico, onde os *sūq* ocupavam zonas centrais da cidade, os primeiros açougues de Coimbra localizavam-se, inicialmente, nas proximidades da Sé. A partir do século XIII, afastado o perigo de ocupação muçulmana, a cidade extramuros afigurava-se mais atractiva para o desenvolvimento das manufacturas e para o estabelecimento das trocas, dentro da cidade. Conhecemos vários momentos em que, não obstante os incentivos do poder central para que a Almedina não perdesse as actividades que mantinham a sua dinâmica económica, os comerciantes acabaram por preferir o arrabalde[72].

Assim, apesar dos esforços do monarca para que tal não acontecesse, também os primeiros açougues da cidade parecem perder vitalidade, nos finais da Idade Média. Nos inícios do século XVI, o foral manuelino, isentava de qualquer tributo as verseiras que vendessem no açougue da Almedina, ao mesmo tempo que estipulava que aquelas que o fizessem nas praças de Santa Cruz e de São Bartolomeu deveriam pagar 35 soldos, pelo seu assento.

Desse modo, embora, como vimos, o comércio do vinho se fizesse ainda, pelo menos em parte, na Almedina, em 1419, a igreja de São Bartolomeu emprazava o usufruto de uns «chãos» no adro da sua igreja, acima da picota da cidade, com o intuito de que Afonso Álvares, almocreve, aí construísse casas e, do lado da praça estabelecesse tendas, onde vendesse os seus vinhos[73]. Tal contrato selava-se num período em que o urbanismo de Coimbra assistia ao emergir de uma nova centralidade: pela aglutinação dos adros de São Bartolomeu e de Santiago, em concomitância com o alargamento da Rua dos Peliteiros, construía-se a praça da cidade[74], um local propício à fixação do comércio.

4.4. A produção e a venda de azeite:

No que respeita a produção do azeite, os lagareiros, responsáveis pelo funcionamento dos lagares que, anteriormente, referenciámos habitariam um pouco por toda a cidade. Como já dissemos, o azeite que produziam era indispensável, não só para o consumo, para a confecção e a conservação

---

[71] Para um esclarecimento das características e funcionalidades destes espaços, ver Trindade 2009: 693-698.
[72] Por todos, veja-se o caso paradigmático da feira da cidade, ver Coelho 1993.
[73] Ver ANTT, Colegiada de São Bartolomeu, m. 7, n. 37 (1419.12.26).
[74] Sobre este espaço, ver Rossa 2001: 426-453 e Augusto 2012.

dos alimentos, como também para a iluminação dos lares domésticos e, sobretudo, das múltiplas igrejas e mosteiros da cidade. A análise da localização da residência destes indivíduos acompanhava, em grande medida, a distribuição dos lagares de azeite dentro da cidade, uma vez que os encontramos a morar, principalmente, em Santa Justa[75] e em São Bartolomeu[76]. Todavia, encontramos alguns lagareiros com residência, provável, nas freguesias intramuros[77].

No lagar, unidade de produção dirigida pelo lagareiro, trabalhavam outros indivíduos, tais como os mancebos pagos a soldo. Em 1341, a igreja de São Bartolomeu mandou citar, perante a audiência episcopal de Coimbra, um conjunto de lagareiros que acusava, não só de não pagarem o dízimo do azeite e da baganha, como também o dízimo da soldada dos mancebos que trabalhavam nos respectivos lagares[78].

No final da primeira metade do século XIV, reconhecemos um azeiteiro[79], eventualmente, responsável pela venda deste produto, sobre o qual não reunimos mais informação.

---

[75] Ver ANTT, Colegiada de Santa Justa, m. 30, n. 696 (1408.04.08); m. 25, n. 500 (1423); e m. 28, n. 643 (1440.09.15).

[76] Ver ANTT, Colegiada de São Bartolomeu, m. 14, n. 9 ou Guardado 1999: doc. 30 (1335.05.13); m. 14, n. 10 ou Guardado 1999: doc. 33 (1341.01.09); m. 14, n. 11 ou Guardado 1999: doc. 34 (1341.04.28); m. 14, n. 12 ou Guardado 1999: doc. 35 (1345.07.06); e ANTT, Colegiada de São Bartolomeu, m. 7, n. 29 (1413.01.13).

[77] Na freguesia de São Cristóvão [ANTT, Colegiada de São Cristóvão, m. 7, n. 19 (1347.05.31)]; na freguesia de São Pedro [ANTT, Colegiada de São Salvador, m. 3, s/n. (1350); ANTT, Colegiada de São Pedro, m. 1, n. 72 ou Varandas 1999: doc. 84 (1369.10.21); m. 2, s/n. (1389.05.02); ANTT, Colegiada de São Salvador, m. 3, s/n. (1433.11.25)]; e na freguesia de São João [ANTT, Colegiada de São João de Almedina, m. 3, n. 35 (1450.02.26); ANTT, Colegiada de São Pedro, m. 1, s/n. (1450.08.02)]. Ver figura 6.

[78] Ver ANTT, Colegiada de São Bartolomeu, m. 14, n. 10 ou Guardado 1999: doc. 33 (1341.01.09).

[79] Ver ANTT, Colegiada de Santa Justa, m. 27, n. 624 (1350.01.05).

Figura 6: Residência dos lagareiros (▲), dentro da cidade.

Depois de apresentarmos os ofícios e as estruturas destinadas à produção do pão, do vinho e do azeite, depois de expormos a presença significativa dos almuinheiros dentro da cidade, que abasteciam de legumes e vegetais, resta-nos analisar os ofícios que a forneciam de peixe e de carne.

4.5. A pesca e a venda de peixe:

Quanto aos profissionais que se ocupavam da pesca e da distribuição de peixe, pouco conseguimos saber, uma vez que os identificámos, quase na sua totalidade, através do testemunho que prestaram à realização de contratos de outrem ou da referência a prédios que possuíam dentro da cidade. Em todo o caso, é relevante compreendermos como, num período lato entre 1292 e 1438, a residência dos pescadores é identificada, quase exclusivamente, dentro da freguesia de São Bartolomeu[80]. Na verdade, era nessa zona da cidade, junto

---

[80] ANTT, Colegiada de São Bartolomeu, m. 5, n. 5 ou Guardado 1999: doc. 12 (1292.06.19); m. 5, n. 10 ou Guardado 1999: doc. 21 (1322.11.15); m. 5, n. 13 ou Guardado 1999: doc. 25

à ponte, que se localizava o caneiro real, que o monarca concessionava a um conjunto de moradores, em troca do pagamento de uma renda parciária sobre o peixe aí pescado[81].

Figura 7: Residência dos pescadores (▲) e dos peixeiros (●), dentro da cidade.

(1329.06.01); m. 7, n. 7 ou Guardado 1999: doc. 118 (1397. 03.05); m. 7, n. 15 ou Guardado 1999: doc. 127 (1408.12.10); m. 7, n. 38 e n. 39 (1420.11.09); m. 7, n. 43 (1422.10.30); e m. 8, n. 18 (1438.06.30). Ver figura 7.

[81] Na verdade, o contrato de concessão deste caneiro foi outorgado pelo infante D. Pedro, duque de Coimbra e trasladado no Foral de D. Manuel de 1516, ver Coelho 2013: doc. V, 238-240.

Responsáveis pelo comércio do pescado, os peixeiros a quem pudemos atribuir uma área de residência, remetem-nos para o interior da muralha, do que podemos inferir que, pelo menos, durante os séculos XIII e XIV, aí desenvolveriam a sua actividade[82]. Na entrada do século XVI, estipulava-se que depois de dizimado, o peixe fosse transportado para os açougues, a fim de que fosse aí vendido[83].

4.6. O abastecimento da carne:

No que se refere ao abastecimento de carne, envolvidos no processo de transformação, de preparação e de venda referenciamos, os magarefes, encarregues da preparação das reses e da recolha da sua pele, os marchantes[84] e os carniceiros[85], que a preparavam e vendiam.

Observada a residência destes profissionais dentro da cidade, notamos uma preferência clara pelo arrabalde[86]. Ao contrário do que pudemos observar para outras cidades da Península Ibérica[87], onde o abate das reses deveria realizar-se em local determinado e afastado da cidade, ou do que se verificava, por exemplo no Porto[88], onde a residência concentrada destes profissionais junto aos açougues indicava que aí concentrariam a sua actividade, em Coimbra, notamos uma certa dispersão. Com efeito, do clausulado do foral manuelino, percebe-se que os carniceiros ou magarefes da cidade poderiam "talhar carne no açougue ou fora dele"[89]. Em todo o caso, a partir da amostra que aqui estudamos, notamos uma certa preferência pelo arrabalde que se poderia ficar

---

[82] Fora alguns peixeiros cuja morada não pudemos apurar, reconhecemos um residente em São Cristóvão [ANTT, Colegiada de São Cristóvão, m. 1, n. 9 ou Matos 1998: doc. 82 (1251.03)] e outros dois com residência provável na freguesia de São Pedro [ANTT, Colegiada de São Pedro, m. 7, s/n. (1293.11.24); e m. 4, n. 96 ou Varandas 1999: doc. 96 (1397.07.14)]. Ver figura 7.

[83] Ver Coelho 2013: doc. V.

[84] João Peres, marchante, ver ANTT, Colegiada de Santa Justa, m. 30, n. 673 (1396.09.15).

[85] Ver ANTT, Colegiada de São Salvador, m. 4, s/n. (1324.03.13); ANTT, Colegiada de São Pedro, m. 2, s/n. (1331.08.31); ANTT, Colegiada de São Cristóvão, m. 11, n. 14 (1361.10.22); ANTT, Colegiada de São Bartolomeu, m. 5, n. 30 ou Guardado 1999: doc. 57 (1363.03.25); ANTT, Colegiada de São Bartolomeu, m. 8, n. 25 (1441.10.27); e ANTT, Colegiada de São João de Almedina, m. 3, n. 35 (1450.02.26).). Ver figura 8.

[86] Embora identifiquemos um carniceiro com uma casa emprazada na Rua da Lage Quente, na freguesia de São João de Almedina [ANTT, Colegiada de São João de Almedina, m. 3, n. 35 (1450.02.26)], são maioritários os prazos de casas no arrabalde, nomeadamente, na Rua de Palhais [ANTT, Colegiada de São Salvador, m. 4, s/n. (1324.03.13)] da freguesia de Santa Justa, na Madalena [ANTT, Colegiada de São Bartolomeu, m. 5, n. 30 ou Guardado 1999: doc. 57 (1363.03.25)], na Rua de São Gião [ANTT, Colegiada de São Bartolomeu, m. 8, n. 25 (1441.10.27)] e na Rua dos Prazeres [ANTT, Colegiada de São Bartolomeu, m. 8, n. 1 (1425.08.13)], ambas na freguesia de São Bartolomeu.

[87] Veja-se o exemplo de Córdova, ver Hernández Íñigo 2006: 73-120.

[88] Ver Melo 2009: 218-219.

[89] Ver Coelho 2013: doc. V, 237.

a dever, não só às vantagens da proximidade do rio, mas também à articulação com os mesteres transformadores das peles também aí localizados.

Neste conjunto de profissões havia lugar para uma certa especialização, relativa não só à actividade a desenvolver, como também aos animais de que se ocupavam. Assim, em 1425, João Gonçalves *Mata Carneiros*[90] – alcunha a que o seu ofício não seria estranho –, recebia o prazo de uma casa na Rua dos Prazeres, por um documento, testemunhado, entre outros por Afonso Martins, magarefe dos carneiros[91]. Ora, será verosímil pensar que estes homens trabalhassem em conjunto, ocupando-se dessa tipologia específica de animais. Por outro lado, é relevante a escolha de um imóvel nesta área da cidade, relativamente próxima da Rua dos Peliteiros, onde, como o nome indica, se trabalhavam as peles.

Figura 8: Residência dos carniceiros (▲) e dos magarefes (●), dentro da cidade.

---

[90] Ver ANTT, Colegiada de São Bartolomeu, m. 8, n. 1 (1425.08.13).
[91] Ver ANTT, Colegiada de São Bartolomeu, m. 8, n. 1 (1425.08.13).

Conclusão:

Ao longo desta exposição, pudemos perceber que, durante a Baixa Idade Média, Coimbra se alimentava de um conjunto diversificado de alimentos. O habitante desta cidade, de acordo com os seus gostos e com as suas posses, dispunha de variadas tipologias de carne de gado ou de caça; de pescado, apanhado no rio Mondego, ou trazido, por barco, do litoral, juntamente com o marisco; de vários condimentos, tais como os alhos e as cebolas; e de temperos, como a mostarda e as mais exóticas especiarias, como a pimenta e o açafrão.

Dentro do núcleo urbano, grande parte das casas compreendia um quintal de fundo de lote que lhes permitia complementar o abastecimento da família. Por outro lado, reconhecemos também equipamentos de transformação alimentar autónomos. Dependentes das águas para o seu funcionamento ou, mais casualmente, dispersos pela malha urbana, referenciámos, no primeiro caso, os lagares de azeite, no segundo, os fornos de pão. Pelo contrário, não encontrámos nem moinhos, nem lagares de vinho, os quais funcionariam, por certo, mais próximos das unidades de produção cerealífera e vitivinícola, no termo.

Nesta época, Coimbra surgia no contexto nacional como centro urbano de relevante vigor económico. Nela residia uma população plural nas suas ocupações e actividades laborais. Do grupo social dos trabalhadores, focámo-nos sobre aqueles que se ocupavam dos produtos alimentares, identificando os responsáveis pelo abastecimento de legumes, pela confecção do pão, pela distribuição do vinho, pela produção do azeite e pelo abastecimento do peixe e da carne, procurando perceber a sua relação com a cidade que habitavam.

Mais do que problematizar as características dos respectivos ofícios e o papel que as suas funções assumiam na sociedade da época, centrámo-nos sobretudo na sua sociotopografia, procurando perceber os motivos subjacentes à escolha dos seus locais de residência. Compreendemos, por esta análise, a preferência dos grupos produtores pelo arrabalde, mais próximo do rio e do meio rural envolvente, ao mesmo tempo que identificámos comerciantes um pouco por toda a cidade. Neste sentido, embora tenhamos notado a preferência dos comerciantes pelo assento nas praças do arrabalde, verificámos como nos finais da Idade Média, os açougues da Almedina eram ainda utilizados, pelo menos, para a comercialização do vinho.

Neste pequeno contributo para a História da Alimentação em Portugal, percebemos uma cidade alimentada pela fadiga dos que, lá longe, lavravam os campos de cereal, tratavam as vinhas ou pescavam no mar. Perscrutámos, mais detalhadamente, o labor dos que, mais perto, pescavam no rio, dos que matavam as reses, dos que amassavam e coziam o pão, dos que prensavam as azeitonas, nos lagares, e dos que traziam as hortaliças das almuinhas do aro. Convocámos, deste modo, os homens e as mulheres de Coimbra que, dentro da cidade, proviam a alimentação dos seus vizinhos e com eles se misturavam num dia-a-dia de proximidade e de trabalho complementar.

Parte III

Identidades Alimentares da Época Moderna

Aspectos da mesa do rei entre a Idade Média e a Época Moderna*
(The king's table as an interdisciplinary field. Between Medieval and Modern times)

Ana Isabel Buescu
Universidade Nova de Lisboa (anabuescu@netcabo.pt)

Resumo: Este estudo procura perspectivar a alimentação como campo de estudos interdisciplinar. Situando-nos num patamar social das elites e no momento de transição entre a Idade Média e a Época Moderna, iremos analisar a alimentação régia enquanto lugar de diferenciação social, distinção simbólica e portadora de significado político.

Palavras-chave: alimentação, realeza, poder

Abstract: This essay aims to underline the interdisciplinary character of the study of food. We will focus on the elites, and analyse the king's table as a place of social differentiation, symbolic distinction and political meaning. The king's table was an instrument of power, since the relatively simple forms of the high Middle Ages to the more complex ones in the Modern times.

Key-words: food, royalty, power

*por opção da autora, o seu texto não segue o acordo ortográfico de 1990

Comer é uma necessidade natural e fisiológica de todos os homens, em todos os tempos. Mas é também uma prática cultural complexa, que convoca não só a história e a cultura material, mas também a antropologia, a sociologia, a etnologia, a psicologia, a história de arte e a história das ideias, entre outras disciplinas, perfilando-se como um domínio de relevo na historiografia contemporânea. Ancorada na tripla e fundamental perspectiva da "produção", do "consumo" e do que podemos, genericamente, designar por "gosto", a história da alimentação tem de integrar-se, como observa Roland Barthes, no horizonte de um quadro teórico a que a complexidade do tema obriga: ela não é, simplesmente, a história do que se come, uma colecção de produtos submetidos a uma apreciação estatística ou dietética, mas, ao mesmo tempo, "[…] un système de communication, un corps d'images, un protocole d'usages, de situations et de conduites"[1].

Comecemos por, de forma breve, traçar os principais percursos da alimentação e da mesa enquanto território do historiador[2]. Entre os novos objectos que, por alturas dos anos sessenta do século passado, fizeram a sua entrada

---
[1] Barthes 1970: 309.
[2] Seguimos aqui de perto Buescu e Felismino 2011: 14-24.

http://dx.doi.org/10.14195/978-989-26-0886-0_6

no campo historiográfico, encontramos a alimentação, num contexto mais geral de valorização dos temas da história do quotidiano, da cultura material e das mentalidades. Estas novas abordagens e o alargamento do campo historiográfico no seu conjunto, articularam-se em definitivo com os contributos de outras ciências sociais e humanas, como a antropologia, a sociologia ou a história de arte. O grande impulso que a chamada história dos Annales, em França, com raízes em figuras como Marc Bloch (1886-1944) e Lucien Febvre (1878-1956) deu a esta verdadeira renovação do "fazer história", teve um papel decisivo na afirmação de novos territórios, permitindo a temas como o quotidiano[3] e as mentalidades encontrarem o seu próprio espaço, e que, nesse contexto, também a construção do objecto complexo que é o da história da alimentação e da mesa fizesse a sua irrupção no campo historiográfico[4].

Relativamente a esta última houve algumas tentativas relevantes no século XIX, entre as quais avultam, em França, os capítulos sobre a cozinha e as refeições incluídos na *Vie privée d'autrefois*[5], de Alfred Franklin publicada em 1892, ou no panorama nacional, as tentativas de inventário gastronómico de Teófilo Braga, na sua abordagem dos usos, costumes, crenças e tradições dos portugueses[6], e de José Leite de Vasconcelos na sua monumental *Etnografia Portuguesa*[7]. Mas foi apenas nos anos sessenta do século XX que os problemas relativos à alimentação assumiram plenamente um lugar no campo da reflexão e da investigação históricas[8]. Apesar de alguns exemplos polacos e sobretudo anglo-saxónicos[9], foi em França que a alimentação ganhou estatuto de verdadeiro e sistemático campo de estudo.

Na verdade, na senda de avanços múltiplos quer da história económica quer da história social, a chamada *nouvelle histoire* manteve um diálogo interdisciplinar fecundo com disciplinas em pleno desenvolvimento que abriram caminho a novas perspectivas e leituras[10]. No campo da etnologia, os inquéritos da francesa Yvonne Verdier[11] e do italiano Piero Camporesi[12] permitiram uma leitura sociológica e antropológica das práticas alimentares, permeável à poderosa obra de Claude Lévi-Strauss[13], revisitada posteriormente

---

[3] Certeau 1990.
[4] Hémardinquer, ed., 1970.
[5] Franklin 1892. Caparti e Coron 2001: 15-31.
[6] Braga 1885.
[7] Vasconcelos 1983-88. Vasconcelos 1893.
[8] Burguière 1986: 7-11; Valeri 1989b: 190-209.
[9] Hammond 1993.
[10] Não podemos deixar de mencionar, pela dimensão de síntese sobre os caminhos então inaugurados, o volume dirigido por Le Goff, Chartier e Revel 1978.
[11] Verdier 1979.
[12] Camporesi 1980.
[13] Lévi-Strauss 1964-1968.

por Jack Goody[14], que viria a estruturar uma trilogia analítica que imprimiu as principais linhas de análise da história da alimentação em torno da sociologia da produção, da cozinha e do consumo. No entanto, o predomínio das preocupações demográficas e económicas, no campo historiográfico da época, influenciou directamente o desenho original da história da alimentação nestas duas direcções privilegiadas.

O impulso de Fernand Braudel, idealizando uma história dos hábitos alimentares nas curtas e longas conjunturas, como na longa duração, imprimiu um cunho inegável nos primeiros trabalhos[15], privilegiando a "produção" e o "consumo".

Esta abordagem viu-se rapidamente consagrada e amplificada sobretudo a partir da obra de Louis Stouff[16], em França, e, em Itália, de Massimo Montanari[17] e Anna Nada Patrone[18], bem como dos resultados de um conjunto de importantes encontros científicos, que comprovavam e cimentavam, também, a irradiação deste novo objecto historiográfico[19], que neste momento caminha, também ele, para uma escala mais larga, comparativa e inscrita na longa duração[20]. Esta continuidade directa entre história da agricultura e história da alimentação perspectivou temas como os recursos e as subsistências alimentares, a exploração da terra e dos recursos naturais, o consumo de produtos como os cereais, o pão e o vinho. A alimentação e as várias realidades do quotidiano doméstico passaram a ser entendidas, definitivamente, como apropriações culturais humanas.

Também em Portugal estes campos inovadores encontraram eco, a partir do trabalho pioneiro de A. H. de Oliveira Marques sobre a mesa, inserido em *A Sociedade Medieval Portuguesa. Aspectos de vida quotidiana*, obra publicada pela primeira vez em 1964[21], que lançou entre nós, entre vários outros relativos ao quotidiano, como a festa, o traje o afecto ou a morte, este então novo objecto historiográfico.

Muitos trabalhos se seguiram, mormente no âmbito dos estudos medievais. Sem pretendermos ser exaustivos, impõe-se a referência a alguns desses

---

[14] Goody 1998.
[15] Braudel 1970: 15-19. Esta introdução ao volume supra citado fora publicado, pela primeira vez, na revista *Annales,* 16, 1961. O próprio Braudel regressaria ao tema, num horizonte largo, na sua monumental obra publicada em 1979. I, cap. 2 e 3.
[16] Stouff 1970.
[17] Montanari 1985, 1992, 1995.
[18] Patrone 1981.
[19] Como é o caso dos colóquios *Pratiques et discours alimentaires à la Renaissance* 1982 ; *Manger et Boire au Moyen Âge* 1984 ; *La Sociabilité à Table. Commensalité et Convivialité à Travers les Âges* 1992; ou ainda de *Alimentazione e Nutrizione secc. XIII-XVIII,* 1997.
[20] Bruegel e Laurioux 2002, Braga 2010.
[21] Objecto de sucessivas reedições, a última das quais, com magnífica documentação iconográfica, pela editora A Esfera dos Livros, 2010.

nomes, com destaque para Iria Gonçalves[22], Maria Helena da Cruz Coelho[23], Maria José Azevedo Santos[24], Salvador Dias Arnaut[25] e Virgínia Rau[26] cujos estudos fizeram, nuns casos, ou têm feito, noutros, avançar o conhecimento sobre a alimentação em tantas e diferenciadas vertentes como a produção e os mercados, o abastecimento citadino, o aproveitamento dos recursos locais[27], os recursos cerealíferos e cinegéticos, as práticas alimentares das categorias sociais mais baixas e mais elevadas[28]. Foi aliás no âmbito destas primeiras abordagens, que se aflorou, pela primeira vez, o tema da mesa régia, caracterizando-se aspectos quantitativos e qualitativos da mesma, tornando-se evidente que a abundância de poucos, por oposição à subsistência de outros eram determinados por escolhas, circunstâncias e contextos de carácter político, cultural e sociológico. A ostentação alimentar era a primeira forma dos grupos dominantes mostrarem a sua superioridade social. As escolhas alimentares, designadamente nas possibilidades quantitativas e qualitativas da tríade carne / pão / vinho eram ditadas por critérios de diferenciação e privilégios sociais.

Estes primeiros desenvolvimentos fizeram-se acompanhar e sustentar pela publicação de fontes documentais e testemunhos de decisiva importância para a afirmação deste campo de estudos entre nós, entre outros, dos principais receituários portugueses e alguns registos de compras medievais e modernos[29]. Foi na década de 80 do século XX que surgiram, paralelamente, no nosso país, as primeiras tentativas de sínteses sobre a matéria[30], nunca mais deixando o tema de registar um incremento assinalável sob o ponto de vista historiográfico e editorial[31].

O tema da mesa régia, apoiado na disponibilidade de fontes manuscritas e impressas até então pouco trabalhadas, e sob o impulso do vigor da história das elites e das mentalidades, tornou-se uma das principais perspectivas de

---

[22] Gonçalves 1988: 201-213, 1992-93:175-189, 1996: 97-116, 1999: 225-243, 2004: 42-65, 2007, 49-72, e ainda 2008-2009: 9-32.

[23] Coelho 1990c: 9-22, Coelho 1990d: 93-119, Coelho e Riley 1988a: 221-267.

[24] Santos 1983 307-343, 1997.

[25] Arnaut 1986.

[26] Rau 1984.

[27] Castelo Branco 1960: 36-52; Catarino 2002: 49-59, Cunha: 29-39, Daupias: 157-168.

[28] Crespo e Hasse 1981: 93-104, Mota 1990: 271-290, Maia 1992: 173-196, Maia 1993: 355-370, Braga 2004:11-34.

[29] Manuppella 1986. Tradução para francês por Palla 2008. Rodrigues (1682), reed Pericão e Faria 1987: Rigaud 1999, Rigaud 2004, Braga 2006.

[30] Arnaut 1986, Marques e Ferro 1992: 283-291, Gonçalves 2000: 29-48, Amorim 1987, Braga 2002: 493-508, Reis 2008.

[31] Sem pretendermos ser exaustivos: Tavares 1980: 36-42, Faria e Tavares 1990: 271-311 Veloso 1992, Martins 1993: 67-82, Palla 1996: 93-123, Palla 1998: 1187-2000; *Livros Portugueses de Cozinha* 1998, Rocha 1998, Consiglieri e Abel 1999, Tavares 1999, Beirante 1999: 559-570; Saramago e Cardoso 2000, Catarino 2002: 49-59, Braga 2000, Braga, 2004, P. D. Braga 2004.

análise, senão a principal delas, no âmbito dos estudos sobre história da alimentação e da mesa, entre os quais, num primeiro momento, se destacou o trabalho de Iria Gonçalves sobre a mesa régia no século XIII[32] e os vários trabalhos de Maria José Azevedo Santos em torno da comensalidade régia nos séculos XV e XVI[33]. A síntese de Ana Marques Pereira sobre a mesa dos monarcas brigantinos, acompanhada de numerosos documentos inéditos, publicada em 2000[34], é reveladora da centralidade e pujança do tema no actual campo historiográfico.

Debrucemo-nos agora, especificamente, sobre a mesa régia no interior desta problemática mais vasta.

Nas sociedades que nos precederam, nas quais a fronteira entre a fome a abundância era frágil, comer era um lugar e um acto de diferenciação social, distinção simbólica e significado político. Nas cortes régias medievais e modernas, esta realidade tornava-se evidente de acordo com três pontos de vista fundamentais: a dimensão política e sanitária da alimentação do rei de acordo com a concepção organicista da sociedade, os alimentos e produtos que iam à sua mesa, e a ostentação nos banquetes, especialmente evidente em ocasiões cerimoniais e simbólicas de importância para a monarquia. Procuraremos mostrar como o estudo da alimentação, é também, no caso nas elites sociais, um campo de estudos interdisciplinar, convocando, de forma directa, uma perspectiva política, sanitária, vincando as hierarquias sociais e assente num conjunto tendencialmente mais complexo de cerimoniais

Neste sentido, teremos como campo de análise um meio social bem definido, a corte régia, num tempo e num espaço também eles determinados, o Portugal de Quinhentos. Tal clarificação é imprescindível já que, pela própria natureza do tema, só desta forma é possível distinguir práticas transversais e fundamentalmente idênticas no conjunto da sociedade, daquelas que eram exclusivas dos meios aristocráticos, da corte e do rei, ou que pelo menos aí adquiriam formas, manifestações e significados próprios. Este facto torna-se claro quando, constatando o evidente significado simbólico que, de uma maneira ou outra, envolve sempre o acto de comer, percebemos que no caso da realeza, como já foi reiteradamente sublinhado por antropólogos e historiadores, esse significado podia, no limite, incorporar uma dimensão litúrgica e até sacral[35].

Vejamos o primeiro aspecto, relativo à dimensão política da alimentação régia. Numa afirmação que é válida para o mundo medieval e moderno, existia, uma dimensão política na alimentação do rei. E, sob o meu ponto

---

[32] Gonçalves 1997: 15-32.
[33] Santos 1992, Santos 2002, Santos 2005b: 23-65, Dias 1992: 155-158.
[34] Pereira 2000.
[35] Bertelli 1990: 164-185; Romani 1997: 721.

de vista, é no discurso político que, em primeiro lugar, devemos procurar respostas para uma tal asserção. Desde o *Policraticus* de João de Salisbúria (c. 1159), escrito no meio do século XII, passando pelo aristotélico-tomista *De Regimine Principum* (c. 1287) de Egídio Romano, que exerceria notável influência ainda na Época Moderna, o discurso político e especificamente a tratadística sobre o ofício régio representava o corpo político à imagem do corpo natural. Assim, de forma ideologicamente muito enraizada, a comunidade política era concebida e representada à imagem do corpo humano, tornando-se indissolúvel o vínculo entre a cabeça, ou seja, o rei, e o corpo da república[36]. Tal concepção corporativa radicava na ideia paulina de *corpus mysticum* (*Romanos*, 12, *Coríntios*, I, 12) da Igreja, como foi sublinhado de forma fundadora por Ernst Kantorowicz e por historiadores como Georges Duby ou Jose Antonio Maravall, e exerceu grande influência desde o século XIV até cerca do século XVII na representação ideal da sociedade, apesar da ruptura operada no discurso político por Maquiavel.

Na realidade, numa tal concepção corporativa da sociedade, tudo o que o monarca era e fazia, todas as suas virtudes ou todos os seus vícios, se repercutiam na comunidade política. A esta luz, e à luz de uma relação indissolúvel entre o "corpo natural" e o "corpo místico" do rei, tal como a educação intelectual, religiosa ou a aquisição das virtudes, também o corpo do monarca, e todas as práticas relativas à conservação da sua saúde física e sustento, como é o caso da alimentação, comportavam uma dimensão política. No limite e em síntese, como observa Georges Vigarello, numa muito interessante História do Corpo, "L'histoire du corps du roi est bien aussi celle de l'État"[37].

Neste quadro, mas num outro plano, é ainda necessário atender a uma questão de outra natureza, mas igualmente essencial à compreensão da matéria que nos ocupa, que tem a ver com duas outras ordens de discurso: o da medicina e o da astrologia, aliás na época intimamente ligadas.

A teoria dos quatro humores corporais - sangue, fleuma, bílis amarela e bílis negra, que procediam, respectivamente, do coração, cérebro, fígado e baço - constituiu, desde Hipócrates (c. 460-377 a.C.) e Galeno (c. 131-c. 200), o principal fundamento da medicina e de explicação do funcionamento do corpo humano até ao século XVII. Cada um dos humores tinha diferentes características: o sangue era quente e húmido, a fleuma fria e húmida, a bílis amarela, quente e seca, e a bílis negra fria e seca. Do predomínio de um ou outro humor no organismo humano resultavam os diferentes tipos

---

[36] Sobre a origem, transformações e apropriações do conceito de *corpus mysticum* na época medieval, a obra de referência continua a ser o estudo de Kantorowicz 1985 (1ª ed. 1957) especialmente 188-259. Entre muitos outros, v. ainda Archambault 1967 21-53, Maravall 1983:179-199, Buescu 1996: 64-65 e 387-409.

[37] Vigarello 2005: 409.

fisiológicos: o sanguíneo, o fleumático, o bilioso ou colérico e o melancólico. Considerava-se que todas as doenças eram causadas pela alteração do equilíbrio entre os humores, sendo que a alimentação desempenhava uma função primordial nesse equilíbrio – ou na falta dele, e portanto na saúde e na doença. Como se compreende, qualquer abordagem das práticas alimentares nas épocas medieval e moderna, e qualquer que seja o patamar social em que nos coloquemos, tem de ter presente este crucial quadro explicativo.

Ora tal edifício explicativo estava indissoluvelmente ligado à astrologia, no quadro da explicação dominante do mundo natural. No século XVI vigorava ainda a concepção de uma unidade essencial da natureza. Uma mesma lei regulava o movimento dos planetas, o ciclo das estações e o ciclo vegetativo das plantas, as relações entre os elementos, o corpo do homem e os seus humores, numa unidade fundada pelo Cosmos. Assim, num mundo que sob tantos pontos de vista inaugura a modernidade como é o do Renascimento, a "tradição mágica" persistia, e até em certos casos se acentuava, num mundo "saturado" de magia, como observou Francisco Bethencourt[38], através de um conjunto de práticas em que se destacava a astrologia, no âmbito de uma concepção da unidade essencial do microcosmos e do macrocosmos.

Finalmente, num último e mais imediatamente apreensível e visível discurso era ainda político o alimento do rei. Na verdade, no âmbito dos mecanismos de afirmação e de celebração do poder da realeza que, entre o mundo medieval e o mundo moderno, se foram enraizando e ganhando protagonismo, a mesa ocupava um lugar preponderante e de privilégio, como foi, de forma diríamos pioneira, observado pelo sociólogo Norbert Elias. Da comida e da mesa do rei eram indissociáveis a ostentação e o luxo, a fartura e a abastança, os rituais e as hierarquias, numa afirmação da distinção, singularidade e poder que, não sendo dela exclusivos – lembremos o caso da corte papal – eram próprios da realeza[39].

São estas, pois, as perspectivas que devem estar presentes quando reflectimos sobre a mesa do rei na época que consideramos. Reflexão que, sendo necessário inscrever numa perspectiva mais vasta e implicando o cruzamento necessário entre vários saberes e campos de análise, será aqui vista sob um prisma particular e preciso, que é o dos consumos, em articulação com aspectos cerimoniais e da simbólica alimentar.

Aproximemo-nos do nosso objecto situando-nos num momento particular, o Portugal de Quinhentos, e num lugar determinado, a corte de D. João III (r.-1521-1557), recorrendo a um conjunto de testemunhos que nos

---

[38] Bethencourt 1994: 159-194.
[39] Numa reflexão integrada no conjunto dos mecanismos do poder ritual da monarquia, Lisón Tolosana 1991.

permitem lançar um olhar sobre aquilo que, de uma forma genérica, designamos como a "mesa do rei" – realidade que, em vários dos seus elementos estruturantes, podemos rastrear desde os tempos medievais[40]. Comecemos por uma panorâmica sobre os produtos que aí eram consumidos. Segundo dados publicados por Maria José Azevedo Santos relativos a um livro de cozinha do rei relativo ao ano de 1524, a carne era, de longe, o alimento mais comprado e consumido na corte joanina.

Tal facto não constituía novidade, e confirma, se necessário fosse, que o consumo de carne era um elemento de distinção associado não só a um maior poder económico como ao próprio lugar do indivíduo na hierarquia social. Sensivelmente desde o século XI no Ocidente europeu, a diferenciação social dos alimentos dera um lugar de destaque ao consumo de carne, doravante claramente um privilégio social[41]. A própria tradição literária acolhia, desde a Idade Média, as diferenças simbólicas, sociais e até espirituais entre práticas alimentares diferenciadas. Num estudo que pretende elucidar os códigos e elementos de uma simbólica alimentar na época medieval tomando como campo de análise o ciclo dos romances arturianos, Anita Guerreau-Jalabert estabelece uma tipologia contrastiva entre o que classifica de "triângulo alimentar cavaleiresco" - pão, vinho, carne - e o "triângulo alimentar eremítico", constituído pelo pão, água e vegetais[42]. Também médicos e dietistas dos séculos XVI e XVII, erguendo um discurso de advertência sanitária em torno das práticas alimentares de reis e senhores, não deixavam de assinalar a diferença do valor nutritivo dos produtos consumidos, sendo que, indiscutivelmente, o lugar cimeiro entre estes era ocupado pelo pão, vinho e carne[43], que constituíam o que se pode designar por "núcleo do gosto", de acordo com expressão de Robert Fossier, desde a época medieval[44].

Assim, de acordo com o citado livro de cozinha de 1524, a carne de vaca teve um lugar de absoluto destaque nos consumos da corte de D. João III, tendo dado entrada na ucharia régia, naquele ano, 3 200 Kg; a carne de porco era também muito apreciada, mas o seu consumo foi então muito menor, rondando então os 500 Kg, além do toucinho, sempre presentes na ucharia régia. Por alvará de 1 de Julho de 1522, pouco depois de subir ao trono, D. João III ordenava ao almoxarife de Lamego a compra de cento e

---

[40] Para este aspecto, v. Gonçalves 1997.
[41] Monatanari 1995: 68-69.
[42] Guerreau-Jalabert 1992a :561-594; da mesma autora, 1992b. Bertelli, *op.cit.*:164-167. A importância dos romances medievais como fonte privilegiada para o conhecimento de ideias, práticas, códigos e cerimoniais alimentares e culinários é destacado, para o caso da Inglaterra medieval, por Cosman 1976.
[43] Allard 1990: 96-97.
[44] Fossier 2010: 91.

vinte peças de marrans e cinquenta peças de toucinho necessários para os gastos da sua ucharia[45].

Nesta entraram também em 1524 o carneiro, carne tão apreciada em toda a cozinha mediterrânea[46], que os médicos louvavam pela sua fácil digestão, ao contrário da carne de vaca[47], bem como caça e galinhas. No que respeita à caça, a carne mais consumida na corte portuguesa nesta época foi a perdiz[48], que surgia à mesa quase sempre cozida - como sucedia com a carne de vaca - mas há também uma expressiva referência a pombos e coelhos, e até aos "aristocráticos" faisões. A galinha era outro alimento habitual na alimentação da corte, surgindo quer em cozinhados doces quer salgados, assim como os ovos, que se consumiam em quantidades apreciáveis – nesta sua estadia em Évora, a corte de D. João III consumiu, em apenas 22 dias, mais de 113 dúzias de ovos nas mais variadas receitas, doces e salgadas[49].

O peixe era um caso bem diferente. Associado a situações e a momentos de maior frugalidade, o pescado, muito variado, raramente fresco, mas sobretudo seco, fumado ou salgado, e ainda, como aponta Maria Helena da Cruz Coelho, o marisco, bivalves e moluscos, estavam também presentes na mesa do rei[50]. No quadro de uma inequívoca supremacia do consumo de carnes, peixes e mariscos surgiam de acordo com várias condicionantes, com destaque para as que decorriam do calendário litúrgico, que ao longo do ano determinava uma apertada "grelha" de muitos períodos de jejum e abstinência. Como afirma Maria José Azevedo Santos, O "abundante e variado consumo de carnes" que caracterizava o padrão dominante de consumo nas camadas superiores da sociedade quinhentista, era só quase "interrompido pelos preceitos de abstenção a que a Igreja obrigava todos os fiéis"[51] Se considerarmos que estas interdições religiosas podiam oscilar então entre 140 e 160 dias por ano, percebemos que o peixe era bem importante, afinal, na mesa do rei[52].

As esmolas régias a conventos, para além dos habituais moios de trigo, cevada, sal ou frutas secas, incluíam com frequência o peixe. Em 1550, uma das esmolas da rainha D. Catarina, neste caso ao Mosteiro da Assunção de Faro, consistia em 20 milheiros de sardinhas, 10 dúzias de pescadas frescas

---

[45] IAN/TT, *CC*, P. I, mç. 28, doc. 29.
[46] Gonçalves 1997: 20.
[47] Allard *op.cit*.: 97-98. V. as considerações sobre as várias carnes e a sua digestibilidade no Pseudo-Aristóteles 1960: 40.
[48] Que partilhava, nos séculos XV e XVI, essa condição de privilégio na mesa aristocrática com o faisão. Montanari 1995: 125-126.
[49] Santos 2002: 41.
[50] Coelho 2005c: 149 e 196.
[51] Santos 2002:42-43.
[52] Montanari 1995: 109.

e 2 dúzias de atuns[53]. Era também um dos alimentos que entrava nas prisões, como ordenava o alvará régio de 13 de Maio de 1552, para se entregarem 30 arrobas de bacalhau para provimento dos presos[54].

Para lá dos preceitos e interditos litúrgicos, existiam também outras circunstâncias que proporcionavam um maior consumo de peixe na corte, numa sociedade marcada pelas dificuldades nos abastecimentos que, embora mais agudas nos tempos medievais[55], se mantinham no século XVI e se relacionavam com o aprovisionamento em função quer da época do ano quer do lugar em que se encontrava a corte. Não deixa de ser significativo constatar que em 1524, estando a corte em Évora, o peixe mais consumido foi a humilde sardinha, normalmente ausente das mesas mais abastadas[56]. Finalmente, também em relação ao peixe a dominante teoria dos humores da medicina galénica sustentava o carácter pouco nutritivo – daí a sua adequação aos jejuns a que a Igreja obrigava[57] – do peixe, a que se atribuía um humor frio e húmido, considerado nocivo à saúde. São múltiplos e variados os testemunhos que evidenciam a reserva do discurso médico ao consumo de peixe, como sucedeu um dia à mesa de D. João III a propósito do atum, discutindo-se qual o molho mais adequado a servir com tão "danoso pescado"[58]. A convicção que fica é a de que o peixe era, por razões várias, quase uma "inevitabilidade" que não concorria, em termos de predilecção alimentar e significado simbólico, entre as elites, com o consumo da carne.

Já na segunda metade do século XVI, o embaixador de Veneza na corte espanhola observava a compleição delicada de Filipe II, que se alimentava habitualmente de manjares substanciais e, depreende-se, considerados nutritivos e adequados à manutenção da saúde, "no comiendo ni pescado ni fruta, ni nada parecido que engendre malos humores"[59]. O verdadeiro e nobre alimento era, sem dúvida, a carne.

Na corte joanina era também muito apreciado outro prato muito difundido na gastronomia europeia desde o século XIII[60] - os pastéis e as empadas (*empanadas* em castelhano ou *pastello* em italiano) feitas quer de peixe[61] quer de carne, ou ainda de lampreia. Em Fevereiro de 1517 o secretário António

---

[53] IAN/TT, *CC*, P. I, mç. 83, doc. 96.
[54] IAN/TT, *CC*, P. I, mç. 88, doc. 28, de 13 de Maio de 1552.
[55] Gonçalves 1997: 17.
[56] Santos 2002: 44.
[57] Montanari nota que os primeiros séculos do cristianismo tenderam a excluir o peixe do regime quaresmal, e só a partir dos séculos IX-X é indiscutível a licitude do seu consumo durante os dias de abstinência. 1995: 110-111.
[58] *Ditos 1997: 320-321.*
[59] Cit. por Allard *op. cit.*: 99.
[60] Com diversos nomes como *pastello, pastero, empanada, crosta, altocreas*, e outros. Montanari 1995: 94-96.
[61] Santos 2002: 45-46.

Carneiro recebia uma muito apreciada iguaria, oito empadas de lampreia, oferecidas por João Barroso[62], e em Maio de 1546 o arcebispo de Braga escrevia ao secretário Pero de Alcáçova Carneiro, anunciando o envio de onze empadas de salmão, das quais daria à rainha as que lhe parecesse, e mais quinze de lampreia para que, no caso de haver falta delas, as oferecesse ao rei[63].

O chamado *Livro de Cozinha de D. Maria*, que pertenceu à princesa portuguesa, neta de D. Manuel[64], que em 1565 casou com o príncipe de Parma, Alexandre Farnese, integra várias receitas da tradição culinária da corte portuguesa, permitindo um olhar mais próximo sobre as iguarias que eram confeccionadas e, até, averiguar orientações e inclinações dos gostos culinários da corte portuguesa, alguns deles já bem antigos.

Lugar destacado neste livro de receitas ocupam também, reflectindo o lugar que tinham nos consumos da corte, como os "manjares de ovos" e os "manjares de leite", onde encontramos iguarias como o célebre manjar-branco, de já longa tradição na cozinha europeia[65], uma das mais apreciadas sobremesas na época – mas com "variantes" salgadas, feitas com peitos de frango ou até peixe - pastéis de leite, beilhós de arroz e tigeladas.

Em sentido contrário, não há virtualmente legumes na mesa do rei, o que não era uma excepção. Para o caso inglês, P. W. Hamond constata a quase total ausência de legumes nas mesas régias em Inglaterra no final da Idade Média[66]. Legumes e frutas não tinham um idêntico peso social. As frutas, apesar de certa reserva por parte de alguns médicos - como vimos através das palavras do embaixador veneziano junto da corte espanhola - eram parte integrante da dieta aristocrática, sendo consumidas frescas, secas ou em conserva. As frutas consideradas mais "nobres" e adequadas à mesa de reis e senhores eram as frutas frescas; e de entre estas, os frutos provenientes de árvores – pêssegos, maçãs, cerejas, peras, nêsperas, citrinos – numa relação que tinha também simbolicamente a ver com a sua posição física na escala da criação, a meio caminho entre o céu e a terra; o contrário de bolbos, tubérculos e raízes enterrados no solo que, ocupando um lugar inferior nessa escala, eram considerados adequados a quem ocupava, também, as posições mais "baixas" na escala social[67]. Exemplo disso é a controvérsia em torno das virtudes e malefícios da cebola ou o caso do alho, indissociavelmente ligado à vilania, ainda em tempos do *Quijote*[68]. Tal não invalida que sobre o consumo

---

[62] IAN/TT, CC, Parte I, mç. 21, doc. 39.
[63] IAN/TT, CC, Parte I, mç. 78, doc. 6.
[64] Filha do infante D. Duarte († 1540), irmão de D. João III, e de D. Isabel (†1576), irmã de D. Teodósio, 5º duque de Bragança.
[65] Montanari 1995: 93-94.
[66] Hammond 1996: 132-142.
[67] Montanari 1995:120 e 124-125, Fossier 2010: 86.
[68] Plasencia 2005: 66-72 e 75-77.

de frutas pendesse uma geral reserva proveniente da dietética antiga, fixada pelo próprio Galeno, que tolerava em condições precisas, mas não incentivava o seu consumo[69].

Legumes e hortaliças não eram, portanto, especialmente apreciados por reis e nobres e encontravam-se de uma forma geral ausentes da sua mesa[70]. Segundo Jean-Louis Flandrin, foi sensivelmente a partir do século XVI que os legumes se foram tornando um elemento de distinção, ganhando progressiva, embora lenta, visibilidade e favor nas mesas mais requintadas e socialmente mais elevadas, e uma consequente visibilidade iconográfica[71].

No século XVI o discurso de "adequação alimentar" integrava um forte cariz social, em que os próprios médicos e dietistas se envolveram, dissertando sobre comidas boas para vilãos e senhores. Na verdade, como sublinha Massimo Montanari, a hierarquização social engendrava discursos socialmente distintivos e escrupulosamente codificados, quer fosse sobre a forma de vestir, de estar, quer de comer, não só em termos de atitudes e comportamentos, mas também no que respeitava aos próprios alimentos consumidos[72].

Além de que, como já tivemos ocasião de evocar, existia ainda uma razão de ordem sanitária que, no âmbito da então dominante medicina galénica, associava a esses produtos, em particular alguns legumes e vegetais, mas também algumas frutas, uma interferência negativa nos humores e na qualidade do sangue[73]; ou, ainda, a convicção, também ela presente na sociedade medieval, que vira nascer e difundir-se a "cultura do horto" e uma importante farmacologia herborística[74] de que alguns legumes, ervas e frutas eram sobretudo úteis na confecção de mezinhas para tratar as mais variadas afecções, febres e doenças.

Uma outra referência tem ainda de ser feita. Numa sociedade em que era tão difícil o acesso a alimentos frescos, e as condições sanitárias muito precárias, a arte das conservas foi, desde a Antiguidade, um dos principais campos da culinária. Também em Portugal há variados testemunhos do consumo de conservas salgadas e doces. Quanto a estas últimas, houve uma mudança significativa quando, na primeira metade do século XV, a cana-de-açúcar, trazida da Sicília, foi plantada com sucesso na ilha da Madeira, em pleno Atlântico, por iniciativa do Infante D. Henrique.

---

[69] Ferrières 2002: 313-314.
[70] Gonçalves 1997: 23 Plasencia *op. cit.*:176-179. Hammond constata a quase ausência de menção a legumes nos menus dos banquetes régios em Inglaterra nos finais da Idade Média. 1996: 130-142.
[71] Flandrin 1986: 13; Laurioux 1992: 51-52.
[72] Montanari *1995:115-127*.
[73] Allard, op. cit.:98-99.
[74] Montanari 1992: 206-213. Kózluk 2012: 209-225.

Na segunda metade do século, o açúcar era exportado em importante escala para Castela, Flandres e Inglaterra, onde o primeiro carregamento chegou ao porto de Bristol, em 1456. O açúcar tornou-se muito abundante em Portugal e era intensivamente utilizado em sobremesas, doçaria e até em pratos salgados. Era oferecido como esmola a mosteiros, usado como meio de pagamento e largamente consumido pelas casas de D. João III e de D. Catarina. Naturalmente, tratando-se de um produto altamente valorizado, também o açúcar e as conservas doces faziam parte integrante da "sociabilidade alimentar" entre as elites, constituindo com frequência presente que se fazia chegar, sobretudo no caso das conservas, mesmo a lugares distantes. Em 1535 D. Joana, mãe de D. Catarina, desde sempre fisicamente tão robusta, adoeceu com extrema gravidade, chegando a temer-se pela sua vida. Sabemos que nessa ocasião D. Catarina mandou um criado seu, Francisco de Araújo, visitar a mãe em Tordesilhas, enviando-lhe de presente "certas conservas"[75].

Da ilha da Madeira, para além de grandes quantidades de açúcar branco e refinado, eram encomendadas, com regularidade, conservas para a casa da rainha[76]. Para se ter uma ideia das quantidades envolvidas, por alvará régio de 29 de Fevereiro de 1533 D. João III ordenava ao almoxarife do Funchal a entrega ao seu reposte de 540 arrobas de açúcar branco, 50 de açúcar refinado, além de 150 arrobas de conserva, tudo destinado para despesa da casa da rainha D. Catarina[77]. No ano de 1534, a encomenda régia ordenava que o açúcar fosse da melhor qualidade, mas a quantidade foi menor: 160 arrobas de açúcar branco e 40 refinado[78] Uma parte destinava-se a consumo interno e directo, mas outra, como a documentação evidencia sistematicamente, para pagamentos, ofertas e esmolas, nomeadamente a mosteiros – por alvará de 3 de Agosto de 1534, o mosteiro de Santa Clara de Beja recebia 5 arrobas de açúcar branco de esmola[79], e em Dezembro desse mesmo ano a abadessa do mesmo convento recebia 128 arrobas de açúcar para parte de pagamento de uma dívida[80].

A rainha oferecia com frequência doces e outras conservas, doces e salgadas, ao seu irmão Carlos V, quando este estava em Espanha, como em 1528, em que por alvará de 30 de Setembro, D. Catarina mandava pagar a Diogo Salema, seu tesoureiro, 30 000 reais pela confecção de "marmeladas" no convento de Santos para se enviarem para Castela[81], ou em 30 de Outubro

---

[75] Buescu 2007: 314.
[76] V. o alvará da rainha D. Catarina de 7/2/1539, IAN/TT, *CC*, P. I, mç.44, doc. 77.
[77] IAN/TT, *CC*, P. I, mç. 50, doc. 88.
[78] IAN/TT, *CC*, P. I, mç. 52, doc. 24
[79] IAN/TT, *CC* P. I, mç.53, doc. 69.
[80] IAN/TT, *CC*. P. I, mç. 54, doc. 37.
[81] IAN/TT, *CC*, P. I, mç. 41, doc. 51.

de 1557, pouco depois da morte do monarca português, quando o secretário Luís de Quijada confirmava a entrega a Carlos V dos barris de escabeche que D. Catarina enviara para Castela[82]. D. João III usava com frequência o açúcar como presente de "distinção", como quando ordenava ao contador da ilha da Madeira para se terem prontas 5 arrobas de açúcar para mandar para Veneza[83].

Mas temos ainda de falar do pão. O pão era a base tradicional da alimentação, mas era, também ele, símbolo de diferenciação social, além de primeira espécie eucarística no Cristianismo. Como observou há muitas décadas Marc Bloch a propósito do «pão branco» e do «pão negro", «A travers les siècles, point de critère de classe plus net que celui-là"; na verdade, o pão branco era, na antiga sociedade, como sublinhava Fernand Braudel, "une rareté, un luxe". Claro está, o pão estava presente com fartura na mesa do rei desde a Idade Média; mas era, como já sublinhou Iria Gonçalves para este período, sempre pão branco, confeccionado com o cereal nobre, a farinha refinada de trigo, virtualmente ausente da mesa das classes mais baixas, em que surgia misturado com outros cereais, como a cevada. Assim, longe de ser o sinal ou o símbolo de alguma proximidade social ou alguma igualdade, o pão sublinhava as diferenças sociais.

Evoquemos ainda o lugar do vinho na mesa do rei, na corte e na sociedade em geral. O vinho era uma das mais importantes produções da Europa do Sul, e o seu valor social e económico inquestionável para as populações, também em Portugal. Acresce que em virtude do processo de expansão marítima em que o reino estava encontrava envolvido, o vinho tinha um lugar de destaque na referência aos mantimentos que, obrigatoriamente os navegantes e gente do mar levavam nos navios pois, como escrevia Fernão de Oliveira na Arte da Guerra no Mar, o vinho dava força aos homens...

Presente no quotidiano da sociedade, tinha lugar destacado em festas e celebrações públicas colectivas da própria monarquia, como sucedeu em 1521, a 20 ou 21 de Janeiro, em Lisboa, por ocasião da solene entrada régia do rei D. Manuel com a sua terceira mulher, Leonor de Áustria, de que afortunadamente possuímos uma visual descrição do cronista Gaspar Correia. A organização da grandiosa entrada dos reis de Portugal esteve a cargo do governo da cidade de Lisboa. É de crer que muito da sua concepção se ficasse a dever a Gil Vicente (c. 1465-c. 1536). Por carta régia de 29 de Novembro de 1520, o monarca pedia que em tudo o que dissesse respeito às festas em preparação para a entrada dos reis na cidade, a Câmara de Lisboa ouvisse e seguisse as indicações de Gil Vicente. E Gil Vicente, para receber D. Manuel

---

[82] IAN/TT, *CC*, P.I, mç.102, doc.18.
[83] IAN/TT, *CC*, P. I, mç. 90, doc. 141 (cópia).

e D. Leonor, mas também os nobres da corte portuguesa e a comitiva de muitos fidalgos castelhanos e flamengos que vinham no séquito da rainha, concebeu uma representação que, conciliando o sagrado e o profano, a citação clássica, traços de um imaginário popular e urbano e o exotismo de longínquas paragens, celebrava o rei D. Manuel e o seu poder.

Também o vinho teve o seu protagonismo neste grandioso e diversificado cerimonial colectivo. De entre a vasta encenação teatral então concebida, em estreita articulação com quadros vivos – os tableaux vivants de que fala Roy Strong - os muitos cadafalsos então construídos, compondo um cenário efémero que imaginamos extraordinário, num cadafalso onde estavam os tanoeiros, era o vinho que tinha total protagonismo. Duas grandes construções com a forma de figuras femininas metidas em grandes tinas até à cintura lançavam dos peitos túrgidos e nus abundante vinho tinto e branco, que caía noutras tinas perto do chão; junto delas muitas escudelas de pau encontravam-se à disposição de quantos queriam – e eram muitos – beber à discrição, para grande satisfação de todos, e também dos estrangeiros, que "houveram muito prazer por ser vinho".

Também o vinho, como o pão, era sinal de diferenciação social. Vejamos este aspecto no testemunho de um dos mais importantes casamentos aristocráticos do reinado de D. João III, que envolveu a casa real, pois era o irmão do rei, D. Duarte, que casava com D. Isabel, irmã do duque de Bragança D. Teodósio, num quadro de faustosíssimas festas ocorridas em 1537, em Vila Viçosa.

Assim, de acordo com descrição coeva, e no que diz respeito ao vinho,

> "Auia mais duas cazas grandes de muitos potes, e talhas grandes de mui bons vinhos da terra, e assi de Borba os milhores, que se acharão para darem a todo o genero de gente comum, e auia outra caza chea de piparotes, e quartos, e alguns potes de vinhos brancos, e uermelhos mui excelentes [fl. 112v], e mui cheirosos dos lugares do Rejno, d'onde elles são mais gauados, e, assim de Madrigal e, de outras partes da Madeira, e de outras partes de Castella, e muitas maluasias da Jlha da Madeira, e isto pera fidalgos e, pessoas honrradas".

Para lá das quantidades que podemos imaginar, é patente a diferenciação social nos destinatários dos vários vinhos a consumir naquela régia celebração: uns para a "gente comum", outros para "fidalgos, e pessoas honradas[84]. O vinho era uma presença no quotidiano das populações, como evidencia a singular recolha anónima de finais do século XVI que são os *Ditos Portugueses dignos de memória*. Os períodos de falta e de carestia de vinho acarretavam, com

---

[84] BNP, Res. cod. 1544. Informação que devemos a Joana Torres (CHAM-FCSH), a quem agradecemos.

frequência, situações de tensão social, de que o mais extraordinário testemunho literário quinhentista é o famoso pranto vicentino de Maria Parda.

Evidentemente que em questões tão sensíveis como as medidas e os pesos, que variavam de região para região e de país para país, os poderes tiverem tendência a interferir, procurando uma padronização das medidas. Assim, no reinado de D. Sebastião, em Janeiro de 1575, verificou-se importante reforma das unidades de volume ao adaptar-se para todos os líquidos (azeite ou vinho) o sistema de unidades que se encontrava definido Ordenações Manuelinas, utilizando-se o sistema de distribuição aos concelhos de cópias dos padrões reais.

Como o pão, o vinho tinha um lugar especial e único na sociedade cristã, porque representava o corpo de Cristo. Pão e vinho eram, pois, uma presença obrigatória na mesa do rei, que se tornava, assim, uma mensa domini – a mesa do senhor, estabelecendo uma clara analogia com a mesa eucarística. Mas a contrario, era também considerado como tendo, potencialmente, uma dimensão desreguladora ou até "diabólica", tal como tão frequentemente surgia na iconografia medieval e primo-moderna[85].

Falávamos há pouco do açúcar, introduzindo uma matéria que tem de ser vista no quadro das grandes transformações ocorridas na culinária e gastronomia europeias, no âmbito do processo de expansão europeia nos séculos XV e XVI. Produtos já conhecidos no Velho Continente mas raros, como a pimenta, o cravo-da-Índia, a canela e outras especiarias, tornaram-se comuns, e novos produtos, animais, objectos e outros sinais de diferentes civilizações foram-se tornando familiares aos Europeus. Não dispondo de espaço para desenvolver este ponto, não podia, contudo, deixar de referi-lo. Tomate, chocolate, batata, ananás – o rei dos frutos com a sua coroa - o peru, e tantas outras plantas e frutos provenientes do Oriente e do Brasil, traduziam importantes mudanças no que se comia na Europa. Esse processo era visível, de forma potenciada, na corte, onde as novidades e o exotismo se tornavam, também eles, sinais de poder e ostentação. Em 1565, num dos magníficos banquetes oferecidos pela rainha D. Catarina em Lisboa, no desaparecido paço da Ribeira, aos nobres enviados por Margarida de Parma a Lisboa, por ocasião do casamento de sua sobrinha D. Maria, neta de D. Manuel, com Alexandre Farnese, futuro duque de Parma, ao som de suave música e vozes cristalinas que acompanharam o desenrolar do banquete, as abundantíssimas carnes que vieram à mesa vinham "miraculosamente" dos mais distantes pontos do império, e a água servida dizia-se proveniente de

---

[85] Vasselin 1999 : 219-251. Montanari nota como só após uma prolongada controvérsia, pão e vinho foram elevados pelo cristianismo à condição de alimentos sagrados, em ruptura com a tradição judaica – mas em certo sentido reafirmando e prolongando o prestígio de que gozaram, também com o azeite, na civilização romana. 1995: 31-32.

rios de muitas partes do mundo – do Indo ao Ganges, de nascentes e lagos de África e da Ásia, do próprio Tibre romano, simbolizando a imensidão das possessões e dos domínios imperiais do reino de Portugal...[86].

Embora parcos, há ainda alguns testemunhos dispersos aos gostos, predilecções e até excessos alimentares do próprio monarca. D. João III comia bem, e com apetite - era mesmo, de acordo com testemunho anónimo coevo, "desenfreado com as mesas" e as digestões ressentiam-se[87]. Em 1557, pouco antes de morrer, já muito debilitado, o monarca comia em excesso, na opinião do embaixador castelhano Sancho de Córdoba, como referia em carta enviada à princesa D. Joana de Portugal[88], não dispensando quatro refeições diárias; à merenda, o menos que ingeria era queijo fresco e frutas, evidenciando uma predilecção especial por bebidas e águas "enfriadas"[89]. Era capaz de comer "quatro frangãos e uma torta bem adubada de carne e por cima natas frescas aparadas do coalho do leite, tudo com mui doce melaço"[90].

Apesar destes excessos de mesa de D. João III, tradicionalmente as principais refeições do dia eram o jantar, tomado pelo meio-dia e a ceia, a refeição da noite, no que afinal a corte não diferia de uma prática geralmente observada em todas as classes sociais. As parcas referências a uma terceira refeição, o almoço, parecem indiciar tratar-se de uma refeição de carácter secundário, não necessariamente associada a uma determinada hora do dia[91], embora por vezes seja claro que se refere ao actual "pequeno-almoço", ou "primeiro-almoço", como também é designado. Esta centralidade, no quotidiano alimentar, de duas refeições principais é mais clara ainda na língua castelhana – além da "comida" e da "cena", o "desayuno", primeira e leve refeição do dia, tomada pela manhã, tinha como finalidade, literalmente, "cortar o jejum", o que diz bem da escassa importância que lhe era atribuída. Havia ainda a "merenda", ocasional e, em princípio, leve refeição da tarde, mais frequente, como podemos compreender, nos meios abastados – crónicas e outras fontes referem, as merendas de reis e rainhas, ocasião sobretudo associada a momentos de ócio ou de lazer, a visitas realizadas e a recebimentos, mas também ao despacho: é conhecida a visual descrição que Damião de Góis faz das merendas de

---

[86] Bertini 2000:52 e 54.

[87] BNP, cod. 10761:12.

[88] A princesa D. Joana (1535- 1573), filha do imperador Carlos V e de Isabel de Portugal, casou em 1552 com o príncipe D. João, filho de D. João III e de D. Catarina, herdeiro do trono português. Depois da morte do príncipe e de ter dado à luz D. Sebastião, regressou a Castela em Maio de 1554, onde exerceu a regência na ausência de seu irmão Filipe, então rei consorte em Inglaterra. Nunca mais voltou a Portugal.

[89] Carta de Sancho de Córdoba à princesa D. Joana, de 14 de Junho de 1557, cit. por Danvila y Burguero 1900: 63. p. 63.

[90] BNP, cod. 10761: fol. 72v. Sobre o conhecido apetite de D. João III, v. *Ditos Portugueses...*, nº 412: 155.

[91] Arnaut 1986: 55-60. Laurioux 1992 : 87-88.

D. Manuel que, estando em Lisboa, de vez em quando dava o seu passeio de barco, acompanhado de músicos, fidalgos e "algum oficial seu com que ia despachando"; a meio da tarde aportava ao cais de Santos-o-Velho onde Duarte Foreiro, cavaleiro da sua casa, "lhe mandava trazer de merendar de muitas fruitas verdes, conservas, & cousas de açúcar, vinho, & água [...]"[92].

Não era, pois, o número de refeições que diferia da mesa do rei para a dos seus súbditos. O que diferia, sim, e o que singularizava a mesa do rei de todas as outras era a ostentação da abundância, efeito simbólico de tanto relevo numa sociedade de tantas e múltiplas carências, que permanentemente oscilava entre a abundância e a miséria. Na Idade Média, como observa Massimo Montanari, um difuso sentimento de insegurança e de medo perante a carência alimentar favorecia atitudes e, até, reacções por vezes incontroláveis perante a comida: "chi poteva, mangiava molto, in modo quasi rapace: lo stile di alimentazione di gran parte dell'aristocrazia era improntato a questo modello; per essa, mangiare molto era un vero status-symbol"[93]. Assim, nesta sociedade frágil, em que o espectro da fome cadenciadamente assomava, o modelo dominante na aristocracia era comer muito, por vezes demais. Desta forma, a mesa do rei devia ser farta, porque através dessa fartura, mas também através da sua encenação e ritualização se evidenciava o seu poder. Isto mesmo ressalta Roy Strong na sua obra, publicada em 2002, e sugestivamente intitulada: Feast: a History of Grand Eating[94].

Com frequência os monarcas viam suceder-se à mesa uma quantidade extraordinária de pratos nos seus jantares e ceias, muitos dos quais regressavam, sem ser tocados, às cozinhas – mais do que o acto de comer, o poder do rei mostrava-se no cerimonial que rodeava a refeição, neste sentido convertida, como observa Lisón Tolosana, em verdadeiro acto ritual[95]. O espaço do privilégio social e do poder político opunha-se, com uma ostentação cada vez mais vincada, ao mundo da fome e do medo[96]. Braudel observa como o verdadeiro luxo e refinamento da mesa no Ocidente, definitivamente firmado nos séculos XV e XVI, foi no entanto relativamente tardio em comparação com outras civilizações do Velho Mundo, como é o caso da China, onde os banquetes de aparato eram uma muito antiga tradição[97].

Um momento de grandes festas e banquetes neste período em Portugal ocorreu em 1490 quando Afonso, filho e herdeiro de D. João II casou com

---

[92] Damião de Góis 1955 cap. 84: 225.
[93] Montanari 1992: 91.
[94] Strong 2002.
[95] Lisón Tolosana 1991: 130. Sobre os mecanismos de conservação e transmissão da memória social, na sua articulação com as cerimónias comemorativas e práticas corporais, em que as "performances" e os momentos rituais têm um lugar central, v. Connerton 1993.
[96] Montanari 1995:129-130.
[97] Braudel 1979: 157-159.

Isabel, filha primogénita dos reis Católicos. As pormenorizadas e visuais descrições das cerimónias e banquetes desenrolados na cidade de Évora pelo cronista Garcia de Resende permitem avaliar o investimento da coroa portuguesa nesse matrimónio, o custo e a ostentação das festas, a extraordinária quantidade de todos os géneros de carnes e frutas, a sofisticada e encenada apresentação dos pratos perante a mesa régia, a total ausência de peixe. Mas se as crónicas nos ajudam a visualizar esses momentos cerimoniais, infelizmente, com algumas excepções, não possuímos em Portugal iconografia ou pintura relativa a banquetes cerimoniais no que diz respeito ao século XVI. Por isso, temos de os imaginar/representar através de objectos pertencentes à casa real que subsistem em museus nacionais e estrangeiros, alguns usados em momentos cerimoniais da monarquia.

A ostentação ia-se tornando o sinal distintivo e o principal motivo da mesa de grandes e de poderosos; cada vez mais longe de constituir um "lugar" de coesão social, ela era agora um espaço de separação e de exclusão – o banquete, nos séculos XV e XVI promovia, como observa Montanari, uma mesa para ser olhada, na abundância, na qualidade dos pratos, nas modalidades de apresentação, nas próprias invenções cénicas que a acompanhavam, em suma, na teatralização da mesa[98].

Mas era perante esta mesma mesa farta, abundante e ostentatória que o rei, como advertiam teólogos e moralistas desde a época medieval, devia cultivar a temperança, virtude tantas vezes ausente dos meios cortesãos. Na verdade, a gula, pecado capital, era com frequência considerada um vício próprio da corte – e, talvez, afinal, de forma não totalmente infundada: pois não eram a fartura e os correlatos excessos alimentares tantas vezes um sinal de distinção social, um verdadeiro *status–symbol* aristocrático, para retomarmos os termos de Montanari?[99] Não por acaso, duas das obras centrais do discurso anti-áulico nos séculos XV e XVI, a celebrada *De Curialium Miseriis Epistola* de Aeneas Silvio Piccolomini (1473) e o não menos conhecido *Menosprecio de Corte y Alabanza de Aldea* de Antonio de Guevara (1539), dão um lugar de singular relevo aos excessos alimentares da corte, fazendo perfilar a gula como um vício próprio de um quotidiano cortesão recheado de lugares sombrios e de práticas funestas[100].

Num outro plano, a gula era ainda associada, mais do que qualquer outro excesso, à luxúria e ao pecado da sensualidade, como sucedia de forma

---

[98] Koopmans 2010.
[99] Montanari 1992: 91.
[100] Piccolomini 1563: s/p. cap. "De los sentidos del gustar: y oler". Guevara 1984: 241-250. A crítica aos banquetes e seus excessos e os condicionamentos - servidão, competição, falta de liberdade - e códigos da "comida cortesã" e, na generalidade, a preocupação pela comida são aspectos recorrentes no conjunto da obra guevariana. *Op.cit.*: 173, nota 6.

absolutamente clara na *Summa Theologica* de S. Tomás de Aquino[101], realidade que desde a Idade Média a Igreja, através de uma abundante literatura de carácter moralizante, se esforçava por denunciar[102]; em suma, o que estava em causa era a velha relação entre sexo e comida, o que nos permite compreender melhor os vários sentidos possíveis da invocação dos "méritos da fome" e da frugalidade da tradição monástica[103].

A literatura normativa relativa à formação do príncipe concedia particular destaque ao controlo das paixões e à temperança, devendo o príncipe aprender a evitar todos os excessos, nomeadamente na comida[104]. Se tomarmos como exemplo o *Libro Primero del Espejo del Principe Christiano* (1544), da autoria de Francisco de Monçon, capelão e pregador de D. João III, obra destinada à educação do príncipe herdeiro, D. João (n. 1537)[105], constatamos a particular atenção conferida a esta virtude, e a importância de um discurso regulador e de advertência em torno da mesa do príncipe. Mas a alimentação regrada não respeitava apenas à aquisição da virtude da temperança e ao controlo de pulsões, mas também, e de forma central, ao corpo físico e à manutenção da saúde do príncipe. Esta dimensão era objecto de um capítulo em que, também com extremo pormenor, se estabeleciam as regras a observar na alimentação para conservação da sua saúde[106]: Em suma, o tratado de Francisco de Monçon, em pleno século XVI, evidenciava como a alimentação do príncipe, longe de dizer respeito à mera satisfação de uma necessidade elementar e quotidiana, constituía um motivo central da sua educação, articulando uma dimensão moral, política e sanitária, em que a advertência contra excessos e interditos tinha um importante lugar.

Neste discurso regulador e de advertência contra o desregramento alimentar na corte em causa estava, sempre com grande relevo, o consumo de vinho que, como assinalámos, revestia uma dupla e contraditória condição simbólica: a de "vinho místico", eucarístico, o sangue de Cristo oferecido aos fiéis pela transubstanciação, mas também a de bebida desreguladora da temperança. Assim, ao vinho, no contexto da corte, associavam-se dois tipos de discursos, duas vozes dissonantes mas ligadas: a que fazia dele a bebida por

---

[101] Cosman 1976: 109-110 e 116-123, com sugestivo *dossier iconográfico*. No século XVI o meirinho Francisco do Casal afirmava gastar o dinheiro recebido das "mulheres solteiras" em vinho, justificando-se: "Como este dinheiro é de luxúria, não o gasto senão no melhor vinho, porque é o pai da luxúria, e eu de idade que já me não temo dela". Ditos 1997:177.

[102] Vincent-Cassy 1992: 91-102; Le Goff 1992: 133-144; Simon Palmer 1990:113-122.

[103] Montanari, *Alimentazione* 1992: 90-92. Haro Cortès 2010.

[104] Buescu 1996: 122-124.

[105] Monçon 1544.

[106] Monçon 1544: 66v-70 que, apesar do título apresentado, "del cuydado que en la vida ordinaria y en los pasatiêpos y recreaciones se ha de tener dela salud del principe", acaba por incidir quase exclusivamente na questão da alimentação, e nas nove regras para manter a saúde do príncipe.

excelência, presente na mesa régia e consumida com largueza e abundância por reis e senhores[107]; e essa outra voz, que alertava para os perigos do seu consumo desregrado que o tornava, indiscutivelmente, o "emblema" maior da desregulação da temperança.

Já o rei Afonso X de Castela, na segunda das suas *Siete Partidas*, concedia uma atenção particular ao consumo de vinho pelo príncipe[108]; e o também pseudo-aristotélico *Segredo dos Segredos*, de larguíssima difusão europeia até à Época Moderna, advertia contra os excessos do vinho, naquela que é uma das mais expressivas e detalhadas diatribes contra o seu consumo excessivo: tomado em grandes quantidades, entre outras consequências, o vinho "obscurenta o entendimento, embarga o siso e torva o cérebro e enfraquenta a virtude natural e gera esquecimento [...]"; mas, de forma absolutamente original, recomendava-se também ao rei que, em ocasiões determinadas, mandasse beber os seus privados sem restrições, abstendo-se ele de o ingerir, "porque então poderás muitos segredos entender e ouvir [...]" – o vinho podia ser, também, um instrumento directo de poder do próprio rei[109]. Esta reiterada advertência contra o abuso do vinho não significava que, consumido com moderação, e diluído em água, como era aliás prática corrente e recomendada, o vinho não fosse objecto de louvores por parte dos próprios médicos[110].

A noção que fica, no seu conjunto, é a de que a corte não era vista como um espaço de sobriedade ou de frugalidade alimentar, mas um lugar onde a fartura permitia e proporcionava o excesso que podia originar a enfermidade ou o vício, justificando, afinal, o olhar crítico que moralistas, teólogos ou médicos lançavam sobre a alimentação de reis, príncipes e grandes senhores. Médicos e físicos faziam aliás radicar nos excessos de mesa um conjunto de doenças que Lobera de Ávila, médico de Carlos V e autor daquele que é considerado o primeiro tratado de dietética da Época Moderna, o *Vanquete de Nobles Caballeros*, publicado pela primeira vez em 1530, classificava de modo significativo, num outro texto mais tardio de sua autoria, como "enfermedades cortesanas"[111].

---

[107] Gonçalves 1997: 18 e nota 10.
[108] V. as considerações relativas ao seu consumo pelo príncipe por Afonso X, *o Sábio* (1807): II, tít. V, lei II: 25-26 e tít. VII, lei VI: 48-49.
[109] Pseudo-Aristóteles 1960: 42 e 17, respectivamente.
[110] Allard *op. cit.*: 97.
[111] *Libro de las Quatro Enfermedades Cortesanas....*, publicada em 1544. Allard, *op.cit.*:100. Luis Lobera de Ávila foi médico de Carlos V, e através do seu testemunho podemos ter uma noção bem nítida não só dos achaques e doenças do imperador, como dos alimentos que compunham a sua mesa. Foi Carlos V que introduziu a cerveja em Espanha, trazendo da Alemanha um mestre cervejeiro. É precisamente Llobera de Ávila que escreverá pela primeira vez sobre as propriedades da cerveja.

Os tratados do médico de Carlos V consistiam, fundamentalmente, num discurso de advertência e de "regulação alimentar" destinado ao imperador e aos nobres, que pela sua condição social eram os principais protagonistas da dimensão sombria, a um tempo moral e sanitária, da fartura alimentar. Discurso que evidenciava a preeminência de uma medicina centrada na teoria dos humores, com consequências directas no tipo de alimentação adequada a cada indivíduo, de forma a manter ou a recuperar a saúde. A 30 de Julho de 1544, estando D. João III em Évora, o físico António Maldonado escrevia ao secretário Pero de Alcáçova Carneiro aconselhando que se o rei tivesse "algum encendimento de cólera", deveria alimentar-se de "ceias leves e mantimentos frios como frangãos", e abster-se de "muito exercício" e de montar muitas vezes a cavalo; estas advertências tornavam-se mais incisivas quanto aos cuidados a ter com a alimentação do frágil D. João, herdeiro do trono: os "mantimentos e a vianda" do príncipe deviam ser leves, de modo a que "no se encienda la colera e altere o sangre [sic]"[112].

O acto de comer, acto físico por excelência, pela dimensão ritual que tinha no caso da realeza, revestia um significado simbólico profundo, no caso do rei litúrgico e até sacral[113]. O manual litúrgico que pertenceu à princesa D. Maria de Portugal, princesa de Parma, descoberto em Nápoles e recentemente publicado[114], é um importante e inédito testemunho das cerimónias da capela real no reinado de D. João III, numa época em que em Portugal não existia ainda um Regimento sistematizando os ritos e cerimónias aí observados, pela primeira vez instituído por Filipe II, em 1592. Nele está bem patente, entre outros, com destaque para a música da capela, este aspecto que queremos aqui relevar: a bênção da mesa do rei, precedendo a refeição, nas várias situações que se apresentavam – em dia de missa pontifical ou de missa ordinária, quando o rei comia acompanhado da rainha, em dia de jejum e peixe – reflectia essa dimensão sacral que envolvia a mesa do monarca, acto que, porventura como poucos outros de entre os cerimoniais régios, se situava nesse espaço que unia o sagrado e o profano, religando, através da palavra e do gesto do oficiante, o poder da monarquia ao poder do divino[115]. E não era a mesa do rei - nem que fosse subliminarmente - também uma mensa domini, como o altar do Senhor?

Num outro plano, o cerimonial que rodeava o rei à mesa reflectia também a importância da hierarquia da mesa, considerada desde a Idade Média como um dos mais relevantes da vida na corte, sujeito a uma regulação ritual e a códigos cada vez mais preciso, embora tal processo fosse, naturalmente, um

---

[112] IAN/TT, *CC*, P. I, mç.75, doc. 43.
[113] Bertelli 1990: 164-185.
[114] Cardoso 2008.
[115] Cardoso *op.cit*: 124-126.

processo de lenta inculcação[116]. Por outro lado, na perspectiva mais geral de uma "civilização dos costumes", a mesa constituía, nas épocas medieval e moderna, como Norbert Elias observou de forma pioneira, um dos "espelhos" privilegiados da civilidade e da aquisição das boas maneiras, como se torna evidente com o destaque que gestos e comportamentos a observar no momento das refeições assumiam no conjunto da literatura de civilidade[117]. No âmbito da casa real, esta realidade implicava, nos bastidores, uma organização cada vez mais complexa, dos cargos, funcionários e criadagem que asseguravam os serviços ligados à mesa, à cozinha e à ucharia régias – copeiros, trinchantes, cozinheiros, pasteleiros, confeiteiros, para não falar dos moços de cozinha e outros ofícios menores. Nos aposentos em que tinham lugar as refeições, eram as artes de mesa, através da presença e do uso de objectos de grande riqueza e aparato[118], o ritmo processional da apresentação dos manjares, que revestia, com frequência, aspectos de verdadeira "arte efémera", a ritualização precisa dos gestos de todos os protagonistas, que mostravam o fausto da refeição do rei.

Concluindo, a alimentação régia é um campo de estudos definitivamente interdisciplinar, implicando o cruzamento do discurso político e cultural, da culinária e da gastronomia, com a literatura, a antropologia, a história da arte e a própria medicina. As fontes, essas, são também múltiplas, na confluência de fontes normativas e documentais, cronísticas, literárias e iconográficas. Trata-se, sem dúvida, de um fascinante e desafiante território para o historiador.

---

[116] Sobre a difícil difusão do uso da colher e do garfo individuais a partir do século XVI, Braudel, 1979: 173-174. Em Inglaterra, por exemplo, o seu uso só se generaliza cerca de 1750.

[117] Elias 1973: 88 e ss e 121-183, Ariès 1973: 275-282, Romagnoli 1991 : 47-48 e 59-61, Marenco 1992, *Banquets,* 1996.

[118] Para esta época, v. Andrade 1996:1-13.

Confeiteiros na Época Moderna: Cultura Material, Produção e Conflituosidade[1]
(The Confectioners in the Modern Era: Material Culture, Production and Bickering)

Isabel M. R. Mendes Drumond Braga[2]
Universidade de Lisboa (isabeldrumondbraga@hotmail.com)

Resumo: Desempenhando uma actividade regulamentada quer ao nível da produção quer ao nível da progressão na carreira, com as tradicionais fases de aprendiz, oficial e mestre, a confeitaria era um dos muitos ofícios ligados às práticas alimentares das populações. A produção era, regra geral, em pequena escala, em casa dos próprios confeiteiros e destinava-se à venda local, em resultado quer da quantidade limitada quer do tempo em que os produtos apresentavam boas condições para serem consumidos. Partindo de fontes manuscritas inexploradas para o estudo das actividades laborais da Época Moderna, designadamente processos do Tribunal do Santo Ofício da Inquisição, pretende estudar-se as actividades dos confeiteiros, em especial os seus bens materiais, particularmente os que se relacionam com a profissão que desempenhavam, mas também os conflitos em que se envolviam com outros confeiteiros, o que preparavam e vendiam e em que contextos.

Palavras-chave: Confeiteiros, Cultura Material, Santo Ofício, Portugal séculos XVI-XVIII

Abstract: Performing a regulated activity in terms of production and career progression, with the traditional stages of apprentice, officer and master, the confectionery was one of many offices related to population's food consumption patterns. Production was generally done in small-scale, at home and was intended for local sale, as a result of a limited amount of time in which the products had good conditions to be consumed.
From untapped manuscript sources for the study of work activities in Modern Era, particularly the procedures of the Holy Office of the Inquisition, we intends to study up the activities of confectioners, especially their material goods, particularly those that relate to their profession, but also the conflicts between them, what did they produce and sold and in which contexts.

Key words: Confectioners, Material Culture, Holy Office, Portugal 16th -18th centuries

---

[1] A investigação desenvolveu-se no âmbito do projecto PTDC/HIS-HEC/104546/2008, *Muçulmanos e Judeus em Portugal e na diáspora: Identidades e Memórias (séculos XVI-XVII)*, co-financiado pela Fundação para a Ciência e a Tecnologia e pelo FEDER, através do Eixo I do Programa Operacional Factores de Competitividade (POFC) do QREN (COMPETE).

[2] Faculdade de Letras da Universidade de Lisboa. isabeldrumondbraga@hotmail.com

1. Sabe-se relativamente pouco acerca dos diferentes ofícios durante a Época Moderna. Qual a formação de quem os exerce? Como e durante quanto tempo se realizava a aprendizagem? Quem eram os clientes e que rendimentos auferiam os artesãos pelo seu trabalho? A que tipo de vida poderiam aspirar? Eis algumas perguntas a que gostaríamos de poder responder, centrando-nos nos confeiteiros e partindo de fontes aparentemente inusitadas, isto é, processos do Tribunal do Santo Ofício que foram movidos a elementos deste grupo socioprofissional, ao longo dos séculos XVI a XVIII[3]. Se é muito claro que o exercício dos ofícios estava devidamente regulamentado, através das corporações[4], ao mesmo tempo que também se sabe que as edilidades marcavam os preços dos bens, faltam-nos muitos outros dados que permitam caracterizar a vivência, os patrimónios, as solidariedades e os conflitos quotidianos do mundo artesanal. Alguns trabalhos sobre grupos específicos, tais como alfaiates[5], pintores[6], diversos ofícios ligados ao couro[7], ladrilhadores[8], sem esquecer as informações contidas nos contratos de aprendizagem de vários ofícios envolvendo crianças abandonadas[9], são de relevância diferenciada, quer em Portugal quer no Brasil colonial, onde a presença de escravos tornava o mundo artesanal particularmente diferente[10].

Detenhamo-nos nos confeiteiros. Rafael Bluteau define-os como aqueles cujo ofício é fazer e vender doces. Por seu lado, a confeitaria é o local onde se fazem ou se vendem os referidos doces e os confeitos são os doces propriamente ditos, nomeadamente os que se servem de sobremesa[11]. Além dos confeiteiros, outros profissionais se ocupavam em preparar e vender doces, nomeadamente alfeoleiros, biscoiteiros, pasteleiros, a par de muitas mulheres igualmente dedicadas à doçaria específica como a aletria, o arroz doce, o cuscuz (que podia ser doce ou salgado) e as conservas de fruta[12]. Em Lisboa,

---

[3] A documentação inquisitorial tem sido aproveitada muito especialmente para estudar o funcionamento do Tribunal do Santo Ofício, em especial as vítimas e a repressão. Nos últimos anos, tem começado a ser evidente o potencial destas fontes para o estudo de outras realidades. Recordemos, por exemplo, estudos sobre a literacia, a alimentação das minorias étnico-religiosas, a sociabilidade e a cultura material. Cf., respectivamente, Marquilhas 2000; Castillo Gómez 2003; Braga 2004a; Mott 2001; Mott 2005 e Braga 2012.

[4] Sobre esta temática, cf. Langhans 1943-1946. Algumas informações resumidas em Langhans 1942; Langhans 1948. Cf. ainda Caetano 1959. Alguns dados foram sumariados em Pereira 1979.

[5] Ferreira 1951.
[6] Serrão 1983.
[7] Pereira 2008.
[8] Carvalho 2012: 79-105.
[9] Alves 2013.
[10] Cf. alguns trabalhos mais recentes, Lima 2008; Martins 2008. Sobre as corporações, as festas e os conflitos, cf. Santos 2005a e Santos 2012.
[11] Bluteau 1712: 453.
[12] Sobre estes ofícios, cf. Oliveira 1987: 97-100, Brandão 1990.

como em muitos outros espaços, a doçaria era vendida em tendas e pelas ruas de forma ambulante. Em meados do século XVI, João Brandão (de Buarcos) referiu-se à venda de gulodices pelo Natal. Naquela quadra, 30 mulheres, nas zonas da Ribeira e do Pelourinho Velho, punham "suas mesas cobertas de toalhas e mantéis muito alvos, e em cima delas gergelim, pinhoada, nogada, marmelada, laranjada, cidrada e fartéis e toda outra sorte e maneira de conservas"[13]. Porém, os pasteleiros seriam os segundos profissionais da doçaria, pelo menos, em número. A estes cabia fazer pastéis[14]. Retenha-se que, desde o século XVII, os confeiteiros entraram em rota de colisão com todos os que vendiam doces de forma ambulante, sem terem sido objecto de exame, tentando assim, sem êxito, eliminar a concorrência. Numa petição endereçada ao senado da câmara da capital alegaram a existência de mais de 200 mulheres de "má fama" dedicadas à dita tarefa, acrescentando que estas não tinham pesos e vendiam produtos falsificados[15]. Esta luta continuou, de tal maneira que, em 1752, o senado da câmara de Lisboa entendeu que, de forma ambulante, poderiam ser vendidos bolos de açúcar e de manteiga, os chamados bolos pobres; bolos da Esperança, manjar branco, tremoços de massa, toucinho-do-céu, doces de ovos e de açúcar, alcorças, biscoitos, costas e bolos torrados. Aos confeiteiros ficava o monopólio dos doces de amêndoas e das frutas em pasta, em doce e cobertas, além do pão-de-ló[16].

A confeitaria era, então, uma actividade de homens e de mulheres, cuja aprendizagem poderia começar na adolescência, independentemente do facto de ser frequente contar com a ajuda de crianças para pequenos labores[17]. A produção era, na maior parte das vezes, uma tarefa familiar, envolvendo quer diferentes membros de uma parentela quer oficiais e aprendizes exteriores, não sendo possível a existência de mais do que um destes últimos, em simultâneo, a não ser que faltasse um ano ou menos para o mais antigo acabar a aprendizagem[18]. Regra geral, a documentação evidenciou que os produtores eram simultaneamente os vendedores, apesar de alguns disponibilizarem doces preparados por terceiros. Porém, nem sempre foi claro o que se poderia encontrar nas lojas, então denominadas tendas, mesmo quando pensamos nas que eram especializadas[19]. Normalmente, uma profusão de artigos, entre secos e molhados, sem esquecer que a promiscuidade e a inexistência de políticas sanitárias rigorosas permitiam a venda, lado a lado, de bens alimentares,

---

[13] Brandão 1990: 87.
[14] Bluteau 1720: 311. Sobre os pasteleiros de Lisboa, cf. Langhans 1943-1946: 422-439.
[15] Langhans 1943-1946: 569-570.
[16] Oliveira, 1906: 373-379.
[17] Sobre esta questão, cf. Sá 2004: 110-112.
[18] Compromisso de 1768, cap. 4, § 2, publicado em Langhans 1943-1946: 577 (II).
[19] Vejam-se alguns exemplos em Braga 2003-2004: 8; Sousa 2012: 11-40.

ferragens, livros, combustíveis e tantos outros géneros, prática que se manteve até parte do século XX. Ora, no caso das tendas dos confeiteiros, não há dúvida acerca dos produtos que se ofereciam ao público: doces.

Na capital, podemos verificar que, para 1620, frei Nicolau de Oliveira registou 54 confeiteiros[20]. No primeiro quartel do século XVIII, só na freguesia de Santa Catarina, residiam 12[21], enquanto na de Nossa Senhora das Mercês, se localizaram dois[22]. Porém, em qualquer dos casos, tratou-se de padrinhos de baptismo, o que pode constituir uma contagem por defeito. A partir dos registos dos pagamentos da décima[23], consegue fazer-se o levantamento do número de artífices e dos pontos de venda alimentar existentes. Durante o período pombalino, as freguesias mais representativas do ponto de vista do número de profissionais do ramo alimentar foram as de Santa Isabel e de Santos-o-Velho, as quais eram também as mais populosas[24]. Em concreto, sabe-se que nos anos de 1763-1764 e 1768-1769 foram registados 116 confeiteiros – a par de 71 pasteleiros e 33 chocolateiros[25] – os quais representaram apenas 1,2% do total dos 9.951 artesãos tributados. Dados dispersos para 1800, tornam claro que nas freguesias dos Anjos e de Arroios detectaram-se quatro confeiteiros[26], na de São Julião, três[27]; e, na do Socorro, apenas um[28]. No entanto, estes números não permitem perceber a relação entre os quantitativos populacionais de cada freguesia e o número de confeiteiros nem calcular o peso percentual face ao total dos artífices.

Em Lisboa, os confeiteiros começaram por pertencer à bandeira do arcanjo São Miguel, em 1539, passando posteriormente para a de São Gonçalo, no reinado de D. João IV. Porém, em 1768, acabaram por ser cabeça da bandeira de Nossa Senhora da Oliveira. De simples insígnias, as bandeiras terão passado a instituições de tal modo que cada uma delas designava o conjunto dos ofícios que dela tinha cargo e elegia os representantes à Casa dos 24[29]. A bandeira dos confeiteiros agrupava ainda carpinteiros de carruagem, esteireiros,

---

[20] Oliveira 1991: 569.
[21] Neto 1959: 132.
[22] Neto 1959: 64.
[23] Trata-se de um imposto inspirado na dízima eclesiástica, instituído por ocasião das guerras da Restauração, em 1641, e suspenso em 1668, reactivado no momento da guerra da Sucessão de Espanha, entre 1704 e 1715, e restabelecido por ocasião da guerra Fantástica, em 1762, ficando em vigor até ao Liberalismo. Sobre este imposto, cf. Braga 2003-2004: 5 e a bibliografia aí citada.
[24] Braga 2003-2004: 5-14.
[25] Macedo 1982: 91.
[26] Santana 1999: 10.
[27] Santana 2000: 167.
[28] Santana 1988: 44.
[29] Caetano 1959: 14.

cheleiros, tintureiros e tosadores, enquanto os pasteleiros estavam na de São Marçal e os chocolateiros na de Santa Justa e Rufina[30].

Se não podemos esquecer que a mão-de-obra feminina tinha alguma importância em actividades ligadas aos têxteis (alfaiatas, botoeiras, cerzideiras, colchoeiras, gibiteiras, ...) e ao fabrico e venda de alimentos (biscoiteiras, conserveiras, couveiras, cuscuzeiras, farteleiras, manteigueiras, mostardeiras, a par das que faziam aletria, alféloas e tantas outras)[31], sem esquecer as ocupações que não poderiam ser desempenhadas por homens, como a amamentação de crianças[32], também não podemos olvidar que a actividade confeiteira realizada por mulheres ficou mais parcamente documentada, a começar com as questões relativas à aprendizagem do ofício. As mulheres vendiam os produtos e certamente ajudavam a prepará-los, embora a carta de confeiteiro só fosse passada aos homens. Porém, o regimento dos confeiteiros de 1768 – o anterior, de 1572, foi omisso acerca da questão – fez luz sobre esta matéria, designadamente no que se referia às viúvas, ao considerar que todas as que quisessem conservar as lojas que lhes ficassem por morte de seus maridos teriam autorização para tal, enquanto se mantivessem naquele estado. Não ficavam obrigadas a ter na loja oficiais examinados mas não poderiam ter aprendizes. Após a morte dos confeiteiros seus maridos, deveriam pedir licença ao senado da câmara de Lisboa para ficarem com as tendas[33]. Ou seja, as confeiteiras só o podiam ser pelo casamento. Enquanto solteiras não podiam exercer o ofício regulamentado pela corporação que não aceitava mulheres, enquanto casadas pressupunha-se que ajudavam os cônjuges e, consequentemente, aprendiam a arte de confeitaria, uma tarefa próxima dos deveres femininos, enquanto viúvas de confeiteiros, ganhavam autonomia mantendo as lojas e exercendo a profissão para a qual não haviam recebido carta de exame, não dependendo de nenhum homem.

2. Partindo dos processos inquisitoriais movidos a confeiteiros de ambos os sexos, tentemos conhecer um pouco mais das suas actividades, patrimónios, conflitos e solidariedades. Embora a investigação não seja exaustiva e tenha apenas abrangido os tribunais de Évora e de Lisboa, estamos perante um total de 80 processos, movidos a 78 pessoas, com idades compreendidas entre os 16 e os 85 anos, residentes em várias localidades do Reino, entre

---

[30] Caetano 1959: 13.
[31] Oliveira 1971: 484, Braga 1998: 182. Para o Brasil colonial a situação não era muito diferente se exceptuarmos a presença das chamadas pretas de ganho que se mantiveram activas mesmo após a independência. Cf. Figueiredo 1999, Silva 2011.
[32] Sá 2004: 109.
[33] Regimento dos Confeiteiros (1768), cap. IV, § 6, publicado por Langhans 1943-1946: 577 (I).

1539 e 1751. No entanto, estes documentos forneceram nomes e pontuais informações acerca de mais de três centenas de outros confeiteiros, os quais eram familiares, vizinhos ou conhecidos dos réus.

Os processos levantados a estes profissionais contêm dados de interesse acerca da formação dos artífices. Aspectos como em casa de quem aprenderam, durante quanto tempo e a partir de que idade foram algumas das questões abordadas. Pela casuística podemos verificar que aprender a arte de confeitaria começaria pelos 14, 15 ou 16 anos em casa de não familiares – é de salientar que em apenas um dos casos, o confeiteiro aprendeu na casa paterna[34], uma vez que nas restantes circunstâncias o progenitor tinha ou tivera outra profissão – sendo o tempo de aprendizagem variado mas sempre superior a dois anos. Vejamos alguns exemplos: Álvaro Rodrigues, de 30 anos, natural e morador em Lisboa, preso em 1599, aprendeu o ofício com Manuel Dias, o *Velho*, cristão-novo, segundo o depoimento de um outro confeiteiro, Manuel da Cunha. O mesmo acrescentou que lhe parecia ter Álvaro Rodrigues trabalhado várias vezes em sua casa, por obreiro, mas que não tivera comunicação particular com ele[35]. Diogo de Barros, de 28 anos, natural e morador em Lagos, detido em 1620, era filho de Luís Peres, que se ausentara para parte incerta, mas fora criado em casa de um confeiteiro de Lisboa, António Gonçalves, com quem aprendera o ofício entre os 15 e os 20 anos. Sabe-se que o mestre não só o ensinara como o defendera numa questão de partilhas, acabando ambos por se zangarem com os familiares envolvidos na herança[36]. Por seu lado, António da Silva, de 18 anos, natural da Covilhã e residente, com a mãe, em Lisboa, na rua Direita da Porta da Cruz, afirmou ser aprendiz de confeiteiro, em 1626, embora nada tenha pormenorizado a esse respeito[37]. António Soares, de 20 anos, natural e morador em Beja, ao ser preso em 1637, declarou que frequentara várias feiras alentejanas, nomeadamente as de Alvito, Crato e Serpa, e que aprendera o ofício de confeiteiro em Sevilha, onde residira durante três anos e de onde chegara na semana anterior à prisão[38]. Por seu lado, João Lopes, preso em 1651, de 16 anos, natural de Olivença e morador em Estremoz, confessou ser aprendiz de confeiteiro, acrescentando que começara a actividade ano e meio antes, em casa de Manuel Mendes, o *Picatomentes*[39]. Manuel Gomes, de 40 anos, natural e residente em Elvas foi muito lacónico, mas deu a conhecer dados

---

[34] Tratou-se do mourisco Martim Melero, de 25 anos, natural de Aragão e residente em Lisboa, detido em 1601, cujo pai Pero Melero também era confeiteiro. Em pequeno, e em terra de cristãos, vendia mel em feiras. Lisboa, A.N.T.T., *Inquisição de Lisboa*, proc. 17729.
[35] Lisboa, A.N.T.T., *Inquisição de Lisboa*, proc. 190.
[36] Lisboa, A.N.T.T., *Inquisição de Évora*, proc. 5805.
[37] Lisboa, A.N.T.T., *Inquisição de Lisboa*, proc. 5989.
[38] Lisboa, A.N.T.T., *Inquisição de Évora*, proc. 5248.
[39] Lisboa, A.N.T.T., *Inquisição de Lisboa*, proc. 7057.

de interesse: aprendera o ofício em Lisboa, junto de Francisco Vaz da Nave, durante cinco anos[40]. Cinco anos foi igualmente o tempo de aprendizagem de António Simões, na confeitaria de António Gonçalves e Beatriz de Barros, em Lisboa, durante a primeira metade do século XVII. Em 1705, apurou-se que Manuel Gomes, o *Charrus*, de 27 anos, natural e morador em Cabeço de Vide, aprendera a arte de confeitaria por instância de quem era provavelmente o seu verdadeiro pai, apesar de sua mãe Catarina Gomes ser casada com o almocreve Lucas Rodrigues. Consideraram algumas testemunhas, tais como o lavrador João Barreto, que o réu fora recolhido desde pequeno por Álvaro Garcia, de quem sua mãe era criada, e que aquele o mandara a Estremoz aprender o ofício de confeiteiro, voltando-o a recolher posteriormente[41]. A exigência para o desempenho da actividade parece não ter sido sempre muito significativa. Por exemplo, em 1711, foi processado Francisco da Silva, de 40 anos, natural de Sousel e morador em Fronteira. Aparentemente, o réu só nos últimos três anos fora confeiteiro pois antes apareceu referenciado como sem ofício, lavrador, botoeiro e tratante[42]. Note-se que os regimentos foram sempre omissos relativamente ao tempo de aprendizagem, mas não às características do exame, como veremos.

No que se refere à aprendizagem feminina deste ofício, as informações encontradas foram escassas. Por exemplo, Leonor Rodrigues, viúva de Manuel Jorge e de Simão de Fontes, de cerca de 60 anos, era natural de Évora e residia em Lisboa. Ao ser presa, em 1597, declarou que ambos os cunhados eram confeiteiros, tal como seus dois maridos. Pelo testemunho do enteado Diogo de Fontes, filho do segundo cônjuge, fica a saber-se que este aprendera o ofício em casa de ambos e que sua madrasta mantinha a actividade na rua da Confeitaria, onde se localizavam a casa e a tenda[43]. Caso menos claro foi, por exemplo, o de Mécia Pinta, de 40 anos, presa em 1630, viúva de um mercador, Diogo Rodrigues, o *Belzebu*, que, aparentemente, após ter perdido o marido se dedicara à venda de confeitaria. O casal vivera em Estremoz, tendo a viúva regressado a Portalegre onde nascera, e segundo Manuel Peres e Violante Gomes, "é agora confeiteira" ou "agora vende confeitaria"[44]. Se assim ocorreu, aparentemente, Mécia Pinta exercia ilegalmente a sua actividade. O domínio da arte de confeitaria terá propiciado a Guiomar Nunes, de 56 anos, viúva de um sirgueiro, natural de Cascais e residente em Santarém, presa em 1640, ser aproveitada na cozinha do Tribunal do Santo Ofício de Lisboa[45].

---

[40] Lisboa, A.N.T.T., *Inquisição de Évora*, proc. 1200.
[41] Lisboa, A.N.T.T., *Inquisição de Évora*, proc. 8599.
[42] Lisboa, A.N.T.T., *Inquisição de Évora*, proc. 6838.
[43] Lisboa, A.N.T.T., *Inquisição de Lisboa*, proc. 6339.
[44] Lisboa, A.N.T.T., *Inquisição de Évora*, proc. 5550.
[45] Lisboa, A.N.T.T., *Inquisição de Lisboa*, proc. 5018.

Se bem que não se exigissem aptidões particulares às presas que tratassem da alimentação dos restantes reclusos, esta mulher beneficiou das suas capacidades a favor da ocupação do imenso tempo e da monotonia inerente a quem estava preso nos cárceres inquisitoriais[46]. Ou seja, a aprendizagem feminina era meramente informal.

Apesar da escassez de casos em que pai e filho foram confeiteiros, encontram-se muitas famílias em que diversos membros se dedicavam ao mesmo ofício. Por exemplo, Gaspar de Barros, processado em 1619, indicou na sessão dedicada à genealogia que seu pai era sirgueiro, seu sogro barbeiro e que ele, seu irmão e um tio dedicavam-se à preparação de doces[47]. Em 1648, José Peres, filho de um tintureiro, tinha um tio, um sobrinho e um cunhado confeiteiros[48]. Pelo processo iniciado em 1657, de Maria da Costa, de 37 anos, confeiteira, natural e moradora em Lisboa, fica a saber-se que os dois cônjuges da ré desempenharam a referida actividade, tal como seu pai, seu avô e seu tio materno, o mesmo acontecendo com um cunhado[49]. E outros exemplos se poderiam juntar.

Confeiteiros houve que, formados em Portugal, acabaram por desempenhar o ofício em outras paragens. Por exemplo, Francisco de Chaves, natural de Provesende e morador no Porto, chegou a trabalhar em Zamora, antes de 1618[50], enquanto Leonardo Rodrigues, natural e morador no Porto, exerceu o seu mister em Amsterdão, anos antes de ser preso, em 1619[51]. Por seu lado, Manuel Gomes Bívar, de 29 anos, natural de Santarém e morador em Lisboa, detido em 1642, trabalhara durante três meses em Sevilha[52]. Nem sempre a profissão de confeiteiro era a primeira escolha profissional. Por exemplo, Álvaro Fernandes, de 50 anos, natural de Elvas e residente em Lisboa, declarou, em 1590, que fora corretor e vendera roupa da Índia, e na Andaluzia[53]. Pedro Gomes, de 47 anos, nascera em Évora e morava em Lisboa, em 1597, quando esclareceu ter sido sirgueiro antes de se ter dedicado à doçaria[54]. João Dias, de 39 anos, natural e morador em Lisboa, preso em 1603, antes fora feitor da casa das carnes[55]. Por seu lado, em 1711, Francisco da Silva, de 40 anos, natural de Sousel e morador em Fronteira, afirmou ter sido lavrador,

---

[46] Sobre a alimentação dos presos pelo Santo Ofício, cf. Isabel M. R. Mendes Drumond Braga, "Cárcere mais Áspero do que permite a Razão do Direito". O Quotidiano nas Prisões do Santo Ofício, Lisboa, no prelo.
[47] Lisboa, A.N.T.T., *Inquisição de Lisboa*, proc. 10211.
[48] Lisboa, A.N.T.T., *Inquisição de Évora*, proc. 3952.
[49] Lisboa, A.N.T.T., *Inquisição de Lisboa*, proc. 10200.
[50] Lisboa, A.N.T.T., *Inquisição de Lisboa*, proc. 1154.
[51] Lisboa, A.N.T.T., *Inquisição de Coimbra*, proc. 875.
[52] Lisboa, A.N.T.T., *Inquisição de Lisboa*, proc. 7361.
[53] Lisboa, A.N.T.T., *Inquisição de Lisboa*, proc. 1930.
[54] Lisboa, A.N.T.T., *Inquisição de Lisboa*, proc. 3224.
[55] Lisboa, A.N.T.T., *Inquisição de Lisboa*, proc. 16851.

botoeiro e tratante antes de se dedicar aos doces[56]. Também houve homens que começaram por ser confeiteiros e, posteriormente, dedicaram-se a outras ocupações. Tal foi, por exemplo, o caso de André Lopes, de 64 anos, natural de Estremoz e morador em Sacavém, depois de ter deixado Lisboa. Detido em 1603, e liberto pelo perdão geral de 1605[57], declarou que tivera loja e casa na Confeitaria, antes de se tornar tratante de açúcar[58]. Na mesma data, Ascenso Nunes, declarou ter deixado a preparação de doces para passar a ser chatim, isto é, tratante, embora não tenha especificado o que mercadejava. Aparentemente, esta mudança relacionou-se com a ida, três anos antes, para o Peru, tendo regressado de Cartagena ao saber que sua mulher fora presa pelo Santo Ofício[59]. Diferente foi o caso de Francisco da Fonseca, de 41 anos, natural de Lisboa e residente em Castelo Branco, preso em 1627. Este declarou duas actividades: "vivia de ensinar meninos e de ser confeiteiro"[60].

Em muitas localidades, ao longo da Época Moderna, havia uma clara especialização comercial, a qual se ligava ao princípio do arruamento dos mesteres[61], uma herança medieval decorrente das políticas municipais com o apoio da autoridade régia[62]. De qualquer modo, na capital, e mesmo ainda no século XVI, o dito princípio nem sempre foi cabalmente respeitado, o que não deixava de causar algum escândalo. Por exemplo, em 1552, João Brandão (de Buarcos) considerou a Rua Nova dos Mercadores uma das mais nobres da capital apesar de estar conspurcada pela presença de tendas de confeiteiros: "apontarei a rua dos Confeiteiros, que ora está debaixo das pousadas e paços do Príncipe, que de juro não tem senão moscas e abelhas, que muito melhor pareceria em tal rua boticários e livreiros e sirgueiros; e os confeiteiros e sapateiros postos em outra rua, onde a cidade seria nobre e as ruas limpas. E esta [a rua Nova] ficaria com seu nome, que são mercadores"[63]. Segundo os cálculos de Brandão, havia então em Lisboa, 30 tendas de confeiteiros, as quais ocupariam cerca de 150 pessoas[64]. Mais tarde, em 1579, os cavaleiros Tron e Lippomani, referiram as confeitarias da capital como "lojas cheias de doces

---

[56] Lisboa, A.N.T.T., *Inquisição de Évora*, proc. 6838.
[57] Sobre o perdão geral de 1605, cf. Almeida 1986: 885-898, Magalhães 1987: 197-214, Marques 1993: 177-203; Marques 1994: 329-341; Oliveira 2010: 423-463; Pulido, 2007; López-Salazar Codes 2010; Paiva 2011: 216-227.
[58] Lisboa, A.N.T.T., *Inquisição de Lisboa*, proc. 13303.
[59] Lisboa, A.N.T.T., *Inquisição de Lisboa*, proc. 11885. Preocupação com a mulher presa pelo Santo Ofício também foi demonstrada pelo confeiteiro cristão-velho Domingues Nunes, que acabou penitenciado por impedir o funcionamento do Tribunal depois de ter tentado saber como iria sair sua mulher no auto da fé. Cf. Lisboa, A.N.T.T., *Inquisição de Lisboa*, proc. 11027.
[60] Lisboa, A.N.T.T., *Inquisição de Lisboa*, proc. 1262.
[61] Braga 1998: 215-126.
[62] Caetano 1959: 10.
[63] Brandão 1990: 100.
[64] Brandão 1990: 196.

e frutas secas e cobertas, primorosamente preparadas, de que se faz grande tráfico, mandando-as para diferentes partes do mundo"[65]. Aparentemente, na capital, o primeiro arruamento de confeiteiros foi na rua dos Pregos, depois, em 1533, na do Saco, freguesia de São Julião, que acabou por mudar de designação para rua dos Confeiteiros também conhecida como Confeitaria[66]. Aí residia a maior parte dos profissionais do referido mister.

Durante a Época Moderna, as actividades transformadoras conheceram, tal como no período anterior, uma coincidência entre oficina e loja, o que significava que cada local de venda era, em simultâneo, uma pequena unidade artesanal[67]. Por outro lado, a localização das tendas nos pisos térreos e das casas de habitação no andar superior era comum nos mais variados ofícios. Na documentação em estudo, as questões relativas às tendas transpareceram em alguns depoimentos, confirmando a coexistência da casa e da tenda no mesmo edifício, não obstante algumas excepções. Por exemplo, em 1539, Rui Dias, confeiteiro do Rei, considerado homem de pouco siso, natural e morador em Lisboa, foi acusado por sua mulher de sair de manhã, voltar à noite e gastar "quanto tinha em jogos e outras coisas", residindo e trabalhando na rua dos Confeiteiros[68], sem precisar as características da tenda; enquanto Gaspar Lopes, de 50 anos, natural de Elvas, morador em Lisboa, casado com a também confeiteira Violante Lopes, possuía loja no Arco dos Pregos, na Confeitaria, a qual era na parte baixa da casa, segundo o depoimento de Rodrigo de Quadros: "na dita casa na loja dela onde tem sua tenda"[69]. Em 1603, foi preso Dinis Dias, de 51 anos, natural de Montemor-o-Velho e residente em Lisboa, cuja tenda situada na Confeitaria ficava exactamente "quando vão de Ver-o-Peso[70] à mão esquerda na segunda ou terceira tenda", segundo Cosme Damião, uma das testemunhas[71]. Em 1621, foi a vez de António Gonçalves, de 55 anos, residente na Confeitaria, ser preso. Da tenda, sabe-se apenas que se localizava na parte térrea da casa[72]. No processo da confeiteira Mécia Lopes, de 65 anos, casada com o também confeiteiro Manuel Rodrigues, ambos residentes em Elvas e processados por judaísmo em 1654, pode ler-se, no depoimento de uma cunhada da ré, Maria Rodrigues, que as duas mulheres haviam falado sobre questões relativas à lei de Moisés, "estando ambas sós porque o dito seu marido estava em baixo na casa em que tinha

---

[65] Herculano 1985: 366.
[66] Macedo 1960: 45-51; Santana (s.d.): 18 e 123.
[67] Braga 1998: 182.
[68] Lisboa, A.N.T.T., *Inquisição de Lisboa*, proc. 3853.
[69] Lisboa, A.N.T.T., *Inquisição de Lisboa*, proc. 12843.
[70] Trata-se da rua da Ferraria do Haver do Peso. Cf. Macedo 1960: 45-51.
[71] Lisboa, A.N.T.T., *Inquisição de Lisboa*, proc. 4504.
[72] Lisboa, A.N.T.T., *Inquisição de Lisboa*, proc. 5398.

a confeitaria"[73]. Mas também havia excepções à loja no piso térreo e casa no andar superior. Inocência da Horta, natural de Évora, moradora em Lisboa, de 26 anos, mulher do confeiteiro Álvaro Rodrigues, presa em 1603, afirmou morar na rua dos Douradores e ter tenda na Confeitaria[74]. Eis um exemplo.

As tendas eram locais de venda, espaços de convivência e de disputas e até de negociações profissionais. Na do cristão-velho Luís Mendes, de 65 anos, situada em Lisboa, antes de 1616, e segundo o próprio: "a sua loja era conhecida e nela se juntavam muitas pessoas assim de nação como cristãos-velhos e aí tratavam de coisas de suas eleições de juízes e oficiais do ofício e de outras coisas"[75]. Já a confeiteira Violante Lopes, de 40 anos, casada com Gaspar Lopes, com tenda no arco dos Pregos, na Confeitaria, declarou nas contraditas que seu marido lhe tinha ódio pois tinham brigado em resultado dele receber e presentear as suas mancebas na loja "às quais dava tudo"[76].

O que se poderia encontrar nas confeitarias? A resposta não é linear. Em primeiro lugar, a maior parte da documentação é muda a este respeito. Em segundo lugar, quando aparecem referências são as mesmas bastante lacónicas. Por exemplo, em 1599, foi preso Álvaro Rodrigues, de 30 anos, natural e morador em Lisboa. Pelo depoimento do próprio, enquanto fora solteiro e morara com os pais, houvera confeitaria em Lisboa, debaixo dos Arcos, concretamente a sua loja era a primeira tenda debaixo do arco dos Barretes. Sobre o estabelecimento aparecem outras referências mas bastante imprecisas, como por exemplo, quando Manuel Rodrigues Montemor esclareceu que falara a sós com o réu, enquanto a mulher deste "estava desviada para dentro da loja escolhendo uma gaveta de confeitos"[77]. Ou seja, à pergunta que doces se poderiam encontrar nas tendas dos confeiteiros, as respostas foram quase sempre vagas: doces e confeitos[78], açúcar rosado, marmelada e amêndoas[79], açúcar e confeitos[80], conservas[81], massapão[82], "coisas de confeitaria"[83], eis as definições fornecidas pelos próprios tendeiros. Se as estas informações se acrescentarem os conhecimentos exigidos para um indivíduo obter carta de exame de confeiteiro, ficaremos com uma ideia mais precisa. Segundo o regi-

---

[73] Lisboa, A.N.T.T., *Inquisição de Évora*, proc. 3746.
[74] Lisboa, A.N.T.T., *Inquisição de Lisboa*, proc. 8956.
[75] Lisboa, A.N.T.T., *Inquisição de Lisboa*, proc. 7333.
[76] Lisboa, A.N.T.T., *Inquisição de Lisboa*, proc. 5821.
[77] Lisboa, A.N.T.T., *Inquisição de Lisboa*, proc. 190.
[78] Lisboa, A.N.T.T., *Inquisição de Lisboa*, proc. 10402.
[79] Lisboa, A.N.T.T., *Inquisição de Lisboa*, proc. 10402.
[80] Lisboa, A.N.T.T., *Inquisição de Lisboa*, proc. 7333.
[81] Lisboa, A.N.T.T., *Inquisição de Évora*, proc. 3952.
[82] Lisboa, A.N.T.T., *Inquisição de Évora*, proc. 1262.
[83] Lisboa, A.N.T.T., *Inquisição de Lisboa*, proc. 5821.

mento de 1572, a aprovação só seria obtida se o candidato dominasse a arte de fazer confeitos de rosas e confeitos das ilhas, com amêndoas marquesinhas, tudo feito a banco; diacidrão, talos, conserva de peras e de pêssego, peras e pêssegos cobertos, massapães, alfenim, açúcar rosado e marmelada[84]. Por seu lado, no regimento de 1768, exigia-se que o candidato soubesse cobrir peras e abóboras, derrabar erva-doce, fazer grangeia, alfenim, açúcar queimado e "o mais que os juízes lhes parecer"[85]. Acrescente-se ainda que em qualquer dos regimentos estava proibido o exame dos candidatos por parte de parentes, que todos deviam saber ler e escrever e que, no caso do documento quinhentista, se o exame fosse feito em época que não houvesse frutas ou rosas, o exame seria apenas teórico, com perguntas e respostas[86], o que deixará de acontecer a partir de 1644, quando se estipulou que os exames só poderiam ter lugar no tempo da fruta, isto é, entre Abril e Outubro[87]. Pelos depoimentos e pelas exigências para obter o título, poderemos presumir o que as tendas ofereciam aos consumidores.

Além de clientes particulares, os confeiteiros também abasteciam determinadas instituições. Por exemplo, sabe-se que a confeitaria de Isabel Rodrigues e João Dias, em Lisboa, servia, antes de 1603, o Colégio dos Meninos Órfãos[88]. Confeiteiros havia que abasteciam outros. Deste modo, à tenda de José Peres, localizada em Estremoz, acorria Jorge Rodrigues para fornecer a sua, situada em Veiros, antes de 1648[89]. Peres também vendia em feiras, tais como a de Santo André e a de Santiago. Se na maioria dos casos, a produção seria destinada ao consumo local, por vezes, alguns confeiteiros chegavam a exportar. Tal foi o caso do casal constituído por Maria da Costa e Cosme Rodrigues de Castilho, com tenda em Lisboa, que, antes de 1657, por via de António Pedroso, enviaram "um caixão de doces" para Pernambuco[90]. Note-se a aquisição de açúcar do Brasil, concretamente de Pernambuco, e o posterior envio do produto acabado, por parte destes confeiteiros[91]. Aparentemente, alguns vendiam doces preparados em instituições conventuais femininas[92],

---

[84] Oliveira, 1906: 380. Excertos do regimento in *Livro dos Regimentos dos Officiaes Mecanicos da Mui Nobre e Sempre Leal Cidade de Lixboa (1572)*, publicados e prefaciados por Correia 1926: 207-211.

[85] Regimento de 1768, cap. 2, § 3, publicado in Langhans 1943-1946: 574 (I).

[86] Regimento de 1572, caps 6.º e 12.º publicado in Oliveira, 1906: 380; Langhans 1943-1946: 577 (I).

[87] Langhans 1943-1946: 570 (I).

[88] Lisboa, A.N.T.T., *Inquisição de Lisboa*, proc. 8903. Sobre estas instituições, cf. Guedes 2006.

[89] Lisboa, A.N.T.T., *Inquisição de Évora*, proc. 3952.

[90] Lisboa, A.N.T.T., *Inquisição de Lisboa*, proc. 10200.

[91] A prática de enviar doces de Portugal para o Brasil e vice-versa teve continuidade. Cf., por exemplo, Braga 2000: 172; Braga 2010: 256.

[92] Sobre a doçaria conventual feminina portuguesa, cf. Ornellas, Braga 2012.

as quais não deixariam de ser concorrentes de peso. Assim se depreende do testemunho de Teodora da Silva, no referido processo de Maria da Costa. Esta mulher, que servia as freiras clarissas de Nossa Senhora dos Poderes de Vialonga, afirmou conhecer a ré em resultado de esta vender doces do referido convento[93].

Pelos processos também vão desfilando os produtos adquiridos pelos confeiteiros: açúcar, abóbora, amêndoas, cidra e marmelos, mas muito escassas foram as informações encontradas a respeito da preparação dos doces. Vejamos um caso específico. José Peres, de 50 anos, natural de Elvas e morador em Estremoz, preso pela segunda vez em 1660, esclareceu os inquisidores que "esteve todo o mês de Setembro de 1658 até meados de Outubro logo seguinte fazendo marmeladas para sua tenda e para vender a outros confeiteiros de fora e como a quantidade que fazia era grande e de vinte cinco até trinta arrobas [isto é, entre 275 a 330 quilos] delas e por se não poder fazer senão no dito tempo gastava muito tempo assim em as fazer como em as enxugar"[94].

Para a confeitaria era indispensável o açúcar. Se bem que então não se produzisse em Portugal continental, já em 1552, entrava em Lisboa proveniente de diversas parcelas ultramarinas, designadamente Madeira, São Tomé e Brasil, sem esquecer as Canárias, segundo João Brandão (de Buarcos)[95]. A produção de marmelada era tal que mobilizava quarenta carpinteiros dedicados a fazer caixas de madeira para guardar a pasta de fruta que alcançava os 300 a 400 reais, cada exemplar[96]. Discutir o preço dos bens, em especial do açúcar e comprar fiado foram práticas que ficaram documentadas. Por exemplo, em 1544, Rodrigo Nunes, residente em Lisboa declarou dever 10.000 reais a Tristão Álvares Namião, o qual o costumava lembrar da dívida recitando-lhe versos nos quais se aludia à necessidade de pagar juros[97]. Mais tarde, em 1628, Diogo Gomes Lopes, de 42 anos, natural e morador em Lisboa, homem que sabia ler e escrever, e que já andara por Sevilha, pelos rios da Guiné e pelas Índias de Castela, referiu-se ao comércio de açúcar em que estava envolvido mas não forneceu indicações precisas[98]. António Soares, de 20 anos, natural e morador em Beja, ao ser preso em 1637, confessou ter pedido ao caldeireiro Geraldo Francês que lhe fiasse um vintém que faltava relativo ao mel que estava em vias de comprar[99]. E, sobre negócios de açúcar, muitos mais exemplos se poderiam aduzir, nomeadamente quando se regateava o preço

---

[93] Lisboa, A.N.T.T., *Inquisição de Lisboa*, proc. 10200.
[94] Lisboa, A.N.T.T., *Inquisição de Évora*, proc. 3952.
[95] Brandão 1990: 33.
[96] Brandão 1990: 71.
[97] Lisboa, A.N.T.T., *Inquisição de Lisboa*, proc. 12977.
[98] Lisboa, A.N.T.T., *Inquisição de Lisboa*, proc. 10402.
[99] Lisboa, A.N.T.T., *Inquisição de Évora*, proc. 5248.

alegando serem negócios entre cristãos-novos[100]. Note-se que, até meados do século XVIII, os confeiteiros de Lisboa mantiveram o monopólio da venda do açúcar a retalho[101].

Naturalmente que a produção e a venda de produtos de confeitaria poderia levar a uma vida desafogada ou a situações de mera sobrevivência. Ao lermos os processos, ambas as realidades se tornaram claras. Por exemplo, Filipa Rodrigues, viúva do confeiteiro Tristão de Castro, moradora na funda da rua Nova, em Lamego, e citada pelo tribunal daquela localidade, que apenas funcionou entre 1541 e 1548, era "mulher muito pobre e mesteirosa e sempre o foi de sete, oito, dez anos a esta parte que não tinha de que se manter", mais explicitando que "seu marido que Deus haja e fazia confeitado e nesse trato pobremente se mantinha e com a graça de Deus o qual vendia e assim a dita ré a todos geralmente e isto ainda com dinheiro emprestado e quando se faleceu da vida presente ficou a ré com perto de vinte mil reais de dívidas"[102]. Pobremente também viveria Manuel Gomes Bívar, de 29 anos, natural de Santarém e morador em Lisboa, detido em 1642. Havia tentado a sua sorte em Sevilha, onde também fora confeiteiro, durante três meses, mas regressara a Portugal. No seu inventário pode ler-se que não tinha bens alguns por "ser homem muito pobre e ganhar a sua vida por seu braço"[103]. Um jovem de 23 anos, preso em 1664, Henrique Álvares, natural do Crato e morador no Fundão, ainda não tivera tempo para se estabelecer de forma folgada, pois declarou ser filho famílias, viver com a mãe, então viúva, e não ter bens, apesar de já ter estado em Castela e de ter andado por diversas terras portuguesas, tais como Fundão, Covilhã e Cabeço de Vide, sempre a vender doces[104]. Situação afim, pelo menos em relação à falta de bens, foi declarada em 1703, por João Soares Leitão, de 30 anos, natural de Avis e residente em Castelo Branco. Este explicou que era filho famílias, vivendo debaixo do pátrio poder, consequentemente nada possuía e o que ganhava ficava na posse dos pais "vivendo todos do que apanhavam uns e outros"[105]. Por seu lado, Beatriz de Barros, de 44 anos, natural de Lagos e com tenda na Confeitaria, presa em 1621, afirmou que "muitos dias se não vendia nada nela [confeitaria]"[106].

No extremo oposto estavam os confeiteiros bem-sucedidos, com muitos anos de trabalho e com algum património. Por exemplo, Mécia Lopes, de 65

---

[100] Cf., por exemplo, Lisboa, A.N.T.T., *Inquisição de Évora*, proc. 525 e proc. 3952.
[101] Langhans 1943-1946: 585 (I); Macedo 1960: 120 (I).
[102] Lisboa, A.N.T.T., *Inquisição de Lisboa*, proc. 7805.
[103] Lisboa, A.N.T.T., *Inquisição de Lisboa*, proc. 7361.
[104] Lisboa, A.N.T.T., *Inquisição de Lisboa*, proc. 5102.
[105] Lisboa, A.N.T.T., *Inquisição de Lisboa*, proc. 529.
[106] Lisboa, A.N.T.T., *Inquisição de Lisboa*, proc. 1416.

anos, casada com o também confeiteiro Manuel Rodrigues, ambos residentes em Elvas e processados por judaísmo em 1654, tinham uma casa de sucesso, no entendimento de uma testemunha, Francisco Rodrigues Calaça, o qual havia comentado com a confeiteira "que tinha grande confeitaria e estava muito rica e isto em razão de estarem na mesma loja em que a dita Mécia Lopes vendia"[107].

Se bem que apenas 13 pessoas tenham declarado bens, podemos verificar que a presença de utensílios ligados à arte da doçaria entre os patrimónios arrolados foi uma realidade. Assim, vários referiram almofarizes com suas mãos, bacias de arame, balanças, caixas e caixões, escumadeiras, louça não especificada, palanganas, tachos de cobre e tigelas. Em quatro casos vale a pena citar concretamente: uma bacia grande e duas pequenas, dois tachos grandes e um pequeno foram avaliados em 10.000 réis, em 1705[108]; "quatro tachos de cobre e cinco de arame, no valor de 15.000 réis, foram arrolados e avaliados no mesmo ano[109]; "três tachos de arame, um grande e dois mais pequenos e uma bacia grande do mesmo e outras miudezas de cobre e de arame tocantes à cozinha e a seu ofício[110]; e "sete ou oito tachos uns de cobre outros de arame e sete ou oito bacias de fartéis e uma bacia grande que servia de fazer confeitos e três mais de arame também grandes"[111], constituíram descrições de anos anteriores. Além dos utensílios, os inventários não omitiram as matérias-primas como abóbora, açúcar, açúcar em pó, amêndoa; a par de doces prontos para serem vendidos, tais como açúcar rosado, conservas, confeitos "de toda a sorte", doces não especificados e marmelada. No caso do depoimento de Maria da Costa, datado de 1657, as informações prestadas foram particularmente precisas: "na casinha das conservas tinha dez ou doze azados de abóboras e dois de peras que cada um destes vasos teria quatro ou cinco arrobas; na loja tinha quinze ou dezasseis potes da Índia com ginja, marmelada flor e alguns estão vazios e assim tinha mais caixas de abóbora, pera, escorcioneira e umas marmeladas e confeitos que não sabe a quantidade que era"[112].

Pelos inventários é visível que muitos tinham dívidas e tinham também quantias a haver, além de terem numerário em casa. De notar que confeiteiros como João Antunes, detido em 1642[113] e Mécia Lopes, que entrara nos cárceres em 1654[114], emprestavam dinheiro a juro e sob penhores. Diversos réus

---

[107] Lisboa, A.N.T.T., *Inquisição de Évora*, proc. 3746.
[108] Lisboa, A.N.T.T., *Inquisição de Évora*, proc. 4022.
[109] Lisboa, A.N.T.T., *Inquisição de Évora*, proc. 6311.
[110] Lisboa, A.N.T.T., *Inquisição de Lisboa*, proc. 10211.
[111] Lisboa, A.N.T.T., *Inquisição de Évora*, proc. 3746.
[112] Lisboa, A.N.T.T., *Inquisição de Lisboa*, proc. 10200.
[113] Lisboa, A.N.T.T., *Inquisição de Lisboa*, proc. 5177.
[114] Lisboa, A.N.T.T., *Inquisição de Évora*, proc. 3746.

eram proprietários de imóveis como olivais, vinhas, casas (uma no valor de 200.000 réis), celeiros, a par de algumas jóias, como anéis, arrecadas, contas e cordões; alguma prataria representada por bandejas, copos, pires, salvas e talheres; diversos móveis, designadamente arcas, bancos, bufetes, cadeiras, camas (em alguns casos com dossel), caixas, caixões, contadores, escritórios, espelhos com molduras, guarda-roupas, mesas e tamboretes; têxteis do lar, como alcatifas, algumas da Índia; almofadas, cobertores, alguns de damasco, outros de seda e de tafetá, outros mais modestos de papa; colchas, algumas de seda; colchões, lençóis, toalhas e travesseiros, constituíam os recheios das casas destas pessoas. Sem esquecer candeeiros e tapetes, além de pinturas como as que representavam Nossa Senhora do Rosário, São José, São Joaquim, Santa Ana, São Tomás de Aquino e São Vicente Ferrer, pertencentes a Inês Antónia da Silveira, de 40 anos, moradora em Elvas, presa em 1751[115] ou as que Maria da Costa, em 1657 arrolou: sete ou oito painéis pequenos em que se contam a história de São Paulo, um em que se conta a história de Nossa Senhora, outro com Cristo e vários cujas temáticas não foram indicadas; uma lâmina grande de Nossa Senhora, duas mais pequenas de São Jerónimo e de São Francisco, além de um oratório[116].

Conflitos e rivalidades entre confeiteiros eram uma realidade afim à que ocorria entre pessoas de outros grupos profissionais. Por exemplo, em 1597, foi detido um antigo sirgueiro e à data confeiteiro de nome Pedro Gomes, sob acusação de judaísmo. Tinha 47 anos, parte de cristão-novo, era casado com Joana Rodrigues, nascera em Évora e morava em Lisboa. Ao apresentar as contraditas, enunciou os seus inimigos: um mercador, um confeiteiro, um sapateiro e um rendeiro. Em dois casos, os problemas tiveram como palco a tenda. As inimizades datavam de há cinco anos, quando o réu quis mudar-se para Lisboa, João Mendes pediu-lhe que "lhe largasse a casa em que ele réu morava e que o réu lha prometeu e depois não cumprir". Por seu lado, Jorge Gomes Barregão, rendeiro, morador em Évora, queria-lhe mal porque estando na loja dele declarante murmurando de algumas pessoas, o tomou ele réu pelo braço e o pôs na rua dizendo que não queria consentir em sua casa homens que tratassem das vidas alheias. Em novas contraditas, Pedro Gomes lembrou-se de mais um inimigo, o confeiteiro Manuel Rodrigues, "por razão do dito Manoel Rodrigues ter diferenças e palavras com um João Mendes, confeiteiro, o Gago de alcunha, na dita cidade à porta dele réu e por ele réu acudir pelo dito João Mendes e em seu favor e dizer ao dito Manuel Rodrigues que era um vilão ruim muito baixo e torpe"[117]. Diferentes foram

---

[115] Lisboa, A.N.T.T., *Inquisição de Lisboa*, proc.7392.
[116] Lisboa, A.N.T.T., *Inquisição de Lisboa*, proc. 10200. Sobre a presença deste tipo de peças nos patrimónios dos cristãos-novos cf. Braga 2012b: 655-669; Braga 2012a: 276-288.
[117] Lisboa, A.N.T.T., *Inquisição de Lisboa*, proc. 3224.

os problemas entre a confeiteira Leonor Rodrigues e seus enteados. A ré, de 60 anos, presa em 1597, havia sido casada duas vezes com confeiteiros com tenda na Confeitaria, em Lisboa. Após ter enviuvado segunda vez desentendeu-se com os enteados, filhos do segundo cônjuge. Com Catarina de Fontes os problemas começaram em vida do pai. Nas contraditas, a ré declarou que a rapariga era sua inimiga desde que a repreendera por ter mantido conversação ilícita secreta com um aprendiz que vivia sob o mesmo tecto. O relacionamento entre o aprendiz e a filha do marido da ré também não fora do agrado do seu cônjuge, que mandara prender o dito rapaz, cujo nome nunca foi mencionado. Em resultado desta agitação, Catarina saiu de casa. Com Diogo de Fontes, enteado e madrasta desentenderam-se por causa de partilhas, apesar de o assunto se ter resolvido através da intermediação de um irmão da ré, Manuel Mendes. Diogo acabou por receber 35.000 réis, tendo, posteriormente, ido para o Brasil[118]. Por seu lado, Álvaro Rodrigues, de 30 anos, natural e morador em Lisboa, preso em 1599, tornou claro nas contraditas que havia tido diversos desentendimentos com outros confeiteiros, nomeadamente com Henrique Nunes e Ana Gomes. Aparentemente o casal dava tavolagem em casa e, num dos dias em que o réu o visitou, discutiu com Ana Gomes por tê-la ouvido insultar umas vizinhas. A repreensão desencadeou o desagrado dos cônjuges, acabando Álvaro Rodrigues por lhes declarar que não regressaria "por se jogar com dados e cartas[119] falsas e que era casa de ladrões e velhacos". O réu teve ainda querelas com outro confeiteiro que lhe pedira para guardar seis caixas de açúcar, enquanto estivesse em Tancos para onde se deslocava com receio da peste[120], mas uma fora desviada, por um primo do depositário, o que enfureceu o dono do açúcar que definiu o acto como furto[121]. Note-se a conflituosidade a coincidir quer com as actividades profissionais quer com as lúdicas, como o jogo. E a este se dedicavam diversos confeiteiros, tais como Ascenso Nunes, natural da Vidigueira e morador em Lisboa, que se apresentou ao Tribunal em 1603. Neste caso, o réu declarou que costumava jogar "as távolas" com Manuel Lopes[122]. Por vezes, as brigas assumiram proporções inusitadas. No processo movido, em 1618, a Lourenço Gomes, de 29 anos, nascido e residente no Porto, pode verificar-se que, na fase das contraditas, o réu deu a conhecer aos inquisidores que "Gaspar Ruiz confeiteiro da cidade do Porto é inimigo capital dele réu porque sendo dantes muito amigos e tendo-se declarado um com o outro por judeus veio a ter com ele réu brigas e diferenças e com um primo dele réu por nome

---

[118] Lisboa, A.N.T.T., *Inquisição de Lisboa*, proc. 6339.
[119] Sobre as cartas de jogar, sua produção e comercialização, cf. Frazão 2003; Frazão, 2010.
[120] Sobre as pestes do final do século XVI, cf. Braga 1992: 7-22.
[121] Lisboa, A.N.T.T., *Inquisição de Lisboa*, proc. 190.
[122] Lisboa, A.N.T.T., *Inquisição de Lisboa*, proc. 11885.

Francisco de Chaves, confeiteiro do Porto, com quem o dito Gaspar Ruiz andou às cutiladas e se houveram de matar-se gente lhe não acudira e ouve entre eles muito ruins palavras de muita afronta e injúria e dali por diante pretendeu o dito Gaspar Ruiz fazer todo o mal que pudesse ao dito Francisco de Chaves e a ele réu, como por algumas vezes fez, e tendo tenda sua, só por fazer mal ao dito Francisco de Chaves, tomou outra defronte dele e desdenhava de toda a obra que fazia por lhe tirar os fregueses de maneira que era tão grande o odio e mal querença". Esta inimizada foi confirmada por uma testemunha que, contudo, apontou o motivo das diferenças: "Gaspar Ruiz teve brigas com Francisco de Chaves porque o primeiro queria casar com uma mulher com quem se casou Francisco de Chaves e por esta causa Gaspar Ruiz chegou a pôr tenda defronte da de Francisco de Chaves e chegaram a brigar"[123]. Confirmaram-se os problemas mas apresentaram-se motivações diferentes para os mesmos.

A conflituosidade entre tendeiros e clientes também ficou documentada. O confeiteiro e mercador cristão-novo, João Antunes, de 37 anos, natural de Tavira e morador em Santarém, casado com Maria Nunes, poderá ter sido acusado de práticas judaicas e preso, em 1642, exatamente por não fiar[124] aos seus clientes os bens que pretendiam adquirir. As contraditas que apresentou tornaram claras denúncias falsas ou pelo menos pouco credíveis. Assim, apurou-se que "sempre viveu com muita isenção, sem nunca dar coisa alguma fiada, no que se agravam dele réu muito as pessoas de nação da dita vila que o procuravam e lhe pediam alguma coisa fiada por ele réu não lha querer dar fazendo disso públicas queixas, pelo que a seus ditos se não deve dar crédito pelo ódio que disso lhe tinham contra ele réu todos, em geral"[125]. Outros depoimentos explicitam inimigos concretos, como Guiomar Nunes e sua filha, Iria da Silveira, Miguel de Pina e sua mulher, o médico Diogo Rodrigues, os boticários Domingos Rodrigues e Sebastião Rodrigues e tantos outros. Todos os que tinham má vontade para com o réu partilhavam o desagrado pela questão da indisponibilidade de João Antunes vender fiado ou de ameaçar vender os bens penhorados quando os que a ele tinham recorrido não conseguiam satisfazer os empréstimos. Em um caso, havia má vontade por o réu ter recusado dar esmolas a uns reconciliados que haviam saído num auto da fé.

Revelador de rivalidades profissionais e do receio do efeito das denúncias foi o depoimento de Gaspar de Barros. Este confeiteiro, penitenciado em 1621, voltou ao tribunal de Lisboa, em 1625, depois de ter sido reconciliado, para

---

[123] Lisboa, A.N.T.T., *Inquisição de Lisboa*, proc. 2731.
[124] Sobre as atividades monetárias dos cristãos-novos, cf. Braga 2012a: 222-240.
[125] Lisboa, A.N.T.T., *Inquisição de Lisboa*, proc. 5117.

dar conta de um conflito com o confeiteiro Francisco Serrão e com outros não identificados, solicitando aos inquisidores que castigassem os que falsamente o denunciavam e difamavam: "o andam perseguindo e afrontando por todas as partes onde se acham e o sobredito Francisco Serrão pondo em autos públicos artigos difamatórios como constam que vão juntos dizendo neles que fora penitenciado e lançava nos doces que fazia imundícies e sujidades e que assim o confessara nesta Santa Mesa e que principalmente o fazia para os cristãos-velhos e para casa de Nuno Álvares Portugal e que não podia ser confeiteiro nem usar de meu ofício"[126]. O assunto teve seguimento. Francisco Serrão foi chamado ao tribunal e confrontado com a situação. Em seguida, Gaspar de Barros apresentou, perante um tabelião, o escrito do seu inimigo. Nele se podem ler informações aparentemente falsas, mas relevantes acerca da aprendizagem do ofício: "provara que o embargado Gaspar de Barros não foi nunca examinado de oficial de confeiteiro nem teve carta nem teve nunca loja na rua posta em seu nome porque posto que estivesse em loja foi porque seu mestre que o pôs nela dizendo que era sua e por esse respeito se lhe não perguntava pela carta mas não que realmente fosse nunca examinado e os juízes do ofício que uma informação não sabiam disto e foram enganados de algumas pessoas que o informaram porque provara que as cartas de exame dos oficiais de confeiteiro todas as que se passam ficam registadas no livro do senado da câmara em uma pasta sem que nele fique seu registo e como quer que estando embargado não está registada é sinal que com efeito se não passou nem sem isto e sem cartas que estava no livro da câmara registada se não podia passar outra e provara que ainda que tivesse exame feito que não tem e fora carta passada que não era lícito fosse admitido na rua nem que usasse mais dela porquanto o embargado foi preso pelo Santo Ofício e saiu penitenciado no auto da fé e entre as culpas que confessou foi que botava imundícies e sujidades em os doces que iam para casa dos cristãos-velhos e em especial nos que iam para casa de D. Nuno Álvares Portugal presidente que foi deste senado por onde não é lícito que a tal homem se deixe usar tal ofício". Perante isto, Francisco Serrão foi chamado ao Santo Ofício, confessou que tinha sido o autor do embargo feito a Gaspar de Barros e justificou o acto, alegando que "dera prova a ele de testemunhas que juravam ser assim voz e fama na rua e isto por lhe aconselhar seu letrado que lhe convinha para uma demanda que traz com o dito Barros sobre umas arcas e que não sabe do sobredito mais que da fama na rua". Face a tão maquiavélicas afirmações, incentivadas por um legista, e com objectivos precisos, os inquisidores limitaram-se a ordenar, sob pena de prisão, que o difamador mandasse riscar

---

[126] Lisboa, A.N.T.T., *Inquisição de Lisboa,* proc. 10211.

o dito artigo e apresentasse certidão em como cumprira a ordem[127]. Gaspar de Barros tinha, como se acabou de verificar, inimigos, mas também foi citado como pessoa adversa por parte de Beatriz de Barros, sua tia. Esta ré, presa em 1621, declarou que os problemas entre o sobrinho, ela e seu marido, António Gonçalves, haviam tido início quando aquele, por ter sido juiz e escrivão do ofício de confeiteiro, o mandou citar para que mostrasse a carta de exame que tinha para usar do ofício. Aparentemente, era uma forma de pressionar Barros "para ver se em isto podia fazer com que casasse com a dita Maria Duarte e sucedeu que vendo-se citado e compelido por esta via o dito Gaspar de Barros contraiu o dito matrimónio"[128].

Embora quase todos estes confeiteiros processados fossem cristãos-novos ou tivessem parte de cristãos-novos, o sincretismo religioso era evidente. Se mantinham algumas práticas judaicas também não deixavam de seguir o catolicismo, e a isso eram obrigados, chegando alguns a integrar confrarias o que significava não apenas uma maneira de desviar as atenções dos cristãos-velhos como também uma forma de integração e de prestígio social[129]. Por exemplo, Pedro Gomes, de 47 anos, natural de Évora e residente em Lisboa, preso em 1597, pertencera à confraria de Santa Luzia, do mosteiro de Nossa Senhora da Graça, de Évora[130]. No mesmo ano, foi detido Álvaro Fernandes, de 57 anos, natural de Elvas e com residência na rua dos Esteiros, em Lisboa, o qual fora juiz da confraria de Nossa Senhora da Oliveira[131]. André Lopes, de 64 anos, natural de Estremoz e morador em Sacavém, detido em 1603, e liberto pelo perdão geral de 1605, apresentou diversas testemunhas cristãs-velhas abonatórias da sua conduta, entre as quais dois confeiteiros Diogo de Franco e João Velho. Ambos declararam que o réu pertencia à confraria de Nossa Senhora da Oliveira à qual oferecera um prato de prata[132]. A convivialidade com este e com outros confeiteiros cristãos-velhos ficou amplamente documentada com expressões como "eram amigos e comiam e bebiam juntos". Gaspar de Barros, outro cristão-novo, de 35 anos, natural de Lagos e residente em Lisboa, deu entrada no cárcere em 1619. Ao responder às perguntas acerca dos bens que possuía fez saber que tinha em seu poder

---

[127] Lisboa, A.N.T.T., *Inquisição de Lisboa*, proc. 10211.
[128] Lisboa, A.N.T.T., *Inquisição de Lisboa*, proc. 1416.
[129] Recorde-se que as confrarias, em princípio, estavam abertas a todos. Porém, o pagamento da quota anual implicava, desde logo, a exclusão dos mais carenciados. Por outro lado, ressalve-se que algumas colocavam entraves à entrada de cristãos-novos. Cf., sobre esta questão concreta, Araújo 2001-2002: 291, relativamente à irmandade das Almas e de São Cosme de Alrote; Coutinho, Ferreira 2004: 201-206; Reis 2007: 225-230. O mesmo também acontecia em Espanha, cf. por exemplo, Moreno Valero 1989: 489-499; Carasa Soto 1991: 144.
[130] Lisboa, A.N.T.T., *Inquisição de Lisboa*, proc. 3224.
[131] Lisboa, A.N.T.T., *Inquisição de Lisboa*, proc. 1930. Macedo 1960: 97-116 (2), indica que os confeiteiros formaram a irmandade de Nossa Senhora da Oliveira em 1753.
[132] Lisboa, A.N.T.T., *Inquisição de Lisboa*, proc. 13303.

cerca de 5.000 reis pertencentes à confraria de Santo António[133]. Por seu lado, Francisco da Fonseca, de 41 anos, natural de Lisboa e morador em Castelo Branco, era, em 1627, escrivão da irmandade dos Fiéis de Deus[134]. Mais tarde, em 1657, Maria da Costa, de 37 anos, residente em Lisboa, afirmou ter servido a confraria de Nossa Senhora da Oliveira[135]. Note-se a pertença de várias pessoas à irmandade de Nossa Senhora da Oliveira, uma agremiação dos confeiteiros, fundada em 1563 e com novo compromisso em 1753[136]. De referir que, tal como em outras confrarias, a dos confeiteiros impôs algumas limitações aos cristãos-novos. Esta não lhes vedou as entradas mas, a partir de 1629, impediu-os de desempenharem as funções de juiz e de escrivão[137].

Se pertencer a uma confraria era sinónimo de integração e de status também é certo que algumas marcas das práticas judaicas se tornam visíveis em termos alimentares entre os confeiteiros penitenciados. Por exemplo, Luís Pires declarara que Gaspar de Barros comera coelho[138] – animal que os judeus e os cristãos-novos judaizantes não consumiam[139] – o que demonstrava ser bom cristão no entendimento da testemunha. Pelo contrário, Maria Álvares notou que seu tio Manuel Rodrigues, numa Páscoa, ao visitá-la, perguntara se certo bolo de manteiga, que ela e sua irmã lhe haviam oferecido, tinha banha[140]. Por seu lado, Pedro Gomes relatou um episódio ocorrido, por volta de 1641, em casa de José Peres, de 37 anos, natural de Elvas e morador em Estremoz. Tendo ido comprar confeitos a casa do referido tendeiro e estando aquele acompanhado pela mulher, por duas cunhadas e por um cunhado, foram servidos uns bolos para todos merendarem. A testemunha recusou a oferta, por ter jantado pouco tempo antes, o que provocou o comentário de uma das pessoas: "bem podia comer dos ditos bolos porque não tinham manteiga de porco"[141].

Apesar do propósito deste estudo não ser a acção inquisitorial, verifica-se que estes réus, quase todos cristãos-novos acusados de judaísmo, conheceram sentenças diversificadas: quatro pessoas foram relaxadas ao braço secular, outras tantas condenadas a degredo para diversas partes do Império (Angola, Brasil), uma desterrada para Castro Marim, a par de 13 que tiveram cárcere a arbítrio, 32 que foram condenadas a cárcere perpétuo (o que não significava para sempre), sem esquecer ainda o uso de hábito penitencial perpétuo para

---

[133] Lisboa, A.N.T.T., *Inquisição de Lisboa*, proc. 10211.
[134] Lisboa, A.N.T.T., *Inquisição de Lisboa*, proc. 1262.
[135] Lisboa, A.N.T.T., *Inquisição de Lisboa*, proc. 10200.
[136] Oliveira, 1906: 52, 116, passim (15).
[137] Macedo 1960: 65 (2).
[138] Lisboa, A.N.T.T., *Inquisição de Lisboa*, proc. 10211.
[139] Cf. Braga 2002-2003: 415-421, também publicado in *Braga* 2004a: 11-33.
[140] Lisboa, A.N.T.T., *Inquisição de Évora*, proc. 525.
[141] Lisboa, A.N.T.T., *Inquisição de Évora*, proc. 3952.7.

32 condenados e de hábito penitencial a arbítrio para 10. 18 réus viram os seus bens confiscados. Em alguns casos, o cárcere e o hábito integraram a mesma sentença. As abjurações foram: 52 em forma, 21 de veemente e seis de leve. 56 réus ouviram as sentenças no auto da fé e 10 na Mesa do Santo Ofício. Finalmente, três presos faleceram nos cárceres antes da conclusão dos processos, outros três foram soltos sem qualquer pena, sete beneficiaram do perdão geral de 1605 e um processo não teve sentença.

3. Ser confeiteiro na Época Moderna era sinónimo de pertencer ao povo, tal como acontecia com todos os outros artesãos. Entre pobres, remediados ou abastados, vendendo de forma itinerante em feiras ou nas suas tendas bem providas, estamos perante um grupo de homens e mulheres que estabelecem relações de conflito e de solidariedade, independentemente de serem ou não cristãos-novos. Se as rivalidades e os problemas entre alguns membros do grupo foram evidentes, por vezes agravadas com a situação face ao baptismo, também são igualmente visíveis atitudes de cooperação e de convivialidade alargadas de cristãos-novos com cristãos-velhos.

Pela natureza das fontes em estudo, podemos ter acesso a informações pouco frequentes em outro tipo de documentação relativa ao mundo dos ofícios, designadamente a aprendizagem, os patrimónios, os negócios, o conteúdo e a localização das tendas, a aquisição de matérias-primas e a preparação dos diferentes doces, os fregueses, os locais que frequentavam, os problemas em que se envolviam, mas também as distracções, a religiosidade e as solidariedades. Ou seja, a utilização da documentação inquisitorial aparece como uma fonte rica e multifacetada para o estudo do trabalho em contextos urbano e rural, permitindo vislumbrar as vivências menos conhecidas dos plebeus.

Anexo 1

Confeiteiros Presos pelos Tribunais do Santo Ofício de Évora e de Lisboa (séculos XVI-XVIII)

Nome	Idade	Cônjuge	Natural	Morador	Data	Pena	Fonte
Afonso Rodrigues	33	-	Lisboa	Lisboa	1570	Solto	L3986
Álvaro Cardoso	60	-	Setúbal	Setúbal	1640	afchppcf	L8825
Álvaro Fernandes	26	Beatriz Dias	Elvas	Lisboa	1564	af	L4132
Álvaro Fernandes	50	Maria Lopes	Elvas	Lisboa	1590	al	L1930-1
Álvaro Garcia	60	Francisca da Silva	Estremoz	Lisboa	1705	afchpa	L11506
Álvaro Rodrigues	30	Inocência da Horta	Lisboa	Lisboa	1599	Faleceu no cárcere	L190
André Lopes	64	Filipa da Costa	Estremoz	Sacavém	1603	Solto pelo perdão geral	L13303
António Bastos	23	S	Avis	Avis	1715	afchpa	E633
António Cardoso	32	Filipa Maria	Elvas	Elvas	1708	afchpacf	E4025
António da Silva	18	S	Covilhã	Lisboa	1626	alcadCM	L5989
António Gonçalves	55	Beatriz de Barros	Lisboa	Lisboa	1621	aldA	L5398
António Mendes[142]	45	Antónia Ribeira †	Estremoz	Olivença	1708	afchpp	E4042
António Mendes[143]	42	Antónia Ribeira †	Estremoz	Olivença	1705	afchppcf	E4022
António Soares	20	S	Beja	Beja	1637	afchppcf	E5248
Ascenso Nunes	30	Clara Álvares	Vidigueira	Lisboa	1603	Solto pelo perdão geral	L11885

Nome	Idade	Cônjuge	Natural	Morador	Data	Pena	Fonte
Beatriz de Barros	44	António Gonçalves	Lagos	Lisboa	1621	alchpa	L1416
Beatriz Franca	-	Manuel Mendes	Vila Viçosa	Vila Viçosa	1591	afchpp	L8989
Bento Soares	72	Joana de Mesas †	Campo Maior	Estremoz	1651	afchpacf	E3080
Brás de Valadares	28	S	Beja	Lisboa	1671	Solto	L12724
Constança Rodrigues	18	Lopo Rodrigues	Elvas	Lisboa	1564	mf	L13162
Dinis Dias	51	Isabel Gomes †	Montemor-o-Novo	Lisboa	1603	Solto pelo perdão geral	L4504
Diogo de Barros	28	Isabel Peres	Lagos	Lagos	1620	afca	E5805
Diogo de Fontes	32	Paula Duarte	Lisboa	Pernambuco	1594	mf	L13254
Diogo Lopes de Elvas	51	Inês Rodrigues	Elvas	Lisboa	1603	Solto pelo perdão geral	L4503
Domingos Nunes	30	Joana Baptista	Lisboa	Lisboa	1659	dCM	L11027
Filipa Rodrigues	-	Tristão de Castro †	-	Lamego	1543	afchpp	L7885
Francisco da Fonseca	41	Inês Pires	Lisboa	Castelo Branco	1627	afhppcf	L1262
Francisco da Silva	40	S	Sousel	Fronteira	1711	mf	E6838
Francisco de Almeida	26	S	Faro	Sabugal	1745	Solto	C7838
Francisco de Chaves	32	Maria da Paz	Provesende	Porto	1618	afchppcf	L1154
Gaspar de Barros	35	Maria Duarte	Lagos	Lisboa	1619	afchppcf	L10211
Gaspar Lopes	50	Violante Lopes	Elvas	Lisboa	1599	afchppcf	L12834
Guiomar Nunes	56	Manuel Rodrigues †	Cascais	Santarém	1640	ar	L5018

Confeiteiros na Época Moderna: Cultura Material, Produção e Conflituosidade

Nome	Idade	Cônjuge	Natural	Morador	Data	Pena	Fonte
Henrique Álvares	23	S	Crato	Fundão	1664	afchppcf	L5102
Inês Antónia da Silveira	40	João Cardoso	Sousel	Elvas	1751	afchpp	L7392
Inês Dias	28	Luís Vaz	Vila Real	Vila Real	1622	afchpp	L11543
Inocência da Horta	26	Álvaro Rodrigues	Évora	Lisboa	1603	Solta pelo perdão geral	L8956
Isabel Rodrigues	40	João Dias	Setúbal	Lisboa	1603	Solta pelo perdão geral	L8903
Jerónimo Fernandes	23	S	Coimbra	Lisboa	1625	afchpa	L2548
João Antunes	37	Maria Nunes	Tavira	Santarém	1642	alca	L5117
João Dias	39	Isabel Rodrigues	Lisboa	Lisboa	1603	Solto pelo perdão geral	L16851
João Fernandes	85	(?) Fernandes	Castela	Évora	1542	afchpp	E1558
João Gomes Lopes	42	Isabel de Fontes	Lisboa	Lisboa	1628	afchpp	L10402
João Lopes	16	S	Olivença	Estremoz	1651	mf	L7057
João Nunes	28	S	Montemor-o-Novo	Montemor-o-Novo	1625	afchppcf	E978
João Rodrigues	52	Ana Rodrigues	Elvas	Lisboa	1609	al	L11293
João Soares Leitão	30	S	Avis	Castelo Branco	1703	afchpa	L529
Jorge Lopes	28	Leonor Gomes	Évora	Lisboa	1563	ar	L713
José Peres[144]	38	Isabel Garcia	Elvas	Estremoz	1648	afchppcf	E3952
José Peres[145]	50	Isabel Garcia	Elvas	Estremoz	1660	afchppdB	E3952
Leonardo Rodrigues	40	Leonor Garcez	Porto	Porto	1619	afchpacf	C875

Nome	Idade	Cônjuge	Natural	Morador	Data	Pena	Fonte
Leonor de Castro	40	João Garcia	Ourique	Lisboa	1607	Faleceu no cárcere	L7598
Leonor Dias	20	Pedro Rodrigues	Porto	Porto	1618	afchpp	L2734
Leonor Rodrigues	60	Simão de Fontes †	Évora	Lisboa	1597	ar	L6339
Lourenço Gomes	29	S	Porto	Porto	1618	afchpp	L2731
Luís Mendes	65	-	-	Lisboa	1616	dS	L7333
Manuel da Silva	51	Francisca Soares	Sousel	Fronteira	1706	afchpa	E4681
Manuel Fernandes	50	Catarina Álvares	Montemor-o-Novo	Lisboa	1591 1595	av	L12016-1[146]
Manuel Fernandes	54	Catarina Álvares	Montemor-o-Novo	Lisboa	1595	ar	L12016-1[147]
Manuel Gomes	27	Catarina Barreta	Cabeço de Vide	Cabeço de Vide	1705	afchpp	E8599
Manuel Gomes	40	Maria Lopes	Elvas	Elvas	1654	afchppcf	E1200
Manuel Gomes de Bívar	29	Natália Ribeira	Santarém	Lisboa	1642	afchppcf	L7361
Manuel Lopes	16	S	Olivença	Estremoz	1649	mf	E2617
Manuel Mendes	45	Beatriz França	Estremoz	Vila Viçosa	1591	afchppcf	L7274
Manuel Rodrigues	52	**Mécia Lopes**	Elvas	Elvas	1654	afchppcf	E525
Manuel Sanches	20	Maria da Trindade	Olivença	Borba	1672	mf	E3826
Maria da Costa	37	Cosme Rodrigues de Castilho	Lisboa	Lisboa	1657	afca	L10200
Maria Lopes	46	Álvaro Fernandes	Elvas	Lisboa	1590	av	L5535
Maria Nunes	-	Rodrigo Nunes	Lisboa	Lisboa	1548	af	L3914

Confeiteiros na Época Moderna: Cultura Material, Produção e Conflituosidade

Nome	Idade	Cônjuge	Natural	Morador	Data	Pena	Fonte
Martim Melero	25	S	Aragão	Lisboa	1601	mf	L17729
Mécia Lopes	65	**Manuel Rodrigues**	Elvas	Elvas	1654	Faleceu no cárcere	E3746
Mécia Pinta	40	Diogo Rodrigues†	Portalegre	Portalegre	1630	afchpp	E5550
Paula Duarte	25	**Diogo de Fontes**	Lisboa	Pernambuco	1594	afchppcf	L13254a
Pedro Gomes	47	Joana Rodrigues	Évora	Lisboa	1597	afchpp	L3224
Pedro Mendes	51	Isabel Rodrigues	Vila Viçosa	Vila Viçosa	1658	afca	E1020
Rodrigo Nunes	-	Maria Nunes	-	Lisboa	1544	Não tem sentença	L12977
Rui Dias	-	Graça Lopes	Lisboa	Lisboa	1539	afchpp	L3853
Sebastião Madeira	39	Maria Ribeira	Estremoz	Olivença	1705	afchpa	E6311
Sebastião Rodrigues Porto	27	Maria das Candeias	Beja	Beja	1667	mf	E5449
Violante Lopes	40	**Gaspar Lopes**	Lisboa	Lisboa	1599	afchpp	L5821

Penas:

Publicitação das penas: a – auto da fé, m – Mesa do Santo Ofício;

Abjuração dos réus: l – abjuração de *levi* suspeito na fé, f – abjuração em forma, v – abjuração de veemente suspeito na fé;

Castigos: c – cárcere, cf – confisco de bens, d – degredo (A – Angola; B – Brasil; CM – Castro Marim), hpa – hábito penitencial a arbítrio, hpp – hábito penitencial perpétuo; r – relaxado ao braço secular.

---

[142] O réu foi preso duas vezes em 1705 e em 1708, tendo tido dois processos.
[143] O réu foi preso duas vezes em 1705 e em 1708, tendo tido dois processos.
[144] O réu foi preso duas vezes em 1648 e em 1660, tendo tido dois processos.
[145] O réu foi preso duas vezes em 1648 e em 1660, tendo tido dois processos.
[146] O réu foi preso duas vezes em 1591 e em 1595, tendo tido dois processos.
[147] O réu foi preso duas vezes em 1591 e em 1595, tendo tido dois processos.

Fonte:
E – *Inquisição de Évora*, proc.
C – *Inquisição de Coimbra*, proc.
L – *Inquisição de Lisboa*, proc.

A negrito quando os dois membros do casal – ambos confeiteiros – foram presos e penitenciados pelo Santo Ofício.

O CONTRIBUTO DAS FONTES PALEOGRÁFICAS PARA O ESTUDO DA HISTÓRIA DA ALIMENTAÇÃO: O CASO DO LIVRO DE SUPERINTENDÊNCIA DE COZINHA DO REAL COLÉGIO DE SÃO PEDRO DE COIMBRA (SÉC. XVII)

(The contribution of paleographic sources for the study of history of food: The case of the Food's Superintendent Book of the Real Colégio de São Pedro de Coimbra (XVII century))

GUIDA CÂNDIDO
Câmara Municipal da Figueira da Foz (guida.silva.candido@gmail.com)

RESUMO: Após uma curta contextualização da fonte em apreço procura-se apresentar uma análise do que seria a alimentação no Real Colégio de São Pedro de Coimbra, no final do século XVII, aferindo sobre a incontornável relevância, prestígio e transcendência dos alimentos durante este período.

PALAVRAS-CHAVE: História da Alimentação, século XVII, Alimentação, Real Colégio de São Pedro, Coimbra, Livro de Cozinha

ABSTRACT: After a short contextualization of the document under analysis, this work presents a description of the diet habits of "Real Colégio de São Pedro de Coimbra" by the end of XVII century, assessing the relevance, prestige and transcendence associated with food consumption during this period.

KEYWORDS: History of Food, XVII century, Diet habits, Real Colégio de São Pedro, Coimbra, Food operating expenses book

1. O REAL COLÉGIO DE SÃO PEDRO

No século XVI, durante o reinado de D. João III, a reforma da Universidade de Coimbra permite a criação da maioria dos Colégios Universitários da cidade. Encontram-se distribuídos pela Alta da cidade e também pela Baixa, na rua que se abre para esse fim, a chamada rua da "sabedoria", ou seja Rua da Sofia.

No conjunto dos 22 colégios existentes até à extinção das ordens religiosas, em 1834, conta-se o Real Colégio de S. Pedro, também designado por Colégio Pontifício e Real de S. Pedro, Colégio de S. Pedro dos Borras ou Colégio de S. Pedro dos Franciscanos Calçados.

Estabelecido em 1540 por D. Rui Lopes de Carvalho, Bispo de Miranda, destinado a uma dúzia de clérigos mirandeses de posses limitadas, conta com dois edifícios. Na Baixa, construído entre 1543 e 1548 passa para a Ordem Terceira Regular de São Francisco, frades Franciscanos Calçados ou Frades Terceiros, vulgarmente designados "Borras". Na Alta, em 1572, o rei D. Sebastião concede o edifício junto ao Paço da Alcáçova Real - a Sul do que é hoje a Porta Férrea - e o Colégio destina-se a doutores e licenciados com pretensões do caminho de lente nas quatro faculdades da Universidade: Cânones, Leis, Medicina e Teologia. Mais tarde, a reforma pombalina cria as faculdades de Matemática e Filosofia que também passam a estar aí representadas.

Em 1660 o Colégio passa para a inspeção dos Reitores da Universidade. A capela, situada na extremidade Norte do Colégio, junto à Porta Férrea, é demolida, estabelecendo-se a comunicação entre as Casas do Reitor e os Paços da Universidade. Em 1713 ergue-se o portal barroco virado para o pátio. Aquando da 3.ª Invasão Francesa é saqueado e, por decreto de 16 de Julho de 1834, extingue-se e é entregue à Universidade. A instalação do Conselho Superior de Instrução Pública acontece em 1845.

Em 1911, a Faculdade de Letras, tem ali a decorrer, provisoriamente, as aulas do primeiro ano. O mesmo se verifica com a Biblioteca do Departamento de Matemática da Faculdade de Ciências, a Biblioteca da Faculdade de Medicina com os livros da antiga Biblioteca do Colégio Real de S. Paulo, a Escola Normal Superior, os serviços da Filantrópica Académica, o Laboratório de Criptogamia e Fermentações de Farmácia e o Observatório.

A Biblioteca do Colégio passa para o novo edifício da Faculdade de Letras em 1917. Atualmente, encontra-se na Biblioteca Geral, numa sala designada com o nome do próprio Colégio[1]. Ao contrário do que se verifica com as Bibliotecas dos Colégios de Coimbra, integradas nas diferentes faculdades, aquando da extinção das ordens religiosas, o fundo bibliográfico do Real Colégio de São Pedro permanece como único núcleo intacto. Essa situação acontece por ser atribuído o seu uso ao Reitor da Universidade.

A organização da Biblioteca está de acordo com o perfil adotado pelas bibliotecas colegiais de então, com um conjunto de temáticas diversas que incluem Física, Química, Matemática, Medicina, Filosofia, Direito, Teologia, e Sagrada Escritura a que acresce ainda as edições dos Humanistas, reflexo de esclarecimento intelectual e cultural, próprios de quem gere um estabelecimento de cariz superior[2].

2. Livro de superintendência da cozinha | 1687/88

Os setenta e cinco dias do livro de superintendência de cozinha do Real Colégio de São Pedro, datado de 1687/88, e aqui transcritos, não serão, com toda a certeza, suficientes para uma análise profunda da dieta alimentar praticada durante o final do século XVII naquela instituição. Contudo, refletem uma amostragem; lançam uma luz sobre essa temática, tão cara à História da Humanidade, e desafiam-nos a imaginar a mesa de tais comensais.

---

[1] Os Colégios da Alta Coimbrã – Episódios da Vida Académica 1987: 30-32.
[2] Faria, Pericão 1991: 184.

A arqueologia dos hábitos alimentares é, por certo, das disciplinas que mais contribuem para o conhecimento das vivências do quotidiano, nomeadamente para reconhecermos a capacidade de sobrevivência do Homem, de adaptação às condições físicas, climatéricas, territoriais, económicas, sociais, culturais e religiosas. A História da Alimentação permite a compreensão das heranças que chegaram até aos nossos dias, através do estudo da predominância – diria até, preferência – de consumos alimentares distintos que, relacionados com os mais diversos fatores, aproximam o Homem de ontem do de hoje.

O registo das despesas relacionadas com a alimentação são um instrumento valioso que permite aferir sobre a panóplia de alimentos que entram na dieta alimentar dos colegiais e o preço dos mesmos. Trata-se simultaneamente de uma possibilidade de investigação social, antropológica e económica.

O documento visado conserva-se no Arquivo da Universidade de Coimbra. É aqui parcialmente transcrito e analisado, num período que compreende o dia 26 de novembro de 1687 e o dia 8 de fevereiro de 1688. Inclui, por isso, a época de Natal e a transição de ano. Não é, contudo, alvo de particular diferença a listagem de compras desses dias relativamente a outros períodos do ano, o que poderá causar alguma surpresa aos que atualmente vivem esses dias no excesso de uma mesa farta, rica, especial e diferente. Aliás, a noite de Natal é também ela de jejum religioso, prática herdada de tempos medievais, como se pode verificar na transcrição da fonte[3].

Torna-se possível verificar a diversidade de alimentos consumidos no Colégio, a regularidade com que entram nas ementas e as despesas inerentes. Ainda que para um grupo de alimentos não seja indicada a quantidade – casos mais comuns nas frutas, verduras e condimentos – é factível elaborar ementas diárias e preferências, e observar, com as devidas reservas, a probabilidade de os fornecedores se manterem, durante o período focado, com base na regularidade dos preços ajustados às mercadorias adquiridas.

Durante o período em análise, o escrivão aparenta ser o mesmo, o que se infere pela constante identidade vincada na caligrafia. Usa uma escrita escorreita, com algumas abreviaturas e omissões, ainda assim percetível e com rigor contabilístico, salvo raras exceções.

2.1 Os alimentos

A diversidade de alimentos incluídos nas listagens em análise, denota os hábitos e preferências, como antes se referiu. Nos setenta e cinco dias de compras, registam-se 42 alimentos diferentes. Não se pode negligenciar a panóplia de alimentos selecionados por quem geria tal cozinha. Pese embora a seleção pontual e residual de alguns deles, verifica-se uma diversidade

---

[3] Coelho 2010: 147.

interessante e que pode de algum modo ser comparado com o que acontece em algumas cozinhas congéneres na atualidade.

Registe-se, no entanto, a ausência de determinados alimentos que se consideram comuns e de uso frequente na cozinha da época[4]. O azeite não consta desta listagem. Embora sem certezas fundamentadas, é difícil imaginá-lo fora da dieta deste colégio, pois, é uma gordura bastante usada na época. Lança-se a hipótese de a sua aquisição se verificar numa data anterior ou posterior ao período aqui analisado. Trata-se de um alimento que normalmente é comprado em grandes quantidades para abastecer uma cozinha durante um longo período que pode, eventualmente, chegar a um ano. Ou poderá ainda ser adquirido, não por meio de compra, mas fruto do pagamento de rendas. São hipóteses, que poderão ser ou não confirmadas com a leitura integral da fonte analisada.

Também os laticínios, exceptuando a manteiga, não entram nas despesas do Real Colégio de São Pedro. A utilização da manteiga na cozinha representa uma tendência que se mantém até ao século XIX, sobretudo na mesa palatina, mas igualmente nas casas aristocratas onde as gorduras usadas em permanência são a manteiga e o toucinho, e a aplicação do azeite continua relacionada com a iluminação[5]. A ausência de queijo é francamente surpreendente. Produto de fácil acesso, muito apreciado e com utilização regular, seria lógica a sua inclusão na dieta dos colegiais[6]. Pese embora o leite não fosse regularmente consumido como bebida, ao contrário do que acontece nos nossos dias, a sua utilização na cozinha é por demais evidente nos receituários conhecidos, nomeadamente em todas as viandas e manjares de leite[7].

Fica pois o reparo a esta análise que, em rigor, terá de ser vista como um apontamento de um período restrito, apenas três meses, o que não permite intuir com exatidão absoluta ou extrapolar de forma precisa a leitura completa do que seria a alimentação diária do Real Colégio de São Pedro ao longo dos anos.

Procurando uma divisão por categorias, estes alimentos podem ser agrupados do seguinte modo:

---

[4] Ainda que o período em causa seja posterior, para conhecer a dieta alimentar durante a época medieval em Portugal, consultar Arnaut 1986.

[5] Monteiro 2011: 112.

[6] Na dieta alimentar dos colegiais do Colégio Real dos Nobres de Lisboa, ainda que num período posterior, existe a indicação do consumo de queijos, alguns dos quais da região de Coimbra, nomeadamente queijo de Montemor. Crespo, Hasse 1981: 103.

[7] Veja-se as receitas de manjares de leite do *Livro de cozinha da Infanta D. Maria, códice português IE33 da Biblioteca Nacional de Nápoles 1986*.

Carne	Peixe	Fruta	Legumes/ Verduras/ Cereais	Condimentos
Carneiro	Bacalhau	Ameixa	Arroz	Açafrão
Frango	Linguado	Castanha	Chicória	Açúcar
Galinha	Pescada	Doce*	Espinafre	Banha
Língua de vaca	Peixe	Fruta	Feijão	Coentro
Ovos*	Peixe fumado	Maçã	Grão	Erva-doce
Pato	Ruivo		Hortaliça	Manteiga
Peru	Sardinha		Nabo	Sal
Porco	Tainha		Pão*	Toucinho
Tordo			Repolho	Vinagre
Vaca				Vinho*

Tabela 1 - Grupo de alimentos (* indica alimentos que têm representação noutra categoria)

Além da diversidade de alimentos, pode-se analisar as quantidades e regularidade do seu consumo. Os seguintes quadros indicam, para cada uma das categorias, as quantidades consumidas:

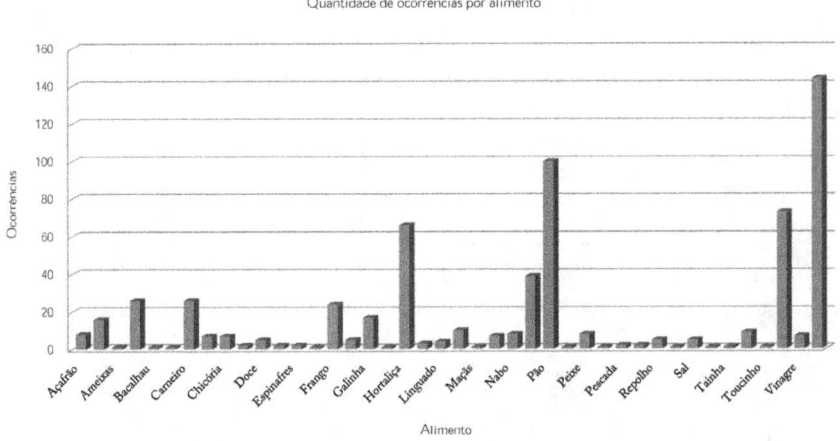

Fig. 1: Ocorrências de consumo de todos os alimentos

A variedade de carnes consumidas pelos colegiais inclui o gado bovino, em maior escala, suíno, ovino e aves, com a referência curiosa aos tordos e ao peru, ainda que este último de forma residual. Atesta-se ainda a especificação de miudezas, como é o caso da língua de vaca.

De acordo com o estudo de Ferro[8], durante a época medieval e nas centúrias seguintes, a população, de uma forma geral, baseia a sua alimentação diária no consumo de cereais, em forma de pão, papas e sopas, e também peixe, fresco, seco, fumado ou salgado, predominantemente a sardinha. O consumo de carne, sobretudo vaca, fica reservado às classes média e alta. Os galináceos e os respetivos ovos são de fácil acesso dado a ampla criação a que se assiste durante os séculos XVII e XVIII. Ora, a fonte agora analisada, reflete um setor social particularmente privilegiado, em que o consumo de carne de vaca é diário, destacando-se das restantes proteínas elencadas. As 73 ocorrências perfazem um total de 719 arrobas de vaca, com o preço médio de 21 reais por arroba. Acresce, ainda, 28 arrobas de língua de vaca, comprada a 7 reais a arroba.

O segundo lugar é ocupado pela carne ovina, com 360 arrobas de carneiro consumidas em cerca de 1/3 dos dias indicados. A carne de porco reúne menos preferência, ficando-se pelas 97 arrobas, registadas em 10 dias. Em relação às aves, o topo é ocupado pelos tordos, com 1482 unidades, o que é representativo do seu tamanho e não da regularidade à mesa. Pois, se estes são consumidos em 9 dias, as galinhas aparecem em 17 dias – num total de 240 unidades – e os frangos em 24 dias, com 152 espécies consumidas. Colocam-se os ovos nesta categoria, por estarem diretamente associados aos galináceos e constituírem uma proteína de origem animal. O seu consumo verifica-se em cerca de metade do período analisado e compreende valores curiosos, nomeadamente a referência à compra, a 15 de dezembro, de 300 unidades destinadas à consoada. Eventualmente, tal prende-se com o desejo de ter uma mesa mais rica em termos de doçaria.

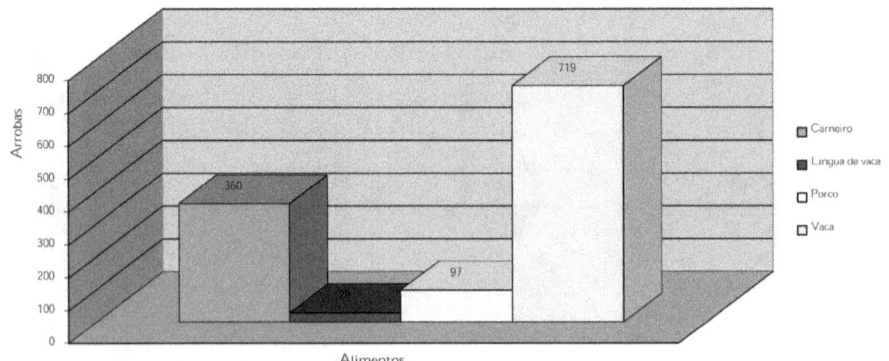

Fig. 2: Consumo de carne em arrobas

---

[8] Ferro 1996: 15-16.

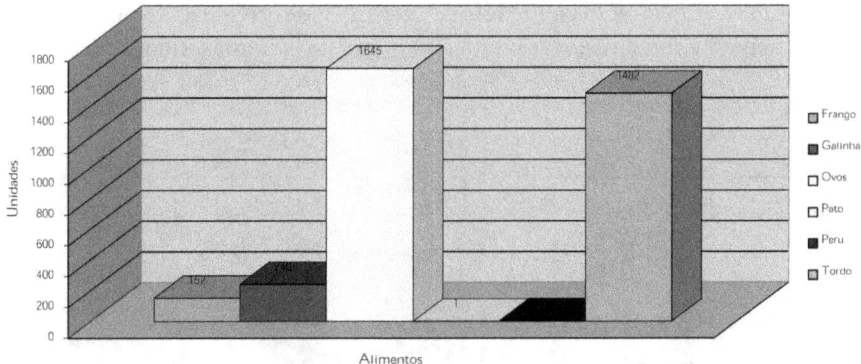

Fig. 3: Consumo de carne em unidades

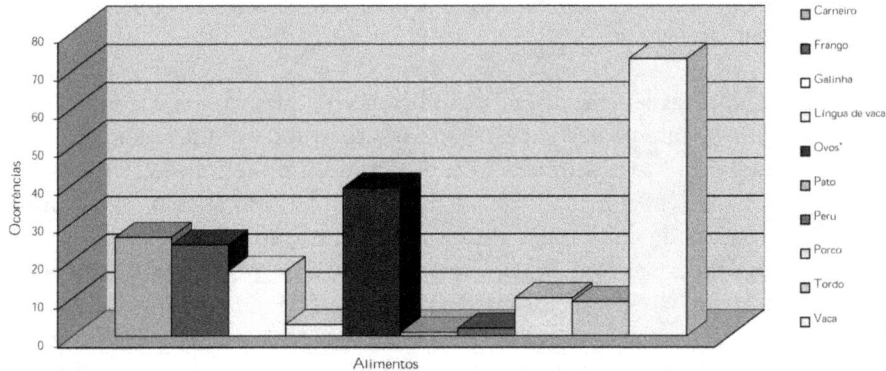

Fig. 4: Ocorrências de carne

Num país com uma costa marítima extensa, o consumo de peixe é uma realidade verificável e lógica. Contudo, a dificuldade de conservação do mesmo obriga a um consumo quase imediato ou à busca de processos que permitam a sua conservação por um espaço de tempo mais longo, como a salga, a secagem e a fumagem ou defumação. É precisamente o peixe fumado que também é elencado nos consumos do livro do colégio. A grande quantidade de peixe não é descriminada, surge apenas com a designação peixe. Atendendo ao consumo normal em Portugal, neste período, os meses de novembro e dezembro são pródigos em sardinha e raia; em janeiro e fevereiro vendem-se sáveis, gorazes, cachuchos, robalos, bogas, tamboris, congros, sargos, abróteas, cibas e cações[9]. Neste caso, particulariza a sardinha, pescada, linguado, ruivo e a tainha que poderá ser de água doce. Dada a localização geográfica de Coimbra, não é descabido julgá-la pescada nas águas do Mondego. As ocorrências isoladas de bacalhau, sardinha, tainha, ruivo e peixe fumado são indicadores curiosos, tendo em consideração o facto de se tratar de peixe mais vulgar e normalmente associado aos consumos

---

[9] Idem: 28.

nas classes menos favorecidas. De referir que as 19 ocorrências de peixe dão-se, quase exclusivamente, em sextas e sábados o que indicia prescrições religiosas[10].

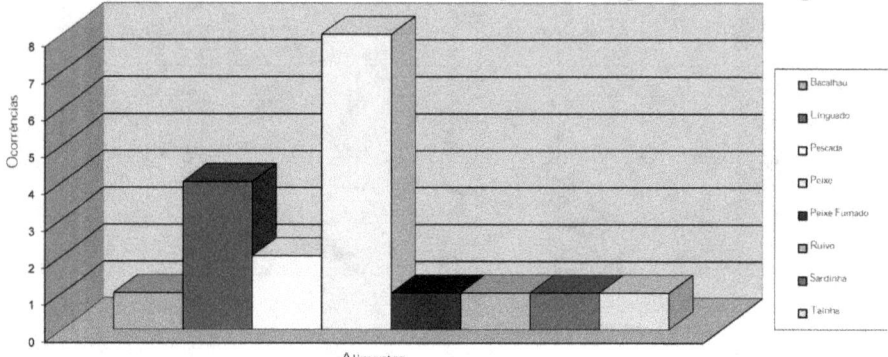
Fig. 5: Ocorrências de peixe

A fruta, apesar das especificações indicadas no quadro, aparece maioritariamente referida apenas na designação genérica do grupo – fruta – não permitindo conhecer qual a mais consumida. O senso comum poderá indicar que a fruta da época é a que vai à mesa. Não só por ser a de fácil acesso, mas também porque as práticas de cultivo não estão, a esta altura, adiantadas ao ponto de se conseguirem produções fora do regime normal de desenvolvimento agrícola. De acordo com o que já é praticado na Antiguidade Clássica e na Idade Média, a fruta é muitas vezes consumida em conserva e compota, estando o referido doce incluído no quadro nesta categoria. O consumo de castanha é significativo, num total de 13 alqueires, o que poderá indicar um prolongamento do que acontece em período medieval, onde este alimento é básico na alimentação.

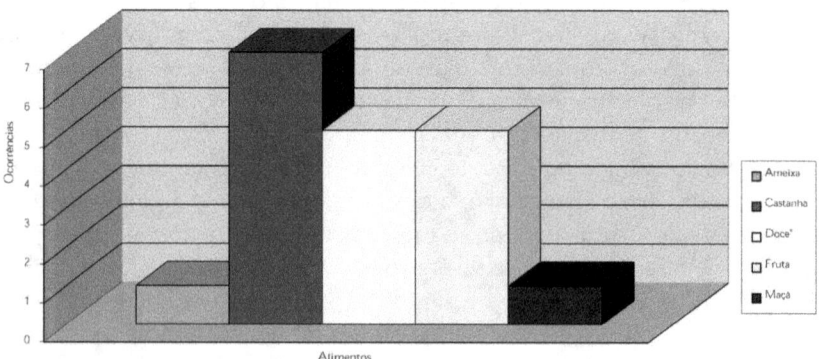
Fig. 6: Ocorrências de fruta

---

[10] Segundo o estudo da alimentação no Colégio Real dos Nobres de Lisboa, o consumo de peixe à sexta justifica-se pelas prescrições religiosas. O sábado poderá ser também por esse motivo ou ainda pelo facto de não se matarem animais à sexta e por isso não estarem disponíveis em boas condições no dia seguinte. Crespo, Hasse 1981: 95.

Situação análoga à da fruta acontece com as verduras, onde raramente se identificam os géneros e as quantidades, surgindo sim a denominação hortaliça que servirá para uma variedade maior do que a que se consegue apurar com a identidade individual dos alimentos. Pode-se apontar a possibilidade de neste caso estarem incluídas as couves – tão comuns na dieta dos portugueses – rábanos, brócolos, cebolas, alhos, pepinos, espargos, abóboras, pepinos, cenouras, alfaces e rabanetes[11]. As leguminosas aparecem pontualmente, representadas pelo feijão e grão (de bico?). De facto, a inspeção do documento lança a dúvida acerca deste grupo de alimentos: não é consumido? É adquirido por outras vias? O arroz, que tem a sua grande divulgação apenas no século XIX, surge aqui com um consumo regular, registado num terço dos dias, num total de 40.5 arrobas.

O pão enquadra-se nesta categoria por ter na base de fabrico os cereais. É relevante o consumo de pão que, com um total de 100 ocorrências, representa umas espantosas 2393 unidades, o que lhe confere o primeiro lugar no consumo por unidades. Ocupa o segundo lugar dos alimentos mais vezes referenciado, e igualmente o segundo lugar nas despesas, como se comprovará adiante. A sua indicação vem por maioria das vezes associada ao vinho, que lhe ganha em número de ocorrências.

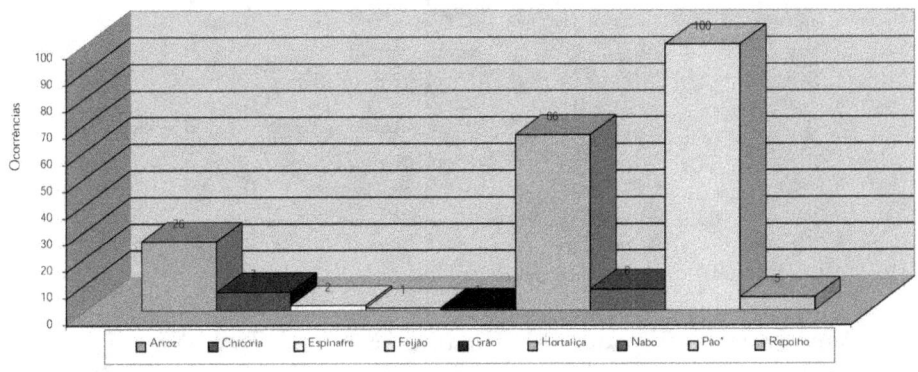

Fig. 7: Ocorrências de verduras, legumes e cereais

Relativamente aos condimentos, o quadro apresentado poderá induzir o leitor em erro. O vinho apresenta um consumo que se distancia de todos os outros alimentos. Ainda que possa ser utilizado na cozinha como um condimento, à semelhança de todos os outros, a sua introdução no documento é declaradamente feita como bebida. Desta forma, o seu consumo apresenta características particulares.

---

[11] Ferro 1996: 29.

O vinho é de todos os dias (a fazer parelha com o pão). Trata-se do alimento que regista o maior número de ocorrências, 144. Revela a indicação duas vezes por dia na quase totalidade do diário de registos.

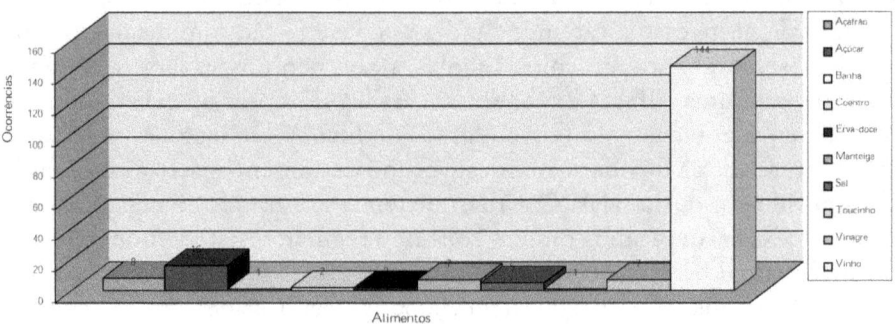

Fig. 8: Ocorrências de condimentos

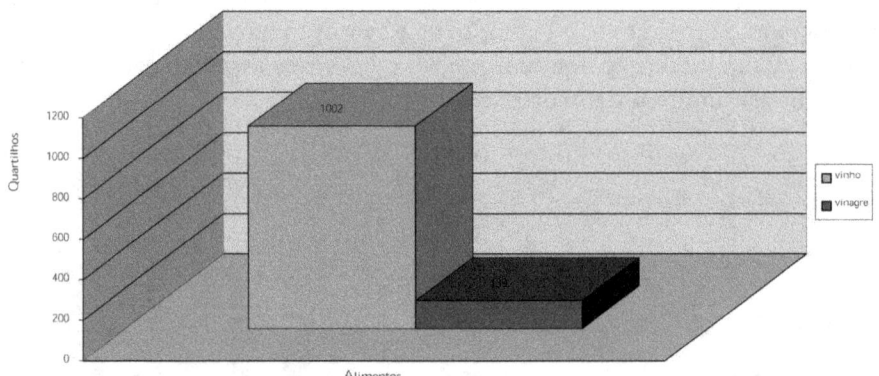

Fig. 9: Consumo de vinho e vinagre em quartilhos

As gorduras utilizadas são a manteiga – com 7 arrobas –, a banha – 8 arrobas – e 1 arroba de toucinho. Nestes meses não é feita qualquer referência ao azeite, uma das gorduras mais utilizadas na cozinha portuguesa. Embora a sua utilização ultrapasse a culinária, uma vez que este produto tem múltiplas funções desde a Idade Média, nomeadamente a iluminação de igrejas e sobretudo casas nobres que depende desta gordura vegetal, da mesma forma é importante no uso em receitas de mezinhas para diversos males e doenças[12]. Na atual fonte, presume-se que fosse adquirido em grande quantidade num outro período não abrangido pela documentação em análise.

---

[12] Santos 2006: 139.

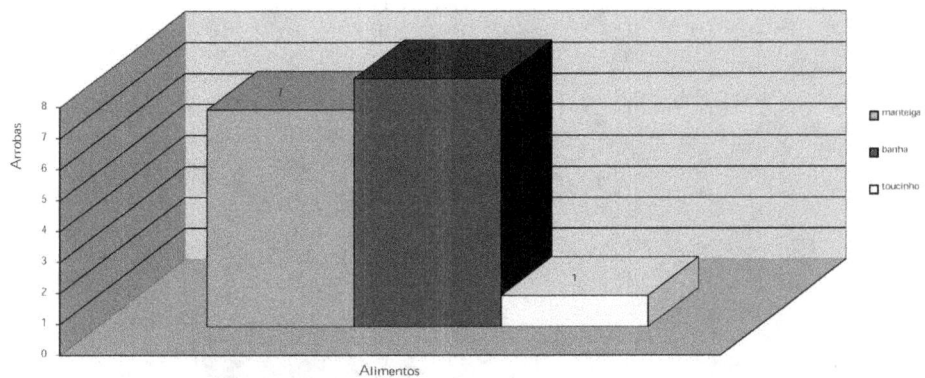

Fig. 10: Consumo de gorduras em arrobas

Em relação aos restantes alimentos agrupados na categoria de condimentos, denota-se alguma contenção nos temperos, substâncias que podem alterar e melhorar o sabor dos alimentos. Provavelmente as ervas aromáticas poderiam ser plantadas e colhidas nas dependências do Colégio, pois só o coentro é referido ao longo do período estudado. Também o uso de especiarias era reduzido. Era esta uma cozinha austera, visando apenas a ideia de responder às necessidades fisiológicas, deixando de parte o lado prazenteiro da comida? Trata-se de uma tentativa de manter os colegiais longe do pecado da gula? E nesse caso, que dizer das 24 arrobas de açúcar?

2.2 A despesa

A despesa com os alimentos no Real Colégio de São Pedro permite aferir sobre o grau de facilidade de acesso a determinados produtos; o seu grau de importância na dieta alimentar de grupos populacionais particulares; a capacidade financeira daquela instituição ou ainda analisar as oscilações de valores gastos consoante o dia da semana. Nestas despesas incluem-se ainda o gasto com pobres, com 34 ocorrências no valor total de 359 reais e também a despesa de 100 reais com o barbeiro.

O total gasto nos setenta e cinco dias é de 134426 reais. A despesa maior corresponde aos trinta e um dias do mês de janeiro, com 59003 reais. Nos mesmos trinta e um dias, mas de dezembro, são gastos 51951 reais. Seguem-se 16671 reais correspondentes aos primeiros oito dias de fevereiro e 6801 reais dos últimos seis dias de novembro de 1687.

Despesa por mês em reais (valores absolutos)

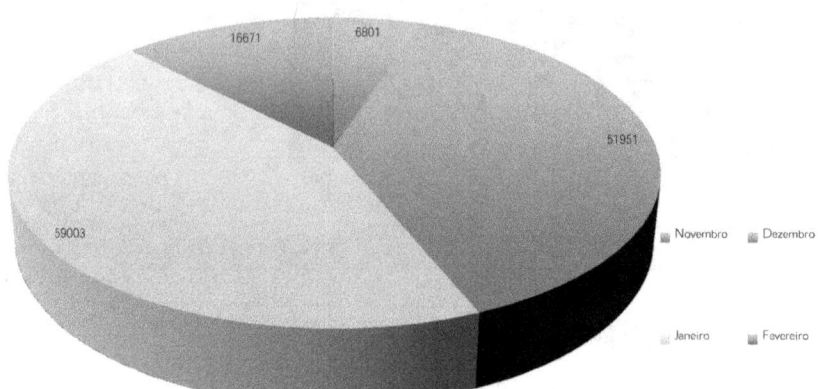

Fig. 11: Gastos mensais em valores absolutos (em reais), observados a partir de 6 dias de novembro, 31 dias de dezembro e janeiro e 8 dias de fevereiro

Extrapolando os 6 dias de novembro e os 8 dias de fevereiro transcritos, através de um cálculo estatístico por aplicação da regra de 3 simples, a ilustração seguinte mostra:

Despesa por mês em reais (com extrapolação estatístisca)

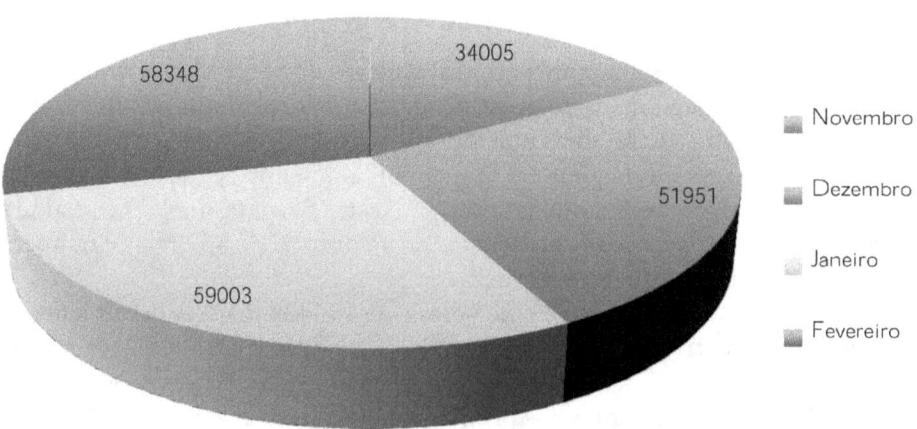

Fig. 12 :Gastos mensais com extrapolação estatística (em reais)

Atendendo à reduzida amostragem usada em novembro (apenas 6 dias incompletos), a representação estatística não é rigorosa para esse mês. Não obstante, efetuando a média dos quatro meses em análise, por inspeção da ilustração 12, a média de despesa mensal corresponde a 50827 reais.

Mensalmente, a distribuição da despesa pode ser aferida numa base diária por inspeção das figuras seguintes:

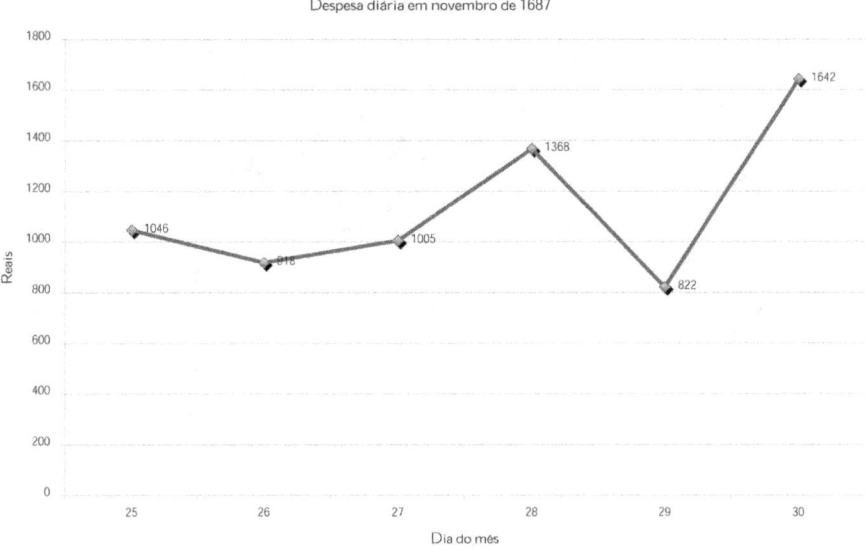

Fig 13: Despesa em novembro de 1687

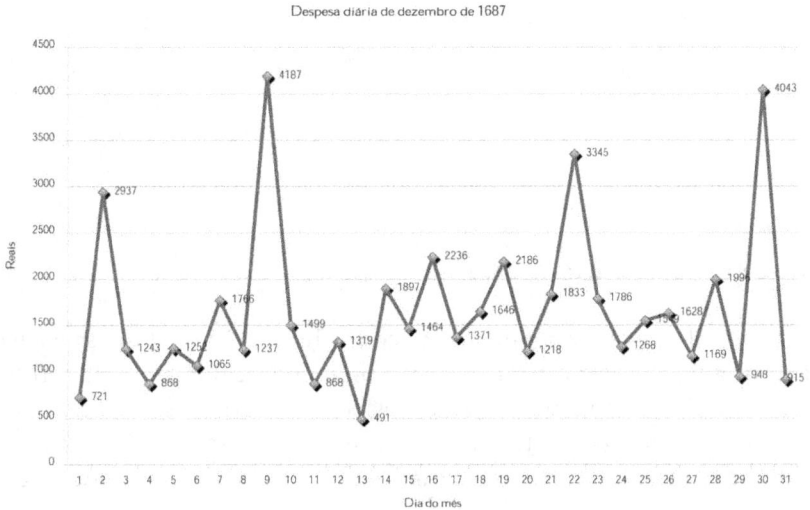

Fig. 14: Despesa em dezembro de 1687

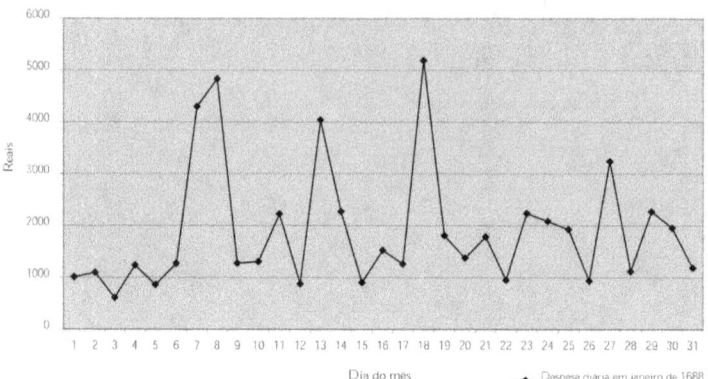

Fig. 15: Despesa em janeiro de 1688

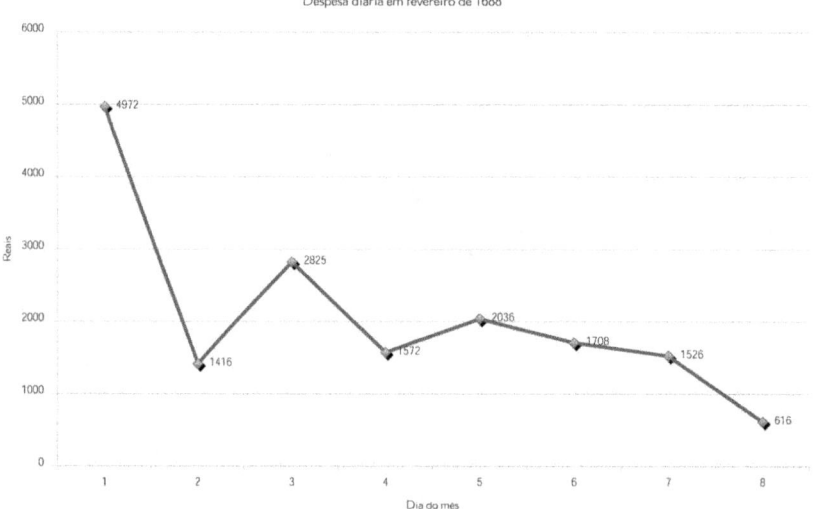

Fig. 16 :Despesa em fevereiro de 1688

Muitos alimentos surgem apenas com a indicação da despesa e ausência de quantidade, não permitindo aferir o preço por unidade ou quantidade.

Agrupando novamente os alimentos por categorias, as despesas apontam para o gasto mais significativo com a carne, num total de 76301 reais, logo seguido pelo grupo das verduras com 24655 reais, apenas porque engloba o gasto com o pão. O mesmo fenómeno ocorre no campo dos condimentos – 17900 reais – devido à inclusão do vinho nesse grupo.

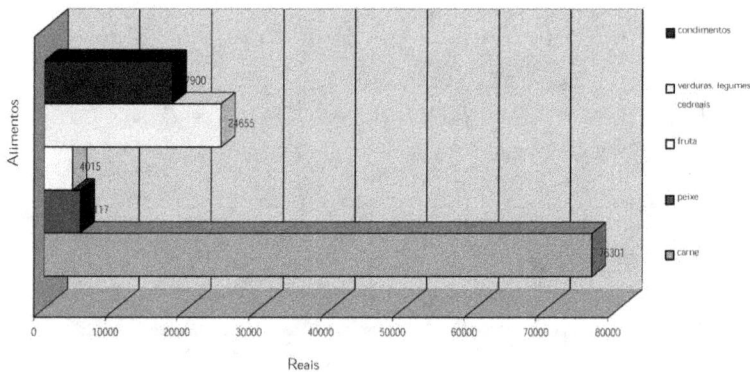

Fig. 17: Despesas por categorias de alimentos

Analisando a despesa com carne, a galinha destaca-se claramente no valor apresentado. Os 24 mil reais associados a 240 galinhas traduzem o valor desse produto. É dispendiosa. Por esse motivo, está muitas vezes reservada para doentes e parturientes. Conforme o gráfico, pode-se comparar com a despesa com frangos, que apresenta um valor muito inferior. Os 152 animais não custam mais do que 3800 reais, menos de 1/5 do valor despendido com galinhas, numa percentagem que não atinge o dobro de unidades. A vaca, apesar de destinada a uma população mais privilegiada, atinge um valor mais de acordo com as proporções, uma vez que os 15091 reais de despesa correspondem a 719 arrobas de carne, isto é, 10785 kg.

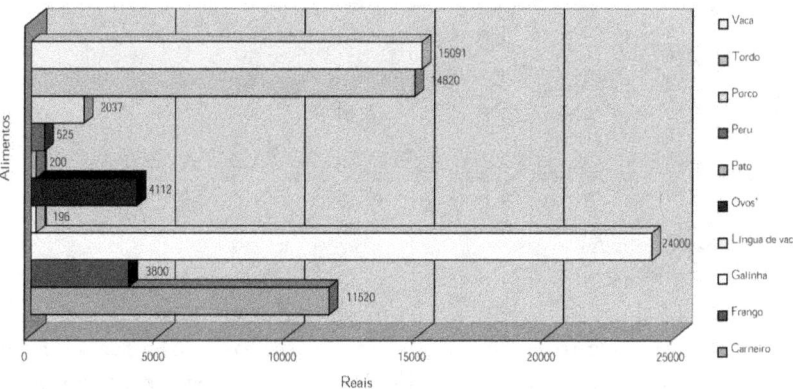

Fig 18: Despesa com carne

A despesa com peixe, num total de 4642 reais explica-se pelo consumo reduzido deste alimento, de uma forma geral, e ainda pelo custo mais reduzido comparado com as proteínas animais.

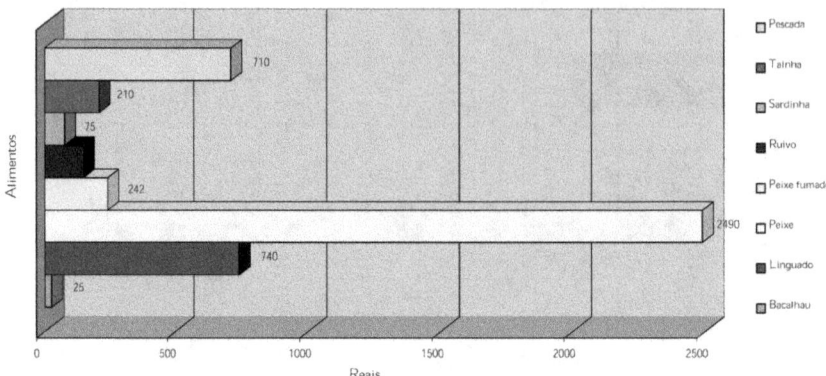

Fig. 19: Despesa com peixe

O gráfico da despesa com fruta obriga a reconhecer que o consumo desta é igualmente reduzido. Os 4015 reais despendidos com estes alimentos, distribuem-se apenas por 19 dias, sendo que 5 dias ficam reservados para o doce que não é exatamente uma peça de fruta, e 7 para as castanhas que serviriam, provavelmente, como acompanhamento.

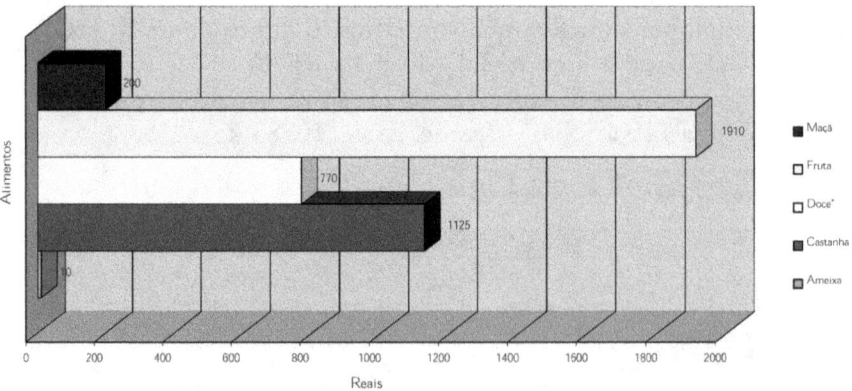

Fig. 20: Despesa com fruta

A despesa relativa a verduras, legumes e cereais é reveladora do valor do pão e não dos restantes alimentos elencados. Dos 24655 reais de despesa total, o pão representa o alto valor de 19144 reais. Aparece depois a uma enorme distância a hortaliça – com um custo de 1661 reais – e o arroz com 1620 reais de despesa efetiva. Os restantes valores são residuais.

O contributo das fontes paleográficas para o estudo da história da alimentação

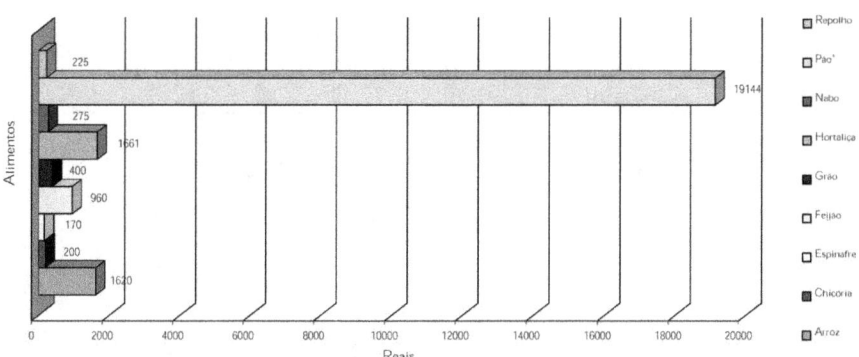

Fig. 21: Despesa com verduras, legumes e cereais

A mesma situação transparece no gráfico das despesas com condimentos. Dos 17900 reais gastos nesta categoria, 12525 são atribuídos ao vinho. Por ordem decrescente – e a larga distância do alimento anterior – aparece o açúcar com 1680 reais, o vinagre no valor de 1390 reais e o açafrão que, apenas com oito ocorrências, atinge uns significativos 830 reais, valor que deverá indicar uma quantia muito pequena pois trata-se, ontem e hoje, de uma especiaria altamente dispendiosa.

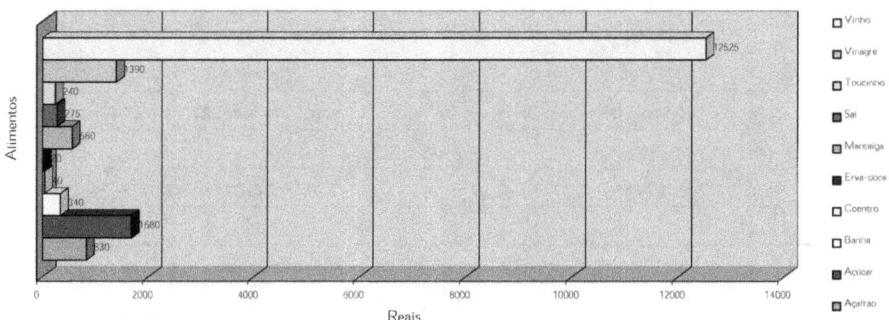

Fig. 22: Despesa com condimentos

Finalizando esta abordagem relativa a despesas no período mencionado, apresenta-se um quadro com o preço apurado para cada um dos alimentos, por unidades, medidas de peso ou de volume e, em algumas situações, apenas a indicação da despesa sem qualquer referência de quantidades.

Alimento	Quantidade e custo
Açafrão	100 reais
Açúcar	1 arroba = 70 reais

209

Ameixas	10 reais
Arroz	1 arroba = 40 reais
Bacalhau	1 arroba = 50 reais
Banha	1 arroba = 42.50 reais
Carneiro	1 arroba = 32 reais
Castanhas	1 alqueire = 100 reais
Chicória	10 reais
Coentros	20 reais
Doce	1 arroba = 110 reais
Erva doce	10 reais
Espinafres	80 reais
Feijão	1 alqueire = 160 reais
Frango	1 = 25 reais
Fruta	250 reais
Galinha	1 = 100 reais
Grão	1 alqueire = 200 reais
Hortaliça	20 reais
Língua de vaca	1 arroba = 7 reais
Linguado	1 = 40 reais
Lombo de porco	1 arroba = 21 reais
Maçãs	1= real
Manteiga	1 arroba = 80 reais
Nabo	30 reais
Ovos	1 = 2.50 reais
Pão	1 = 8 reais
Pato	1 = 200 reais
Peixe	1 arroba = 30 reais
Peixe fumado	1 arroba = 32 reais
Pescada	1 arroba = 110 reais
Peru	1 = 175 reais
Repolho	1 = 25 reais
Ruivo	1 arroba = 25 reais
Sal	1 alqueire = 50 reais
Sardinha	1 cento = 150 reais
Tainha	1 arroba = 30 reais
Tordo	1 = 10 reais
Toucinho	1 arroba = 240 reais

Vaca	1 arroba = 21 reais
Vinagre	1 quartilho = 10 reais
Vinho	1 quartilho = 12.50 reais

Tabela 2 – Preço individual por alimento e unidade de medida.

3. Conclusões

Mais do que conclusões, a análise destes 75 dias do Livro de Superintência de Cozinha do Real Colégio de São Pedro de Coimbra, do século XVII, levanta questões. A regularidade de fornecedores e preços não é passível de concluir com a análise de tão curto período de tempo, contudo, observa-se alguma regularidade não só nos produtos adquiridos bem como a constância de preços. Os critérios aplicados na elaboração das ementas denunciam uma alimentação com características particulares que se prendem com a categoria social do grupo a que se destina, o que não é transversal ao geral da sociedade portuguesa desse período, caracterizando-se pela ampla variedade de ingredientes e, presume-se, igualmente, pela quantidade. Não obstante essa riqueza, os preceitos religiosos, como os dias de jejum, são rigorosamente respeitados, com a inclusão do peixe nos dias magros. Quanto às omissões de determinados alimentos, já antes referidos, como o azeite e o queijo, a leitura integral da fonte poderá trazer alguma luz a esta falta de respostas ou dúvidas que se enunciam. Em relação ao azeite parece mais fácil apontar uma sugestão para essa omissão que se prende com a já indicada possibilidade de ser um produto adquirido em grandes quantidades em determinados períodos do ano que se ajustam à sazonalidade da sua produção. De resto, o azeite, juntamente com o vinho, tiveram desde cedo uma importância substancial na economia portuguesa, relacionados com o comércio de exportação e mantendo-se, atualmente, como um produto de relevo no nosso território, estando classificado como o quarto produtor mundial[13]. No século anterior ao período em análise, Coimbra era uma região de grande produção de azeite, saindo pela barra de Aveiro para o resto do Reino, mas também para os mercados do norte da Europa e para o Ultramar, nomeadamente para a Índia[14]. A situação no século em apreço não seria substancialmente diferente. Já não se assemelha tão clara ou compreensível encontrar uma resposta para a inexistência de referências aos produtos lácteos como o leite, mas particularmente em relação aos queijos. Apesar do reduzido consumo de leite no seu estado natural, devido à sua conservação oferecer uma duração bastante limitada, é utilizado em diversas

---

[13] Miguel 1992: 263.
[14] Ibidem: 264.

preparações culinárias com os vários manjares e viandas de leite e os queijos são vulgares nas mesas mais abastadas e bem fornecidas como parece ser este o caso. Além do mais, os seus derivados, como os queijos, neste período, e como já anteriormente se referiu, têm uma expressiva representação nos hábitos do reino, nomeadamente em instituições colegiais.

Estas perguntas, e outras, intuímos, terão resposta com o estudo mais aprofundado e alargado desta preciosa fonte.

Uma Doce Viagem:
Doces e Conservas na correspondência de D. Vicente Nogueira com o Marquês de Niza (1647-1652)
(A Sweet Journey: Lisbon's Confectionery in the correspondence between D. Vicente Nogueira and the Marquis of Niza (1647-1652))

João Pedro Gomes
Centro de Estudo Clássicos e Humanísticos da UC (jpdrgms@gmail.com)

Resumo: Exploramos os apontamentos quotidianos e pessoais presentes na correspondência estabelecida entre D. Vicente Nogueira, em Roma, e D. Vasco Luís da Gama, em Lisboa, entre 1647 e 1654, como elementos essenciais à compreensão da produção, circulação e consumo de doces e conservas portuguesas na primeira metade do século XVII.

Palavras-chave: Alimentação, Comércio, Conservas, Confeiteiros, Cozinha, Doces. Encomendas, Gastronomia, Lisboa, Mimos, Século XVII.

Abstract: Daily and personal aspects in the correspondance between D. Vicente Nogueira, in Rome, and the Marquis of Niza, in Lisbon, between 1647 e 1654, are explored to understand the production , circulation and consumption of portuguese confectionery (*doces* and *conservas*) in the firs half of the 17th century.

Key-word: Food, Commerce, *Conservas*, Confectioners, *Doces*, Orders, Gastromony, Lisbon, Mimos, 17th century.

30 de Abril de 1650. "Está aí tudo, com a peste da moeda, tão caro que nada devo pedir se me compre se não doces, porque inda que saem mais caros que os daqui são muito melhores"[1].

É entre novas da política externa europeia e pedidos de aquisição de livros que D. Vicente Nogueira, de Roma, encomenda a D. Vasco Luís da Gama, Marquês de Niza retornado a Lisboa, diversas qualidades de conservas e doces lisboetas. A correspondência trocada entre os dois bibliófilos, de suma importância para a História do Livro em Portugal e na Europa, releva-se fértil em elementos quotidianos que nos permitem vislumbrar uma realidade pouco conhecida da sociedade portuguesa do século XVII: a produção, o consumo e a circulação de conservas e doces portugueses.

Ainda que as informações presentes nesta correspondência sejam numerosas e detalhadas, considera-se imprescindível rastrear, sumariamente, o percurso do açúcar, como matéria-prima essencial ao processo de conservação, desde a sua precoce plantação em território nacional nos alvores do século

---

[1] Serafim 2011: 357.

XV, passando pela rápida expansão do seu cultivo em território insular, a par da tímida utilização deste em contexto medicinal até à sua franca expansão no quotidiano português seiscentista, essencialmente como matéria-prima da indústria artesanal confeiteira e conserveira. Para alcançar o que se propõe, foram consideradas fontes documentais que remetem tanto para o contexto de produção como para um contexto de consumo (livros de contas, notas de pagamento e livros de culinária, crónicas e inventários), acentuando as múltiplas perspetivas que cada uma destas contempla. Desta forma, entendeu-se integrar as informações recolhidas no diálogo epistolar com os contextos em questão, privilegiando a relação entre os dois âmbitos de informação reunidas.

1. Da produção de açúcar e da confeção e consumo de conservas e doces portugueses (sécs. XVI – XVII)

A arte da conserva, elevada a este estatuto apenas no final do século XVIII, com a publicação da *Arte nova e curiosa para conserveiros, confeiteiros e copeiros e mais pessoas que se ocupam em fazer doces e conservas com frutas* em 1788, tem um passado remoto em Portugal, que é quase exclusivamente explicado pelo precoce investimento na cultura da cana-de-açúcar no século XV. Remonta a 8 de Maio de 1408 a primeira referência documental à plantação de cana-de-açúcar, num aforamento de D. João I a Jorge de Palma, a Nicolau de Palma e a Francisco de Palma, de uma horta na vila de Loulé para "sementar deaçucar", por 5000 libras a cada ano de foro[2], apesar de o consumo de açúcar na região algarvia poder ser mais recuado, como parece indicar a presença de formas de açúcar no Castelo de Silves, escavado por Rosa Varela Gomes, cujos estudos apontam para um espectro de ocupação entre o século VIII e XIII[3].

1.1 O açúcar no contexto da botica.

O açúcar encontra-se intimamente associado à boticária, pelo menos, desde o reinado de D. Duarte (1391-1438). No suposto livro de notas pessoais, o Livro dos Conselhos de D. Duarte (manuscrito em data incerta, muito provavelmente entre 1423 e 1438) "escrito numa época de crenças profundas"[4], o açúcar faz uma aparição muito discreta, exclusivamente em duas receitas de mezinhas para maleitas, a saber: "Esta he reçepta d agoa pera dor d olhos" ("hu quarto d onça d acuquar") e "Poos do duque"("e qual he enhadam tanto de acucar como dos pos suso ditos")[5].

---

[2] Almeida et alli 1960: 342.
[3] Gomes 2002: 49-50.
[4] Dias 1982: vii.
[5] Dias 1982: 250 e 27.

Uma Doce Viagem: Doces e Conservas na correspondência de D. Vicente Nogueira com o Marquês de Niza (1647-1652).

E é precisamente nas boticas, maioritariamente associado à cura de doenças e males do corpo, que vamos encontrar o açúcar e seus derivados, como as conservas, no início do século XVI. Das mais claras evidências documentais da aliança entre açúcar/conservas e botica é o inventário dos bens de D. Beatriz, mãe de D. Manuel I, datado de 1504. Por ele sabemos que Isabel Lopes era a responsável pela botica da rainha-mãe, ficando encarregada, à morte desta, de entregar a Luís de Atouguia tudo o que lá se encontra. Entre xaropes, óleos, arcas, tachos e grelhas vamos encontrar:

> "huua burnea cõ ameixas caragoçys em conserva (...) e outra com arrobe de marmellos (..) e outra cõ huu pouco daçucar violado (...) e duas burneas cõ pesseguos em conserva (...) e huu pote verde com daiprunos (...) e outro azul com peras (...) e dez potes cõ conservas poucas (...) e vinte peças de malega e barro para teer conservas"[6].

Como executor do testamento da mãe, D. Manuel ordena que se entregue a Violante Rodrigues, agora encarregada da botica:

> "Huu pote vidrado daçuquer rosado (...) seys caxas de marmelada (...) E dous queijos de marmlada (...) E huua caxa de marmelada (...) E huu canistel com 5 queijos de marmelada (...) E vinte e hoito arráteis daçuquer refinado (...) vinte e sete arrovas e huu arrátel daçuquere branco per mandado del Rei"[7].

O vínculo entre o açúcar e a prática da boticária seria de tal forma profundo no reinado de D. Manuel que, a 23 de Julho de 1521, vamos encontrar Teresa Vasques, guarda das damas de D. Leonor de Áustria e encarregada da botica desta, a receber a astronómica quantia de 100 arrobas de açúcar, aproximadamente 1500 quilos, enviados pelo guarda-reposte de D. Manuel[8].

A presença deste produto em contexto medicinal irá prolongar-se pelo século XVI, de forma crescente, de tal forma que, na segunda metade do século, Amato Lusitano, nas Centúrias de Curas Medicinais, o inclui em grande número de xaropes, caldos, decoctos, chegando mesmo a indicar a sua ingestão em jejum, por norma como complemento do tratamento indicado[9]. De fato, o açúcar terá adquirido tal importância na Medicina Quinhentista, no geral de pendor galénico, que nestas mesmas Centúrias, Amato Lusitano sugere conservas/confeitos para complementar o tratamento a uma miríade de sintomas. Denominadas de cônditos, confeições

---
[6] Pessanha 1914: 68-69.
[7] Pessanha 1914: 98-99.
[8] Referência do Arquivo Digital da Torre do Tombo: PT/TT/CC/2/97/56.
[9] Veja-se, a título de exemplo, a Cura XVIII: "Todavia, durante alguns dias seguintes, comeu, em jejum, açúcar rosado por cima de água de endívia" (Lusitano 1980: 43 [I]).

ou conservas, apresentam-se numa variedade considerável, entre "alface envolvida em açúcar ou abóbora ou pepino ou ameixas e frutos semelhantes que é costume envolver em açúcar"[10], "erva lombrigueira encrustada de açúcar"[11]ou " coentros preparados, isto é, encrustados de açúcar"[12], tendo todos, por base, o açúcar, que é misturado com as mais diversas especiarias e extratos naturais. A relevância do açúcar e seus derivados seria tal que, na Cura XXXI, da II Centúria, Amato Lusitano aconselha a que se "termine sempre a comida com confeição de marmelada (diacytonite) feita com açúcar ou coentros incrustados de açúcar"[13].

Paralelamente a este âmbito farmacopeico em que o açúcar se enraíza, assiste-se paulatinamente a uma difusão deste produto e derivados no contexto familiar/doméstico, alargado e presente na generalidade dos estados sociais, ainda que se assumam distinções qualitativas na distribuição das múltiplas variedades que estes produtos incorporam.

1.2 O açúcar à mesa

Abraham Ortelius, na tradução francesa da sua obra *Le thèâtre de l'univers*, cuja primeira edição, originalmente em Latim, data de 1572, ao tratar da plantação de açúcar nas Antilhas, denuncia a banalização do consumo deste produto da seguinte forma:

> "Au lieu qu'auparavant le sucre n'était recouvrable qu'aux boutiques d'apothicaires qui le gardaient pour les malades seulement, aujourd'hui on le dévore par gloutonnerie. Ce qui nous servait de remède nous sert à présent de nourriture."[14].

Fenómeno que foi, igualmente, identificado por João Brandão em *Grandeza e abastança de Lisboa em 1552*:

> "Ora, quando a gente extravagante gasta tanto nestas gulodices, que fará todo o mais povo nobre, em cujas casas se gasta gradíssima quantidade de frutas e conservas de muitas maneiras, e custosas"[15].

De fato, será neste "povo nobre" que a indústria artesanal da confeitaria encontrará o seu maior mercado consumidor, pelo menos no início do século XVI. As fontes documentais, menos raras do que se poderia expectar, revelam

---

[10] Lusitano 1980: 207 (I).
[11] Lusitano 1980: 52 (II).
[12] Lusitano 1980: 137 (I).
[13] Lusitano 1980: 69 (I).
[14] apud Toussaint-Samat 1997: 410.
[15] Brandão 1990:87.

um especial apreço da Casa Real, nomeadamente da casa de D. Manuel, D. João III e respetivas consortes, pelo açúcar e pelas conservas.

1.2.1 Fontes para o conhecimento do consumo de açúcar e derivados.
a) Os livros de contas e notas de encomenda/pagamento reais.

A Casa Real, obviamente, terá sido a percursora e, de certa forma, responsável máxima pela assunção e crescimento da arte de confeitar. Desde a implantação do cultivo de cana-de-açúcar, na Madeira, que era o seu principal consumidor, datando de 6 de Outubro de 1484 uma ordem do Duque de Beja, D. Manuel (que seria aclamado D. Manuel I, rei de Portugal, em 1495) a seu almoxarife na ilha da Madeira[16] para que este entregasse ao vedor da Rainha D. Leonor 100 arrobas de açúcar[17].

Bastará atentar nos Livros de Contas da Ilha da Madeira ou nas notas de encomenda e pagamento para detetar um crescente aumento na demanda e perceber uma mudança no âmbito de utilização e consumo de açúcar e derivados dentro da Casa Real. No registo da produção e saída de açúcar e derivadas da Madeira, entre os anos de 1504 e 1537, identificamos logo em 1504 o envio para a Casa Real de uma considerável quantidade de açúcar e derivados, despachados por Vasco Fernandez, recebedor, para o guarda-reposte do rei, Lourenço Godinho, a saber:

> "duzemtas arrobas daçucar bramco (...) vinte arrobas daçucar refinado (...) çinqo barris de diacidram bom (...) dabobora dous barris (...) e mais emviou elle recebedor de comserva – a saber – de cascas de cidra sete arrobas e iiii arrateis e meyo (...) e asy outro barrill de pêssegos (...) e asy dous barris de peras pardas" [18]

Os produtores destas sortes de conservas terão sido Diogo de Medina, Margarida Ousell e Isabel Gomez[19], a quem terá sido entregue o açúcar necessário à sua produção. Estes três confeiteiros são pontualmente referidos nos demais registos deste Livro, juntamente com outros, ascendendo, no total, a mais de uma dezena de nomes conhecidos.

Através das notas de encomenda, recebimento e pagamento da Casa da rainha D. Catarina, consorte de D. João III e rainha reinante entre 1557 e 1562, temos uma visão mais alargada do que seria, de fato, o consumo de açúcar e conservas em ambiente régio. Recuperamos aqui alguns dados con-

---

[16] Os senhores da Madeira eram os grão- mestres da Ordem de Cristo, na primeira pessoa do Infante D. Henrique em 1433, sucedendo-lhe a sua descendência.
[17] Referência Arquivo Digital da Torre do Tombo: PT/TT/CC/2/1/41
[18] Pereira, Costa, 1985: 30-31.
[19] Pereira, Costa, 1985: 32.

tidos numa nota de recebimento, datada de 7 de Março de 1572 (já durante o reinado de seu neto, D. Sebastião):

> "cinquoenta arr(oba)as e cinco ar(rat)es de conserva da dita ilha (...) em cincoenta e tres baris (...) xiii baris de diacidrão (...) ix baris de talos dalfaces (...) viiio baris dabobora (...) xiii baris de língua de vaqa (...) v baris de peseguo (...) i baril dara de limão - ivo baris dameixas (...) v baris de laranginha (...) i baril de pepinos[20]."

Ainda que este documento remeta para o final de vida de D. Catarina, o consumo tamanha quantidade e variedade de conservas terá sido constante durante o seu reinado e o do seu marido, como atesta a diversa produção documental[21], o que não terá invalidado a mesma de integrar na sua Casa dois confeiteiros, um flamengo, Cornélio Isarte em 1553[22], e um português, Manuel Rodrigues, em 1554[23].

Assumimos mesmo que a arte de conservar as frutas e legumes em açúcar fosse uma prática doméstica recorrente já em meados do século XVI, nomeadamente em ambientes nobres e monacais, como parecem indicar os livros de culinária conhecidos para este período.

a) Os livros de culinária.

Os dois livros de receitas, conhecidos, para o século XVI, mesclando gastronomia com boticária, são em tudo semelhantes, ambos apresentando instruções e dicas de culinária das mais variadas iguarias, quase todas filiadas no cardápio ibero-europeu, a par de mezinhas e curas de enfermidades.

Data de 1967 a primeira transcrição integral do manuscrito que viria a ser conhecido como *Livro de Cozinha da Infanta Dona Maria de Portugal*[24], que terá sido levado pela própria para Itália aquando das suas núpcias com Alexandre Farnése em 1565[25]. Após o "caderno dos manjares de carne" e o "caderno dos manjares de leite", figura o "caderno das cousas de conservas", com vinte e duas receitas, entre elas de diacidrão, casquinhas, pêssegos, talos de alface, marmelada, perada e pessegada.

Urge notar que, apesar de as vinte e duas receitas constarem todas sob a definição de "conservas", claramente remetendo para o objetivo final, conservar[26], há diferenças técnicas no processo de preparação das frutas que permitem dis-

---

[20] Referência Arquivo Digital da Torre do Tombo: PT/TT/-CC/1/109/95.
[21] Documentação atualmente em estudo e que, em breve, se apresentará.
[22] Referência do Arquivo Digital da Torre do Tombo: PT/TT/CC/1/89/107.
[23] Referência do Arquivo Digital da Torre do Tombo: PT/TT/CC/1/94/30.
[24] Manuppella, Arnaut 1967.
[25] Manuppela, Arnaut 1967: 17.
[26] O processo de conservar era comum aos demais países europeus, como bem demonstrou Leila Mezan Algranti (Algranti 2005: 47-48).

tinguir dois géneros de produção: as conservas, a que correspondem processos culinários que preservam a integridade física da fruta, previamente cozida e depois "sempre coberto da conserva, porque se não azede"[27] e os doces, onde as frutas cozidas e "pisadas" são coadas e colocadas em caixas ou recipientes cerâmicos.

Num segundo manuscrito, recentemente publicado, podemos verificar a mesma dualidade de processos de preparação das frutas, originalmente escrito em meados do século XVI, provavelmente por Luís Álvares de Távora[28], prelado de Tomar, e transcrito em data incerta, com alguns acrescentos. Este compêndio de receitas, entre as quais figuram duas dezenas de mezinhas e curas, compreende uma considerável coleção de trinta e seis receitas, das quais vinte e uma se associam a receitas de fruta conservada (abóboras, diacridão, pêssegos, durázios, alperces e casquinhas) e quinze de doces de frutas (perada, cidrada, marmelada, pessegada e limoada). Em ambos os documentos, a todas as receitas é transversal o emprego da "conserva" (na generalidade dos casos calda de açúcar: água com açúcar que é reduzida no fogo ou, mais raramente, mel, acrescentados no fim do processo à fruta cozida partida ou pisada, sempre com o claro intuito de conservar fruta).

As diferenças entre as receitas dos dois manuscritos não têm aqui espaço para ser devidamente exploradas, mas os distintos âmbitos de produção destes documentos, o primeiro marcadamente nobre e o segundo de âmbito monástico, evidenciam a presença da produção e consumo de conservas no quotidiano português quinhentista e ambos atestam a prática da passagem oral de receitas entre familiares ou pessoas próximas, como no caso das receitas de D. Maria de Portugal de marmelada de Cesária Ximenes[29] ou de Dona Joana[30] e, no manuscrito do prelado, onde este desvenda os segredos dos "Fartens da S.ra Madalena de Tauora que são os melhores do mundo"[31].

No entanto, é de referir que o manuscrito de Luís Álvares de Távora revela um peculiar cuidado no que respeita à limpeza, qualidade da fruta e ao rápido e correto acondicionamento da conserva, levando a crer que a produção de conservas em ambiente monacal teria como fim último a venda a terceiros, para a qual o correto acondicionamento era indispensável tanto para prolongar a qualidade da conserva como para garantir a resistência do produto final as vicissitudes do seu transporte, quer fosse terreste ou marítimo.

O manuscrito do prelado de Tomar revela-se particularmente interessante, pois permite entrever o papel que os mosteiros portugueses irão ter na produção e comércio de conservas. Cedo se constituíram como pólos, por

---

[27] Manuppela, Arnaut 1967: 89.
[28] Barros 2013: 24.
[29] Manuppela, Arnaut 1967: 116.
[30] Manuppela, Aarnaut 1967: 124.
[31] Barros 2013: 361.

excelência, da produção, tendo o século XVIII assistido a uma profusão de centros produtores e receitas com inúmeras variantes regionais, que viriam a culminar na tão apetecida, e atualmente em voga, doçaria conventual[32].

Apenas a título exemplificativo desta vertente comercial da produção monacal, refira-se uma nota de pagamento da Casa de D. Catarina ao Mosteiro de Santos-o-Novo, de 30.000 réis, pela produção de determinadas conservas que seriam enviadas para Castela,[33] datada de 30 de Novembro de 1528.

1.2.2 Do ofício e mesteres da confeitaria[34].

No entanto, a arte da conserva não se limitou, na metrópole, a ser obrada nos mosteiros ou por confeiteiros régios. Estabelecida desde cedo, na ilha da Madeira, a ação de conservar fruta através do açúcar rapidamente se desenvolveu pela mão de confeiteiros/confeiteiras. Uma das primeiras referências documentais que se conhecem data de 24 de Setembro de 1485, num instrumento de fiação entre Janim Esmeraldo e João de Bruges, flamengo, "em seu officio de confeiteiro"[35].

Em território metropolitano, é no início do século XVI que vamos encontrar os primeiros confeiteiros, nomeadamente em contexto régio: a título de exemplo, a 4 de Janeiro de 1507 são pagos 4.000 reais a Fosem, confeiteiro de D. Beatriz, Duquesa de Beja, por legado desta[36]. A presença destes artífices ao serviço da Casa Real vai-se prolongar por todo o século XVI, com maior expressão na Casa de D. Catarina, como referido anteriormente, o que não impede a aquisição de largas quantidades de conservas aos confeiteiros da Madeira por parte da monarca.

A par da florescente produção artesanal madeirense e das pontuais e ainda pouco conhecidas produções monacais lisboetas, em data incerta, ter-se-ão agrupado atrás da Misericórdia (Igreja de Conceição-a-Velha) confeiteiros particulares, com tal expressão no quotidiano da capital que, no último quartel do século XVI, se justificou a promulgação de um regimento que regulasse a atividade, remetendo o capítulo 67 do *Livro de regimentos dos oficiais mecânicos da mui excelente e sempre leal cidade de Lisboa*[37], de 1572, para o "Regimento dos Confeiteiros". tinha por objetivos definir as qualidades técnicas que um proponente teria de dominar, para se submeter a exame e ser autorizado a produzir e vender (a produção para consumo doméstico não era regulada pelo

---

[32] A título de exemplo, veja-se Sousa 2013.
[33] Referência do Arquivo Digital da Torre do Tombo: PT/TT/CC/1/93/146.
[34] Remetemos para o trabalho de Isabel Drummond Braga, neste volume, que explora em profundidade a condição social e profissional do confeiteiro entre os séculos XVI e XVIII.
[35] Costa 1994.
[36] Pessanha 1914: 104.
[37] Correia 1926: V.

regimento) os diversos tipos de conservas, assim como estabelecia regras para a compra e utilização de açúcar para a sua produção.

A sua organização e concentração espacial seria já uma realidade à data, pois solicitava-se aos juízes do ofício "que seião diligentes em saber as logeas que estão fora da rua dos confeiteiros"[38], muito provavelmente a "rua da confeitaria" em que Álvaro Fernandes, confeiteiro, habita, em 1564[39]. A mesma rua que iria fascinar visitantes e cronistas e que vai figurar na planta da cidade de Lisboa de 1647, da autoria de João Nunes Tinoco, como Rua dos Confeiteiros, que desenvolvia entre a atual Rua da Padaria e os Arcos das Portas do Mar.

1.2.3 Consumidores e contextos de consumo de doces e conservas portuguesas.

Retoma-se, neste ponto, o testamento de D. Beatriz, de 1504. À divisão do seu legado pelos distintos testamenteiros, à Abadessa do Convento da Conceição de Beja, são doados, entre tecidos, livros e mobiliário,

> "tres potes pequenos de conserva de borragees (…) e cinquo arratees dalfany (…) e doze arratees dabobora cuberta (…) E huu asado cheo dabobora de conserva (…) E sete arrates e tres quartos de confeitos (…) E 25 arratees de marmelada em talhadas em huu canistel e em huua caxa (…) E seis piparotes de conserva da Ilha (…) E duas panelas de Valemça gramdes com huu pouco daçuquere rosado (…) E huu pote azull com huu pouco daçuquere rosado (…) E huua caxa pequena com especia de peras (…) E huua caxa da paao com huns poucos de comfeitos (…) E huu açuquereiro de mirabolanos em conserva (…) E dous potes de barro verdes com comserva de peras e fruitas (…) e cinquo potes de Castela brancos, com conserva (…) E huua burnea com ameixias de conserva (…) e outra com açuquar violado (…) E duas burneas com pesseguos em comserva (…) E um pote com diaprunes (…) E outro azul com peras em conserva (…) E dez potes com alguas conservas"[40].

Se à diversidade de conservas de fruta aqui discriminadas se aliarem as impressionantes encomendas de D. Catarina de Áustria, facilmente se torna percetível que o açúcar e derivados rapidamente galgam o recatado contexto boticário, sem nunca se desvincular dele, passando a fazer parte integrante da mesa e do quotidiano português.

À mesa portuguesa, pelo menos no que concerne à mesa régia/nobre, esta presença é remota, herdeira das práticas clássicas gregas e romanas de consumir mel e fruta (ou seja, doces) à refeição, que vemos continuada no início

---

[38] Correia 1926: 211.
[39] Referência do Arquivo Digital da Torre do Tombo: PT/TT/TSO-IL/028/04132.
[40] Pessanha 1914: 87-94.

do século XVI, na carta de Pero Vaz de Caminha a D. Manuel I, em 1500, onde se descrevem os primeiros contatos aos índios, aos quais são oferecidas variadas iguarias, numa refeição que culmina com confeitos e outra doçaria[41].

Uma das referências mais explícitas que encontramos do protocolo de refeição, onde os doces e confeitos figuram no final, é em Damião de Góis, na *Cronica do Felicíssimo rei D. Manuel*, de 1567, quando este descreve o jantar que os embaixadores portugueses partilham com o Xeque Ismael, Xá da Pérsia, em Maio de 1515:

> "acabado o jātar, & aleuātadas has mesas trouxeram muitos cõfeitos, amedoas cõfeitas, diagargāte, açúcar cādil, diacidrā & outras fructas secas"[42].

Ainda que a referência apontada remeta para um espaço geográfico e cultural remoto (à época), esta justifica-se aqui através da própria observação de Damião de Góis alguns parágrafos adiante:

> "Quis aqui poer miudezas deste bāquete pera se saber quão humanamente estes homes viuem, & quão afabiles sam, & fora das openiões, & grauidades de Hispanha, & Italia, do que em França, nem Alemanha usam tanto, senam em suas dietas, stados, & precçedenías, que nestes passam toda ha outra naçam"[43].

Um cerimonial de refeição que, aos olhos do cronista, era sinónimo de civilidade, a mesma a que este estaria acostumado no ambiente de corte em que se movia em Lisboa.

A presença da conserva nos momentos finais de cada refeição seria, de fato, uma realidade no final do século XVI. Ao que é dado a apurar nas fontes contemporânea, as conservas, na Península Ibérica, vão ser formalmente incluídas nos banquetes e refeições comemorativas da realeza ibérica pela mão de Francisco Martinez Motiño, cozinheiro-mor da dinastia filipina (terá servido Filipe II, III e IV, cessado funções em 1620), na sua obra *Arte de Cocina, Pasteleria, Vizcocheria e Conservaria*, impressa em 1611 em Madrid. Nas suas palavras "el intento que he tenido en escribir este Librito, há sido no haber libros por donde se puedan guiar los que sirven el Oficio de la Cocina"[44].

Num total de quatrocentas e três receitas, divididas por três capítulos, o segundo capítulo desta obra trata especificamente da preparação de conservas, *Memoria de Conservas*: vinte receitas, dezoito das quais remetem para a conserva de frutas/legumes (através do mesmo processo de cozedura em

---

[41] Sobre este episódio, veja-se o contributo de Carmem Soares neste livro (Capítulo 1).
[42] Góis 1955: 26.
[43] Góis 1955: 27.
[44] Martinez Montino 1790: 2.

água da fruta/legume e segunda cozedura em calda de açúcar, ou "azucar clarificada"). O terceiro capítulo, subordinado ao tema Memorias de Jaleas, compreende algumas receitas que partilham de um processo similar ao da conserva com calda de açúcar. Mas nestas a integridade física das frutas é abandonada, na sua maior parte, dando origem às geleias ou compotas, como o caso da receita "Quartos de Membrillos", em que se reduzem quartos de marmelos a um "punto espeso" com açúcar clarificado[45], processo semelhante ao da marmelada.

Se este verdadeiro compêndio de receitas da cozinha filipina impressiona pelo número e diversidade de alimentos e pratos ao dispor da corte hispânica, para o que expomos é igualmente significativa a descrição de toda a logística e recursos humanos que envolviam o transporte da comida da cozinha à mesa. Um verdadeiro regimento que inaugura, na forma de tratadística, o estabelecimento de todo um cerimonial de refeição régia, que já existia na corte portuguesa desde D. João I[46]. Se a segunda parte do livro é totalmente dedicada as instruções para a confeção dos pratos, a primeira revela uma audaciosa e original preocupação com a limpeza, organização e arrumação da cozinha assim como com o planeamento de banquetes, associando conjuntos de pratos a determinadas épocas do ano: Natal, Maio e Setembro. No entanto, apesar de os banquetes variarem, na sua composição, entre as determinadas épocas do ano, a todos é comum a mesma organização: três/quatro "servicios" ou "viandas", cada um de seis pratos diferentes, no fim dos quais, depois de todos retirados, se serviriam os "postres". Estes compreendiam frutas da época, frutas secas, queijo, conservas, azeitonas, confeites e "suplicaciones", sendo de tal forma regular esta seleção de iguarias que o próprio Martinez Motiño explicita, na preparação de uma merenda, que no que respeita a conservas, "en esto no hay que decir, porque ha de servir en toda la fruta que hubiere, y requesones."[47].

Ainda que a compra e consumo de conservas e doces fosse regular e até extravagante às mesas régias e nobres, o prestígio e valor social acrescentado[48] que os doces, confeitos e conservas ganham no quotidiano português ultrapassa o seu uso à refeição, passando a oferta de "mimos"[49] entre familiares e amigos ou, de carácter mais oficial, entre embaixadores e soberanos, a ser uma realidade da qual as conservas e doçaria faziam parte. Ana de Andrade, enviada por D. Catarina de Áustria para servir Maximiliano II, Sacro

---

[45] Martinez Montino 1790: 437.
[46] Duarte 2005.
[47] Martinez Montino 1790: 16.
[48] Torres 1994: 119 .
[49] Em Raphael Bluteau, em 1728, aparece como definição primeira para este termo "Presente, dadiva, donativo" (Bluteau 1728: 489).

Imperador Romano-Germânico, foi incumbida de distribuir entre a Rainha da Hungria, D. Maria de Espanha, sobrinha de D. Catarina, e Catarina de Medicis, Rainha da França, alguns "mimos", entre os quais conservas em piparotes, como a própria conta, em carta datada de 15 de Agosto de 1554:

> "Eu recebi ha quarta de vosa allteza e as comservas com todo ho mais y tudo veo muyto bom (...) A R. Domgria lhe dei primeiro ho seu e s efollgou muito em o estremo com tudo (...) das comservas todallos piparotes abriram se diante de sua Magestade e de todos tomou salva e despois da sua mao dava a my com ho mell se follgou muitoe ho mandou por em holhas que lho guardasem mto bem que mais queria comer ella que le mell que de quanto bom asuquar há vya bor çasim"[50].

Do mesmo ano, a 10 de Outubro, D. Catarina ordena que se pague a João Fernandes, seu reposteiro, a quantia de 1990 reais por conservas que se mandaram fazer para seu irmão(?) Cardeal[51]. Anos mais tarde, a 30 de Novembro de 1557, D. Maria de Espanha, Rainha da Hungria, escreve a sua tia D. Catarina agradecendo os mimos que lhe enviara (desconhecemos se esta carta se refere às ofertas de 1554), infelizmente não especificando esse mimos.

A prática de ofertar estava estabelecida na cultura do trato e protocolo ibérico, de tal forma que a mesma foi registada quando D. Sebastião empreende uma breve jornada a Guadalupe, para se encontrar com o seu tio D. Filipe II, entre 11 de Dezembro de 1576, e 2 de Janeiro de 1577[52]. No dia 24 de Dezembro, véspera de Natal, quando Frei Alonso de Talavera, prior do Mosteiro de Guadalupe (onde decorreu a conferência) presenteia D. Filipe II com tal quantidade de mimos, o cronista refere-os como:

> "un presente digno de qiuen le hazía y para quien era (...) seis gamas mui gruessas, tres uenados bien grandes, dos jaualíes escogidos, cien perdices, cien gallinas, duzentos conejos, cien palomas torcazes, 4 docnas de perniles añexos, una arroba de manteca de bacas, otra de diacitrón de lo muy transparente, dos de confitura cada una de su manera, cien cuerdas de vuas largas marauillosas / seis canastas de camuesas, outras tantas de mançanas"[53].

Uma outra referência a notar data de Fevereiro de 1577, numa carta de D. Juan de San Clemente a Ambrosio de Morales, cronista de D. Filipe II,

---

[50] Referência do Arquivo Digital da Torre do Tombo: PT/TT/CC/1/93/54.
[51] Referência do Arquivo Digital da Torre do Tombo: PT/TT/CC/1/93/146.
[52] Rodriguez Moñino 1956: 35.
[53] Rodriguez Moñino 1956: 102.

onde relata o encontro dos dois monarcas. Juntamente com a carta, avisa o cronista, seguem com o portador da missiva:

> "dos perniles, seys solomos, (que pensamos llegarán allá para la Navidad) las dos dozenas de Churiços, y una serilla de çiruellas passas, para que supla la falta de los higos"[54].

É neste contexto de trocas e circulação de bens entre particulares, fora de um domínio mercantil-comercial, que entendemos situarem-se os pedidos de D. Vicente Nogueira a D. Luís da Gama, objeto do presente estudo.

2. Contributo da correspondência entre D. Vicente Nogueira e o Marquês de Niza para a história da produção, do consumo e da circulação de conversas e doces portugueses (meados do século XVII).

Importa começar por perceber, ainda que sumariamente, de que forma estas duas personagens entram em contato e quais os caminhos que os levam a estabelecerem-se em cidades como Roma, Paris e Lisboa. Alguns dados biográficos foram reunidos por João Carlos Gonçalves Serafim[55], aquando da edição e publicação da correspondência entre os dois personagens, que servindo o nosso propósito, aqui recuperamos.

D. Vicente Nogueira, filho de um Membro do Conselho de Estado, nasce em 1585 e passou a sua infância em Madrid, sendo introduzido na corte de Filipe III de Espanha aos doze anos. Com 22 anos matricula-se em Cânones na Universidade de Coimbra e aos 27 anos, em 1612, é ordenado sacerdote. Após ocupar o lugar de Desembargador da Casa da Suplicação, vai ser nomeado cónego da Sé de Lisboa em 1627. Até 1633, data da sentença proferida contra si pela Inquisição (por crimes de pedofilia e sodomia), revela-se um grande bibliófilo, adquirindo e patrocinando vários livros. Após o confisco de todos os bens e a condenação ao degredo na Ilha do Príncipe, consegue espantosamente exilar-se em Roma, onde chega em 1634, aí vivendo até ao fim dos seus dias, movendo-se, primeiro, na órbita do Cardeal Guilio Sacchetti e, depois, do Cardeal Francesco Barberini. Estabelece larga correspondência com intelectuais e personalidades europeias, apresentando-se como conhecedor exímio da produção e comércio literário europeu e contribuindo para o enriquecimento da biblioteca de D. João IV, entre outros.

D. Vasco Luís da Gama, nascido a 1612, era 5º Conde da Vidigueira e, com 30 anos (1642), é destacado por D. João IV como embaixador em França,

---

[54] Rodriguez Moñino 1956: 82.
[55] Serafim 2011:17-29.

cargo que ocupa até 1646. Retorna a Portugal, mas volta a território gaulês em 1647 como embaixador extraordinário, até 1649. Após este cargo, volta a Portugal para participar das mais altas esferas da administração, durante os reinados de D. João IV, D. Afonso VI e na regência de D. Pedro. A sua relação com D. Vicente estabelece-se com base na sua avidez de colecionador de livros.

Por entre longas e exaustivas listas de pedidos de livros e discursos sobre política europeia, vamos encontrar um D. Vicente Nogueira saudoso de sua terra, que aproveita os contatos, num primeiro momento, e a presença de D. Vasco Luís (após o retorno deste a Portugal em 1649) em território nacional para fazer curiosas e gulosas encomendas.

As encomendas de conservas lisboetas de D. Vicente a D. Vasco Luís aparecem nesta correspondência num contexto assaz interessante. Em data incerta (será dos últimos meses de 1647), D. Vicente lavra uma carta onde discorre sobre os hábitos de refeição dos italianos, frisando o uso e abuso do vinho, de tal forma que "gritam se se lhes bota alguma água no vinho (…) nasce em nenhum jantar provarem doce, nem quente nem frio"[56] e que, no fim de cada refeição ordinária os substituíam por "azeitonas, alcaparras, queijo salgadíssimo, para que lhes fique a boca doce com o vinho"[57]. Apenas uma breve referência que contém uma preciosa informação sobre os hábitos portugueses, por contraposição aos italianos: o do consumo de doces no fim de cada refeição e a coexistência, à mesa, de doces quentes e frios, sendo que os primeiros se poderão relacionar com os doces feitos nas cozinhas domésticas, como o manjar branco ou arroz de leite (atual arroz doce) e os segundos, os frios, com as conservas de frutas e confeitos, produzidos pelos(as) confeiteiros(as) e que poderiam ser armazenados e comidos durante todo o ano.

Ainda assim, nos banquetes, os italianos, "que são mais que pródigos"[58], tinham por norma servir doces, confeitos e tortas de fruta, apesar de que "tornam a sair inteiras, sem tomarem mais que uma colher de confeitos"[59].

D. Vicente não aprovava estes hábitos que lhe eram estranhos, lhe fazia "isto horror e asco"[60], estranhando mesmo que os médicos liberalizassem o consumo de ovas de peixe em detrimento de "um bocado de cheirosa perada ou cidrada"[61]. De fato, os doces estariam tão afastados da mesa italiana que "quando se presentam doces a algum senhor, os mandam guardar dez anos na repostaria para convites, ou vendem-se ao confeiteiro, porque dizem que fazem ruim beber"[62]. Certamente

---

[56] Serafim 2011: 140.
[57] Serafim 2011: 140.
[58] Serafim 2011: 140.
[59] Serafim 2011: 140.
[60] Serafim 2011: 140.
[61] Serafim 2011: 141.
[62] Serafim 2011: 140.

um exagero de D. Vicente, mas que denota o fosso cultural que separava a mesa portuguesa da mesa italiana, intensificando, portanto, a saudade que sente das gulodices portuguesas que, quando trata de as encomendar, não se poupa a pormenores e conselhos para a sua confeção e armazenamento.

Esta encomenda cujo percurso se encontra pejado de vicissitudes e obstáculos, chegará às suas mãos dois anos depois, em Março de 1650, após a qual solicita nova remessa, de que não temos notícia da chegada. No entanto, a análise das cartas trocadas permite a identificação de mais duas encomendas a distintos personagens, cuja análise se segue.

2.1. A produção e acondicionamento das conservas.

D. Vicente demonstra um raro e profundo conhecimento do modo de preparação de conservas. A primeira encomenda, feita em carta de Novembro de 1647[63], denota o vasto conhecimento que D. Vicente tem não só dos métodos de produção como também dos cuidados de acondicionamento necessários à correta preservação e conservação das conservas, assim como da época de cada fruta. Em primeiro lugar, exige que:

> "há todo o meu doce de ser ou ralado ou passado por um sedaço de sedas de cavalo, e que não exceda em muito açúcar[64] (…) desejarei se lance muito cheiro, não só de água de flor, mas almíscar com âmbar proporcionado"[65].

Com estas indicações, garantia que os doces seriam livres de impurezas, de corpo homogéneo e muito aromáticos, bem ao paladar português.

Mesmo antes de concretizar o seu pedido, D. Vicente faz uma breve análise dos doces que se fazem em Itália e, mais uma vez, demonstra o conhecimento profundo que tem dos processos de confeção:

> "e aqui se fazem duma mesma cidra três sortes de conserva: da superfície muito delgada que é só o verde ou amarelo, se rala muito subtilmente uma cousa, que é ao sabor muito forte e aromática e, de ordinário, feita a conserva, é de cor verde escura. Mas como é muito subtil, não é muita a que se faz, e chama-se tutto cedro; levada a escorça de fora, se rala toda aquela carne branca até chegar ao âmego, e desta é a cidrada ordinária. Mas quando se chega ao âmego, se lhe tiram as pevides e cascas que dividem os gomos, e do sumo cozido com açúcar, na têmpera que dirá algum boticário prático, se faz um doce muito líquido, que se pode beber e se chama agro de cedro"[66].

---

[63] Data provável de produção, segundo João Gonçalves Serafim.
[64] Serafim 2011: 141.
[65] Serafim 2011: 141.
[66] Serafim 2011: 141.

As conservas que descreve corresponderiam ao que em Portugal era conhecido como cidrada e variantes, tendo por base a cidra e o açúcar, ainda que, para desgosto de D. Vicente, as italianas não tenham os "cheiros" que as de Lisboa têm e, por tal, solicita a D. Luís Vasco que as suas confeiteiras lhe adubem as suas, pois "inda que eles cá, ao provar de qualquer conserva em que haja cheiro, o abominam e lançam da boca, dizendo que é mau para a cabeça e lhes causará gota coral" ideia que D. Vicente não deixa de fazer pouco, pois "estou criado ao nosso modo e me estou rindo destes despropósitos"[67].

Por fim, especifica: pede a D. Vasco Luís que gaste só trinta cruzados (doze mil reis) em caixas das três sortes de cidradas, com as quais deve também enviar pivetes e pastilhas[68], isto é, compostos odorizantes e rebuçados aromáticos (comestíveis ou não).

Não remata esta carta sem mais indicações e pedidos. Conhecedor das frutas e de seus tempos de criação, D. Vicente adianta-se e pede já variadas conservas de frutas quando estas começarem a ser colhidas:

> "E quando, em boa hora, chegar o ano que vem, e começarem as ginjas, rosas, pêssegos, cidra e flor de laranja, então mandará V.S. fazer-me caixas de Tavaleira de isto tudo, e de marmelada de sumos, e ruiva, ou sumo de marmelos, tudo muito ralado, brando e cheiroso, até à quantia de trinta mil reis da moeda corrente portuguesa – dos quais, os quatro mil serão para pastilhas e pivetes, e os vinte e seis, empregados nos ditos doces"[69].

De fato, não era época propícia para que D. Vasco Luís satisfizesse o pedido de D. Vicente: corria o mês de Novembro e já a esta altura as conservas estariam feitas, invalidando a aplicação das inúmeras especificações que adianta às iguarias que solicita, cuja época de maturação estava distante (entre Maio e Julho), remetendo o seu envio, portanto, para o ano seguinte.

No que respeita ao acondicionamento e conservação das conservas, D. Vicente apresenta instruções claríssimas que deveriam ser seguidas sem desvio:

> "todos os meus doces hão-de ser em caixas de barro grosseiro de Talavera, chãs de fundo, e largas até dous dedos da boca, que há-de sempre de ficar capaz de entrar colher (…) metida cada caixeta desta conserva numa de madeira, como as ordinárias de marmelada (…) a de Talavera há-se ser coberta a boca com rolhas e panos da índia, nos quais por fora na roda, além da atadura, se empaste alguma massa sem formento. E a buceta de pau há-de ser atada com cordel, para que se não possa abrir, e desta maneira chegam aqui os doces tão frescos como em

---

[67] Serafim 2011: 141.
[68] Serafim 2011: 141.
[69] Serafim 2011: 142.

Lisboa ao fazer-se"[70].

O processo de acondicionamento aqui descrito é curioso, na medida em que é especificado o tipo de recipiente que deverá receber o doce, "caixas de barro grosseiro de Talavera". De fato, as produções cerâmicas castelhanas usufruíram em Portugal, durante grande parte do século XVI, da melhor fama[71]: de Talavera, de Valença ou de Málaga, a todas elas era comum o fato de serem vidradas, isto é, de serem revestidas a óxido de estanho e chumbo (o esmalte), garantindo maior resistência, impermeabilidade e isolamento, encontrando-se, curiosamente, associadas ao acondicionamento e preservação de conservas desde cedo. Lembre-se, no testamento de D. Beatriz, as "vinte peças de malega e barro para teer conservas" ou "E duas panelas de Valemça gramdes com huu pouco daçuquere rosado", apenas a título de exemplo. A estas, voltaremos adiante.

Da encomenda acima tratada, apenas no dia 29 de Junho de 1649 D. Vasco Luís a ela se refere. A demora na resposta é facilmente justificável: D. Vasco Luís estava em Paris desde 1647, enviado por D. João IV como embaixador extraordinário, aí permanecendo até Abril de 1649[72], desembarcando em Cascais a 30 de Abril[73]. Na sua carta confessa:

> "E estou bem enfadado de se dilatar o haver nau pera Génova ou Liorne porque se me dilata o remeter a V.M. (...) panelas de flor, mel e açúcar rosado que já tenho prevenidos."[74].

Desde já previne o Marquês "E se se dilatar o haver naus, não irão tão frescas como eu quisera."[75], ainda que o atraso possa permitir que "se poderá fazer perada que irá em patangonas"[76]. Mais uma vez, encontramos a época de frutescência das árvores a condicionar a produção de determinadas conservas, neste caso, a perada, que se começaria a produzir pelos meses de Setembro e Outubro.

A demora no despacho da encomenda não parece preocupar D. Vicente. Isto porque ao longo da correspondência do ano de 1648 não faz qualquer referência ao seu atraso, certamente por saber que o seu correspondente estaria em Paris, obrigando-o a recorrer a outros contatos para satisfazer os

---

[70] Serafim 2011: 141.
[71] Para a circulação de cerâmica castelhana em território português durante o século XVI, ver Trindade, 2010.
[72] Serafim 2011: 20.
[73] Serafim 2011: 253.
[74] Serafim 2011: 254.
[75] Serafim 2011: 254.
[76] Serafim 2011: 254.

seus pedidos: a 23 de Novembro de 1648, em carta a D. Luís Vasco, refere que, por serviços à "Senhora Marquesa" (muito provavelmente D. Joana de Moura Côrte-Real, 5ª Marquesa de Castel-Rodrigo, que aparece referenciada na carta não datada supracitada), esta lhe enviou:

> "um monte de doces (à margem 12 caixas de marmelada; 12 caixas de perada; 12 caixas de pessegada; três grandes de pêssegos cobertos) que serão excelentes e com os quais eu fico bem provido"[77].

Estes chegariam às mãos do português apenas na semana santa de 1649[78]. Em carta de 15 de Maio expõe o rancor que nutre por Lourenço Bonacorsi, seu intermediário em Génova, incompetente no despacho dos seus doces que só agora chegaram às suas mãos e não nas melhores condições:

> "podendo, tornados de Génova, chegar a Roma antes do Natal, vieram no princípio de Abril (a Páscoa teria sido dia 4 de Abril) e tal como devem ser os focinhos de Bonacorsi (e digo devem, porque nem de vista o conheço) todos refervidos e maltratados"[79].

Desconhecemos quando terão sido enviados os doces de Lisboa mas entendendo que a ligação Lisboa-Génova não ascenderia a um mês de travessia, estamos perante uma quantidade significativa de conservas de açúcar que passou um mês em alto mar e "três meses e meio num almazém húmido e afogadiço"[80] e, assim, não seria de surpreender o mau estado destes. Mas nem a precária condição destes o demove de ser refastelar e até mesmo ofertar os seus senhores (que a data seriam o Cardeal Giulio Sacchetti e o Cardeal Francesco Barberini[81]):

> "E sendo em todos setenta e duas peças, apenas pude tira vinte quatro para estes dous meus amos e Geral de S. Domingos e Padre Secretário Marin. Todos os mais ou dei a pessoas muito inferiores, ou vou comendo e muito avinagrados"[82].

De todo o prejuízo que o atraso causou nas conservas "os menos prejudicados foram os do frade, por vindo em escudelas de talaveira"[83], e terão sido esses usados nas ofertas, às altas dignidades eclesiásticas. Os restantes

---

[77] Serafim 2011: 193.
[78] Serafim 2011: 236.
[79] Serafim 2011: 226.
[80] Serafim 2011: 237.
[81] Serafim 2011: 19.
[82] Serafim 2011: 238.
[83] Serafim 2011: 237.

"avinagrados", se não foram dados, "os mandei concertar com açúcar e passar em vidros, por ua freira que, em torre de Specchi me faz muito serviço."[84]. Também em território italiano notamos a relação das comunidades monacais com a produção de conservas e doces, uma vez que D. Vicente recorre às mãos experientes de uma monja para recuperar a qualidade perdida dos doces.

Da encomenda feita ao Marquês de Niza em Novembro de 1647 voltamos a ter notícia em carta de D. Vasco Luís a 12 de Setembro de 1649: "Com grande raiva estou de que só quando eu tinha que embarcar para Itália faltassem naus em quatro meses, e que ainda não saibamos quando as haverá"[85]. Não há sequer previsão da partida das encomendas[86]. O Marquês de Niza enfrenta grandes dificuldades em satisfazer os pedidos do seu correspondente, tanto que "estou em dúvida sobre mandar estes doces. E o mais certo será irem só os do tempo em que a nau partir"[87]. E além da falta de embarcações que tenham Itália como destino, "é grande o trabalho com que este ano se fazem doces pela grandíssima falta que houve de fruita, sendo rara a que se acha sã"[88]. Mas fica a promessa: "E farei – quando a ocasião se ofreça – doces ao modo de V.M., e outros para V.M. poder repartir com esses amigos"[89].

A ingénua observação do Marquês obriga a algumas reflexões: se algumas passagens de cartas anteriores já indicavam a estreita relação entre a produção de conservas e as épocas de cada fruta, fica verdadeiramente explícito aqui a relação entre a matéria-prima disponível no mercado e a atividade conserveira, Desta forma, o bom ou mau ano agrícola era condição *sine qua non* para a disponibilidade de fruta e flores necessárias à manufatura das conservas e demais doces.

A 20 de Outubro de 1649 uma embarcação está de partida para Livorno. D. Vasco Luís apressa-se a embarcar tudo quanto pode nela, avisando D. Vicente que, entre caixões de livros e demais mercadorias, seguirão

> "outro [caixão] com 24 palanganas de marmelada em caixas de pinho, 4 de mel e açúcar, 4 de ginjas, 4 de açúcar rosado, 8 de frol, 4 de pessegada e 2 de confeitos do Porto"[90].

A listagem das conservas já encaixotadas por D. Vasco Luís surpreende, pois à marmelada, às ginjas, ao açúcar rosado e à pessegada, o Marquês alia o envia de produtos, por norma, associados à produção de conservas: "mel e

---

[84] Serafim 2011: 238.
[85] Serafim 2011: 278.
[86] Serafim 2011: 278.
[87] Serafim 2011: 278.
[88] Serafim 2011: 278.
[89] Serafim 2011: 254.
[90] Serafim 2011: 289.

açúcar" e "frol", certamente flor de laranjeira, corresponderá à receita homónima no manuscrito do prelado de Tomar[91].

Destacam-se, nesta remessa de conservas, os "confeitos do Porto". A especificidade da localidade de produção destes confeitos, na cidade do Porto, de alguma forma, diferençava-os de todas das produções lisboetas e madeirenses, por várias vezes referenciadas em crónicas e descrições quinhentistas e seiscentistas. Em 1728, no *Suplemento ao Vocabulário Portuguez e Latino*, Rafael Bluteau introduz a entrada "Confeitos do Porto":

> "São feitos como as nossas amendoas cubertas, mas redondos, e do tamanho de medronhos. Outros não têm amendoas algumas, mas são todos feitos de açúcar, e muito duros, e ambarados"[92]

Certamente que por "nossas amendoas cubertas", Bluteau se refere às amêndoas cobertas de Lisboa, cuja entrada da palavra "Amendoa", neste mesmo Suplemento é:

> "Amendoas confeitas à moda, são as amendoas descascadas, cubertas de açucar, ficando com varios relevos pequenos como cabeças de alfinetes"[93]

Desta forma, induz-se que, também no século XVII, os confeitos do Porto distinguiam-se tanto pelo menor tamanho dos restantes como pela sua forma redonda (e não amendoada) e por compreenderem, em si, duas tipologias: uma feita de amêndoas e açúcar e outra só de açúcar, mas ambas com a superfície coberta de pequenos relevos, muito idênticas com as produções atuais de amêndoas cobertas e confeitos coloridos.

No entanto, sobre a sua produção não se conhecem quaisquer referências diretas. Aliás, as informações disponíveis para a caracterização da produção de doces e conservas na cidade do Porto são raras: Isabel Rodrigues, doceira na Praça da Ribeira, faz juramento na Câmara desta cidade, a 17 de Maio de 1533, comprometendo-se a utilizar apenas açúcar madeirense nos seus doces, sendo, no entanto, autorizada a vender açúcar de S. Tomé[94] e em 1616, na Casa dos 24, faziam parte do corpo de Juízes das Corporações cinco confeiteiros[95].

A única referência ao termo "confeitos do Porto" que foi possível identificar em documentação contemporânea às encomendas de D. Vicente localiza-se

---

[91] Barros 2013: 283.
[92] Bluteau 1728: 254.
[93] Bluteau 1728: 39
[94] Matias 1999: 69.
[95] Silva 2008: 44.

no cancioneiro seiscentista Fénix Renascida, compilado no primeiro quartel do século XVIII, num poema-retrato anónimo:

> "São desta cachopa / Os pés polidinhos / Dous confeitos do Porto / Dos mais pequeninos"[96]

De todo um poema que recorre à comparação entre a figura de uma mulher e seus atributos físicos, é de notar a associação dos pés a dois confeitos do Porto, "dos mais pequeninos", levando a crer que já no século XVII o diminuto tamanho destes era atributo distintivo entre todas as produções nacionais.

Na "Natureza morta com caixas, barros e flores" (fig. 1), de Josefa de Ayala, datada de cerca de 1660, reparamos numas pequenas e coloridas esferas junto de caixas de madeira (caixas que trataremos adiante), que consideramos tratarem-se de confeitos do Porto, senão repare-se na semelhança da descrição de Rafael Bluteau dos confeitos do Porto, pequenos como medronhos e com a superfície coberta de relevos, como os de Lisboa.

Atualmente e curiosamente, as tradicionais amêndoas de Torre de Moncorvo são visualmente idênticas às aqui representadas, enunciando um passado remoto comum ainda por perceber[97].

Figura 1: Josefa de Ayala, dita Josefa de Óbidos (1630-1684), Natureza morta com caixas, barros e flores, c. 1660-70 A.53,9 x L.89,2 cm Óleo sobre tela. MNAA, inv. 1718 Pint José Pessoa, 1991©DGPC/SEC

---

[96] apud Carvalho 2007: 346.
[97] Agradeçemos esta referência à Prof. Doutora Carmen Soares.

Retornando à encomenda de Outubro, informa D. Vasco Luís que a 17 de Dezembro ainda o barco não teria saído da Lisboa[98].

Mas para D. Vicente "são tão grandes as obrigações de presentear"[99] que todos os doces que lhe chegam não são suficientes. Em carta fechada a 5 de Março de 1650, sempre com minuciosas indicações de acondicionamento e certificando-se que lhe são satisfeitos os pedidos, sublinha:

> "muito me houvera valido que Fr. Manuel chegará primeiro porque escrevia a Fr. Pedro Bautista me mandasse de bocados de marmeladas, que não se toquem, bem acomodados em beatilhas, vinte cruzados ou vinte cinco, e V.S. me fará mercê de mandar saber dele se mos manda, e não os mandando mos mande V.S. na primeira ocasião e os meta nas nossas contas, porque ainda serão poucos"[100].

Alguns parágrafos adiante, D. Vicente dá conta da chegada de todas as encomendas: "6ª feira, 4 de Março: chegaram enfim a esta casa os 3 caixões a salvamento a esta chancelaria"[101]. Minucioso, exigente e observador, não se escusa a fazer reparos e anotações à qualidade dos mimos recebidos:

> "irei de cada cousa dando méuda razão, advertindo que o juízo será livre, para informação de V.S. e ficar prático inda na parte mecânica (…) As marmeladas chegaram excelentes, como daí saíram. A florada não tão bem (mas contudo de poder presentear-se). A pessegada menos bem. E mal somente a conserva de rosas e ginjas."[102].

Mas não as dá por perdidas, pois "o mal não é se não para presentear-se, que para comê-las eu são boníssimas e oxalá as tenha sempre na mesa tão boas"[103]. Mas quais os defeitos que, desta vez, teriam as conservas?

> "o caso que se lhes despejou o açúcar enchendo-se dele as caixas com que as ginjas não pareciam conservadas, mas ginjas secas. E o açúcar rosado, e mel, e açúcar abaixou da superfície das palanganas um dedo. E das ilhargas se recolheu para o meio, deixando ao derredor um dedo de vazio"[104].

Açúcar em demasia nas ginjas e mau acondicionamento da maior parte dos doces terão condenado a sua qualidade, tendo ressecado e endurecido.

---

[98] Serafim 2011: 315.
[99] Serafim 2011: 335.
[100] Serafim 2011: 335.
[101] Serafim 2011: 339.
[102] Serafim 2011: 339-340.
[103] Serafim 2011: 340.
[104] Serafim 2011: 340.

Note-se que apenas a marmelada preservou a sua qualidade graças ao correto acondicionamento desta em recipientes cerâmicos fechados em caixas de pinho, tal como D. Vicente tinha aconselhado. Aliás, sublinha que as conservas teriam preservado a sua qualidade se as suas indicações fossem seguidas e, mais uma vez, apresenta-se incansável a dar indicações para a preparação e acondicionamento destas:

> "Todo este dano cessaria, com que não obrassem mais as conserveiras de V.S. palanganas em cousa que há-de navegar, mas aquelas caixas de talaveira que usa Fr. Pedro Bautista, em que há mil ventajas. A primeira é poderem-se serrar com papéis e pergaminhos tão fortemente que nunca lhes saia a calda, e com que fiquem sempre húmidas, brandas e sucosas; a 2ª, que se a qualidade da conserva se estreita e apartasse das ilhargas, não a vê o olho (...) sirva-se das caixas com o colo que baste para não se lhe desapegar os cordéis da rolha ou cerradouro e metam-se em bucetas de pau, bem ajustadas, as quais chegarão enxutas, pois não pode sair-lhes o açúcar."[105].

Novamente, as "caixas de talaveira" como recipiente preferido. Importa aqui notar o erro que as conserveiras de D. Vasco Luís, na perspetiva de D. Vicente, terão cometido ao deitar os doces em "palanganas". Ora, ao vocábulo palangana refere-se um tipo muito específico de forma cerâmica, que nas palavras de Raphael Bluteau, se resume a "vaso de barro, que tem muita circunferência, e pouco pé, serve de lavar as mãos"[106]. Não estariam acostumadas as conserveiras do Marquês a satisfazer pedidos que viajassem algumas centenas de quilómetros por via marítima, desconhecendo, por isso, as técnicas avançadas de acondicionamento que D. Vicente domina.

Certamente para evitar mais desperdício, D. Vicente torna a lembrar o Marquês de Niza de como deverá enviar os bocados de marmelada:

> "E se Fr. Pedro me não tem mandado bocados de marmelada e os quiser mandar, dê-lhe V.S. até 25 ou trinta cruzados ou V.S. os mande. E baste que seja ua ametade marmelada ordinária com outra ametade com bocados de perada ou cidrada, mas tudo mole para um desdentado. E que não fique um no outro, mas em grossas beatilhas, que cá servem de trazerem os pratos bem luzentes"[107].

A produção de marmelada, de perada e de cidrada em pedaços ou talhadas seria prática corrente, pois também esta figura no manuscrito de Luís Álvares de Távora, nomeadamente nos "Ladrilhos de marmelada"[108]. D. Vicente é, na

---

[105] Serafim 2011: 340.
[106] Bluteau 1728: 192 (6).
[107] Serafim 2011: 340.
[108] Barros 2013: 275.

verdade, um homem prático: o tecido a ser utilizado para envolver e proteger os pedaços de marmelada e de perada seria, posteriormente, usado para dar lustro aos pratos de sua casa.

D. Vasco Luís aproveita qualquer oportunidade para fazer obséquio ao seu correspondente: a 20 de Abril de 1650 envia a D. Vicente "- duas [caixas] de confeitos do Porto; - ua de flor"[109].

Dez dias depois, a 30 de Abril de 1650, D. Vicente relata a degustação, no dia de Páscoa (6 de Março), dos doces recebidos, provavelmente os mesmo referidos na carta de 5 de Março, no final do ano anterior (tratar-se-ão dos doces e conservas descritos na carta do Marquês de Niza de 20 de Outubro de 1649):

> "Os doces eram como feitos nesse palácio de V.S. no cheiro, no sabor, na vista, satisfazendo todos os sentidos. E na pessegada que chegou bolorenta - e eu fiz por mão de criado perfeito diante de mi, tirar toda a musca para presentear – padeci grande engano porque ficando-me duas caixas por sem remédio, provei a primeira e vi ser das melhores conservas que nunca comi, e do mesmo modo a segunda e me ficariam todas para mi só."[110].

Nem o bolor, como reação fúngica do açúcar em contato com o ar, resultado do mau acondicionamento da pessegada, demoveu D. Vicente de a provar e manter para si as conservas que julgava perdidas, cuja paciência e arte de um criado seu salvou, um testemunho de uma verdade intemporal: nem sempre o mau aspeto é sinónimo de má qualidade!

As indicações que, mais uma vez, dá a D. Vasco Luís para o acondicionamento dos doces não trazem nada de novo, antes reforçam a excelência da capacidade de conservação "das panelas de talaveira ou málaga do P.e Fr. Pedro Bautista, que conservam anos inteiros as conservas fresquíssimas."[111]. Mas não basta. Para D. Vicente é de suma importância que as panelas sejam bem fechadas

> "com beatilha dobrada, que sobeje por de fora, e rolha bem estreita ou pergaminho bem atado com cordel que não possa levantar-se porque cuido que tem releixo. Chegarão boníssimas."[112].

Todas as exigências não são infundadas ou apenas capricho de um português guloso. D. Vicente Nogueira, sexagenário, possivelmente consequência da sua gula, não tem mais dentes que lhe permitam comer alimentos mais duros. Por diversas vezes se queixa da ausência de dentes e da fragilidade e sensibilidade das suas gengivas:

---

[109] Serafim 2011: 352.
[110] Serafim 2011: 357.
[111] Serafim 2011: 357.
[112] Serafim 2011: 357.

"serão importunidades que se não escusam a quem não tem dentes, mas só gengivas, e essas tão moles que, se os bocados de perada ou cidrada taladam, se se secam um pouco mais nos cantos, já me descalabram as gengivas (...) me não servem mais que pedras"[113].

À falta de dentes, D. Vicente juntava, também, males de estômago, que vai pontualmente referindo ao Marquês de Niza. A 23 de Novembro de 1648 faz notar a D. Vasco Luís que "nenhum destes ofícios me impedem as contínuas dores de estômago que me duram quatro e cinco horas despois do jantar"[114]. Tais padecimentos não abrandam, ainda que sujeito a uma dieta regulada, composta de:

"picadilho de capão ou vitela, que não passe de quatro onças, sem fruta, nem doce algum (...) bebendo só quatro onças de vinho. E já tentei em lugar desta grande carne, passar com duas gemas de ovo, e me achei pior"[115].

Espanta-se D. Vicente e os médicos que o assistem que, com o consumo de doces, as dores passam:

"E é caso notável que na ceia, inda que além do picadilho, começo num prato de ameixas de Marselha cozidas, e acabo numa perã ou pêssego assado e, além da conserva, bebo quatro onças de água bem fresca. Nem dor de estômago me vem, nem deixo de dormir bastantemente, cousa que maravilha aos médicos, e a que não sabem dar saída."[116]

Começa-se a desenhar uma outra justificação para os açucarados pedidos de D. Vicente: o seu sensível estômago tolera-os muito bem [117]e, como refere em carta posterior de 30 de Abril de 1650: "E eu nesta minha extrema fraqueza determino usá-los muito"[118]. Usa-os de tal forma que determina, para si, uma dieta onde se obriga a consumo diário de conservas, que justifica, no seu entender, as encomendas que faz:

---

[113] Serafim 2011: 141.
[114] Serafim 2011: 192.
[115] Serafim 2011: 192.
[116] Serafim 2011: 192.
[117] Procurando saber se tais comentários seriam providos de alguma verdade medicinal, consultámos a Prof. Doutora Raquel Seiça, professora catedrática da Faculdade de Medicina da Universidade de Coimbra, associada do projeto "DIAITA: Património Alimentar da Lusofonia", ao qual igualmente nos associamos. Nas suas gentis palavras, que agradecemos, informa-nos que "os doces ou melhor, os açúcares ou hidratos de carbono, pelo seu pH neutro não agravam a acidez gástrica. A sua digestão é rápida e fácil, tal como a absorção intestinal, e constituem a nossa principal fonte de energia. Nas dispepsias, beber muita água (referido no texto) e ingerir doces (naturais) é recomendável, contrariamente à ingestão de gorduras"
[118] Serafim 2011: 358.

"[determino usá-los muito] e não comer se não ovos e mongana[119] que é a melhor carne que há neste mundo. E disto não saio, mas para cada sete dias gastar ua panela das que digo me são necessárias cinquenta e duas, e para presentar, são setenta e duas."[120]

Se as conservas eram, em meados do século XVII, independentes do contexto de botica em que tinham surgido e se encontravam presente no quotidiano português de uma forma mais vulgar, largamente produzidas e comercializadas, é curioso notar que não deixaram de ser associadas à recuperação de convalescentes e aconselhadas a males do foro digestivo, prática que ainda hoje se mantém.

D. Vicente prevê que o seu gasto anual de conservas ascenda às setenta e duas panelas, as quais não se coíbe de encomendar ao seu correspondente em Lisboa, sublinhando que as despesas com a matéria-prima e transporte serão asseguradas por si:

"Peço pois humildemente a V.S. que nos doces que com confiança de criado lhe pedir, não entre com spesa alguma mais que as mãos das suas conserveiras ou negras e com o fogo. Mas que o açúcar, a fruta, as aguas de cheiro e os mesmos cheiros sejam todos à minha custa que inda na perfeição, e no poupar a fazenda, sem que se esperdíce. (...) E quando V.S. as tenha mandado encaixar – o que não poderá ser se não em Novembro – embarcando-se aí por minha conta e risco e pagando-se todos os portos e fretes por mi"[121].

A referência a conserveiras negras não passa despercebida: a sua associação ao trabalho doméstico, neste caso específico, ao fabrico de doces e conservas, é reflexo da presença, no quotidiano português, de serviçais negras com funções nas cozinhas das casas nobres sediadas em Lisboa[122].

Desta feita, o pedido do funcionário cardinalício, na carta de 30 de Abril de 1650, resume-se a:

"marmelada: marmelada de sumos, mas para boca desdentada; perada, de cada conserva das três de riba doze panelas; dezoito de cidrada bem ralada; dezoito de pessegada, tudo bem cheiroso e saboroso sem cansar em que seja o açúcar o mais branco do mundo, porque na cor das conservas tenho pouquíssima curiosidade como no sabor e cheiro sejam esquisitas, e principalmente serem moles, liquidas e que não façam açúcar candil com que me rompam as gengivas (...) e metendo-se

---

[119] Carne de vitela.
[120] Serafim 2011: 358.
[121] Serafim 2011: 358.
[122] Neto 1999: 101.

mais dentro ua caixa de seis mil reis de bocados de marmelada metidos em beatilhas, que não se toquem, os quais podem ser comprados na confeitaria, inda que não sejam muito brancos. E o tamanho seja de cinco ou seis em arrátel. E isto, Senhor, enquanto aos doces que de V.S. neste ano peço."[123].

Como já teria referido em Novembro de 1647, D. Vicente gosta das suas conservas bem aromatizadas, chegando mesmo a desconsiderar a sua cor em detrimento do cheiro e sabor, de tal forma que abdica do "açúcar mais branco do mundo", isto é, clarificado. O mesmo açúcar que dificilmente era utilizado nas confeitarias como matéria-prima, como se depreende do seu comentário sobre os bocados de marmelada que, sendo comprados na confeitaria, não seriam muito brancos.

Este pedido é relembrado a 19 de Setembro de 1650:

> "Pedi a V.S. ua mercê e lha peço humildemente de novo. E é que em quantas conservas me mandar fazer, polas suas conserveiras brancas ou negras, tudo seja à minha custa excepto mão e carvão (…) E os vasos sejam dos cubertos por cima com boca estreita como os do Fr. P.º Bautista, porque conservam e fecham a conserva em modo que de dous anos estão húmidas e não encandiladas ou secas. E mande V.S. ter um caderno em que se note por maior o custo (…) E lembre-se V.S. dos bocados de marmelada que lhe pedi se comprassem, mas venha de tal modo arrumados em lençóis ou teadas de certo pano grosso da Índia muito raro e baixo que nenhua toque na outra."[124].

Novamente, D. Vicente insiste na importância do correto acondicionamento das conservas e marmelada, para que preservem as suas qualidades por um maior período de tempo.

D. Vasco Luís, apenas a 27 de Janeiro de 1651 responde a D. Vicente. E por esta carta sabemos que os doces pedidos ainda não foram enviados, pois o Marquês encontrava-se recolhido na Vidigueira:

> "é o que por hora pode mandar quem se acha num monte, que a estar em Lisboa foram também os doces que V.M. pede e os livros que ficará reservado para quando eu for àquela Corte."[125]

A 19 de Julho, escrevendo já de Lisboa, comunica:

> "A Santa Clara tenho mandado encomendar marmelada para ir a V.M. em bocados. Irão na primeira nau concertados na forma em que os mandava Fr. Pedro, até

---
[123] Serafim 2011: 358.
[124] Serafim 2011: 370.
[125] Serafim 2011: 378.

à quantia de 8 ou 12 mil reis"[126].

Aqui, uma vez mais, encontra-se associado à produção de marmelada um complexo monacal: ao Convento de Santa Clara, em Lisboa, o Marquês de Niza encomenda entre oito a doze mil reis de bocados de marmelada.

A última notícia que temos de doces data de 26 de Dezembro de 1651. D. Vasco Luís, novamente na Vidigueira, remete a D. Vicente

> "a quitação dos 16 mil reis que se entregaram a Frei António da Natividade para remeter a V.M. de doces, conforme a ordem de V.M. dada na carta que lhe mandei entregar, o que deve fazer nestas embarcações."[127]

Observa-se, assim, na tentativa de tentar contornar a impossibilidade de D. Vasco Luís de responder com celeridade aos pedidos de D. Vicente, a alteração de toda a logística até agora verificada, que se expõe no ponto seguinte.

Ainda antes de analisar a complexa logística adotada por estes dois personagens no envio e receção das conservas, importa analisar, numa perspetiva transdisciplinar, o acondicionamento das conservas que até agora se expôs

A representação de doces e conservas na pintura europeia dos séculos XVI e XVII foi considerável, ganhando maior expressão nas obras de pintores ibéricos e norte-europeus, ao longo dos séculos XVI, XVII e XVIII, figurando em grande parte das naturezas-mortas de pintores como o castelhano Juan van der Hamen y Leon (1569-1631) ou, em território português, de Josefa d'Óbidos (1630-1684).

As duas pintuas que aqui se apresentam, da autoria de Josefa de Ayala, serão, no conjunto de toda a sua obra, as mais representativas e as que, de forma espantosa, melhore traduzem pictoricamente os dados revelados por D. Vicente.

Na "Natureza morta com caixas, barros e flores", pintura anteriormente enunciada (fig. 1), a representação de duas caixas de madeira não podiam coincidir melhor com os elementos que D. Vicente apresenta para as identificarmos como as "caixetas (…) ordinárias de marmelada"[128]. Estas, na verdade, não captam a admiração do funcionário cardinalício, que as vê como pouco confiáveis no que concerne à conservação e preservação do conteúdo. A própria denominação de "ordinária" remete para a vulgaridade e o largo uso deste tipo simples de caixa para armazenar a marmelada, certamente apta

---

[126] Serafim 2011: 406.
[127] Serafim 2011: 414.
[128] Serafim 2011:141.

para a venda e circulação urbana/regional do doce, mas inútil para viagem de longo curso como as que aqui se descrevem.

Interessante observar que, tal como D. Vicente tanto insiste, também nas caixas de madeira representadas notamos o uso de beatilhas (na caixa maior, fechada) por forma a garantir uma mais perfeita selagem e, consequentemente, uma melhor preservação da conserva. Ainda assim, note-se o pormenor, na caixa mais pequena, do rebaixamento da marmelada, resultado muito comum da má preservação da compota e já identificado pelo religioso nas suas encomendas.

Estes sinais de má preservação, tão bem notados por D. Vicente em algumas das suas conservas, não o demovem de tentativas de os recuperar, enviando alguns destes a uma freira para "concertar com açúcar e passar em vidros"[129]. Ora, de fato, na pintura que se apresenta, algo mais sólido e opaco que um líquido, enche a rebuscada taça (de vidro com paralelos morfológicos nas taças doceiras seiscentistas)[130] que aparece sobre a salva de prata, podendo considerar tratar-se de algum tipo de geleia ou doce. Assim, também na relção entre doçaria/conservas e vidro as duas fontes, documental e iconográfica, são convergentes. Lembre-se, neste ponto, a apertada relação que se estabelece, no manuscrito de Luís Álvares de Távora, em algumas das receitas de conservas, entre o produto acabado de fazer e o seu imediato acondicionamento em "caixas vidradas, ou de vidro"[131].

Numa segunda pintura, "Natureza morta com caixa com potes" (figura 2), datada do mesmo período (cerca de 1660), é de notar não tanto a representação das caixas de madeira mas a representação de um pote vidrado, com uma morfologia em tudo semelhante às "caixas de Talaveira" elogiadas por D. Vicente e tapado da exata forma que este recomenda: uma betatilha sobre a boca, mais larga que o colo, para permitir que a corda a prenda com firmeza. Morfologicamente corresponde este pote às caixas utilizadas pelo Padre Pedro Batitsa e tão apregoadas por D. Vicente: "chãs de fundo, e largas até dous dedos da boca"[132].

---

[129] Serafim 2011:238.
[130] Veja-se, por exemplo, a taça doceira do Museu Nacional de Arte Antiga (N. Inv. 153 Vid).
[131] Barros 2013: 276. Identificámos a referência a recetáculos de vidro numa outra receita, nomeadamente de "Marmelada branda": "e deixena esfriar antes q'a deite' nos vidros pera q'os naõ fasa estalar" (Barros 2013: 304).
[132] Serafim 2011: 141.

Figura 2: Josefa de Ayala, dita Josefa de Óbidos (1630 - 1684). Natureza-morta com caixa com potes, c.1660. A. 68,5 x L. 45 cm. Óleo sobre tela. MNAA, inv. 1875 Pint. José Pessoa, 1991©DGPC/SEC.

Importa aqui recuperar o que já enunciamos sobre as caixas de Talaveira. Estranhamos a exigência de D. Vicente na utilização de recipientes estrangeiros para acondicionamento das conservas quando, em território nacional, nomeadamente Lisboa, Coimbra e Porto, florescia a indústria da olaria de cerâmica vidrada a esmalte branco e pintada a azul, denominada faiança, cujo uso estava difundido por todas as casas abastadas em Portugal e que, inclusivé, terá feito parte integral da bagagem de mercadores e viajantes que circulavam por todo o Império Português[133].

Julgamos ter o suporte necessário para admitir que esta referência de D. Vicente a produções cerâmicas castelhanas tão específicas não passa de uma deturpação/equívoco no uso do termo "de Talavera": o Regimento dos Oleiros de Lisboa, datado de 1572, que define as fomas e feitos que um oleiro deveria saber fazer para poder examinar futuros artesãos, define, no ponto 7, determinadas peças que "o que quiser examinar louça branca de talaueira saberaa fazer"[134]. Assim, o definidor "louça branca de talaueira", associado às produções portuguesas de esmalte branco do final do século XVI certamente terá permanecido no registo oral como distitntivo entre as produções

---

[133] Para este assunto ver, entre outros, Gomes 2013 e Casimiro 2011.
[134] Correia 1926: 143.

maioritariamente esmaltadas a branco, com subtis ou até mesmo inexistentes apotamentos decorativos e as produções que, circulando paralelamente, se caraterizavam pela profusão decorativa em tons de azul, o mesmo tipo de produção que em 1621 é destacado no Arco dos Oleiros, erigido na entrada da Rua da Misericórdia aquando da entrada de Filipe III de Espanha em Lisboa que, nas palavras de João Baptista Lavanha, era "porcelana da que se faz em Lisboa contrafeita da China"[135].

A título de curiosidade e retomando o Regimento dos Oleiros, não deixa de suscitar interesse o rol de peças que um proponente a examinador de "louça branca de talaueira" deveria saber fazer, nomeadamente "toda a botica cõ suas arredomas e boiões e panellas que levem até arroba"[136]: novamente, a associação, ainda que indireta, entre conservas e botica.

Ainda que, a nível decorativo, o pote representado na figura 2 não remeta, linearmente, nem para produções valencianas nem para as produções portuguesas de esmalte branco, assumimos que D. Vicente, conhecedor exímio dos processos de produção e acondicionamento das conservas (conhecimento de nível "profissional" e cuja origem será analisada adiante) saberia, de fato, que tipologia de recetáculo melhor preservava as qualidades das conservas, sendo por demais evidente que a utilização de recipientes cerâmicos vidrados se justificava pela impremiabilização e proteção que estes garantiam ao produto reservado.

2.2 Logística, correspondentes e intermediários nas encomendas de conservas de D. Vicente.

É na carta de Novembro de 1647 que começamos a ter informações sobre o complexo processo de despacho das encomendas feitas por D. Vicente: Lourenço Bonacorsi era o correspondente do português em Livrono, a quem se deveriam encaminhar as encomendas[137], no qual confiava. Mas nada iria prever as aventuras e desventuras que os seus doces iriam passar.

Os doces enviados pela Marquesa de Castel Rodrigo no ano de 1648, teriam chegado a Livorno no mês de Novembro, pelo mesmo circuito, ou seja, descarregados em Livorno à responsabilidade de Lourenço Bonacorsi:

> "os quais já devem estar em Livorno em mão de Lourenço Bonacorsi, ao qual sobre isto escrevi já ontem à noite, ordenando-lhe que mos despache e mande"[138].

---

[135] Lavanha 1622: 29.
[136] Correia 1926: 144.
[137] Serafim 2011: 142.
[138] Serafim 2011: 193.

Dois meses depois, a 11 de Janeiro de 1649, D. Vicente começa a suspeitar de alguns problemas na chegada das suas encomendas a Roma: a súbita chegada de uma armada holandesa carregada de açúcar a Génova, com destino a Livorno, levou os genoveses a impedir a saída de qualquer embarcação, até se concertar o negócio dos açúcares. É desta forma que nos apercebemos do circuito de transação destas encomendas: de Lisboa, as encomendas são carregadas em embarcações que tenham como destino portos italianos, neste caso particular, primeiro aportando em Génova e depois Livorno. Desta cidade portuária, a mais de 250 km de Roma, D. Vicente teria por norma fazer transportar as encomendas através de barcas mas, a conjuntura politica não garantia que a transferência se fizesse em segurança:

> "duas barcas se têm tomado de Livorno a Roma, ua polos franceses de Portolongone, e outra polos castelhanos de Orbitello (…)E é prática entre os mercantes que mais risco se corre desde Roma a Livorno, que de Livorno a Lisboa"[139].

Para contornar esta insegurança e garantir que as suas conservas chegam às suas mão em Roma, D. Vicente pondera "quiçá mandarei as enviem por terra – inda que seja comprá-las de novo"[140]. Observa-se, nesta passagem, uma sobrevalorização da via marítima, preferida à terrestre, como mais segura e menos dispendiosa. Voltamos a ter notícia dos doces a 1 de Fevereiro de 1649:

> "Ontem tive carta de Bonacorsi de Livorno em que diz ter já na mão um caixão das conservas, e que mo mandará quando lhe chegar o outro. Veja V.S. as mofina, vindo ambos na nau Príncepe Henrique, e são tão sacomardos os mercadores que inda sendo o Bonarcorsi nobre, me não explica se o que tem é o caixão da senhora Marquesa minha Senhora, se o do frade Agostiniano Fr. Pº Bautista."[141].

Descobre-se, aqui, um terceiro fornecedor de conservas: Pedro Batista, padre e frei (provavelmente do Convento da Graça), que já tinha sido referido por D. Vicente na carta não datada[142]. D. Vicente assegura, assim, a manutenção do seu doce stock através de três diferentes fornecedores: D. Luís Vasco, D. Joana de Moura e Frei Pedro Batista.

Mas não será nos fornecedores que D. Vicente vai encontrar obstáculos. Será nos intermediários: 15 de Fevereiro de 1649, D. Vicente corta relações com Lourenço Bonacorsi. Pois este teimava em não lhe responder de quem era o caixão que estava na sua posse, se "era o que a Marquesa minha Senhora

---

[139] Serafim 2011: 207.
[140] Serafim 2011: 206.
[141] Serafim 2011: 215.
[142] : onde se lê: "da forma que o Padre Fr. Pedro Baptista de Nossa Senhora da Graça mas manda" (Serafim 2011: 141)

mandou entregar a seu irmão Nicolau, ou se era o que do frade Agostinho lhe remetia Diogo Duarte de Sousa"[143].

A intrincada e complexa rede de intermediários adensa-se: D. Joana de Moura remeteria os doces por Nicolau Bonarcorsi, irmão de Lourenço, e Frei Pedro Batista por Diogo Duarte de Sousa. No entanto, o romper de relações com Lourenço obriga a novos intermediários:

> "mas eu lhe respondi (a Lourenço Bonacorsi) polas mesmas consoantes dizendo-lhe que me não escrevesse mais, porque eu avisava a Lisboa que nada meu se remetesse de amigos meus a ele, mas somente a Manuel Rodriguez de Matos, agente de El-Rei, ou a Francisco Mendes Henriques, meus naturais."[144].

Portugueses, por certo, pois "florentinos são a Fez de Itália."[145].

D. Vasco Luís, por sua vez, faz o que pode para garantir que as encomendas cheguem em bom estado e no tempo devido ao seu correspondente, em Roma. E para tal, quando envia a remessa de doces solicitada, faz embarcar um criado seu para acompanhar os caixões, como refere em carta de 20 de Outubro de 1649[146]. Talvez para conter a ira de D. Vicente, o Marquês decide que os doces vão por sua conta[147].

No entanto, a 18 de Novembro, ainda os doces não foram enviados, prevendo-se que nos próximos dias uma embarcação zarpe de Lisboa a Livorno. Como prometido, D. Vasco Luís avisa o seu correspondente que "Pela dita nau de Leorne[148] vão a V.M. dous caixões por via do forragaitas em que mando os doces"[149]. No entanto, a 17 de Dezembro ainda o barco não teria saído da Lisboa, atraso que, prontamente, o Marquês justifica:

> "Somos em 12 de Dezembro sem podermos fazer arrancar esta nau de Leorne, com cuja tardança se resolveu Sua Majestade a fazer passar nela o Padre António Vieira, a cobrar os papéis que estavam em poder do Doutor Manuel Álvares Carrilho que se manda recolher ao reino"[150].

A referência a Padre António Vieira terá, aqui, um duplo sentido: se é por demais curioso que os doces de D. Vicente se tenham cruzado com tamanha personagem do pensamento político e religioso seiscentista português, a

---

[143] Serafim 2011: 216.
[144] Serafim 2011: 226.
[145] Serafim 2011: 226.
[146] Serafim 2011: 289.
[147] Serafim 2011: 289.
[148] Interrogamo-nos aqui se corresponderá este nome a Livorno.
[149] Serafim 2011: 289.
[150] Serafim 2011: 315.

verdade é que a mesma embarcação em que D. Vasco Luís despachou as suas encomendas é a mesma na qual Padre António Vieira iria embarcar, zarpando de Lisboa a 8 de Janeiro de 1650[151], com paragem em Barcelona (a 21 de Janeiro)[152], chegando a Roma a 16 de Fevereiro[153] . O motivo da sua viagem: como agente secreto do rei português, ia concertar o casamento do príncipe D. Teodósio e inflamar os motins de Nápoles contra o domínio espanhol[154], beneficiando dos "papéis" de Manuel Álvares Carrilho, agente português na Santa Sé então retornado a Portugal.

Na carta de 5 de Março de 1650, iniciada a 26 de Fevereiro, voltamos a ter notícia dos doces enviados pelo Marquês. D. Vicente, de alguma forma, terá entrado em contato com o criado de D. Vasco Luís, Luís Álvarez, que seguia na mesma embarcação[155], após o seu desembarque em Livorno. Na quarta-feira de cinzas, 2 de Março, D. Vicente já tem conhecimento das encomendas que lhe foram enviadas:

> "Também das muitas conservas de que V.S. me faz mercê e presente estou com grande desejo que chegue, que inda que já lhes passou a sazão do Natal e entrudo, inda na coresma a terão boa"[156].

Será na sexta-feira seguinte, dia 4 de Março, que os doces e conservas chegam a Roma.

A logística adotada até aqui vai, no que respeita à produção e envio das conservas, alterar-se profundamente com a saída de D. Vasco Luís de Lisboa para a Vidigueira. As mudanças de domicílio do Marquês de Niza provocaram uma alteração na origem dos doces: se até agora estes eram feitos pelas conserveiras do Marquês, este passa a recorrer aos mosteiros de Lisboa para a sua produção, nomeadamente ao Convento de Santa Clara, feminino, delegando a responsabilidade do envio da encomenda a Frei António da Natividade.

Supomos tratar-se aqui de Frei António da Natividade, da Ordem dos Ermitas de Santo Agostinho, alojada no Convento da Graça, autor do sermão nas exéquias a D. Rodrigo da Cunha, em 1643, e de Montes de *Coroas de Santo Agostinho Naelle, e na sua eremitica familia recebidas* de 1665. Na verdade, a relação de D. Vicente com a ordem agostinha já acontecia por via de Frei Pedro Batista, de quem aquele tanto estimava as conservas.

---

[151] D'Azevedo 1925: 261.
[152] D'Azevedo 1925: 261.
[153] D'Azevedo 1925: 260.
[154] Bethencourt, Castro 1998: 68.
[155] Serafim 2011: 289.
[156] Serafim 2011: 335.

Assim, justifica-se que D. Vasco Luís, conhecendo esta relação, se dirigisse a um frade da mesma ordem com o fim de conseguir doces e conservas da mesma qualidade, numa situação que, domesticamente, já não poderia prover.

3. Considerações Finais.

Indubitavelmente, o doce e a conserva, desde os meados do século XVI, fariam parte do quotidiano lusitano, não se restringindo aos repastos dos mais abastados e, assim, constituindo-se como iguaria apreciável e desejável por todos, de tal forma que os podemos considerar um traço distintivo da identidade cultural portuguesa.

A produção e comércio destes alcançavam dimensões impressionantes já em 1552: na *Grandeza e Abastança da Cidade de Lisboa*, de João Brandão, refere-se que:

> "quinze dias antes do Natal até dia dos Reis se põem 30 mulheres na Ribeira e Pelourinho Velho com suas mesas cobertas de toalhas e mantéis muito alvos, e em cima gergelim, pinhoada, nogada, marmelada, laranjada, sidrada, e fartéis, e toda outra sorte e maneira de conservas."[157].

A esta verdadeira indústria artesanal de doces se dedicavam, ao longo do ano, "30 tendas de confeiteiros. Em cada uma quatro, cinco pessoas. Que são cento e cinquenta por todos."[158], sendo a produção e venda de marmeladas de tal forma singular e expressiva que "Tem 50 mulheres que têm por ofício fazer marmelada, e açúcar rosado, e laranjadas, que vendem às pessoas que vão à Índia e Guiné"[159].

Não deixa de ser curiosa a referência de João Brandão ao fato de os viajantes portugueses, movendo-se pelos territórios ultramarinos africanos e indianos, se abasteciam de conservas na capital. José de Anchieta, jesuíta que se fixou no Brasil de 1553 até à data da sua morte, em 1597, notou, que entre os produtos importados e consumidos pelos mais abastados na Bahia e Pernambuco, se encontravam as conservas metropolitanas[160]. No entanto, as referências deste autor para o espaço brasílico são mais explícitas:

> "Para os enfermos não faltam regalos que se fazem de assucar, que ha muito, e assim fazem laranjada, cidrada, aboboradas e talos de alface e outras conservas. Em Piratininga se faz muita carne de marmelo ou cotonada e assucar rosado alexandrino"[161]

---

[157] Brandão 1990: 87.
[158] Brandão 1990: 196.
[159] Brandão 1990: 214.
[160] Anchieta 1933: 428
[161] Anchieta 1933: 428.

Novamente, a associação das conservas aos cuidados médicos de enfermos, aqui tidas como regalos.

À produção das conservas, nomeadamente a marmelada, estava associada uma segunda atividade, na capital metropolitana: a do acondicionamento (lembre-se o cuidado exigido por D. Vicente no correto acondicionamento das conservas para a sua maior preservação) de tal forma importante que dos

> "quarenta carpinteiros de fazer caixas (...) havia muitos deles que faziam duas mil, e alguns mil e quinhentas, e mil (...) as quais vendem a vinte e trinta reis cada uma"[162].

Por estes números, a produção de marmelada ascenderia a uma impressionante cifra de 20.000 caixas, cada uma com um custo médio de 250 réis[163], o que rondaria, a confiar nos dados de João Brandão, a um total de 5.000.000 de réis. Brandão aponta a cifra de 11.500 cruzados para o rendimento anual da produção de marmelada[164] que, convertido em réis[165], rondará os cinco milhões por nós apontados. Retemos aqui, novamente, para a representação desta tipologia de caixas nas duas pinturas de Josefa de Óbidos (figura 1 e figura 2).

Em 1620 Frei Nicolau de Oliveira imprime a sua obra *Livro das Grandezas de Lisboa*, na qual, seguindo o mesmo método que João Brandão, lista todos os ofícios existentes na cidade de Lisboa e quantos se ocupam deles. Assim, no capítulo oitavo do quarto tratado, menciona cinquenta e quatro confeiteiros[166]. No entanto, a esta data, a produção de conserva e doces terá conhecido um espantoso aumento, de tal forma que, paralelamente aos confeiteiros, existiriam na cidade "Molheres que fazem doces pera vender, assi em suas casas, como pelas Ruas, fora da Confeytaria, sessenta"[167], perfazendo um total de cento e catorze produtores de conservas e doces, a cuja venda estavam associadas "moças que vendem doces pellas portas. 15"[168]. Assim, associados à produção e venda de doces contar-se-iam, em 1620, cento e vinte e nove pessoas.

D. Vicente representará, por certo, um vasto grupo de portugueses sediados pelas diversas metrópoles europeias que originavam uma larga circulação de doces e conservas através de encomendas a correspondentes na capital e cujos destinos seriam vários: consumir, oferecer ou vender.

---

[162] Brandão 1990: 71.
[163] Brandão 1990: 71.
[164] Brandão 1990: 71.
[165] Foi considerada a conversão de 1 cruzado por, aproximadamente, 430 réis.
[166] Oliveira 1804: 178.
[167] Oilveira 1804: 178.
[168] Oliveira 1804: 184.

Uma Doce Viagem: Doces e Conservas na correspondência de D. Vicente Nogueira com o Marquês de Niza (1647-1652).

No entanto, as suas missivas deixam perceber que não era um comum consumidor de conservas: o domínio e conhecimento que demonstra ter dos processos produtivos e de conservação aproxima-o, surpreendentemente, das técnicas conserveiras. O que poderia ser um mistério a rodear a figura de D. Vicente acaba por ser fácil e curiosamente explicado com um pequeno dado biográfico deste personagem: à data do seu julgamento e consequente extradição, D. Vicente habitava a ímpar Casa dos Bicos[169], paredes meias com a Rua dos Confeiteiros, certamente frequentada por este. Desta forma, o contato quase permanente com os confeiteiros e as suas lojas desde 1627 até 1634 ter-lhe-á permitido adquirir tanto os conhecimentos como o gosto refinado pelas conservas portuguesas.

Este mesmo gosto, partilhado por tantos outros portugueses, não cessaria mesmo em situações mais delicadas ou mesmo visualmente violentas para a generalidade das pessoas. A 18 de Novembro de 1646 teve lugar em Lisboa mais um auto-de-fé e, como era recorrente, a cúpula da Inquisição estaria em lugar privilegiado para presidir ao julgamento. Tal evento "festivo" contava, pois, com sumptuoso e recheado banquete do qual conhecemos a nota de despesa que discrimina tudo o que foi comprado, que quantidade e qual o valor pago. De toda a panóplia de alimentos, recuperamos aqui as conservas, entre outros doces, numa despesa que ascendia aos 62.829 réis:

> "De abóbora coberta, de marmelada em bocados e caixas, escorcioneyra ralada; perada; cidrada; maçapãis brancos e de ovos reais, pêras e melão, marquesinhas, cidrada ralada; confeitos vários (…)"[170].

No ano seguinte, a 15 de Setembro de 1647, D. Catarina convida suas damas a assistir, do Paço, ao auto-de-fé. Também deste existe uma nota de despesa do banquete, no qual não se poupou ao luxo e exuberância. Eis o que, de conservas, se serviu na mesa das Damas:

> "- oito arr.tes de diacedrão p' mil e coatrocentos corenta rs. – oitto arr.tes de peros cubertos p' novesentos e sessenta rs. – oitto arr.tes de cidrada p' nouve sentos e sessenta rs. – oitto arr.tes de confeites de roza p' nouesentos e sessenta rs."[171]

O gosto pelas conservas e doces galgaria a mesa da dinastia de Avis e as ruas da capital e chegaria à Plaza Maior da Madrid filipina. Thomé Pinheiro da Veiga, em 1605, estando em Madrid nas festas de S. João, escreve a 6 de Julho:

---

[169] Serafim 2011: 18.
[170] Baião 1938: 212.
[171] Saraiva 1931: 163.

> "A outra cousa notavel he ver as merendas destes dias, em que são tão prodigiosos, os ricos comos os pobres, e alguns senhores as mandam levar descobertas. (…) e são tantos os doces que se gastam nestes dias, que me disse a Portugueza, que he a melhor tenda, que gastava este dia 650 ducados de doces (…)"[172].

Conhecendo Valhadolid bem, afirma mesmo que existiam "105 tendas de doces, alem de outras miudezas e taboleiros"[173]. Na verdade, a diversidade de doces, conservas e confeitos era em tudo semelhante à de Lisboa:

> "Custam os confeitos bons sinco reales, os outros quatro, gragea, que são de roza, sinco, de amêndoas tres e meyo, talos de alface e abobora e escorcioneira sinco, marmelada tres, a de Lisboa sinco e seis, dos pecegos cobertos doze reales, cidrão 8, peras boas 8, os ordinários e serominhos sinco"[174].

As produções de Lisboa deveriam, de fato, ser superiores às demais congéneres europeias pois também Thomé de Veiga, tal como D. Vicente, as contrapõe e enaltece, em oposição com diferentes contextos sociais:

> "mas os mais guizados ordinários não valem nada; nenhum picado sabem fazer, nem com limpeza e cheiro dos nossos, e os doces pela mesma maneira, principalmente assucar rosado e marmelada, que são velhacaria"[175].

Qualidade tão superior que D. Vicente não pouparia esforços e despesa para ter na sua mesa, confessando ao seu corresponde D. Vasco Luís "E eis aqui, Senhor Excelentíssimo, tudo quanto meu corpo só cobiça de Portugal"[176], mesmo depois de se ver condenado por tão nefandos crimes na sua pátria e ser obrigado ao exílio.

Por conseguinte, as fontes aqui recuperadas, de certa forma, complementam e contextualizam as encomendas de D. Vicente e provam a alta consideração que as conservas e doces portugueses tinham no seio da sociedade dos séculos XVI e XVII, constituindo-se como verdadeiro marcador da identidade e nacionalidade portuguesa, inseparáveis dos hábitos alimentares lusitanos.

---

[172] Veiga 2009: 217.
[173] Veiga 2009: 217.
[174] Veiga 2009: 218.
[175] Veiga 2009: 218.
[176] Serafim 2011: 143.

Parte IV

Heranças Portuguesas da Gastronomia e Nutrição Brasileira

Luis da Câmara Cascudo e a ementa portuguesa: a contribuição de Portugal na construção do pensamento sobre a cozinha brasileira
(Luís da Câmara Cascudo and the portuguese ementa: contribuition from Portugal for the construction of a brazilian cuisine thought)

Leila Mezan Algranti
Universidade Estadual de Campinas (algranti@unicamp.br)

Wanessa Asfora
Universidade Estadual de Campinas (wanessaasfora@usp.br)

Resumo: A partir da obra História da Alimentação no Brasil de Luís da Câmara Cascudo, o artigo reflete sobre a contribuição da herança cultural portuguesa na elaboração de um discurso sobre a cozinha brasileira ainda vigente em grande parte da produção científica sobre a culinária nacional. Busca compreender a força de tal contribuição não apenas do ponto de vista da disponibilização de ingredientes e técnicas culinárias que foram assimilados ou negados no processo de constituição do que veio a ser reconhecido por cozinha brasileira, mas principalmente, a partir da incorporação de alguns pressupostos teóricos de grande força na interpretação da sociedade brasileira.

Palavras-chave: alimentação; cozinha; culinária; Portugal; Brasil; Câmara Cascudo.

Abstract: Taking História da Alimentação no Brasil by Luís da Câmara Cascudo as a starting point, the present article discusses the contribution of Portuguese heritage in structuring a discourse on Brazilian cuisine which is still prevailing in much of the scientific literature published on the subject. Its aim is to understand the extent of this contribution firstly from the point of view of ingredients and cooking techniques that have been assimilated (or denied) in the process of shaping what was later recognized as Brazilian cuisine; secondly, from the perspective of the incorporation of some theoretical assumptions proposed by Cascudo for the interpretation of Brazilian society.

Keywords: food; cuisine; culinary; Portugal; Brasil; Câmara Cascudo

Introdução: a História da Alimentação no Brasil de Luís da Câmara Cascudo

História da Alimentação no Brasil é uma obra complexa, de difícil categorização e cujo estilo à primeira vista pode causar perplexidade ao leitor mais desavisado. Embora seu título abrigue o termo História, em muitos momentos, ela mais se assemelha a um relato etnográfico acerca do universo alimentar brasileiro. Seu texto é sinuoso, oscilante entre uma escrita propriamente acadêmica e tons poéticos e memorialísticos. Assim era Luís da Câmara Cascudo, um homem do Nordeste brasileiro, advogado, folclorista, etnólogo e historiador; alguém que faz convergir em seu extenso trabalho de pesquisa todas essas facetas de sua existência[1].

Escrita em dois volumes, a obra reúne o trabalho de mais de vinte anos de investigação sobre as práticas alimentares dos brasileiros e dos primeiros habitantes do Brasil[2]. A inovação da proposta reside em ser uma obra de síntese de um tema que até meados do século XX, em consonância com o movimento evidenciado em outros países[3], não fazia parte da agenda principal de historiadores ou cientistas sociais. Tratava-se essencialmente de tema de interesse médico ou da recém-nascida ciência da Nutrição. Quando finalmente publicou-a em 1963, como encomenda para a Sociedade de Estudos Históricos Pedro II, a obra se torna única do gênero[4]. Com ela, Cascudo finalmente demarcou o campo dos estudos sobre alimentação brasileira dentro das ciências humanas – campo este que contava até então apenas com alguns escritos esparsos, entre os quais os textos de Gilberto Freyre sobre a cozinha do Nordeste brasileiro[5]. A partir daí, a obra passou a constituir referência obrigatória em qualquer atividade de ensino ou pesquisa voltada à alimentação do país.

A importância de História da Alimentação no Brasil reside na disponibilização de pesquisa exaustiva realizada em mais de uma centena de fontes de tipologia variada[6] – muitas delas, na época, inéditas ao público brasileiro – e através da coleta de dados in loco em viagens pelo Brasil, Portugal e África[7].

---

[1] Luis da Câmara Cascudo nasceu em 1898 na cidade de Natal. Intelectual de formação eclética, estudou Medicina, embora sem ter concluído a faculdade, e formou-se em Direito. No entanto, dedicou-se principalmente ao estudo da cultura brasileira, dando à literatura e ao folclore importância especial. Morreu em 1986 ocupando o cargo de historiador oficial da cidade de Natal e deixando 31 livros e inúmeros artigos. Sobre sua biografia e obra, cf. Mamede 1970; Silva 2003.

[2] De acordo com Mariana Corção, os primeiros escritos sobre alimentação aparecem em *Viajando o Sertão de 1934* (Corção 2012: 410).

[3] A mais recente síntese sobre a constituição do campo de estudos sobre a alimentação pode ser encontrada em Pilcher 2012. Especificamente sobre a América Latina, ver Asfora, Saldarriaga 2013.

[4] Após o lançamento de 1963, a obra é reeditada pela Editora Nacional entre 1967 e 1968. Em 1983, a Editora Itatiaia publica sua segunda edição em parceria com a Editora da Universidade de São Paulo, EDUSP. A partir da 3ª edição, em 2004, a obra passa então a ser publicada pela Editora Global que em 2011 disponibilizou sua 4ª e mais atual edição. Originalmente tratava-se de dois volumes que depois foram reunidos em apenas um. Neste artigo, comentaremos a última parte do primeiro volume.

[5] Dentre os escritos de Gilberto Freyre sobre a cozinha brasileira, destacam-se: *Manifesto Regionalista* (Recife, Reunião, 1952); *Casa Grande e Senzala* (Rio de Janeiro, Maya&Schmidt, 1933); *Açúcar: algumas receitas de bolos e doces dos engenhos do Nordeste* (Rio de Janeiro, José Olympio, 1939).

[6] Para a confecção da obra, Cascudo menciona que fez uso de testemunhos (ex escravos, senhores de escravos, aldeões europeus, mestres de farinha, donos de antigos engenhos, cozinheiras, doceiras, parentes), fontes primárias (obras literárias e relato de cronistas e viajantes que escreveram sobre o Brasil e Portugal), bem como estudos históricos, etnográficos e folclóricos (Câmara Cascudo 2004: 14).

[7] Especificamente sobre a viagem de Câmara Cascudo a Portugal, ver Corção 2012.

Além disso, a obra reforça um modelo explicativo para a cozinha brasileira que se enraizará definitivamente no universo teórico das pesquisas sobre alimentação do Brasil. Para Cascudo, a cozinha brasileira deve sua existência à confluência de três tradições culturais: a indígena, a africana e a europeia (portuguesa, essencialmente). Mais de cinquenta anos após sua publicação, a replicação de tal modelo permanece por trás de muitos trabalhos científicos sobre o tema. Só muito recentemente, leituras críticas de seus pressupostos teóricos começaram a aparecer direcionando novas perspectivas de interpretação para aspectos alimentares do Brasil[8].

Além desses trabalhos que, de alguma forma se encaixariam em propostas que poderíamos chamar de revisionistas, é importante lembrar a iniciativa do Centro de Cultura Culinária Câmara Cascudo -C5 que, no início do ano de 2013, ofereceu, dentre suas atividades de inauguração, um curso sobre a História da Alimentação no Brasil voltado ao público especialista e não especialista. A ideia que poderia soar inusitada – já que nem sempre um público tão heterogêneo poderia estar interessado no mergulho crítico em uma obra da década de 1960 com mais de 900 páginas de extensão – resultou em grande procura e demanda por conhecimento. O presente artigo nasce de nossa participação nesse curso e da necessidade ali verificada de realizar um exercício mais rigoroso de interpretação histórica para essa obra emblemática da historiografia brasileira da alimentação, tão citada, mas que permanece ainda pouquíssimo estudada[9].

A leitura crítica de um "clássico" requer respeito e coragem. No caso da História da Alimentação no Brasil, entregamo-nos à dupla tarefa de, a um só tempo, reconhecer o enorme valor desse estudo fundamental para a história da alimentação brasileira e para a história do pensamento político e social do Brasil, e empreender uma crítica historicizada e desmistificadora. Com isso em mente, apresentaremos uma análise do que nos parece ser a perspectiva que organiza a tessitura do discurso cascudiano acerca da contribuição portuguesa na cozinha brasileira.

1. A CONTRIBUIÇÃO DE PORTUGAL À ALIMENTAÇÃO BRASILEIRA PELAS LENTES DE CASCUDO

Na organização dos capítulos da História da Alimentação no Brasil, Portugal aparece mais claramente na terceira parte do primeiro volume. A

---

[8] A esse respeito, ver, por exemplo, Maciel 2004; Pinto e Silva 2005; Dória 2009; Algranti 2010.
[9] Mariana Corção, da Universidade Federal do Paraná, é talvez a primeira pesquisadora a desenvolver uma pesquisa de doutorado (com conclusão prevista para 2014) cujo objeto central é uma análise da temática alimentar na produção intelectual de Câmara Cascudo, em particular na *História da Alimentação no Brasil*.

"Ementa Portuguesa", juntamente com o "Cardápio Indígena" e a "Dieta Africana", constituem as três partes dedicadas ao que Cascudo entende ser as fontes da cozinha brasileira. Portugal é assim pensado como ponto de partida, local do qual saíram ingredientes, técnicas e receitas que conformarão posteriormente a culinária nacional.

A "Ementa Portuguesa" está estruturada em oito capítulos. Em "Instalação da cozinha portuguesa no Brasil", Cascudo mostra os fundamentos lusitanos da culinária brasileira, da mesma forma como fez com as outras ementas (indígena e africana). Apoiado nos cronistas das cortes, o segundo capítulo, "De 'Re Culinaria' em Portugal" trata da mesa dos reis de Portugal e comenta, através de alguns adágios, o que se come nas diferentes festas dos santos e meses do ano. "Um Cozinheiro Del-Rei" é uma referência ao primeiro livro português de cozinha publicado em 1680, Arte de Cozinha, de Domingos Rodrigues, cozinheiro da Casa Real, no reinado de D. Pedro II. É a partir dessa fonte que Cascudo aborda a mesa palaciana portuguesa, um tema ao qual retorna em outros momentos do livro. "Regulamentação do paladar português", por sua vez, é um capítulo bastante interessante para a história da alimentação da Europa e de Portugal, especificamente, pois foi escrito com base em um conjunto de regras ou normas estabelecidas por leis chamadas de pragmáticas ou suntuosas, as quais, entre outras coisas, regulamentavam o número de pratos oferecidos nos banquetes, quem poderia ou não consumir determinados alimentos, assim como usar seda, artefatos de ouro ou portar espada, etc.

"O doce nunca amargou" carrega a dupla referência ao adágio popular e ao título de um livro publicado em 1923 de Emanuel Ribeiro, etnógrafo, crítico de arte e colecionador, que escreveu sobre vários temas de cultura popular e folclore portugueses, entre os quais sobre a confecção e consumo de doces. A referência a este livro é o pretexto para o autor introduzir a importância do açúcar na dieta lusitana e destacar a afamada doçaria conventual portuguesa, posteriormente desenvolvida também nos conventos femininos no Brasil. "Quatro doces históricos" apresenta o momento da consagração da arte culinária portuguesa no que ela tem talvez de mais tradicional e internacionalmente apreciado: os doces. O autor seleciona quatro receitas consideradas típicas e fabricadas da mesma forma há 400 anos (manjar branco, queijadinhas de amêndoas, pão de ló e fartes). "Dieta embarcada", a seguir, trata da comida a bordo das naus durante a aventura marítima da época moderna, com destaque para as viagens de retorno do Brasil para o Reino, nas quais a farinha de mandioca substituía o famoso biscoito duro e embolorado consumido na viagem da Europa à América. Por fim, em "O jantar de João Semana e a ceia d'Os Velhos", Cascudo se vale de personagens e obras famosas da literatura portuguesa para valorizar o que considera a culinária tradicional portuguesa – aquela das aldeias – e criticar o afrancesamento e outros estrangeirismos dos cardápios nas principais cidades do país.

Luis da Câmara Cascudo e a ementa portuguesa: a contribuição de Portugal na construção do pensamento sobre a cozinha brasileira

A temática da contribuição portuguesa na alimentação brasileira extrapola a "Ementa Portuguesa", e para persegui-la é preciso ir além dessa parte e percorrê-la inteiramente. É difícil haver uma página da obra sem que Portugal não seja mencionado de alguma forma. Cabe ao leitor um "olhar organizador" no intuito de recolher e sistematizar tantas informações – o que, é preciso dizer, em meio ao texto sinuoso de Cascudo nem sempre constitui tarefa fácil. Tal presença quantitativamente mais expressiva revela, embora não de maneira explícita, a crença de que a cozinha brasileira deve muito mais a Portugal do que às demais culturas de povos que passaram pelo país.

Para Cascudo, mais precisamente, a influência portuguesa na alimentação brasileira pode ser verificada, em ingredientes específicos, "nos nomes referentes à culinária, à fauna terrestre, marítima, fluvial e lacustre, à flora utilizável, em larga percentagem, aos utensílios da cozinha, às provisões (farinha, milho, feijão, arroz), às técnicas (assado, cozido, guisado, refogado, grelhado, pilado), à maioria decisiva dos condimentos vegetais."[10] Deste conjunto, identificamos três segmentos sobre os quais gostaríamos de nos deter nas páginas seguintes: ingredientes; doçaria; e técnicas culinárias.

1.1. Ingredientes

Os ingredientes trazidos pelos portugueses ao Brasil podem ser distinguidos em dois grandes grupos. Primeiramente, há aqueles que fazem parte de gêneros alimentícios que não eram totalmente desconhecidos das populações brasileiras, mas cujo consumo de certas espécies que os integravam (ou de produtos deles derivados) não era valorizado. Em segundo lugar, estão gêneros alimentícios totalmente novos. Do primeiro grupo fazem parte o arroz branco, o porco europeu, peixes como o bacalhau e a sardinha, cheiros e especiarias e os vinhos de uvas. No segundo encontram-se o trigo, ovos de galinha, o azeite de oliva, algumas frutas e sal.

O arroz branco (Oryza sativa) era, aparentemente, desconhecido dos indígenas brasileiros familiarizados apenas com espécies locais[11]. O hábito de consumir arroz foi trazido pelos portugueses que já o tinham como parte de sua dieta desde o contato com os mouros. No Brasil, no final do século XVIII, o arroz aparece associado aos cozidos de carnes, como acompanhamento, da mesma forma que desponta nos menus da Casa Real em Portugal[12]; entre-

---

[10] Câmara Cascudo 2004: 547-548.
[11] A existência da Oryza sativa nativa no Brasil em 1500 é, segundo Cascudo, motivo de debate (Ibid.: 456).
[12] Arquivos Nacionais da Torre do Tombo, Ministério do Reino, livro 433: Decreto de D. José de 1765 sobre a Ucharia Real - *Tabela que havia na Ucharia Real e Tabela que havia na Cozinha de Sua Majestade, fols16-20v.*

tanto, seu papel central nas refeições brasileiras, de acordo com a pesquisa de Cascudo, ainda não estava estabelecido na segunda metade do século XX[13].

Curiosamente, para Cascudo, os peixes nativos não constituíam elementos determinantes na dieta brasileira: "nas zonas marítima e fluvial, a pescaria foi sempre uma atividade constante, mas não determinante no plano da nutrição [...]"[14]. Sem discutir o problema embutido nesta afirmação – que poderá ser melhor compreendida mais adiante quando tratarmos dos pressupostos teóricos do pensamento cascudiano sobre a cozinha brasileira – vale ressaltar por ora apenas que os peixes introduzidos pelos portugueses, a sardinha e o bacalhau, juntamente com as carnes bovina, ovina e caprina, até 1500 ignoradas no Brasil[15], constituirão elementos mais significativos para a dieta brasileira. Nesta, o porco também tem grande importância. O porco do mato (de carne mais dura) era consumido, mas o porco chamado europeu é obviamente uma introdução portuguesa. Esse porco foi domesticado e permitiu, consumido com as verduras da horta, a manutenção da dieta tradicional portuguesa. Porém, os embutidos e defumados consumidos no Brasil foram durante muito tempo mais importados do que produzidos localmente[16], e somente no século XIX ocuparão um espaço maior na dieta brasileira[17].

O hábito de fazer hortas, trazido da Idade Média, contrapõe-se ao extrativismo indígena e resulta, na visão de Cascudo, na grande contribuição portuguesa no que diz respeito aos vegetais. Couves, alfaces e rábanos foram encontrados em várias localidades desde o início da colonização. São ainda mencionadas ao longo do texto, abóbora, pepino, nabo, berinjela, agrião, chicória, cenoura, acelga, espinafre e chuchu. No que diz respeito à seleção de verduras que perdurou na dieta brasileira, a participação africana e indígena é bem menor em relação à contribuição portuguesa. As hortaliças são majoritariamente cozidas e raramente comidas cruas em saladas (este hábito é introduzido apenas com a chegada de D. João em 1808). Temperos como alhos e cebolas, que os portugueses mastigavam crus, "eram apresentados invariavelmente cozidos" (apenas o coentro que enfeitava a farofa, o pirão e o arroz era usado ao natural, mas mesmo assim com parcimônia, pois poderia provocar impotência)[18].

As plantas aromáticas eram denominadas cheiros em Portugal, termo que acabou sendo incorporado no Brasil. Dentre elas, estavam, por exemplo: salsa, endro, funcho, poejo, hortelã, coentro, manjericão, alfavaca, alecrim,

---

[13] Câmara Cascudo op. cit.: 460.
[14] Ibid.: 271.
[15] Ibid.: 411.
[16] Ibid.: 565.
[17] Ibid.: 524.
[18] Ibid.: 487.

cebolinha, cebola, alho, louro e erva-doce[19]. Dentre as especiarias, são mencionadas: cravo-da-índia, canela, cominho, noz-moscada, gengibre[20] e pimenta malagueta. Contudo, esta última espécie, trazida da África Central pelos portugueses, não permaneceu dentre as preferências dos brasileiros: "a pimenta local do Brasil anulou praticamente a recém-vinda africana na preferência negra e manteve o reinado entre a indiada. O uso da malagueta continuou em proporções modestas, cada vez menores, em face das capsicuns nacionais, estimulantes e fartas."[21]. Segundo Cascudo, os portugueses adoravam a pimenta, mas seu consumo nem de longe se equiparava ao consumo dos africanos e indígenas[22]. Para eles, a pimenta era posta na comida, não consumida no ato de comer, misturando-a com o alimento na hora de ir para a boca, como faziam os indígenas e os africanos[23]. No século XIX, soma-se à malagueta, ainda de consumo frequente, a pimenta clássica (Piper nigrum). Originária da Índia e apreciada pelos antigos romanos, esta espécie foi plantada no Brasil quando D. João VI viveu no Rio de Janeiro (1808-1821), e aqui recebeu o nome de pimenta-do-reino.

No que diz respeito às bebidas, a grande inovação portuguesa diz respeito à introdução dos destilados. Africanos e indígenas conheciam bebidas fermentadas de plantas e raízes, a exemplo do cauim, fabricado a partir do milho ou da mandioca. O vinho de uvas chega com os portugueses; no entanto, Cascudo menciona que o vinho consumido no Brasil, mesmo depois do contato com as uvas, permanece sendo aquele feito de frutas da terra. Com a chegada da corte ao Rio de Janeiro, cresce a importação de vinhos de outros países da Europa, especialmente franceses, e dentre eles, o champanhe. Nas classes abastadas, o consumo de vinho francês substituirá assim o português, destinado a ocasiões mais populares ou cotidianas (exceção feita ao Porto e ao Madeira).

Dentre os gêneros alimentícios totalmente novos encontra-se, primeiramente, o trigo. Seu cultivo introduzido pelos portugueses espalhou-se por várias localidades e destinava-se eminentemente à manufatura de farinha branca. O pão branco era o pão consumido pelas elites, sendo possível confeccioná-lo de muitos outros cereais. O gosto por esse tipo de pão atravessou o Atlântico e foi preferido aos demais sempre que disponível[24].

---

[19] Ibid.: 238; 488-89.
[20] Ibid.: 238.
[21] Ibid.: 480.
[22] Ibid.: 482-84.
[23] Ibid.: 546.
[24] Há notícias de plantações de trigo em São Paulo, no século XVII, a qual destinava-se à exportação para outras capitanias. Seu cultivo foi incentivado no Rio Grande, em fins do século XVIII por parte dos vice-reis Marques do Lavradio e D. Luis de Vasconcelos, sinal de que havia procura do produto e interesse no seu consumo, apesar da farinha de mandioca ser

Galinhas e patos estavam nos quintais dos indígenas e dos colonos, mas os ovos de galinha eram ignorados pelos africanos e pouco valorizados pelos indígenas. Mesmo os portugueses, segundo Cascudo, nos primeiros anos da colonização, consumiam pouco a carne de galinha, pois a consideravam comida de exceção (caldos para doentes ou assada para cerimônias). Já os ovos, que eram tabu para muitos grupos africanos e sem sabor para os indígenas (alguns preferiam os ovos de jacaré aos de galinha), eram imensamente consumidos pelos portugueses e foram introduzidos em inúmeros pratos, inclusive de origem indígena, como as canjicas[25].

O uso de óleos como fonte de gordura não era desconhecido das populações brasileiras que os fabricavam a partir de espécies locais como o dendê. A novidade do óleo de oliva estava na matéria-prima, obviamente desconhecida, e também no uso mais recorrente que os portugueses faziam dele. Como veremos mais à frente, a fritura não fazia parte do rol de técnicas culinárias utilizadas pelos primeiros habitantes do Brasil.

Em relação às frutas, são mencionadas ao longo do texto, figos em Olinda e São Vicente[26], limão, cidra, coco, melão, melancia, marmelo, banana e uvas[27].

Por último, o sal. Cascudo lembra que a carne salgada e peixe seco no sal ou em conserva fazem parte da dieta diária popular na Europa, Ásia e África do norte. A inevitabilidade do sal para o português foi trazida ao Brasil, mas a comida salgada demorou a ser incorporada pelos indígenas que a considerava causadora de males[28]. Diz Cascudo que o africano negro não era tão exigente com o sal quanto o africano branco. No Brasil, são então os portugueses e, posteriormente, os mestiços que passam a comer a "comida de sal"[29]. O sal continuava sendo pouco consumido; era artigo de luxo. Segundo viajantes estrangeiros, o sal era algo raro e a salmoura ignorada; a conservação da carne era feita em um moquém sobre o fogo ou sob ação da fumaça[30].

1.2. Doçaria

A doçaria é um dos segmentos da contribuição portuguesa ao qual Cascudo confere maior destaque. Como vimos, na "Ementa Portuguesa", ela é tema exclusivo de dois capítulos ("O doce nunca amargou" e "Quatro

---

um consenso "nacional". Por tal motivo, Cascudo chamou-a de a "rainha do Brasil". Ver sobre o assunto: "Relatório do Marquês do Lavradio vice-rei do Brasil" 1842: 409-486; "Relatório do vice-rei do Estado do Brasil Luís de Vasconcelos ao entregar o governo ao seu sucessor o conde de Resende" 1860: 143-239.

[25] Câmara Cascudo op. cit.: 249-250.
[26] Ibid.: 409.
[27] Ibid.: 238-241.
[28] Ibid.: 471; 474.
[29] Ibid.: 474.
[30] Ibid.

Doces Históricos"), fato que não se repete para nenhum outro aspecto da cozinha portuguesa.

Para o autor, a doçaria merece especial atenção por ser um elemento oriundo de tradição importantíssima em Portugal e que foi transplantada ao Brasil desde o início da colonização, ganhando no país uma força de ordem (quase?) semelhante.

> "Compreende-se que essa tradição boleira e doceira em Portugal transplantou-se imediata e profundamente no Brasil, servindo-se dos elementos locais, reunindo-se aos recursos trazidos da Europa, farinha de trigo, ovos, especiarias. Desde o primeiro século da colonização a doçaria portuguesa estava aclimatada e pujante em todos os centros do povoamento."[31]

Não se deve esquecer que a doçaria ocupava papel central na cozinha de Portugal muito antes do contato com o açúcar das colônias além mar. Introduzida pelos árabes na Península, a doçaria inicialmente reunia doces variados confeccionados com mel de abelhas como alfenins, alféloas, bolos de mel e tudo o mais que depois se faria com açúcar. Posteriormente, a abundância do açúcar originário das colônias (Ilha da Madeira em meados do século XV e Brasil a partir do século XVI) acabou por impulsionar o desenvolvimento de uma doçaria conventual e nacional que no século XVIII ganhou enorme fama[32]. Devido à presença do açúcar, a confeitaria – enquanto segmento culinário – acabou por ganhar destaque em Portugal, antes do que em outros países da Europa.

De acordo com Câmara Cascudo, a doçaria é assim o resultado mais genuíno da contribuição portuguesa à cozinha brasileira[33]. Se no Brasil o doce se tornará, como em Portugal, item tão amado e celebrado, isso não seria possível sem a participação dos portugueses, uma vez que indígenas e africanos não o conheciam ou não o valorizavam. Entretanto, esses últimos tiveram participação determinante na composição do que depois seria reconhecido como doçaria brasileira. Afinal, foram eles que viabilizaram o contato das técnicas portuguesas com ingredientes locais como a mandioca, os polvilhos, o leite de coco e, especialmente, os frutos tropicais. Ao visitar Minas Gerais, no início do século XIX, John Luccock ficou impressionadíssimo quando, em um jantar que lhe foi oferecido pelo governador, foram servidas "vinte e nove variedades de frutas nacionais

---

[31] Ibid.: 307.
[32] Sobre a tradição doceira conventual portuguesa ver entre outros: Consiglieri, Abel 1999 e Saramago 2000.
[33] Sobre a doçaria portuguesa e sua relação com a doçaria na América portuguesa, ver: Algranti 2005.

feitas em compota, cultivadas e fabricadas nas vizinhanças do lugar"[34]. O comentário do viajante explicita o argumento de Cascudo, além de sugerir uma das possíveis fontes de seu estudo.

Na arte de fazer bolos e doces, Câmara Cascudo destacou ainda o caráter doméstico da doçaria, ao observar que os doces deveriam ser feitos em casa, a fim de serem individualmente valorizados.[35] Se atentarmos para o fato de que a maior parte dos estudos baseados em cadernos de receitas antigos destaca o lugar de honra ocupado pela doçaria neste tipo de registro, fica mais fácil compreendermos a afirmação do famoso folclorista. Afinal, o sucesso de uma receita acaba por ser atribuído a quem a confeccionou[36].

1.3. Técnicas culinárias

Os portugueses, segundo Cascudo, foram responsáveis por trazer ao Brasil fogões de abóbada e de chapa, panelas, grelhas e frigideiras de ferro[37]. No entanto, este dado só faz sentido se tentarmos compreender a técnica por trás destes itens, pois é a técnica culinária que convoca este ou aquele utensílio para que ela seja posta em prática.

A leitura da obra indica que muito mais do que os ingredientes portugueses são as técnicas culinárias, o modo de fazer, que deixará marcas profundas na alimentação brasileira. Das técnicas culinárias (e produtos delas derivados) mencionadas, algumas são consideradas como contribuições genuinamente portuguesas. É o caso, primeiramente, do assar em grelha ou no forno. Os fornos fechados em forma de abóbada e o horizontal com chapa de ferro com dois, três ou mais orifícios para panelas foram trazidos ao Brasil pelos portugueses[38]. A partir de D. João V (1689-1750), os assados já presentes ganharão, por influência francesa, maior espaço nas preferências dos banquetes. Em certo ponto, o assado passará a abrir "a refeição colonial de todas as classes. Apresentava-se decorado e vistoso para os abastados, simples e nu para os pobres, mas provinha da mesma feição primacial."[39] Servir o assado com molho era algo próprio aos europeus.

Outra técnica trazida pelos portugueses é a fritura. Indígenas e africanos não conheciam o processo antes do contato com os portugueses. Estes, por sua vez, segundo Cascudo, teriam conhecido a fritura com os árabes[40]. Durante

---

[34] Luccock 1975: 305.
[35] Câmara Cascudo op. cit.: 596.
[36] Ver, por exemplo, a importância da doçaria em alguns cadernos de receitas de Campinas no século XIX em Bruit, Abrahão, Leanza 2007.
[37] Câmara Cascudo op. cit.: 416.
[38] Ibid.: 514.
[39] Ibid.: 516.
[40] Ibid.: 522.

os primeiros séculos da colonização, frigia-se essencialmente com banha de porco, apenas no século XIX, passou-se a usar manteiga vinda Portugal (que, por sua vez, a exportava da Inglaterra) como fonte de gordura[41]. Métodos de conserva como a salga, os fumeiros (mais presentes após 1808) e a inserção de carnes em gorduras ou em grãos também constituíram novidades disseminadas pelos portugueses entre as populações locais[42].

No entanto, do conjunto de técnicas culinárias, algumas categorias de cozinhados em meio líquido tiveram papel importante e duradouro na cozinha brasileira. Não que essa antiquíssima técnica, com suas variações, fosse desconhecida dos habitantes locais, mas algumas delas ganharam enorme apreço entre a nova população que se constituía em terras brasileiras. Estamos falando dos escalfados[43], dos guisados[44], mas, especialmente, das sopas e dos caldos, desconhecidos de africanos e indígenas e extremamente valorizados entre os europeus: "O caldo para indígenas e pretos africanos não valeria senão como um líquido nutritivo em que se molhava alguma raiz assada, bolo, broa, pão de milho, beiju, [...]" [45]. Referindo-se ao consumo do milho, por exemplo, Ferrão e Loureiro observaram que o cronista Gabriel Soares, ao escrever em 1587, dizia que os índios do Brasil comiam o milho assado, mas que era possível lembrarmos a canjica, os caldos e as papas, e seu uso certamente seria bem mais diversificado entre os colonos portugueses na América[46]

2. A explicação do Brasil através da alimentação

Pelo exposto acima, nota-se que a contribuição portuguesa em termos de ingredientes, preparações e técnicas culinárias é extensa. No entanto, o mero elenco desses itens impossibilita uma compreensão mais ampla da interpretação que Cascudo faz do Brasil e de sua cozinha. Entendendo que a discussão desse aspecto seja importante, nos deteremos agora em alguns elementos que permitem refletir sobre o modelo oferecido por Cascudo na História da Alimentação no Brasil.

Inicialmente, vale a pena tentar identificar as categorias explicativas com que trabalha Cascudo. Embora o autor nunca as explicite, percebemos que os pares paladar-substituição e tradição-origem têm papel proeminente na construção dos argumentos centrais da obra.

---

[41] Ibid.: 595.
[42] Ibid.: 422; 426-427; 524.
[43] Ibid.: 524.
[44] Ibid.: 499-500.
[45] Ibid.: 539.
[46] Ferrão, Loureiro 2006: 53.

2.1. Paladar e substituição

Já no Prefácio da obra, Cascudo informa que pretende realizar uma etnografia do paladar[47]. A afirmação é feita ao apontar a diferença de sua abordagem em relação àquela de Josué de Castro que, ao estudar o problema da fome no Brasil, teria se dedicado aos "carentes" de alimentos. Porém, percebe-se ao longo do livro que não se trata apenas de uma etnografia do paladar dos "alimentados", pois o paladar acaba assumindo a função de categoria explicativa na compreensão da difusão ou aceitação de determinados alimentos, especialmente entre os adventícios. Ou seja, Cascudo mostra que mesmo havendo incorporação de novos produtos locais na dieta dos conquistadores, os portugueses preferiam aqueles aos quais estavam acostumados.

> "Houve no Brasil o que não se repetiu na África portuguesa: - uma técnica europeia consagrando o produto americano, tornando-o nacional para a raça que se formava. Inglês, franceses, belgas e holandeses, os próprios portugueses, esqueceram a experiência vitoriosa quando foram governar as terras longes de outros continentes e a poeira das ilhas oceânicas. Ficaram teimando nos acepipes da terra natal e apenas por curiosidade comiam as coisas estranhas e novas. Estas, não participantes do ágape branco, mantiveram sua continuidade integral na ementa dos naturais."[48]

Essa teimosia em se apegar à cozinha de origem revela-se no abandono dos produtos locais e cotidianos quando produtos do Reino estavam mais disponíveis ou chegavam nas frotas vindas de além-mar. Nesses casos, a memória gustativa entrava em ação levando à valorização dos produtos da terra natal, tornando-os muitíssimo desejáveis, o que sugere ainda mais a importância do paladar ou do gosto como construção cultural.

Percebemos que da cozinha praticada na colônia, o que chama a atenção de Cascudo é o processo de substituição dos produtos portugueses por produtos locais. Com questões ligadas às técnicas culinárias, ele parece pouco se importar, uma vez que dava como certo que as técnicas portuguesas aqui se enraizaram sem resistência, tornando-se a partir de então o "padrão". Afirmação presente na citação acima e também já feita anteriormente em outro trecho da obra: "não houve resistência à penetração expansionista da culinária portuguesa. Como ensinaram a fazer, ficou sendo o padrão."[49].

Assim, substitui-se o trigo por carimã ou farinha de milho na confecção de pães, bolos e beijus; na doçaria, a castanha de caju e o amendoim substituem as amêndoas; a carne de porco do mato poderia ser usada no lugar da do porco ibérico; leite de vaca ou de coco ao invés de leite de cabra; azeite

---

[47] Câmara Cascudo op. cit.: 11-12.
[48] Ibid.: 548.
[49] Ibid.: 525.

de oliva trocado por óleo de palma. Nas palavras do próprio Cascudo, no Brasil havia: "marmelada sem marmelos, pinhoadas sem pinhões e peradas sem pêras"[50]. Essas expressões parecem sintetizar o significado do ato de utilizar produtos locais na confecção de um prato português. Preserva-se o "modo de fazer", mas os produtos utilizados eram diferentes.

A ênfase na substituição não é exclusiva da obra de Cascudo, pois já estava presente nos escritos dos cronistas dos séculos XVI e XVII que visitaram e descreveram a natureza brasileira, preocupados em mostrar que era possível sobreviver nas novas terras e que havia alimentos locais saborosos e em abundância, os quais "lembravam" no sabor ou na textura aqueles deixados no Reino. Com tais produtos, diziam eles, as mulheres portuguesas faziam todos os quitutes que fariam em casa. Havia ainda nessas narrativas a intenção de informar e descrever que os novos produtos introduzidos pelos conquistadores cresciam e se reproduziam tão bem e até melhor do que em Portugal: das galinhas às couves, das cebolas aos limões, tudo parecia maior e mais saboroso aos olhos e paladar de um Pero de Magalhães Gandavo e demais cronistas. "Beilhós (feitos com farinha de mandioca) mais saborosos do que com farinha de trigo", dizia Gabriel Soares de Sousa, o famoso senhor de engenho da Bahia, em seu Tratado descritivo do Brasil (1587)[51].

A noção de substituição de produtos confunde-se com a de incorporação no livro de Cascudo. Ora é um produto local que é incorporado à dieta portuguesa dos conquistadores (mandioca, milho, maracujá), ora é um fruto português que é substituído pelo local transformando ou adaptando uma determinada receita em terras brasílicas (marmelada de caju, como diziam para se referir à compota desta fruta). Mas há também pratos da dieta indígena que recebem um toque europeu: mingau de carimã com mel ou açúcar é um bom exemplo das transformações e adaptações que Cascudo quer destacar nesse processo de mudanças culturais. Assim, se por um lado, o autor dá a impressão de que houve continuidade de práticas culinárias e alimentares entre portugueses da metrópole e da colônia, por outro havia tantas modificações e novidades que algo novo parece surgir, o que leva o autor a concluir a "Ementa Portuguesa" afirmando que os regimes alimentares de Portugal e do Brasil eram, sem dúvida, diferentes:

> "[...]. Na ausência das carnes-secas, feijões, farinha de mandioca, em farofa e pirão, sente-se a distância diferencial dos regimes alimentares de Portugal e Brasil. As peras de João Semana seriam bananas. A farinheira do lavrador Patacas tornar-se-ia feijoada. Arroz-doce e pão-de-ló, sim. Bolo podre, não."[52]

---

[50] Ibid.: 241.
[51] Gandavo 1964; Sousa 1971: 239.
[52] Câmara Cascudo op. cit.: p.334.

Com efeito, traçar a linha fronteiriça que separaria os elementos de continuidade ou de ruptura nas práticas alimentares portuguesas e brasileiras é um exercício complexo, seja através da riqueza de informações deixadas por Cascudo, seja a partir do material disponibilizado pelos estudos mais atuais sobre a história da alimentação no Brasil. De qualquer maneira, tem-se aqui um legítimo problema de pesquisa a ser levado a cabo.

2.2. Tradição e origem

Tradição é outra categoria importante com a qual Cascudo trabalha. Logo no Prefácio, ela aparece intimamente ligada à finalidade da obra:

> "Toda a finalidade dessa História da Alimentação no Brasil é no plano da notícia, da comunicação, do entendimento. Existe a evidência de expor padrões alimentares que continuam inarredáveis como acidentes geográficos na espécie geológica. Espero mostrar a Antiguidade de certas predileções alimentares que os séculos fizeram hábitos, explicáveis como uma norma de uso e um respeito de herança dos mantimentos da tradição."[53]

Cascudo parece crer que a marca portuguesa na cozinha brasileira foi construída ao longo dos primeiros anos de contato entre os colonizadores e a gente da terra. O século XVI seria o momento da transferência dos saberes culinários portugueses que constituiriam a "fonte" da cozinha brasileira nascente[54]. A partir daí, por dois séculos esta cozinha estaria em formação para ser acabada finalmente no século XVIII. É possível ver aqui a influência do historiador Caio Prado Júnior, possivelmente relacionada ao momento historiográfico em que escreve Cascudo, que enxerga no século XVIII o momento em que a obra da colonização estaria concluída[55].

É provavelmente por essa razão que a "Ementa portuguesa", que tem por objetivo tratar dos séculos XVI-XVIII, confere especial atenção às fontes e informações acerca do século XVI. É aí que Cascudo apresenta os primeiros portugueses e o caráter medieval da alimentação que trazem para o Brasil, seja no âmbito das técnicas culinárias (sopas, ensopados e papas), seja nas preferências por certos ingredientes (cravo, canela, coentro, ovos, toucinhos, azeite, entre outros.).

De certa forma, tem-se a impressão que aqueles são os séculos da "verdadeira" culinária portuguesa que se oporia à cozinha praticada nos séculos XIX e XX invadida por estrangeirismos, principalmente pelos francesismos dos portugueses e de outros visitantes que chegam ao Brasil a partir da instalação

---

[53] Ibid.: 14.
[54] Ibid.: 13.
[55] Prado Júnior, 1972, p.10.

da corte portuguesa no Rio de Janeiro em 1808. Nesse sentido, é possível estabelecer um evidente paralelo entre Cascudo e o jornalista português Fialho de Almeida (1857-1911), cujo texto sobre cozinha portuguesa é, não por acaso, escolhido para integrar a seção de Apêndices da obra. Em seu texto, Fialho lança uma cruzada em defesa da cozinha nacional portuguesa – "a mais requintada, a mais voluptuosa e a mais sápida cozinha do mundo, e a única grande concepção que tivemos, de caráter anônimo, digna de arcar com a das epopeias cíclicas das raças aglutinadas e persistentes, como a hindu, a germânica, etc."[56]: – degradada e ameaçada pela invasão francesa:

> "De sorte que chegamos a isto: em Portugal não há hoje onde comer – em português. Concordando que o assunto vale bem uma cruzada patriótica, destinando-se a reintegrar o país no usufruto das suas primitivas ucharias. Um povo que defende seus pratos nacionais, defende o território."[57]

Para ele, a cozinha nacional se expressa através de seus pratos tradicionais, produto anônimo e coletivo que se contrapõe ao prato composto, produto do "cozinheiro literário".

É interessante lembrar também que Cascudo escreve em um tempo no qual a medicalização da alimentação, poderíamos dizer assim, dá os seus primeiros passos no Brasil. Sua posição é claramente contra alguns dos pressupostos da Nutrição como se percebe logo no Prefácio:

> "Essa História, nos seus limites de exposição, oferece à campanha nutricionista a visão do problema no tempo e a extensão de sua delicadeza porque irá agir sobre um agente milenar, condicionador, poderoso em sua "suficiência": o paladar. A batalha das vitaminas, a esperança do equilíbrio nas proteínas, terão de atender as reações sensíveis e naturais da simpatia popular pelo seu cardápio, desajustado e querido. Falar das expressões negativas da alimentação para criaturas afeitas aos seus pratos favoritos, pais, avós, bisavós, zonas, sequência histórica, é ameaçar um ateu com as penas do inferno. O psicodietista sabe que o povo guarda sua alimentação tradicional porque está habituado; porque aprecia o sabor, porque é a mais barata e acessível. Pode não nutrir mas enche o estômago".[58]

Enfim, poderíamos dizer que Cascudo está preocupado com as práticas antigas no presente. A noção de tradição com que trabalha abarca um componente de dinamismo; nela o passado não é algo cristalizado, ao contrário, está vivo em meio às manifestações do presente. Para alguns especialistas, como

---

[56] Câmara Cascudo op. cit.: 884.
[57] Ibid.: 888.
[58] Ibid.: 14-15.

José Luiz Ferreira, autor de recente tese sobre o assunto[59], tal noção de tradição seria o elemento de discordância entre Câmara Cascudo e Gilberto Freyre, importante intérprete do Brasil e fundador nos anos 1920 do Movimento Regionalista do Nordeste, com o qual Cascudo possui diálogos importantes.

O Movimento Regionalista liderado por Gilberto Freyre coloca, pela primeira vez, a cozinha na agenda das temáticas importantes de serem valorizadas e estudadas para compreensão da sociedade brasileira. No Manifesto Regionalista de 1926, Freyre apresenta a cozinha nacional como produto do encontro de três tradições culturais distintas: "[...] as três grandes influências de cultura que se encontram à base das principais cozinhas regionais brasileiras e de sua estética são a portuguesa, a africana e a ameríndia, com as predominâncias regionais já assinaladas."[60]. No entanto, coube a Portugal a herança do elemento unificador, a fonte que forneceu o denominador comum que permite falar em uma cozinha da nação brasileira, ainda que haja variações regionais.

> "É claro que a dívida da cozinha brasileira, em geral, e do Nordeste agrário, em particular, às tradições de forno e de fogão de Portugal, é uma dívida intensa. Sem esse lastro, de toucinho e de paio, de grão-de-bico e de couve, bem diversa seria a situação culinária do Brasil. Não haveria unidade nacional sob a variedade regional."[61]

Nessa composição culinária, o Nordeste, em especial Pernambuco, aparece como expressão modelar de equilíbrio e harmonia:

> "Onde parece que essas três influências melhor se equilibraram ou harmonizaram foi na cozinha do Nordeste agrário onde não há nem excesso português como na capital do Brasil nem excesso africano como na Bahia nem quase exclusividade ameríndia como no extremo Norte, porém o equilíbrio. O equilíbrio que Joaquim Nabuco atribuía à própria natureza pernambucana."[62]

A leitura da História da Alimentação no Brasil permite rastrear essas ideias. Excetuando-se o destaque dado à cozinha pernambucana, o modelo proposto por Freyre está na base do modelo cascudiano: a herança tríplice, a importância da cultura regional nordestina e a herança portuguesa como o elemento fundante mais proeminente da cozinha brasileira. Para ambos, trata-se de uma cozinha mestiça que mistura produtos novos e locais com

---

[59] Ferreira 2008.
[60] Freyre 1996: 52.
[61] Ibid.
[62] Ibid.

técnica portuguesa, fazendo o passado europeu ecoar em suas práticas, gostos e costumes.

Ora, a ideia de um Brasil mestiço, como se sabe, aparece muito antes da obra de Cascudo. Poderíamos dizer que ela participa do nascimento da História enquanto disciplina, no século XIX, quando no Brasil se fundou o Instituto Histórico e Geográfico Brasileiro (IHGB) com o objetivo de ser o guardião da memória nacional. Essa proposta viabilizar-se-ia, de um lado, com a missão de coletar e preservar documentos históricos e, de outro, lançando as bases da construção da memória nacional, a partir da escrita da história do Brasil. Um povo precisa de memória e de história, é o que diziam os intelectuais brasileiros proclamando o ideário da historiografia romântica do século XIX[63].

Assim surgiu o concurso lançado pelo IHGB para a escrita da história do país vencido por Carl Friedrich Philipp von Martius com a monografia Como escrever a história do Brasil [64]. Nela o erudito alemão propunha que a história do país fosse pensada a partir das três raças fundadoras da nação ou dos três povos do Brasil: brancos, índios e africanos. Se essa é uma das raízes da visão das três raças formadoras da nação, podemos dizer que foi abraçada não só pelos historiadores do IHGB, cujo expoente máximo seria Francisco Adolfo de Varnhagen, autor da História Geral do Brasil (1854-1857), mas também por pensadores e historiadores das gerações futuras.

Cabe lembrar, entretanto, que se de um lado havia um caráter idílico na ideia das três raças, de outro, as teorias raciais da época colocavam um problema imenso a ser resolvido: como seria o futuro de uma nação com uma população tão grande de negros, ex-escravos e ainda por cima analfabetos, considerados representantes de uma raça inferior? Como superar essa deficiência e conseguir atingir a tão desejada modernidade do país? Para alguns, o branqueamento paulatino da população (por meio da mestiçagem) era um caminho. Para outros, a valorização cultural em detrimento do fator raça foi uma forma otimista de resolver a questão, destacando as contribuições culturais, como a música, a comida, as artes, dos negros e índios e sublimando suas características raciais[65].

Muitos intelectuais da primeira metade do século XX, dentre os quais alguns historiadores, buscaram responder a questões como; Que país é esse? Como chegamos aqui e para onde vamos? Para respondê-las olharam para

---

[63] Cabe observar ainda que a questão da mestiçagem já se encontrava presente nas reflexões de José Bonifácio sobre a heterogeneidade da população brasileira na constituição do Estado Nação, à época da independência. Ver sobre o assunto: Guimarães 1988, Schwarcz 1989, Silva 1998:43 e Dolhnikoff, 2012.

[64] Martius 1845.

[65] Ver sobre o assunto: Schwarcz 1993; Odália 1997.

o passado colonial a fim de entenderem o presente e, especialmente, pensar o futuro da nação. Capistrano de Abreu, Gilberto Freyre, já mencionado, Sergio Buarque de Holanda, Caio Prado Júnior são alguns desses autores que realizaram grandes sínteses da história do Brasil, procurando recuperar nosso passado para entender o presente no qual viviam.

Cascudo carrega essa formação – ainda que nem sempre possamos identificar claramente quando ele está fazendo referência a um ou outro autor. Aprende com Capistrano de Abreu, em Capítulos de História Colonial (1907), por exemplo, a importância de distinguir as regiões do Brasil e o tipo de colonização que nessas ocorreu, especialmente as diferenças entre o litoral e o sertão, que depois incorporou à interpretação da culinária regional[66]. Além disso, adotou o uso dos cronistas e viajantes como fontes para o estudo do cotidiano entre os séculos XVI e XIX. Com Sergio Buarque de Holanda, valoriza a herança colonial e o encontro entre culturas que se deu na América a partir da colonização portuguesa, pois seu Caminhos e Fronteiras (1956), que trata do encontro entre portugueses e índios em São Paulo, era já uma obra famosa enquanto Cascudo escrevia História da Alimentação no Brasil. Sem falar de Raízes do Brasil de 1938[67]. De Caio Prado, como já dito, absorveu a valorização do século XVIII em Formação do Brasil Contemporâneo (1942)[68], a ponto de, como este autor, elegê-lo para melhor observar a obra da colonização portuguesa.

No entanto, é com Gilberto Freyre que parece dialogar mais intimamente – e aqui voltamos ao ponto em que paramos depois dessa breve digressão. Por trás, então, da visão de uma cozinha mestiça compartilhada pelos dois pensadores, estava a vivência de homens oriundos da elite nordestina que circulavam por entre diferentes grupos sociais e étnicos, estabelecendo com eles intensa interação de modo a conhecer mais de perto as diversas tradições do povo brasileiro e sobre elas teorizar. Para ambos, as tradições regionais constituíam importante ferramenta de construção identitária da nação. Mas, como já havíamos adiantado, talvez haja no entendimento de tradição um ponto sutil de divergência entre Freyre e Cascudo.

> "[...] Gilberto Freyre nos leva a pensar a tradição como algo cristalizado e estanque cujo propósito estava na perpetuação daquelas estruturas herdadas do colonizador as quais se encontravam carcomidas pelo tempo em virtude da transplantação de um modo de viver que não intercambiava com o momento presente."[69]

---

[66] Abreu, 2000.
[67] Buarque de Holanda 2008; 1995.
[68] Prado Júnior, op. cit.
[69] Ferreira, op. cit.: 150.

Ferreira constrói sua hipótese com base nas ideias veiculadas nos escritos literários de Freyre e Cascudo. Entretanto, é bastante possível estender suas observações para a reflexão sobre a cozinha por eles proposta. Em um texto de 1924, Freyre trata a cozinha quase como um monumento a ser preservado:

> "[...]. O paladar é talvez o último reduto do espírito nacional; quando ele se desnacionaliza está desnacionalizado tudo o mais. Opinião de Eduardo Prado. Nem creio haver despropósito em afirmar que na conservação da nossa cozinha, ameaçada pela francesa, está todo um programa de ação nacionalista. 'Rumo à cozinha', deve-se gritar aos ouvidos do Brasil feminino. Rumo ao livro de receita das avós."[70]

Essa voz saudosista ressoa igualmente no Manifesto Regionalista de 1926. Uma voz que deve ser contextualizada em sua posição de embate contra as posições do movimento modernista do sudeste do país e julgadas muito futuristas[71], mas que, mesmo contemporizada, não esconde o apreço pela ideia de resgate do passado:

> "Nem ao menos por ocasião da Quaresma, voltam essas casas aos seus antigos dias de esplendor. Já quase não há casa, neste decadente Nordeste de usineiros e de novos-ricos, onde aos dias de jejum se sucedam, como antigamente, vastas ceias de peixe de coco, de fritada de guaiamum, de pitu ou de camarão, de cascos de caranguejo e empadas de siri preparadas com pimenta. Já quase não há casa em que dia de aniversário na família os doces e bolos sejam todos feitos em casa pelas sinhás e pelas negras: cada doce mais gostoso que o outro."[72]

Sem dúvida, esse não é o tom que permeia a História da Alimentação no Brasil. Na obra, o passado deve sim ser admirado e defendido – a cozinha moderna francesa também aparece como vilão; não obstante, ele está vivo entre nós. É preciso certa dose de atenção para captar essa diferença de tonalidade, mas ela está lá, por exemplo, quando Cascudo nos faz perceber que algumas receitas foram transportadas para a América sem sofrer grandes modificações, e que outras foram adaptadas e transformadas com produtos locais. Quando mostra também que há preparações que nem chegaram a ser incluídas no repertório alimentar brasileiro, como alguns doces da confeitaria conventual que são identificados com situações históricas muito específicas das regiões nas quais se situavam originalmente os conventos. O mesmo se pode dizer de pratos como a açorda, os sarrabulhos, o arroz de pato e tantas especialidades da culinária portuguesa que não foram "aclimatados" ao Brasil.

---

[70] Freyre, *Tempo de Aprendiz apud Ferreira*, op. cit.: 67.
[71] Sobre a questão, ver Ferreira, op. cit.
[72] Freyre, 1996, p. 54.

Cascudo, ao insistir nesse elenco de variações de ingredientes e modos de preparo que povoam a culinária brasileira em relação ao patrimônio que recebeu de herança, escancara o terreno dinâmico sobre o qual a cozinha se estabelece. Embora, de maneira geral, fosse um entusiasta do passado e o conservadorismo constitua marca de grande parte de sua produção acadêmica e jornalística[73], ao que parece no que diz respeito aos assuntos culinários, Cascudo teria uma percepção mais aberta aos elementos inovadores integrantes do que ele denomina cozinha brasileira – o que, vale dizer, reforça a complexidade de sua produção e desse intelectual, e a dificuldade de categorizá los.

Conclusão

A despeito de estar fortemente preso a uma interpretação datada do Brasil, Câmara Cascudo em sua obra História da Alimentação no Brasil oferece elementos para interpretações mais atualizadas do Brasil e das cozinhas que aqui se produzem. Ao contextualizarmos seu modelo, ao compreendermos suas filiações, particularmente com o regionalismo de Freyre, será possível seguir adiante na tentativa de esboçar uma história para a alimentação brasileira que dê conta de sua enorme diversidade e complexidade.

Uma história que ouse pensar para além das suas fronteiras geopolíticas, como propõe Carlos Alberto Dória, aliando as especificidades das histórias regionais e sua paisagem[74]. Uma história que supere a ideia de mestiçagem racial, cultural, e um suposto Brasil homogeneamente composto por três raças. O sentido político e ideológico dessas proposições no final do século XIX e inicio do XX definitivamente se esvaíram. Não temos mais que carregar "o fardo do homem branco" – como o denominaram os intelectuais do final desse período – para justificar a missão de civilizar brancos e índios. Não faz mais o mesmo sentido hoje dizer que somos herdeiros das três raças - muitos brasileiros não o são. Ou então, seguir insistindo na propagação da ideia de que a cozinha brasileira é mestiça, feita de uma pitada de cada uma das três culinárias. Afinal, se pensarmos bem, qual culinária não é mestiça? A própria cozinha portuguesa recebeu influências de romanos, bárbaro-germânicos e mouros que habitaram a península. Enfim, essas interpretações não são mais satisfatórias.

Obviamente, não queremos com isso anular as contribuições indígena, africana ou portuguesa. Queremos apenas chamar a atenção para o fato de

---

[73] Como nos apresenta Marcos Silva nas notas preliminares ao *Dicionário Crítico Câmara Cascudo:* "Suas opções teóricas e políticas foram marcadas por um recorte conservador, do monarquismo explícito dos anos 1920 e 1930, à liderança integralista no Rio Grande do Norte, ao longo da última década, desdobrando-se no convívio cordial com o Estado Novo (1937-1945) e a ditadura militar dos anos 1960-1980. (Silva, op. cit.: XIII-XIV).

[74] Dória op. cit.

que na replicação do modelo cascudiano tout court existe uma excessiva preocupação com os "resultados" do processo cultural que constitui a cozinha brasileira; quando o que parece importante é entender o processo em si, ou seja, como foi se constituindo essa tal cozinha brasileira, ou as cozinhas brasileiras, com suas incorporações, mudanças e formas de transmissão dos saberes[75]. Importante também refletir sobre o sentido atual da ideia de mestiçagem. Vivemos um momento histórico e político totalmente diferente, no qual as influências são múltiplas tanto de produtos como de técnicas, especialmente em um país de imigrantes, no qual tantas outras influências se mostram importantes, ainda mais na era da globalização e da comunicação virtual.

Por tudo isso, Câmara Cascudo é assim um historiador da alimentação avant la lettre, pois escreve uma obra precursora sobre a historia da alimentação brasileira que se tornará indispensável para o desenvolvimento futuro deste campo de estudos.

---

[75] A proposta de uma teoria da mediação cultural de Paula Montero é particularmente inspiradora para se refletir sobre o intercâmbio cultural entre índios e portugueses no domínio da alimentação, nos primeiros tempos da colonização portuguesa na América. Para mais esclarecimentos, ver Montero 2006: 9-29. Ver também em Algranti 2010 a utilização desse conceito e visão de "cozinhas brasileiras".

Aspectos culturais na prática do aleitamento materno decorrentes da herança histórica do Brasil colônia
(Cultural aspects of breastfeeding practices influenced by Brazil's colonial period historical heritage)

Irene Coutinho de Macedo
Centro Universitário Senac, São Paulo (irene.cmacedo@sp.senac.br)

Resumo: A amamentação deve ser compreendida não apenas como um ato biológico ou instintivo mas, também, como uma prática fortemente influenciada pelo contexto histórico, social e cultural. O objetivo deste estudo é apresentar alguns aspectos culturais observados na prática do aleitamento materno decorrentes da herança histórica do Brasil colônia. A partir do estudo bibliográfico, foi possível identificar a influência europeia, especialmente a portuguesa, na formação de crenças, tabus e mitos que impactam, diretamente na atitude frente à amamentação e que interferem na decisão ou no sucesso de amamentar.

Palavras-chave: aleitamento materno; crenças; tabus; mitos.

Abstract: Breastfeeding must be understood not only as a biological or instinctive function but also as a practice that is strongly influenced by historical, social, and cultural contexts. The purpose of this study was to examine certain cultural elements in breastfeeding practices that are a direct result of Brazil's historical heritage from the colonial period. Through a bibliographical study, it was possible to trace and identify the European influence, particularly Portuguese, on the construction of beliefs, taboos, and myths that directly affect breastfeeding attitudes and may influence a woman's decision to breastfeed or in the success of breastfeeding.

Keywords: breastfeeding; beliefs; taboos; myths

A amamentação tem sido compreendida como um fenômeno complexo, não podendo ser considerada meramente um ato biológico ou instintivo e, sim, como uma prática fortemente influenciada pelo contexto histórico, social e cultural, permeado de crenças, tabus e mitos que podem influenciar diretamente na decisão ou no sucesso de amamentar.

Este trabalho surge da inquietação do profissional nutricionista que reconhece a importância da amamentação nos seus aspectos biológicos para os benefícios maternos, do bebê e da sociedade na sua totalidade sem, porém, muitas vezes, obter sucesso na orientação de uma conduta positiva em relação à prática do aleitamento materno visto que os aspectos sociais, históricos e culturais preponderam sobre os biológicos.

O texto que se segue está estruturado em temas principais que se iniciam apresentando as vantagens biológicas do aleitamento materno para a criança, a mãe e para a sociedade. Na sequência, discorre-se sobre os principais alimentos considerados lactogogos pela crença popular, os tabus alimentares relacionados ao período do resguardo e ao mito do leite fraco e sua origem na herança colonial.

A fim de direcionar a discussão sobre os comportamentos da alimentação da nutriz que não encontra respaldo no conhecimento cientificamente comprovado, entender-se-á crença como "uma certeza que se tem de alguma coisa; uma tomada de posição em que se acredita nela até o fim como uma atitude que admite uma coisa verdadeira."; o tabu será compreendido como "proibição categórica ou interdição absoluta ao uso de certos alimentos; restrições alimentares, permanentes ou temporárias, manifestadas em determinados períodos fisiológicos ou estados patológicos que acabam tornando-se uma proibição imposta por costume social" e; mito como "uma narrativa tradicional de simbólico que passa de geração a geração dentro de um grupo social traduzindo-se pela construção mental de algo idealizado sem comprovação prática, representações de fatos ou personagens reais, exagerada pela imaginação popular, pela tradição"[1].

Parte-se, então, para o elenco dos mitos, crenças e tabus relativos à prática da amamentação, identificados na população brasileira. Para cada uma das interferências na alimentação da nutriz busca-se, na história, as respostas para o enraizamento de um comportamento que tem base na herança colonial, resultado da miscigenação dos povos portugueses, africanos e da população indígena presente nos primórdios da sociedade brasileira.

Ressalta-se que esse trabalho não se encerra nas questões históricas, ao contrário, apenas indica a necessidade de estudos aprofundados sobre a origem de comportamentos dos povos que moldaram a cultura alimentar no Brasil, especialmente a relativa ao aleitamento materno.

Amamentação: um ato cultural, social e biológico

O fenômeno da amamentação não pode ser considerado apenas no seu aspecto anatômico e fisiológico mas sim, pela rede de fatores psicológicos, sociais e culturais que influenciam, em grande medida, na adesão e no prolongamento do aleitamento materno.

Diversos autores concordam sobre o olhar para a amamentação como um ato histórico, cultural e social muito mais do que um ato meramente biológico.

> "A amamentação é um fenômeno complexo, não sendo considerado um ato meramente instintivo – biologicamente determinado, mas sendo uma prática fortemente influenciada pelo contexto histórico, social e cultural (crenças e mitos) em

---

[1] Para os conceitos de crença, tabu e mitos ver Castro 1965 e Houaiss 2001:865, 1936, 2654.

que a mulher-mãe-nutriz vive."[2]

"O ato de amamentar, além de ser biologicamente determinado, é socioculturalmente condicionado. A determinação sociocultural tende a se sobrepor à determinação biológica."[3]

Biologicamente está estabelecido que o leite materno é o alimento completo capaz de prover todos os nutrientes que uma criança necessita nos primeiros meses de vida para crescer com saúde. Assim, é recomendado que o aleitamento materno[4] seja exclusivo até os 6 meses de vida e complementado até os 2 anos de vida[5].

As vantagens do aleitamento materno para a criança, para a mãe, a família e a sociedade em geral estão estabelecidas na literatura[6]. O leite humano apresenta em sua constituição fatores protetores e diversas substâncias que favorecem o crescimento e desenvolvimento da criança, promove a redução da mortalidade infantil, protege de alergias, diminui o risco de desenvolvimento de doenças crônicas e melhora do desenvolvimento cognitivo.

O aleitamento materno pode apresentar vantagens psicológicas, favorecendo o fortalecimento do vínculo afetivo mãe e filho. Como benefícios para a nutriz, o aleitamento materno favorece a involução mais rápida do útero, proteção contra o câncer mamário e ovariano e efeito contraceptivo, retardando a volta da fertilidade.

Além das vantagens nutricionais e biológicas o aleitamento materno, do ponto de vista técnico, oferece um alimento imediatamente disponível em temperatura adequada, dispensando a necessidade de preparo e de envase em mamadeiras e, com isso, elimina o risco de contaminação do leite. Sendo, ainda, mais econômico pois evita o gasto com compras de utensílios, fórmulas lácteas, combustíveis, além de não haver desperdícios[7].

---

[2] Ver Marques 2011.
[3] Ver Ichisato e Shimo 2001.
[4] Conceitos da Organização Mundial da Saúde (WHO 1991): *Aleitamento materno*: leite materno proveniente direto da mama ou ordenhado. *Aleitamento materno exclusivo*: uso somente do leite materno da própria mãe, ou ama-de-leite, ou leite ordenhado, sem outros complementos, exceto gotas, xaropes de vitaminas e suplementos minerais ou medicamentos necessários. Aleitamento materno predominante: o principal alimento é o leite humano da mãe, ou ama-de-leite, direto ou ordenhado, com adição de água ou bebidas à base de água (chás, água com açúcar), sucos, fluidos de hidratação oral, gotas, xaropes com vitaminas ou sais minerais e fluidos rituais. *Aleitamento materno complementado*: leite materno e outros alimentos sólidos, semi-sólidos e líquidos, como papas, sucos, inclusive outros leites.
[5] Sobre recomendações para o aleitamento materno ver WHO 2001 e Brasil 2010.
[6] Sobre vantagens e benefícios do aleitamento materno ver WHO 2001 e Brasil 2010.
[7] Sobre fisiologia da lactação, características do leite materno, benefícios do aleitamento materno e epidemiologia da amamentação ver os autores: Euclydes 2005:263,269, 277; Camelo e Heck 2007:111; Cury 2009:285,286,290; FioCruz 2010; Toma 2011.

Apesar dos benefícios do aleitamento materno apresentados, estudos apontam para uma baixa adesão à prática da amamentação de forma exclusiva até o sexto mês de vida. Pesquisa de prevalência de aleitamento materno realizada em 227 municípios brasileiros, mostrou que, para aleitamento materno exclusivo para crianças menores de seis meses, a maioria dos municípios brasileiros apresentou prevalência inferior a 50%, o que é considerado como razoável pelos parâmetros da Organização Mundial da Saúde (OMS).

No discurso das mães, o desmame precoce tem como justificativa predominante a inadequação da quantidade ou da qualidade do leite produzido. Observa-se que alegações como "meu leite não sustenta o bebê e ele chora de fome", "produzo pouco leite", "leite secou", "dar de mamar faz os seios caírem" são apontadas como razões para o desmame precoce. Essas alegações não encontram respaldo nos estudos técnicos e científicos sobre a fisiologia da lactação ou na composição do leite materno. O índice de hipogalactia (baixa produção de leite) é bastante baixo na população e a produção de leite de baixo valor nutricional também é baixo, constatado principalmente entre as mulheres com elevados índices de desnutrição. Assim, as alegações maternas não se sustentam como motivo real para o desmame precoce. Essas construções compõe o elenco das crenças, mitos e tabus relacionados ao aleitamento materno, levando as mulheres a desistirem de amamentarem seus filhos[8].

Os mitos relacionados à produção de leite em quantidade insuficiente e em qualidade inferior, reforçam a crença de que devem existir alimentos específicos para a nutriz que favorecerão o aumento na produção de leite, chamados alimentos lactogogos. Esses alimentos teriam o efeito de, quando consumidos pelas nutrizes, favorecer o aumento da produção de leite. Observa-se que esses alimentos fazem parte do senso comum, da cultura popular, não havendo respaldo científico para tal efeito.

O conhecimento empírico sobre o aleitamento materno é transmitido de gerações a gerações especialmente por mulheres mais velhas, familiares, pessoas comuns da sociedade e também por profissionais da saúde. As práticas da amamentação são entendidas como corretas, ou não, a partir das interpretações de crenças e mitos relacionados aos conceitos de "bem" e "mal" na alimentação, textualizáveis como inscrições significativas da cultura. Assim, as práticas alimentares são estabelecidas no contexto cultural no qual se constroem modelos alimentares que norteiam as decisões e escolhas muitas vezes não respaldadas no conhecimento científico mas ditam, de forma soberana, comportamentos sociais[9].

---

[8] Estudos que verificaram, na população brasileira, a presença de crenças, tabus e mitos relacionados à amamentação: Ichisato e Shimo, 2001; Vitolo 2008:119; Cury 2009:291; Monteiro, Nakano e Gomes 2011.

[9] Estudos sobre as representações sociais na alimentação: Canesqui 1988; Barbosa et al

> "A alimentação faz parte de um sistema cognitivo e simbólico que define qualidades e propriedades dos alimentos e dos que se alimentam, qualidades e propriedades estas que tornam um alimento indicado ou contraindicado em situações específicas, que definem o seu valor como alimento, em função de um modelo pelo qual se conceitua a relação entre o alimento e o organismo que o consome"[10].

Sendo de colonização portuguesa, a sociedade brasileira foi organizada a partir de um modelo europeu de estabilidade patriarcal da família, pela regularidade do trabalho por meio da escravidão e miscigenação entre o índio e, mais tarde, o negro[11]. Assim, a cultura da colônia não era independente do conquistador que imprimiu um modelo de comportamento que se adaptou às condições presentes no Brasil descoberto.

Cascudo[12] apresenta que a mulher portuguesa foi considerada a "mãe do Brasil" e trouxe para a brasileira parturiente as prescrições dietéticas tradicionais do costume europeu, permeados de suas crenças, mitos e tabus. Segundo Levi-Strauss[13], os mitos que, aparentemente podem ser arbitrários e dificilmente compreensíveis, se reproduzem nas diversas regiões do mundo, preservando os mesmos detalhes e características de sua origem.

Há de se considerar que os hábitos alimentares fazem parte de um sistema cultural permeado de símbolos, significados e classificações que determinam as práticas relativas à alimentação. Considerando os aspectos simbólicos da dieta da nutriz e o efeito sobre o sucesso ou o fracasso na amamentação é de fundamental importância compreender os mecanismos de interferência das crenças, mitos e tabus nas práticas do aleitamento materno. Qualquer programa de incentivo ao aleitamento materno que objetive apresentar impacto positivo haverá de considerar estas questões que nem sempre estão ajustadas à ciência e à razão.

2. A crença: alimentos lactogogos

Estudos[14] realizados em diversos grupos de mulheres brasileiras indicam a existência da crença de que alguns alimentos, ao serem consumidos pela parturiente, têm um poder de aumentar a produção de leite - os lactogogos.

2004; Freitas, Minayo e Fontes 2011; Marques 2011.
[10] Ver Marques 2011.
[11] Ver Raminelli 1997:11 e Freyre 2004:65.
[12] Ver Cascudo 2004:650.
[13] Ver Levi-Strauss 2003:239.
[14] Estudos que constataram a crença em alimentos lactogogos: Witt 1971; Ornellas 1978; Silva 1990; Sandre-Pereira 2000; Ichisato e Shimo 2001; Ichisato e Shimo 2002; Del Ciampo 2008; Stefanello 2008; Marques 2011; Marques 2011.

Neste grupo de alimentos, os mais referidos nos estudos foram: leite, arroz doce, canjica, cerveja preta, sopa, canja de galinha, líquidos, sucos de frutas.

Quando questionadas sobre qual alimento ou bebida a mãe deveria consumir depois do bebê nascer "para a mãe ter bastante leite", o estudo de Witt apontou que o consumo de leite apareceu em primeiro lugar. Também os doces adicionados de leite no preparo aparecem entre os alimentos mais indicados: canjica e arroz doce.

2.1. O leite, o arroz doce e a canjica

Sobre a crença de que existam alimentos que favoreçam a produção de leite materno, Cascudo[15] relata que, na cultura popular, sem identificar exatamente a sua origem, "muito leite", canjica, arroz, arroz doce, são alimentos que ajudam a "abrir o leite", favorecendo a galactogênese.

O leite, arroz doce e canjica são discutidos em um mesmo espaço pois encontram elementos comuns em sua constituição como a presença do próprio leite de vaca e por serem de cor branca, o que é apontado como possível fator de associação para o favorecimento da produção de leite materno, em quantidade e em qualidade adequados.

Witt sugere em seu estudo a crença popular de que toda a alimentação da mãe passa diretamente para a composição do leite materno, podendo inclusive, influenciar na cor do leite ou provocar ferimentos na criança. O autor relata exemplo de mulheres que não consumiam alimentos da cor verde por acreditarem que esse consumo poderia afetar a cor do leite materno por elas produzido. Ou, ainda, mulheres que não comiam frutas de árvores com espinhos pois estes, poderiam alterar o leite materno provocando ferimentos na criança. Assim, é possível a proposição de que o consumo de alimentos similares ao leite, ou com aspecto leitoso, possam aumentar a produção do leite materno, resultando em um produto mais "forte".

Cascudo[16] destaca que era recomendado às mulheres civilizadas que consumissem leite em grandes proporções, uma vez que, segundo a crença popular "leite faz leite". O leite de cabra seria reconhecidamente o mais forte, no entanto, o menino que mamasse da mãe que consumisse esse leite, ficaria "inquieto" e "buliçoso". Assim, não somente as características do próprio produto alimentício passariam para o leite materno, mas, também as características comportamentais do animal produtor.

O consumo de leite deriva, principalmente da influência portuguesa na formação dos hábitos no Brasil. Segundo Ornellas[17] o africano conhecia o

---

[15] Ver Cascudo 2004:653.
[16] Ver Cascudo 2004:654.
[17] Ver Ornellas 1978:235

gado de leite porém apresentava um consumo eventual. Quando da chegada dos portugueses ao Brasil, o leite não era consumido pela população indígena, tão pouco era consumido pelas mulheres no período de lactação:

> "O índio desconhecia os animais produtores de leite, mesmo porque, à exceção do leite humano, não se valia de qualquer outro produto lácteo"

O português traz para o Brasil o preparo de doces com utilização de leite, como, por exemplo, o referido arroz doce. Defendido em todo o Norte português como um prato eminentemente tradicional e permanente, o arroz doce, foi trazido para a região Nordeste do Brasil. A preparação é composta por arroz bem cozido, leite (de cabra ou qualquer outro leite) e açúcar, algumas vezes levando gemas de ovos e essência de flor de laranjeira[18].

A canjica, também referida como lactogogo é uma adaptação do arroz doce para as mesas dos pobres, nas festas de São João[19].

Para Hamilton[20] a canjica é um dos pratos que compõe o rol de receitas brasileiras que surgiram do encontro de culturas da lusofonia, tendo como principais ingredientes o milho verde, o leite e o açúcar.

O milho era um alimento já conhecido pelos indígenas, não entanto, não era o seu alimento base. Segundo Cascudo[21] os portugueses desenvolveram, a partir do milho, preparações como bolos, canjicas e pudins. Observa-se uma diferenciação entre a preparação denominada "canjica" em diversos territórios do Brasil, ora sendo preparada com o grão de milho seco e, ora com o milho verde. Este, em alguns lugares denominado curau e, em outros, canjica ou mungunzá.

Sobre os registros de James Wetherell[22] a respeito dos doces brasileiros, Gilberto Freyre, destaca a observação quanto a uma preparação elaborada a partir do milho: a canjica à moda do Nordeste:

> "Quanto ao milho: "Fazem um prato muito gostoso de milho chamado 'canjica'". Dá-se a seguinte receita: "[...] simplesmente moendo o milho e misturando a gosto a farinha com açúcar e especiarias, cozinhando a massa no leite; quando frio parece uma geleia e é delicioso comido como mingau ou assado, da maneira como preparamos o pudim."[23]

---

[18] Ver Cascudo 2004:467.
[19] Ver Cascudo 2004:468.
[20] Ver Hamilton 2005:111.
[21] Ver Cascudo 2004:108.
[22] Vice-cônsul de Sua Majestade Britânica na Bahia e na Paraíba, meado do século XIX. Registro de cartas de interesse sociológico, além de histórico, sobre o Brasil – *Stray notes from Bahia (Liverpool, 1860) – a voga dos doces e frutas agrestes*. Freyre 1997:159.
[23] Ver Freyre 1997:160.

Os estudos que referem a canjica como lactogogo não apontam, na fala dos sujeitos, a qual variedade da preparação acreditam favorecer o aumento da produção de leite. Considerando a diversidade e extensão cultural no Brasil, supõem-se que sejam preparações que se diferenciem de acordo com a localidade. De qualquer forma, os ingredientes principais são mantidos: milho, leite e açúcar.

2.2 A canja de galinha

Outro alimento que surge, com frequência, em diversos estudos como favorecedor da produção de leite materno e também para a recuperação da puérpera convalescente, é a canja de galinha. Este alimento é referido por conter uma composição forte, saudável e necessária à produção de leite adequado para o bebê. A canja de galinha é composta em sua base por galinha e arroz bastante cozidos acrescidos de legumes e temperos. Não somente indicada para as mulheres no puerpério, mas também para qualquer tipo de convalescência[24].

Ornellas[25], sobre o consumo de carnes no Brasil colônia, relata que as galinhas eram compradas para o suprimento aos doentes, sendo assim, um alimento que devia compor a dieta para recuperação do convalescente.

Claramente a influência ao consumo de canja de galinha é de origem portuguesa uma vez que a população negra africana não tinha por hábito consumir galináceos pois estes eram considerados entes de sacrifício e não de alimentação regular[26].

> "A tradição antiga fazia consistir o resguardo em alimentação exclusiva de galinhas. Era costume português. Nos últimos meses da gravidez, guardavam, prudentemente, as galinhas do resguardo, do parto, da parida. Ficavam num galinheiro próximo, comendo milho, farinha estufada com água e sal, também defendidas de barulho e zoadeira para não "aperrear". A comida de galinha no estado puerperal era uma característica inevitável. Quando a capoeira se enchia, tinha o povo a denúncia positiva de que alguém devia "estar de criança"..."[27]

A crença de que a canja de galinha é importante para a puérpera não está apenas para o seu possível potencial lactogênico mas para a recuperação da considerada convalescente. A galinha é uma das poucas fontes de proteína animal permitida à dieta da nutriz visto que a carne de porco e de alguns peixes são considerados reimosos. A canja, além de ser considerado uma preparação leve é também um alimento quente que seria importante para

---

[24] Ver Cascudo 2004:652.
[25] Ver Ornellas 1978:231.
[26] Ver Cascudo 2004:827.
[27] Ver Cascudo 2004:652.

manter em equilíbrio a temperatura de acordo com a fisiologia dos humores onde, uma exposição à friagem poderia promover uma inversão do fluxo sanguíneo, podendo subir à cabeça e causar insanidade mental[28].

No período colonial o conhecimento médico sobre o corpo feminino dizia respeito à reprodução. Acreditava-se que, ao contrariar uma função reprodutiva, a mulher poderia ser lançada a uma série de enfermidades que iriam da melancolia à loucura. Os caldos de galinha, dentre outros, são referidos como alimentos que favoreceriam a recuperação da parturiente e das mulheres no período menstrual[29].

2.3 A cerveja preta

A cerveja preta está entre as bebidas mais referidas pelas mulheres como importante favorecedor do aumento da produção de leite[30].

Na crença popular, é indicado para o aumento da produção de leite por ser uma bebida com alto teor de proteína vegetal e baixo teor alcoólico, podendo favorecer a abertura dos ductos mamários, acelerando a descida do leite materno. Além do mais, acredita-se que o relaxamento provocado pelo álcool pode favorecer a calma e o conforto físico e emocional necessários para a produção de leite.

O rótulo de uma das cervejas preta contém a imagem de um touro, o que reforça a ideia de energia e vitalidade necessárias para a amamentação. Além disso, disponibilizam receitas culinárias para preparo de alimentos ainda mais fortificados, reforçando a crença popular.

A crença de consumir a cerveja escura pode ter sua origem nos povos antigos uma vez que há registros de que povos mesopotâmicos e egípcios utilizavam a cerveja para fins medicinais[31]. No Brasil, a cerveja foi trazida pela família real portuguesa, em 1808.

Cascudo[32], sobre o consumo de bebida alcoólica, refere que a cachaça e outras bebidas "não geladas" poderiam ser consumidas no período do resguardo somente por mulheres já habituadas, desde que adicionado açúcar à bebida. Possivelmente para prevenir a embriaguez, o que não seria conveniente à mulher de família.

Apesar da crença do efeito lactogogo da cerveja preta, o consumo de bebida alcoólica tem sido contra-indicado para mulheres que estão amamentando, isso porque o álcool pode chegar ao tecido alveolar das glândulas mamárias e

---

[28] Ver Stefanello 2008.
[29] Ver Priori 1997:83,105.
[30] Autores que referem a cerveja preta como alimento lactogogo: Witt 1971; Ichisato e Shimo 2001; Ichisato e Shimo 2002; Marques 2011.
31 Estudos sobre a história da cerveja: Standage 2005; Mega 2011.
[32] Ver Cascudo 2004:652.

ser transmitido para o leite, a depender da concentração de álcool no sangue materno. O nível de álcool encontrado no leite materno é proporcional ao presente na corrente sanguínea sendo, normalmente na proporção de 2%.

Outro ponto de atenção que reforça a contra indicação do consumo de bebida alcoólica é que a ingestão de calorias provenientes do álcool substitui a ingestão de calorias provenientes de macronutrientes como proteínas, carboidratos e lipídios. Além de reduzir a absorção de nutrientes por causa da insuficiência hepática e deficiência de enzimas que atuam no intestino[33].

Em doses reduzidas e esporádicas o consumo de bebida alcoólica pode ser compatível com a amamentação, no entanto, não existe dose máxima segura, dificultado a mensuração dessa quantidade não nociva.

A transferência de álcool para o leite materno poderia, então, de fato, provocar nos bebês um maior estado de sonolência após as mamadas remetendo a uma ideia de que o leite está forte e adequado para o bebê. O que seria bastante conveniente para as nutrizes e suas famílias, sendo uma possível origem da crença de que a cerveja preta é um alimento lactogogo.

3. Os tabus

O período do reguardo[34] é, possivelmente, o que reúne o maior conjunto de crenças e tabus, implicando em uma série de cuidados e restrições que favoreçam a boa recuperação da mulher. A explicação que as pessoas dão para esse tipo de imaginário é que no dia do parto abre-se a sepultura da mulher estando, a mesma, vulnerável a enfermidades e, somente após os quarenta dias, resguardados todos os cuidados, ela fecha a sepultura e, então está livre. Dessa forma, é importante seguir certas restrições para que o resguardo não seja quebrado visto que as enfermidades que entrassem no corpo neste período permaneceriam até o final da vida da mulher, caso não fosse curado ao longo da quarentena[35].

Além do cuidado com a alimentação, a mulher deveria manter o resguardo em relação ao repouso, banho proibitivo, não ficar descalça, não se expor a friagem, proteção à cabeça e ao sol além de não estar exposta a sustos ou fortes emoções. Enfim, seria um "mal irreparável quebrar o resguardo".

Dentre os maiores cuidados no período de resguardo, sem dúvida estava o respeito e rigorosidade a uma dieta restrita que tanto auxiliaria na recuperação

---

[33] Ver estudo de Kachani 2008 sobre os efeitos do álcool no leite materno.

[34] Entende-se como "resguardo" ou "quarentena" o período após o parto que pode ser dividido em duas fases, os vinte e quatro dias e quarenta e um, esse último chamado de resguardo fino. Neste período estavam impostas uma série de restrições alimentares e comportamentais fundamentais para a recuperação da mulher (Nakano 2003 e Cascudo 2004:651).

[35] Ver Nakano 2003 e Stefanello 2008.

da parturiente durante a fase catamenial bem como para a produção de leite e capacidade para cuidar de seu filho.

Alguns alimentos são referidos como proibidos para o período do resguardo pois influenciariam reduzindo a produção do leite ou prejudicando a digestão do bebê, provocando cólicas, aumentando o choro e contaminando o leite.

Dentre as proibições mais comuns estão o consumo de carne de porco, pimenta, ovos, alguns pescados e misturas com frutas ácidas[36].

Cascudo[37] já fazia referência a vários alimentos tidos como proibidos como a carne de porco (que somente era permitida a partir do décimo dia de resguardo) peixes e ovos. Outros alimentos como frutas ácidas, pimentas e temperos como alho também não eram permitidos pois poderiam interferir na qualidade do leite "talhando" o tornando-o com o sabor muito acentuado ou "quente". Essas proibições poderiam estar fundamentadas na fisiologia dos humores, na dieta hipocrática de equilíbrio entre os humores corporais, condições fisiológicas da lactação e características dos alimentos.

O objetivo principal da dieta seria manter o equilíbrio entre o calor e o frio no corpo, dois poderes opostos que determinam a temperatura interna do corpo, devendo ser evitada a exposição prolongada a qualquer uma dessas qualidades. Os alimentos seriam escolhidos segundo critérios dos "quentes" e dos "frios". Os "quentes" seriam os carregados, difíceis, pertubadores e, os "frios", considerados leves, fáceis, digeríveis, descarregados[38]. Os alimentos também seriam classificados como reimosos[39] a depender do estado do alimento antes de ser preparado, do estado da pessoa que iria consumi-lo e também do modo de preparo do alimento.

Atualmente são poucos referidos alimentos proibidos na alimentação da nutriz, acreditando-se, muito mais, serem tabus não fundamentados e que não poderiam ocasionar a redução na produção de leite ou mal estar no bebê. A orientação médica tem sido de uma dieta variada, rica em vegetais, frutas e líquidos, sem restrições específicas.

4. O MITO DO LEITE FRACO

O mito do leite fraco tem sido apontado como o principal fator para a não adesão ao aleitamento materno. Este mito pode estar diretamente relacionado a insegurança materna para o aleitamento materno, minimizando a culpa ou

---

[36] Estudos que apontam os tabus relacionados ao aleitamento materno: Ornellas 1978; Silva 1990; Ichisato e Shimo 2001; Cascudo 2004:649-655; Del Ciampo 2008; Marques 2011.

[37] Ver Cascudo 2004:651.

[38] Ver os autores: Nakano 2003, Cascudo 2004:650 e Stefanello 2008.

[39] Alimentos reimosos, segundo a cultura popular brasileira, são aqueles que fazem mal ao doente, que faz mal ao sangue, produz coceiras, pruridos. Houaiss 2001:2419.

a responsabilidade social às mães em casos de insucesso na lactação e pode ter origem desde os primórdios da história da humanidade.

Estudos[40] apontam evidências de que há milhares de anos, bebês têm sido alimentados por meio de utensílios como vasilhas e bicos ou, ainda, diretamente do ubre de animais. A domesticação de bovinos, ovinos e caprinos foi importante para garantir a sobrevivência de bebês que não podiam ser amamentados por suas mães. Utensílios de cerâmica como forma cônica, encontrados no Japão (6.000a.C) podem ter sido usados como copos para alimentar bebês. Outros utensílios datados de 4.000 a 2.000a.C, feitos de barros, tinham em comum um orifício superior e um apêndice lateral, com um bico perfurado, que seria introduzido na boca do bebê para que o alimento fosse sugado. Além disso, desde o início da história, quando por razões externas à sua vontade a mãe deixava de amamentar, outra mulher a substituía para assegurar a sobrevivência da espécie. "A mãe que não podia amamentar condenava seu filho à morte, a menos que outra mulher a substituísse".

Antes da era cristã, babilônios, egípcios e hebreus tinham como norma amamentar os filhos por um período de dois ou três anos. Cuidar dos filhos e amamentar eram consideradas dádivas divinas, no entanto, existem referências à alternativa das amas de leite. Textos bíblicos referem-se à amamentação ou às amas, que substituíam a mãe verdadeira quanto esta, por algum motivo, não podia amamentar. Vasos egípcios datados de 1.500a.C., mostram mulheres segurando ou amamentando bebês, ou portando chifres (utensílios) com a ponta escavada em forma de colher com a qual alimentavam crianças. Literatura médica da Índia Antiga (1.500 a 800a.C.) aponta que a regra era amamentar, mas caso o leite materno não descesse, uma ama tomaria o lugar da mãe. Ainda, como evidências de que alternativas para o aleitamento materno foram buscadas a milhares de anos, na China foram descobertas as múmias de Cherchen (1.000a.C.) onde foi encontrado um utensílio feito de ubre de ovelha ("mamadeira") ao lado de um bebê de três meses. Nas paredes das ruínas de Nineveh (890a.C.), às margens do rio Tigre, foram encontrados desenhos pintados que mostravam uma divindade em forma de vaca (a rainha de Nineveh) amamentando o pequeno rei da Assíria.

Sobre os registros médicos, Hipócrates (460-377a.C.) reconhecia que a amamentação deveria ocorrer até que apontassem os primeiros dentes e, por seu uma "dieta higiênica", diminuía a mortalidade infantil. No entanto, as pessoas mais abastadas recorriam ao aluguel das amas de leite e, as mais simples buscavam outras formas para complementar a alimentação dos bebês, evidenciando, assim, que a amamentação não era um costume muito popular.

---

[40] Estudos sobre a história do aleitamento materno: Rousselle 1990; Vinagre 2001; Bosi e Machado 2005; Castilho 2010.

Os médicos Sorano (70 a 130d.C.) e Galeno (130 a 200d.C.) divergiam sobre o indicação para o aleitamento materno. Sorano acreditava que o leite humano somente poderia ser oferecido à criança dois dias após o nascimento, pois o primeiro leite, hoje reconhecido como colostro, era considerado inadequado. Assim, do 2º ao 20º dia de vida, a criança deveria receber o aleitamento da ama de leite. Muito provavelmente essa conduta dificultava o prolongamento do aleitamento materno, empobrecia o vínculo mãe-filho e favorecia o desmame precoce, além de expor o recém-nascido a uma baixa resistência ao desenvolvimento de doenças infecciosas.

Considerando os aspectos nutritivos, atualmente é sabido que o colostro[41] é fundamental para nutrição do bebê uma vez que contém concentrações mais elevadas de proteínas, minerais e vitaminas lipossolúveis e carotenoides, além de ser rico em fatores de defesa como imunoglobulinas e leucócitos, constituindo um importante agente para a proteção do recém-nascido contra microrganismos presentes no canal do parto.

Já Galeno, indicava que o recém-nascido fosse colocado para sugar ao seio materno logo após o nascimento e deveria se prolongar até aos 3 anos de vida. Embora gregos, Sorano e Galeno mudaram-se para Roma e influenciaram a sociedade de então, com suas ideias e divergências. Filósofos e moralistas (Plínio, Plutarco e Tácito) discursavam contra o emprego das amas de leite pois entendiam que o leite materno, além de ser o melhor alimento, favorecia o fortalecimento dos vínculos afetivos entre mãe e bebê. Para eles, a mãe somente poderia deixar de amamentar se estivesse doente ou desejasse engravidar.

Na concepção medieval do mundo, a maternidade era determinante para posicionar a mulher na sociedade. Dar à luz e criar filhos eram as tarefas principais das mulheres. No entanto, sobre o aleitamento materno, registra-se que muitas mulheres não amamentavam seus filhos os entregando para as amas de leite. Muitas mulheres saudáveis de famílias nobres pagavam para que as amas amamentassem seus filhos. Essa prática foi sendo desenvolvida, passando as ser utilizada também por famílias de artesãos e comerciantes. Autores[42] relatam que não encontram com clareza, na literatura, os motivos pelos quais as mulheres não queriam amamentar, pois tinham boa saúde e roupas adequadas.

Nos séculos XVII e XVIII, era comum as mulheres francesas das classes média e alta enviarem seus filhos para serem amamentados por amas no campo, com quem ficavam até os quatro anos de idade. À época a amamentação era considerada como um ato ridículo e repugnante e não era vista com bons

---

[41] Ver Vitolo 2008.
[42] Ver Opitz 1990:381 e Castilho 2010.

olhos pois a mulher seria privada de um produto necessário para ela mesma causando efeitos adversos à sua saúde, além da dificuldade de amamentarem por apresentarem mamilos planos ou invertidos, ocasionados pelas roupas apertadas que usavam.

Segundo considerações de Badinter[43], as mulheres da burguesia não queriam sacrificar seu lugar social para criar filhos. A amamentação poderia prejudicar a participação em bailes e atividades de diversão. Além disso, consideravam o aleitamento fisicamente ruim para a mãe, prejudicando sua estética e beleza física. As mulheres das classes subalternas imitavam esses costume, apesar de não terem uma vida social intensa como as da burguesia.

Os maridos também eram contrários à ideia de que as mulheres amamentassem pois entendiam que prejudicava a sexualidade e restringia seu prazer, visto que a igreja católica proibia a conjunção carnal no período de lactação[44].

Assim, no final do século XVIII, os índices de mortalidade e situação de abandono das crianças eram elevados, havendo uma falta de sensibilidade e indiferença à prática do infanticídio. Além do aleitamento artificial como um contribuinte para a alta taxa de mortalidade infantil, a transmissão de doenças pelas amas de leite mercenárias[45], constituiu-se como um grave problema social e de saúde pública.

No Brasil, quando do descobrimento, registros apontam que a civilização indígena amamentava amplamente os seus filhos e não tinha o hábito de desmamar precocemente os bebês, prolongando a amamentação por, pelo menos, dezoito meses. Pero Vaz de Caminha relata na carta ao rei de Portugal que as indígenas andavam "com um menino ou menina ao colo, atado com um pano (não sei de que) aos peitos". Para do frei Vicente do Salvador, "as mães dão de mamar aos filhos sete ou oito anos, se tantos estão sem tornar a parir, e todo este tempo os trazem ao colo...". Fernão Cardim referiu, ainda, sobre os índios tupinambás, que "uma criança que já, sem já a guarda dos adultos, brinca correndo com outras crianças se sacia ainda nos seios maternos"[46].

Não foram encontrados registros de que os povos indígenas utilizassem a prática das amas de leite. A mulher não tinha período de resguardo maior de sete dias e logo voltava às tarefas para a sobrevivência. Do mesmo modo

---

[43] Ver Badinter 1985.

[44] Para a história da amamentação, ver os autores: Silva 1990; Silva 1996; Bosi e Machado 2005; Castilho 2010.

[45] Amas de leite escravas, alugadas por seus senhores para amamentar os filhos da burguesia. Muitas vezes, para que pudessem ser comercializadas para a amamentação, tinham os seus próprios filhos usurpados. Visando conservar a remuneração, "simulavam ser boas mães". Era uma prática condenada no discurso médico pois era um veículo de transmissão de muitas doenças, expondo os filhos das brancas a um alto risco de morte.

[46] Ver Salvador 1982.

que os animais, as índias nutriam e defendiam seus filhos dos perigos, carregando-os em tipoias, constantemente. Se soubessem que o bebê havia mamado em outra mulher, forçavam a expulsão do leite estranho[47]. No entanto, na sociedade colonial, os portugueses trazem consigo o hábito europeu da utilização das amas de leite, sendo este papel exercido pelas escravas negras, uma vez que, para as mulheres europeias burguesas, a amamentação não era uma prática digna de sua classe social[48].

> "A mulher imperial das camadas dominantes do Rio de Janeiro, na tentativa de equiparar-se às suas rivais francesas e europeias, ancorou-se na mulher negra, sobrando-lhe tempo mais livre, talvez para a administração doméstica, para o ócio ou para a vida mundana e as festas da corte." [49]

Com a Revolução Industrial, iniciada na Inglaterra no século XVIII, houve a migração da mulher do campo, que antes servia de ama para os filhos das famílias abastadas, para a indústria. Esse movimento, juntamente com a descoberta do processo de pasteurização do leite, impulsionou o desenvolvimento da indústria produtora de leites específicos, bicos e mamadeiras, desestimulando ainda mais, o aleitamento materno natural.

Com o objetivo de solucionar o problema da elevada taxa de mortalidade infantil, a partir do século XVIII, na Europa, e do século XIX, no Brasil, iniciou-se no movimento higienista, uma revolução na forma de visualizar o papel da mãe e da sua importância. A tese médica de Agostinho José Ferreira Bretas[50] foi o primeiro documento sobre aleitamento materno no Brasil e evidencia as recomendações às mães para que cuidassem e amamentassem seus próprios filhos, reafirmando que o aleitamento não prejudica a beleza, ao contrário, dá uma rigidez elástica aos seios. O autor critica veementemente a prática das amas de leite mercenárias, pois, além dos riscos de saúde aos quais o bebê ficaria exposto, a mãe não deveria partilhar os direitos de mãe com outra mulher, pois sofreria o risco de ingratidão de seu filho, que poderia amar a mãe de leite mais do que a mãe biológica. Ressalta, ainda, bons pais e bons maridos são aqueles que apoiam o aleitamento materno, como um benefício para suas esposas e filhos.

Este discurso da responsabilidade materna sobre a vida do filho, o aleitamento materno se estabelece como condição fundamental para a sobrevivência física, emocional e afetiva do bebê. Desta construção, nasce

---

[47] Ver os autores Raminelli 1997 e Bosi e Machado 2005.
[48] Venâncio 1997 trata das questões de abandono e não prática do aleitamento materno no período colonial.
[49] Ver Silva 1990.
[50] Ver Bretas 1838.

a culpa atribuída à mulher por todos os insucessos familiares e surge a responsabilidade e culpabilização internalizada. É criada a representação de que a lactação é um dever da nutriz – surge, então, o mito de que mãe boa é a mãe que amamenta.

Considerando que os saberes racionais e científicos não respondiam a outras questões referentes ao aleitamento materno como, por exemplo, a razão de algumas mães não conseguirem amamentar seus filhos sendo a lactação um processo natural e biológico, a resposta para este paradigma é pautada em um modelo auxiliar, que responsabiliza a dimensão individual da mulher para explicar o insucesso do aleitamento materno: a "síndrome do leite fraco".

Diversos estudos atuais apontam que a figura do leite fraco é uma das razões mais alegadas pelas mães para o desmame precoce[51]. Observa-se que a criação do mito do "leite fraco" serviu para minimizar a responsabilidade e culpa das mães pelo fracasso da lactação.

É importante ressaltar que o leite humano contém todos os nutrientes necessários ao bebê até os seus seis meses de vida e está em condições adequadas para o consumo da criança. No entanto, existe o reconhecimento da sociedade, especialmente das mulheres que amamentam, que a lactação é um fenômeno fortemente influenciado pelas emoções, percebendo que o estresse e a ansiedade interferem na amamentação, podendo reduzir ou bloquear a produção de leite.

Também a imagem que a gestante tem do seu corpo pode interferir na sua visão durante o aleitamento materno. Sendo uma visão negativa, a mulher pode entender que aleitar causa flacidez nas mamas e aumenta os mamilos, tornando-os feios. Essas crenças podem contribuir para o insucesso da lactação.

O efeito contraceptivo da amamentação também pode ser considerado um fator importante para a não adesão ao aleitamento materno desde a antiguidade. De acordo com o pensamento aristotélico, a mulher bem constituída era aquela que se prestava exclusivamente à perpetuação da espécie, assim, entende-se as construções culturais acerca da fertilidade e construção do corpo feminino dirigido para a maternidade, o que poderia ser diminuído pelo aleitamento materno prolongado[52].

No Brasil, as atuais construções referentes ao processo de amamentação são reflexos de uma forte influência europeia, não apenas na constituição biológica, mas também histórica, social e cultural de povos portugueses que

---

[51] Autores que apontam a síndrome do leite fraco como justificativas para o desmame precoce: Ichisato e Shimo 2001; Ichisato e Shimo 2002; Marques 2011.

[52] Ver os autores Sissa 1990 e Nakano 2003.

se somam à cultura indígena e africana formando uma sociedade que já nasce com diferentes estratos sociais, com classes dominantes e subalternas que foram determinando os comportamentos e compreensões sobre a prática do aleitamento materno.

Considerações finais

Os alimentos tidos como lactogogos citados neste estudo (leite, canjica, arroz doce, canja, cerveja preta), são, em sua maioria, ricos em amido e proteína vegetal e animal. Por sua composição nutricional, podem, dentro de uma dieta adequada, colaborar para a produção do leite materno. No entanto, não há constatações científicas de que esses alimentos teriam, por si só, o efeito mágico de produzir o leite.

Para a síntese do leite materno, a ciência aponta o aumento metabólico, sendo, importante o aumento do consumo energético pela alimentação, além do aumento da ingestão de líquidos. Nesse sentido, os saberes culturalmente construídos, como reflexos da herança colonial, podem, haver colaborado para a proteção do aleitamento materno.

Ao passo que algumas crenças podem contribuir para a boa nutrição materna, os tabus podem privar as nutrizes de nutrientes importantes para o seu sustento e também para a produção de leite, uma vez que acreditam que muitos alimentos não possam ser consumidos, incluindo importantes fontes proteicas e também de vitaminas e minerais. Uma alimentação variada e equilibrada é importante para a boa nutrição materna e os alimentos não devem ser avaliados de forma isolada e, sim, no conjunto alimentar diário.

A análise da composição biológica do leite materno e o estudo da fisiologia da lactação permitem identificar que não existe leite fraco. O leite materno será sempre o alimento completo e adequado para o bebê até o sexto mês de vida, devendo ser oferecido de forma exclusiva e sob livre demanda. No entanto, a amamentação não pode ser vista apenas como um ato biológico. Assim, há de se considerar as inseguranças, os anseios e as expectativas da sociedade em torno da amamentação como fatores preponderantes para a construção do mito do leite fraco. A orientação à nutriz sobre a constituição biológica do leite materno não será, por si só, suficiente para desconstruir o mito formado ao longo da história, em alguns momentos, possivelmente necessário para a preservação da mulher na sociedade.

Como dito, este estudo não teve como proposta esgotar a pesquisa histórica sobre a herança colonial na formação de crenças, tabus e mitos do aleitamento materno e, sim, apenas, fomentar a necessidade de ampliar a pesquisa nessa temática tão relevante. Outros estudos serão necessários para conhecer as fontes históricas mais remotas, como se davam esses hábitos pela mulher europeia e as novas reinterpretações nas construções das crenças, tabus e mitos que não serão estáticos ao longo da história e, à medida que forem desconstruídos, darão lugares a novas crenças, novos tabus e novos mitos.

BIBLIOGRAFIA

FONTES

[CHDD], Chancelarias Portuguesas. D. Duarte, org. João José Alves Dias (1999), vol. II, Lisboa, Centro de Estudos Históricos - Universidade Nova de Lisboa.

[CHDJ] Chancelarias Portuguesas. D. João I, org. João José Alves Dias (2004-2006), 4 vols., Lisboa, Centro de Estudos Históricos - Universidade Nova de Lisboa.

[Livro de Montaria] Livro da Montaria feito por el-Rei D. João I de Portugal, introd., leitura e notas de Manuela Mendonça (2003), Ericeira, Mar das Letras-Editora.

[HFAC] *História Florestal, Aquícola e Cinegética. Colectânea de Documentos Existentes no Arquivo Nacional da Torre do Tombo. Chancelarias Reais*, dir. C. M. L. Baeta Neves (1980), vol. I, *(1208-1438)*, Lisboa, Ministério da Agricultura e Pesca; Direcção-Geral do Ordenamento e Gestão Florestal.

[MH] Monumenta Henricina, ed. da Comissão Executiva das Comemorações do V Centenário da Morte do Infante D. Henrique (1960), vol. I, Coimbra, Atlântida.

"Livro de Cozinha" da Infanta D. Maria de Portugal, ed. S. D. Arnaut e G. Manupella (1967), Lisboa, Imprensa Nacional-Casa da Moeda.

Afonso X, *o Sábio* (Rei de Castela), *Las Siete Partidas del Rey Don Alfonso El Sabio, cotejadas con varios codices antiguos por la Real Academia de la Historia* (1807), 3 T., Madrid, Imprenta Real.

Anchieta, José de (1554-1594), *Cartas: informações, fragmentos históricos e sermões do Padre Joseph de Anchieta* (1933), III, Cartas Jesuíticas, Rio de Janeiro, Civilização Brasileira.

Apiano, *Roman History*. Transl. Horace White (1958). London, William Heinemann, 4 v. (The Loeb Classical Library).

Apício, *O Livro de Cozinha de Apício*. Um breviário do gosto imperial romano. Trad. Inês de Ornellas e Castro (1997). Sintra, Colares.

Arte Nova e Curiosa para Conserveiros, Confeiteiros e Copeiros (1788),, estudo e actualização de Isabel Drumond Braga (2004), Sintra, Colares Editora.

Bluteau, Rafael (1712-1728), *Vocabulario Portuguez & Latino*. Coimbra, Colégio das Artes da Companhia de Jesus.

Brandão, João (1552), *Grandeza e abastança de Lisboa em 1552*, org. e notas de José da Felicidade Alves (1999), Livros Horizonte, Lisboa.

Cartas do Padre António Vieira, ed. por J. L D'Azevedo (1925), Coimbra, Imprensa da Universidade.

César, Júlio, *Guerra de África*, trad. A. Bouvet (1949), *Guerre d'Afrique*, Paris, Les Belles Lettres.

Cunha, Luís (1647-1651), *Cartas,* introd. e transc. J. C. G Serafim (2011), *Um Diálogo Epistolar. D. Vicente Nogueira e o Marquês de Niza*, Porto, CITCEM e Edições Afrontamento.

Dessau, Hermann (1963). *Inscriptiones Latinae Selectae (ILS)*. Berlin, Weidmannos, 3 v.

Gandavo, Pero de Magalhães (1566), *Tratado descritivo do Brasil*.

Le Pontique, Évagre, *Traité Pratique ou le Moine*, 2 vols, A. Guillaumont e C. Guillaumont ed. e trad. (1971), SC 170-171.

Góis, Damião de, *Crónica do Felicíssimo Rei D. Manuel*, nova edição (1955), Coimbra, Por ordem da Universidade, Parte IV.

Guevara, A. de (1539), *Menosprecio de Corte y Alabanza de Aldea*, ed. de Asunción Rallo Gruss (1984), Madrid, Ediciones Cátedra.

História Augusta, Les empereurs romains des IIe et IIIe siècles. Trad. André Chastagnol (1994). Paris, Robert Laffont. (Collection Bouquins)

Homero, *Odisseia*. Lourenço, F. (2005, 6ª ed.) Lisboa, Livros Cotovia.

Horácio, *Satires*. Trad. François Villeneuve (1932). Paris, Les Belles Lettres. (Collection des Universités de France)

Infante D. Pedro, *[Livro da Virtuosa Benfeitoria] O Livro da Virtuosa Benfeitoria*, introd. e revisão Manuel Lopes Almeida (1981), *Obras dos Príncipes de Avis*, Porto, Lello & Irmão-Editores.

Magnus, Gregorius, *Moralia in Job*, M. Adriaen ed. (2005), CCEL SL 140 A-B, 2 vols, Brepols.

César, Júlio, *Guerre d'Afrique*. Trad. A. Bouvet (1949). Paris, Les Belles Lettres. (Collections des Universités de France)

Juvenal, *Satires*. Trad. Pierre de Labriolle et François Villeneuve (1921). Paris, Les Belles Lettres. (Collection des Universités de France)

Lavanha, João Baptista (1622), *Viagem da Catholica Real Magestade del Rey D. Filipe II N.S. ao Reyno de Portvgal e rellaçao do solene recebimento que nelle se lhe fez S. Magestade a mandou escrever*, Madrid.

Lima, C. de L. (1887), *Cozinheiro Imperial ou Nova Arte do Cozinheiro e do Copeiro. Por R. C. M. Chefe de Cozinha*. Eduardo & Henrique Laemmert. Rio de Janeiro, 10ª edição.

Livro de superintendência da cozinha do Real Colégio de S. Pedro de Coimbra, (1687|88)

Livro dos Conselhos, ed. diplom. e trans. J. J. A. Dias, introd. MARQUES (1982), *Livro dos Conselhos de El-Rei D. Duarte (Livro da Cartuxa)*, Lisboa, Editorial Estampa.

Lopes, Fernão, *[CRDJ] Crónica del rei Dom João I de Boa Memória, Parte Primeira* (1977), Lisboa, Imprensa Nacional-Casa da Moeda.

Lopes, Fernão, *[CRDF] Crónica de D. Fernando*, ed. crítica, introdução e índices Guliano Macchi (2004, 2ª ed.), Lisboa, Imprensa Nacional - Casa da Moeda.

Lusitano, Amato, *Centúrias de Curas Medicinais*, pref. e trad. Firmino Crespo (1983), Lisboa, Universidade Nova de Lisboa – Faculdade de Ciências Médicas.

Monçon, Francisco de (1544), *Libro Primero del Espejo del Principe Christiano, que trata como se ha de criar un Principe o niños generosos des de su tierna niñez cõ todos los Exercicios & virtudes que le convienen hasta ser varon perfecto. Contiene muy singulares doctrinas morales y apazibles*, Lisboa, Luís Rodrigues.

Nogueira, Vicente (1647-1651), *Cartas*, introd. e transc. por J. C. G Serafim (2011), *Um Diálogo Epistolar. D. Vicente Nogueira e o Marquês de Niza*, Porto, CITCEM e Edições Afrontamento

Oliveira, Francisco Nicolau de, (1620) *Livro das Grandezas de Lisboa* (1804), Lisboa.

Caminha, Pero Vaz de, (1500) *Carta a el-Rei D. Manuel sobre o achamento do Brasil.* Magalhães, J. R. e Salvado, J. P. (coords.) (2000), *A Carta de Pêro Vaz de Caminha*, Leitura paleográfica de E. Borges Nunes. Actualização ortográfica e notas de M. Viegas Guerreiro. Comissão Nacional para as Comemorações dos Descobrimentos Portugueses – Imprensa Nacional-Casa da Moeda, Lisboa.

Petrônio, *Le Satiricon.* Trad. Alfred Ernout (1955). 3. ed. Paris, Les Belles Lettres. (Collection des Universités de France)

Piccolomini, Aeneas Silvio (1563), *Tractado de la Miseria de los Cortesanos, que escrivio el Papa Pio, ante que fuesse Summo Pontífice, a un cavallero amigo suyo* Coimbra, João de Barreira.

Pseudo-Aristóteles *Segredo dos Segredos*, Introdução e notas de Artur Moreira de Sá (1960), tradução portuguesa, segundo um manuscrito inédito do séc. XV, Faculdade de Letras da Universidade de Lisboa, Lisboa,.

Receitas e Despesas da Fazenda Real (1384 a 1481), Faro, Jorge (1965), *Receitas e Despesas da Fazenda Real de 1384 a 1481 (Subsídios Documentais),* Lisboa, Fundação do Centro de Estudos Económicos.

Relatório do Marquês do Lavradio vice-rei do Brasil (1842), Revista do Instituto Histórico e Geográfico Brasileiro, 4: 409-486.

Relatório do vice-rei do Estado do Brasil Luís de Vasconcelos ao entregar o governo ao seu sucessor o conde de Resende (1860), Revista do Instituto Histórico e Geográfico Brasileiro, 23: 143-239.

Rigaud, Lucas (1860), *Cozinheiro Moderno ou Nova Arte de Cozinha*, prefácio de Alfredo Saramago (1999) Colares Editora, Sintra.

Rodrigues, Domingos (1682), *Arte de Cozinha*, apresentação, notas e glossário Maria da Graça Pericão e Maria Isabel Faria (1987), Lisboa, Imprensa Nacional-Casa da Moeda

Sousa, Gabriel Soares de (1587), *Tratado Descritivo do Brasil em 1587*, (1971), São Paulo, Cia. Editora Nacional.

Vitrúvio, *Tratado de Arquitetura.* Trad. M. Justino Maciel (2006),. Lisboa: IST Press.

Zurara, Gomes Eanes de (1415), *[CRTC] Crónica da Tomada de Ceuta por el-Rei D. João I,* publicada por Francisco Maria Esteves Pereira, Lisboa, Academia das Sciencias de Lisboa.

Zurara, Gomes Eanes de, *Crónica dos Feitos da Guiné* . dir. L. Albuquerque, coment. e transc. T. S. Soares, (1989), Lisboa, Publicações Alfa.

Estudos

Abreu, C. de (2000), *Capítulos de História Colonial.* Belo Horizonte, Itatiaia/Publifolha.

Adamson, M. W. (2004), *Food in Medieval Times*, Westport, Connecticut, London, Greenword Press.

Alarcão, J. de (2008), *Coimbra. A montagem do cenário urbano*, Coimbra, Imprensa da Universidade.

Albuquerque, L. (dir.) e Soares, T. S. (comentário e transcrição em port. actual) (1989), *Gomes Eanes de Zurara. Crónica dos Feitos da Guiné*, Lisboa, Publicações Alfa

Alexandre-Bidon, D. (2001), «Festim de Imagens e 'aperitivos' iluminados» in J. L. Flandrin, M. Montanari (dirs.), *História da Alimentação*, 2, *Da Idade Média aos tempos actuais*, trad. port., Lisboa, Terramar: 133-140.

Algranti, L. (2004), "Os livros de receitas e a transmissão da arte luso-brasileira de fazer doces (séculos XVII-XIX)", in *Actas do III Seminário Internacional sobre a História do Açúcar: O açúcar e o cotidiano. Funchal (Portugal)*. Centro de Estudos de História do Atlântico/Secretaria Regional do Turismo e Cultura, 127-143.

Algranti, L. (2005), "Os doces na culinária luso-brasileira: da cozinha dos conventos à cozinha da casa brasileira séculos XVII a XIX", *Anais de História de Além-Mar*, Universidade de Lisboa, IV: 139-158.

Algranti, L. (2010), "História e historiografia da alimentação no Brasil (séculos XIV-XIX)" in A. P. Campos; G. V. Silva, M. B. Nader, S. P. Franco, S. A. Feldman, *A cidade à prova do tempo: vida cotidiana e relações de poder nos ambientes* urbanos. Vitória, GM Editora: 131-154.

Allard, J. (1990), «Le corps vu par les traités de diététique dans l'Espagne du Siècle d'Or», in A Redondo (ed.), *Le Corps dans la Société Espagnole des XVI et XVII Siècles*, Colloque International (5-8 octobre 1988), Paris, Publications de la Sorbonne: 96-97.

Almeida, A. A. Marques de (1986), "O Perdão Geral de 1605", *Primeiras Jornadas de História Moderna*. Lisboa, 1986. Actas, vol. 2, Lisboa, Centro de História da Universidade de Lisboa, 885-898.

Almeida, L. F. (1987), *Os Colégios da Alta Coimbrã – Episódios da Vida Académica*, Coimbra, Arquivo da Universidade de Coimbra: 30-32.

Almeida, M. L. de, Brochado, I. F. da C., Dinis, A. J. D. (1960), *Monumenta Henricina*, Vol. 1, Comissão Executiva das Comemorações do V Centenário da Morte do Infante D. Henrique, Coimbra;

Alves, M. L. G. (2013), *Aprendizagem de Ofícios pelas Crianças Confiadas à Real Casa dos Expostos de Lisboa (1777-1812)*, Lisboa, Dissertação de Mestrado em História, especialidade de História Moderna e Contemporânea, apresentada à Faculdade de Letras da Universidade de Lisboa.

Amorim, R. (1987), *Da Mão para a Boca. Para uma História da Alimentação em Portugal*, Lisboa, Edições Salamandra.

Andò, V. (2004), "Vino e sistema di valori nei poemi omerici", *Talassa. Genti e culture del Mediterraneo antico* 1: 87-99.

Andrade, M. do C. R. de (1996), "As Artes de Mesa e a ourivesaria de corte em Portugal na 1ª metade do século XVI", *Encontro sobre as Transformações na Sociedade Portuguesa, 1480-1570*, Lisboa, Fundação das Casas de Fronteira e Alorna: 1-13

André, J. (1981), *L'alimentation et la cuisine à Rome*. 2. ed. Paris, Les Belles Lettres.

Andreau, J. (2010), *L'économie du monde romain*. Paris, Ellipses.

Anselmino, L. et alii (1986), "Ostia: Terme del Nuotatore", in A. Giardina (ed.), *Società romana e impero tardoantico*, III. Roma-Bari, Editori Laterza: 45-81.

Araújo, A. C. (2001-2002), "Corpos Sociais, Ritos e Serviços Religiosos numa Comunidade Rural. As Confrarias de Gouveia na Época Moderna", *Revista Portuguesa de História*, tomo 35, Coimbra.

Archambault, P. (1967), "The Analogy of the 'Body' in Renaissance Political Literature", *Bibliothèque d'Humanisme et Renaissance*, XXIX : 21-53.

Ariès, P. (1973), *L'enfant et la vie familiale sous l'Ancien Régime*, Paris, Seuil.

Arnaut, S. D. (1967), "A arte de comer em Portugal na Idade Média", in S. D. Arnaut e G. Manupella (eds.), *O "Livro de Cozinha" da Infanta D. Maria de Portugal*, Coimbra, por ordem da Universidade.

Arnaut, S. D. (1986), *A Arte de Comer em Portugal na Idade Média*, Lisboa, Imprensa Nacional-Casa da Moeda.

Arnaut, S. D. (1987, 2ª ed.), "A Arte de Comer em Portugal na Idade Média", in S. D. Arnaut e G. Manupella (eds.), *O "Livro de Cozinha" da Infanta D. Maria de Portugal*, Lisboa, Imprensa Nacional-Casa da Moeda.

Aron, J (1995), "A cozinha: um cardápio do século XIX", in J. Le Goff, P.Nora (orgs.), *História: novos objetos*. 4. ed. Rio de Janeiro, Francisco Alves: 160-185.

Aron, J. (1989), "Cozinha", in R. Romano (dir.), *Enciclopédia Einaudi*, v. 16: *Homo-Domesticação-Cultura Material*. Lisboa, Imprensa Nacional – Casa da Moeda: 281-304.

Arruda, A. M. (2003), "Contributo da colonização fenícia para a domesticação da terra portuguesa", in C. Gómez Bellard (ed.), *Ecohistoria del paisage agrario – la agricultura fenicio-púnica en el mediterrâneo*. Universitat de València, València, 205-217.

Asfora, W., Saldarriaga, G. (2013); "A decade of research in Ibero-America", *Food&History*, 10, 2: 205-218.

Augusto, O. C. G. S. (2012), *A Praça de Coimbra e a afirmação da baixa: origens, evolução urbanística e caracterização social*, Dissertação de Mestrado em História apresentada à Faculdade de Letras da Universidade de Coimbra.

Aurell, M. A., Dumoulin, O., Thelamon, F. (coord.) (1992), *La Sociabilité à Table. Commensalité et Convivialité à Travers les Âges*, Actes du Colloque de Rouen, 14-17 novembre 1990, Rouen, Publications de l' Université de Rouen.

Aymard, J. (1961), *Les chasses romaines; des origines à la fin du siècle des Antonins*. Paris, E. de Boccard.

Badinter, E.(1985), *Um amor conquistado: o mito do amor materno*, Rio de Janeiro, Nova Fronteira.

Baião, A. (1938) Episódios *Dramáticos da Inquisição Portuguesa*, III, Lisboa , Seara Nova;

Balmelle, C. et alii (1990), *Recherches franco-tunisiennes sur la mosaïque de l'Afrique antique*, v. 1: *Xenia*. Roma, École Française de Rome. (Collection de l'École Française de Rome, 125).

Banquets et Manières de Table au Moyen Age (1996), *Actes du Colloque du Centre Universitaire d'Etudes et de Recherches Médiévales d'Aix*, Aix-en-Provence.

Barboff, M. (2011), *A tradição do pão em Portugal*, Lisboa, Clube do Coleccionador dos Correios.

Barbosa, M. A.; Melo, M. B. de; Júnior, R. S. S.; Brasil, V. V.; Martins, C. A. e Bezerra, A. L. Q. (2004), "Saber popular: sua existência no meio universitário". *Rev. bras. enferm.*, 57(6):715-719.

Barrau, J. (1989), "Animal", in R. Romano (dir.), *Enciclopédia Einaudi*, v. 16: *Homo-Domesticação-Cultura Material*. Lisboa, Imprensa Nacional – Casa da Moeda: 225-239.

Barros, A. L. (2013), *As receitas de cozinha de um frade português do séc. XVI*, Coimbra, Imprensa da Universidade de Coimbra.

Barton, I. M. (1996), *Roman Domestic Buildings*. Exeter, University Exeter Press.

Beirante, M. A. (1999), "Ritos alimentares em algumas confrarias portuguesas medievais", *Piedade Popular: sociabilidades, representações, espiritualidades*. Actas do Colóquio Internacional (FCSH), Lisboa, Terramar: 559-570.

Beirante, M. A. (2008), "O vínculo cidade-campo na Évora quinhentista", *O Ar da Cidade. Ensaios de História Medieval e Moderna*, Lisboa, Colibri: 295-306.

Bérard, C. (1983), "Iconographie, iconologie, iconologique", *Études de Lettres / Revue de la Faculté de Lettres de l'Université de Lausanne*, 4: 5-37.

Bertelli, S. (1990), *Il Corpo del Re. Sacralità del Potere nel'Europa Medievale e Moderna*, Florença, Ponte Alle Grazie.

Bertini, G. (2000), " The marriage of Alessandro Farnese and D. Maria of Portugal in 1565 : Court life in Lisbon and Parma", in K- J.P. Lowe (ed.), *Cultural links between Portugal and Italy in the Renaissance*, Oxford, Oxford University Press:45-59.

Beschaouch, A. (1966), "La mosaïque de chasse à l'amphithéâtre découverte à Smirat en Tunisie", *Comptes Rendus de l'Académie des Inscriptions et Belles-Lettres*: 150-157.

Beschaouch, A. (1977), "Nouvelles recherches sur les sodalités de l'Afrique Romaine", *Comptes Rendus de l'Académie des Inscriptions et Belles-Lettres*: 486-506.

Beschaouch, A. (1987), "A propos de la mosaïque de Smirat", *Atti del IV Convegno di Studio (Sassari, 12-14 dicembre 1986)*, *L'Africa Romana*. Sassari, Gallizzi: 677-680.

Bethencourt, F. (1994), "Un univers saturé de magie: L'Europe Méridionale", *Magie et sorcellerie en Europe du Moyen Age à nos jours*, Paris, Armand Colin: 159-194.

Bethencourt, F., Castro , A. P. de, (1998) , *Padre António Vieira, 1608-1697 : catálogo da exposição : Novembro 1997 - Fevereiro 1998*, Lisboa, Biblioteca Nacional de Portugal.

Biedermann, H. (1993), *Diccionario de símbolos*. Barcelona, Paidós.

Birlouez, E. (2011), *À la table des seigneurs, des moines et des paysans du Moyen Âge*, Tours, Éditions Ouest-France.

Blanc, N., Nercessian, A. (1992), *La cuisine romaine antique*. Grenoble, Glénat.

Blanchard-Lemée, M.et alii (1996), *Mosaics of Roman Africa; floor mosaics from Tunisia*. London, British Museum Press.

Boardman, J. et alii (1988), *The Cambridge Ancient History. Vol. IV. Persia, Greece and the Western Mediterranean c. 525-479 B. C.* Cambridge University Press. Cambridge.

Bortolini, G.A et allii. (2010). *Guia alimentar para crianças menores de 2 anos*, Ministério da Saúde.

Bosi, L. M., Machado, M. T. (2005), "Amamentação: um resgate histórico", *Cadernos Esp Escola Saúde Pública Ceará* 1(1).

Braga, I. D. (1998a), "A Circulação e a Distribuição dos Produtos", in J. J. A. Dias (coord.) *Portugal do Renascimento à Crise Dinástica*, in J. Serrão e A. H. de Oliveira Marques (dir.), *Nova História de Portugal*, vol. 5, Lisboa, Presença

Braga, I. D. (1998b), "A Produção Artesanal", in J. J. A. Dias (coord.) , *Portugal do Renascimento à Crise Dinástica*, in J. Serrão e A. H. de Oliveira Marques (dir.), *Nova História de Portugal*, vol. 5, Lisboa, Presença

Braga, I. D. (2000), *Portugal à Mesa. Alimentação, Etiqueta e Sociabilidade, 1800- 1850*, Lisboa, Hugin

Braga, I. D. (2002-2003), "A Alimentação das Minorias no Portugal Quinhentista", *Revista Portuguesa de História*, tomo 36, vol. 1, Coimbra.

Braga, I. D. (2002), "A Mesa", in *Portugal e a Instauração do Liberalismo*, in J. Serrão e A. H. de Oliveira Marques (dir.), *Nova História de Portugal*, vol. 9, Lisboa, Presença, pp. 493-508.

Braga, I. D. (2004a), *Do Primeiro Almoço à Ceia. Estudos de História da Alimentação*, Sintra, Colares Editora

Braga, I. D. (2006), *Os Menus em Portugal. Para uma História das Artes de servir à Mesa*, Lisboa, Chaves Ferreira Publicações.

Braga, I. D. (2007), "À mesa com Grão Vasco: para o estudo da alimentação no século XVI", *Màthesis* 16: 4-27.

Braga, I. D. (2010), *Sabores do Brasil em Portugal. Descobrir e transformar novos alimentos (séculos XVI-XXI)*, São Paulo, Editora Senac.

Braga, I. D. (2012a), "Les Familles de Chrétiens Nouveaux et la Possession d'Objectes Religieux (XVII et XVIII siècles)", in F. Ammannati (dir), *Religione e Istituzioni Religiose nell'Economia Europea 1000-1800*, Florença, Firenze University Press.

Braga, I. D. (2012b), *Bens de Hereges. Inquisição e Cultura Material (Portugal e Brasil, séculos XVII e XVIII)*, Coimbra, Imprensa da Universidade de Coimbra.

Braga, P. D. (1992), "Dois Surtos de Peste em Lisboa: 1579-1581", *Revista da Biblioteca Nacional*, 2.ª série, vol. 7, n.º 2, Lisboa.

Braga, P. D. (2003-2004), "Comércio Alimentar na Lisboa Pombalina", *Revista Portuguesa de História*, tomo 26, vol. 2, p. 8.

Braga, P. D. (2004b), *Leite. Biografia de um Género Alimentar*, Sintra, Colares Editora.

Braga, T. (1885), *O Povo Português nos seus costumes, crenças e tradições*. 2 vols., Lisboa, Livraria Ferreira.

Brasil (2005). *Guia alimentar para crianças menores de 2 anos*, Brasília, Ministério da Saúde.

Braudel, F. (1970), "Alimentation et catégories de l'histoire", *Cahiers des Annales*, 28, *Pour une Histoire de l'Alimentation*: 15-19.

Braudel, F.(1979), *Civilisation matérielle, Economie et Capitalisme XVe-XVIIIe siècle*, I – *Les Structures du Quotidien*, Paris, Armand Colin.

Braunstein, Fl., Pépin J.-F., (1999) *La place du corps dans la culture occidentale*, PUF.

Bretas, A. J. F. (1838), *Dissertação inaugural sobre a utilização do aleitamento maternal e os inconvenientes que resultam do desprezo deste dever*, Tese de doutoramento apresentada à Faculdade de Medicina do Rio de Janeiro, Rio de Janeiro.

Brillat-Savarin, J. A. (2009, 6ª ed.), *A fisiologia do gosto*. São Paulo, Companhia das Letras.

Bruegel, M., Laurioux B. (dir.) (2002), *Histoire et identités alimentaires en Europe*, Paris, Hachette

Bruegel, M., Laurioux, B. (dir.) (2002), *La faim et l'abondance. Histoire de l'alimentation en Europe*.

Bruit, H.; Abrahão, E. M., Leanza, D. D., Abrahão, F. (2007), *Delícias de Sinhá - História e receitas culinárias da segunda metade do século XIX e início do XX Campinas*. Arte Escrita Editora.

Buarque de Holanda, S. (2008), *Caminhos e Fronteiras*. São Paulo, Cia. das Letras.

Buescu, A. I. (1996), *Imagens do Príncipe. Discurso Normativo e Representação*, Lisboa, Cosmos.

Buescu, A. I. (2007), *Catarina de Áustria (1507-1578), Infanta de Tordesilhas, Rainha de Portugal*, Lisboa: A Esfera dos Livros.

Buescu, A. I. (2011), "À mesa do rei. Cultura alimentar e consumo no século XVI", in A. I. Buescu e D. Felismino (coords.), *A Mesa dos Reis de Portugal. Ofícios, consumos, cerimónias e representações*, Temas e Debates - Círculo de Leitores, 304-317.

Buescu, A. I. e Felismino, D. (2011), "Sobre a construção de um campo historiográfico", in A. I. Buescu e D. Felismino (coords.), *A Mesa dos Reis de Portugal. Ofícios, consumos, cerimónias e representações*, Temas e Debates - Círculo de Leitores, 14-24.

Burguière, A. (1986), «Alimentation», in, A. Burguière (dir.) *Dictionnaire des Sciences Historiques*, Paris, PUF, 7-11.

Burke, P. (2004), *Testemunha ocular*, História e imagem. Bauru, SP, EDUSC.

Burkert, W. (1993), *Religião Grega na Época Clássica e Arcaica*. Fundação Calouste Gulbenkian. Lisboa.

Bustamante, R. M. da C. (2003), "Em torno da mesa da elite na Roma Antiga", *Calíope* 11: 95-111.

Bustamante, R. M. da C. (2006), "Práticas culturais no Império Romano: entre a unidade e a diversidade",in N. M. Mendes e G. V. da Silva (orgs.), *Repensando o Império Romano; perspectiva socioeconômica, política e cultural*. Rio de Janeiro – Vitória, Mauad – EDUFES, 109-136.

Bustamante, R. M. da C.a (2005) "Sangue, suor e prestígio social: o mosaico de *Magerius*", in M. M. Carvalho et alii (orgs.), *Relações de poder, educação e cultura na Antiguidade e Idade Média*. São Paulo, Solis, 169-178.

Caetano, M. (1959), *A História da Organização dos Mesteres na Cidade de Lisboa*, Braga.

Callender, M. H. (1965), *Roman amphorae, with an index of stamps*. Oxford, OUP.

Câmara Cascudo, L. da (2007, 3ªed.), *História da Alimentação no Brasil*., Global Editora. São Paulo.

Camelo, J. S. Jr; Heck, A. R. (2007), "Nutrição do recém-nascido a termo – apologia da amamentação", in J. P. Monteiro e J. S. Jr Camelo, H. Vanucchi (coord.), *Caminhos da nutrição e terapia nutricional: da concepção à adolescência*, Rio de Janeiro, Guanabara Koogan.

Camporesi, P. (1980) *Alimentazione, folclore, società*. Parma, Pratiche.

Campos, M. A. A (2010), "O rural e o urbano nas freguesias de Coimbra nos séculos XIII e XIV", *Revista Portuguesa de História* XLI, 157-174.

Campos, M. A. A. (2012), *Santa Justa de Coimbra na Idade Média: o espaço urbano, religioso e socio-económico*, Coimbra, Faculdade de Letras.

Campos, M. A. A. (2013), "A mulher da paróquia de Santa Justa de Coimbra na Baixa Idade Média: o retrato possível das suas ocupações, relações e afectos", in J. S. Telechea, B. A. Bolumburu e A. A. Andrade (eds.), *Ser Mujer en la Ciudad Medieval Europea*, Logroño: Instituto de Estudios Riojanos, 215-232

Camps-Farber, H. (1953), *L'olivier et l'huile dans l'Afrique Romaine*, Alger, Imprimerie Officielle.

Canesqui, A. M. (1988), "Antropologia e alimentação", *Rev. Saúde Pública*, 22(3):207-216.

Caparti, A. e Coron (2001), Sabine «Prélude à une histoire de la table», in *Livres en Bouche. Cinq siècles d'art culinaire français, du quatorzième au dix-huitième siècle*, Paris, Herman, Éditeurs des Sciences et des Arts / Bibliothèque Nationale de France :15-31.

Carandini, A. (1983), "Pottery and African economy", in P. Garnsey, K. Hopkins, C. R. Whittaker (eds.), *Trade in the ancient economy*. London, Chatto & Windus – The Hogarth Press, 145-162.

Carasa Soto, P. (1991), *Historia de la Beneficencia en Castilla y Leon. Poder y Pobreza en la Sociedad Castellana*, Valladolid, Universidad de Valladolid.

Carcopino, J. (s/d), "A cena", in J. Carcopino, *A vida quotidiana em Roma no apogeu do Império Romano*. Lisboa, Edição "Livros do Brasil", 318-332.

Cardoso, C. F. (2011), "Existiu uma 'economia romana'?", *Phoinix* 17 (1): 15-36.

Cardoso, J. M. P. (2008), *Cerimonial da Capela Real. Um manual litúrgico de D. Maria de Portugal (1538-1577) Princesa de Parma*, Lisboa, Imprensa Nacional-Casa da Moeda/Fundação Calouste Gulbenkian.

Carvalho , R. S. de (2012), "O Regimento do Ofício de Ladrilhadores da Cidade de Lisboa", *Revista de Artes Decorativas*, 5: 79-105.

Carvalho, J. (2008) *O Elucidarium. Um estudo sobre a reforma, o diabo, o fim dos tempos*, Dissertação de mestrado apresentada à Faculdade de Filosofia, Línguas e Ciências Humanas da Universidade de São Paulo, 99-113.

Carvalho, M. do S. F. de (2007), *Poesia de Agudeza em Portugal. Estudo retórico da poesia lírica e satírica escrita em Portugal no século XVII*, São Paulo, Humanitas Editorial; Edusp; Fapesp.

Cascudo, L. C. (2004, 3ª ed.), *História da alimentação no Brasil*, São Paulo, Global.

Casimiro, T. (2011), *Faiança Portuguesa nas Ilhas Británicas (dos finais do século XVI aos inícios do século XVIII)*, Tese de Doutoramento apresentada à Universidade Nova de Lisboa, Lisboa.

Cassien, J. (2011) *Institutions Cénobitiques*, J.-Cl. Guy (ed. e trad.), SC 109 (1961 1ª ed.), le Cerf.

Castelo Branco, F. (1960), "O peixe na alimentação da Lisboa seiscentista", in *Revista Municipal*, 90 (Setembro): 36-52.

Castelo Branco, F. (1990) "A Alimentação", in *Lisboa Seiscentista*, Lisboa, Horizonte: 105-117.

Castilho, S. D.; Barros, A. de A. F.; Cocetti, M. (2010), "Evolução histórica dos utensílios empregados para alimentar lactentes não amamentados", *Ciência e Saúde Coletiva* 15(supl.1):1401-1410.

Castilho, S. D., Barros, A. de A. F. (2010), "The history of infant nutrition", *Jornal de Pediatria* 86(3):179-188.

Castllo Gómez, A. (2003), "Escrito en Prisión. Las Escrituras Carcelarias en los siglos XVI y XVII", *Península. Revista de Estudios Ibéricos*, n.º 0, 147-170.

Castro, I. de O. e, Braga, I. M. R. M. D (2012), "Uma Escrita no Feminino Diferente: os Manuscritos Conventuais Portugueses da Época Moderna", *Congreso Internacional Escritoras entre Rejas. Cultura Conventual Femenina en la España Moderna*, Madrid.

Castro, I.de O. e (1997), "Introdução", in Apício, *O livro de cozinha de Apício*. Sintra, Colares: 13-61.

Castro, I.de O. e (2012), "Discursos e rituais na mesa romana: luxo, moralismo e equívocos", in C. I. L. Soares e P. B.Dias (coords.), *Contributos para a história da alimentação na Antiguidade*. Coimbra, Centro de Estudos Clássicos e Humanísticos da Universidade de Coimbra, 69-79.

Castro, J. de (2006), *Geografia da Fome*. Rio de Janeiro, Civilização Brasileira.

Castro, J., (1965, 3ºed.) *Ensaios de biologia social*, São Paulo, Brasiliense.

Catarino, M. M. (2002), "A carne e o peixe nos recursos alimentares das populações do Baixo Tejo", in M. Alarcão, L. Krus, M. A. Miranda (coord.), *Animalia. Presença e Representações*,. Lisboa, Edições Colibri, 49-59.

Cavaciocchi, S.(dir.) (1997), *Alimentazione e Nutrizione secc. XIII-XVIII*. Atti della "Ventottesima Settimana di Studi"do Istituto Internazionale di Storia Económica "F. Datini"- Prato, 22-27 aprile 1996, Florença, Le Monnier.

Certeau, M. de (1990), *L'Invention du Quotidien*, nouvelle version revue et augmentée, 2 vols., Paris, Gallimard.

Certeau, M. de (1998, 2ª ed.), "No fundo, a cozinha me inquieta...", in M. de Certeau, *A invenção do cotidiano*, v. 2: *Morar, cozinhar*. Petrópolis, RJ, Vozes, 298-332.

Certeau, M. de (1998), "O pão e o vinho", in M. de Certeau, *A invenção do cotidiano*, v. 22: *Morar, cozinhar*. Petrópolis, RJ, Vozes, 131-149.

Cherry, D. (1998), *Frontier and society in Roman North Africa*. Oxford, Clarendon Press.

Christol, M., Nony, D. (1995), *Rome et son Empire*. Paris, Hachette.

Cirlot, J.-E. (1985), *Diccionario de símbolos*. 6. ed. Barcelona, Labor.

López-Salazar Codes, A.I.. (2010), *Inquisición Portuguesa y Monarquía Hispánica en Tiempos del Perdón General de 1605*, Évora, Universidade de Évora, Centro Interdisciplinar de História, Culturas e Sociedades, Lisboa, Colibri.

Coelho, M. H. da C. (1990a), "A mulher e o trabalho nas cidades medievais portuguesas", *Homens, Espaços e Poderes. Séculos XI- XVI*, I, *Notas do Viver Social*, Lisboa, Livros Horizonte, 37-59.

Coelho, M. H. da C. (1990b), "A propósito do foral de Coimbra de 1179", *Homens, Espaços e Poderes. Séculos XI-XVI*, I, *Notas do Viver Social*, Lisboa, Livros Horizonte, 105-120.

Coelho, M. H. da C. (1990c), "Apontamentos sobre a comida e a bebida do campesinato coimbrão em tempos medievos", *Homens, Espaços e Poderes (séculos XI-XVI)*, I – *Notas do Viver Social*, Lisboa, Livros Horizonte, 9-22.

Coelho, M. H. da C. (1990d), "Receitas e Despesas do Mosteiro de Santa Cruz de Coimbra, em 1534-1535", *Homens, Espaços e Poderes (séculos XI-XVI)*, II – *Domínio Senhorial*, Lisboa, Livros Horizonte, 93-119.

Coelho, M. H. da C. (1992), "Coimbra Trecentista. A Cidade e o Estudo", *Biblos*, LXVIII: 335-356.

Coelho, M. H. da C. (1993), *A Feira de Coimbra no contexto das Feiras Medievais Portuguesas*, Coimbra, Inatel.

Coelho, M. H. da C. (1995), "A pesca fluvial na economia e sociedade medieval portuguesa", *Cadernos Históricos*, VI: 81-102.

Coelho, M. H. da C. (1998), *Ócio e Negócio em Tempos Medievais*, Coimbra, Inatel.

Coelho, M. H. da C. (2003a), "Coimbra medieval: uma cidade em maturação", in Adília Alarcão (coord.), *Colecção de ourivesaria medieval, séculos XII-XV*, Lisboa, Instituto Português de Museus.

Coelho, M. H. da C. (2003b), "Coimbra em Tempos Medievais (Séculos XIV e XV)", José d'Encarnação (ed.), *A História Tal Qual se Faz*, Coimbra/Lisboa, Faculdade de Letras/Colibri, 65-78.

Coelho, M. H. da C. (2005a), "Ao correr do vinho: governança e desgovernança dos homens", *Portefólio*, 1: 112-121.

Coelho, M. H. da C. (2005b), "Nos Alvores da História de Coimbra – D. Sesnando e a Sé Velha", *Sé Velha de Coimbra. Culto e Cultura*, Coimbra, Catedral de Santa Maria de Coimbra, 11-39.

Coelho, M. H. da C. (2005c), *D. João I. O que re-colheu* Boa Memória, Lisboa, Círculo de Leitores.

Coelho, M. H. da C. (2008), *D. João I. O que re-colheu* Boa Memória, Lisboa, Temas e Debates

Coelho, M. H. da C. (2010), "A festa – a convivialidade", in B. V. Sousa (coord.), *História da Vida Privada em Portugal, A Idade Média*. Lisboa, Círculo de Leitores, 144-169.

Coelho, M. H. da C. (2011), *D. Filipa de Lencastre. A Inglesa Rainha. 1360-1415*, Vila do Conde, Quidnovi.

Coelho, M. H. da C. (2013), *O Município de Coimbra: Monumentos Fundacionais*, Coimbra, Câmara Municipal e Imprensa da Universidade.

Coelho, M. H. da C. e Magalhães, J. .R. (2008, 2ª ed.), *O Poder Concelhio: das origens às cortes constituintes. Notas de história social*, Coimbra, CEFA.

Coelho, M. H. da C. e Riley, C. (1988a), "Sobre a Caça Medieval", in *Estudos Medievais*, 9: 221-267.

Coelho, M. H. da C. (1988b), *O Baixo Mondego nos Finais da Idade Média*, Lisboa, Imprensa Nacional – Casa da Moeda.

Connerton, P. (1993), *Como as Sociedades Recordam*, Oeiras, Celta Editora.

Consiglieri, C. e Abel, M. (1999), *A tradição Conventual na doçaria de Lisboa*, Sintra, Colares Editora.

Corbier, M. (1998), "A fava e a moréia: hierarquias sociais dos alimentos em Roma", in J. L. Flandrin, M. Montanari (dir.), *História da alimentação*. São Paulo, Estação Liberdade, 217-237.

Corção, M. (2012), "A influência do gosto da cozinha portuguesa na História da alimentação no Brasil de Câmara Cascudo", *Estudos Históricos*, Rio de Janeiro, 25, 50: 408-425, (http://bibliotecadigital.fgv.br/ojs/index.php/reh/article/viewArticle/3965, consultado em 2013.10.26).

Cosman, M. P. (1976), *Fabulous Feasts. Medieval Cookery and Ceremony*, Nova Iorque, George Braziller.

Costa, J. P. da (1994), *Vereações da Câmara Municipal do Funchal*. Século XV, Região Autónoma da Madeira, Funchal.

Crespo, J. e Hasse, M. (1981), "A Alimentação no Real Colégio dos Nobres de Lisboa (1776-1831)", in *Revista de História Económica e Social*, 7 (Janeiro – Julho): 93-104.

Cuer, M. (1996) *Banquets et Manières de Table au Moyen Age*, Actes du Colloque du Centre Universitaire d'Etudes et de Recherches Médiévales d'Aix, Senefiance, 38.

Cunha, M. S. da (2011), "Mesa e aprovisionamento na Casa dos duques de Bragança", in A. I. Buescu e D. Felismino (coords.), *A Mesa dos Reis de Portugal*, Lisboa, Temas e Debates - Círculo de Leitores: 64-81.

Cunha, R. da S. (1972), "Subsídios para a História da Conservação do Peixe em Portugal do Século XII ao XVI", in *Boletim da Biblioteca da Universidade de Coimbra*, XXIX: 29-39

Cury, M. T. F. (2009 2ªed.), "Aleitamento materno", in E. Accioly, C. Saunders e E. M. A. Lacerda (eds.), *Nutrição em obstetrícia e pediatria*, Rio de Janeiro, Cultura Médica, Guanabara Koogan.

D'arms, J. H. (2004), "The culinary reality of roman upper-class *convivia*: integrating texts and images", *Comparative Study of Society and History* 46 (3): 428-450.

D'Azevedo, J. L. (1925), *Cartas do Padre António Vieira*, Coimbra, Imprensa da Universidade.

D'Encarnação, J. (2011), "Do património gastronómico", in J. R. Ferreira (coord.), *Emergir de crenças e presenças. Alguns temas de Sociedade e Cultura*. Colecção Fluir Perene, Coimbra.

D'Encarnação, J.. (2012), "Cidade, gastronomia e património", *Revista Memória em Rede*, Pelotas, v. 2, n. 7, Jul./Dez: 1-12.

Dalby, A. (1996), *Siren Feasts. A History of Food and Gastronomy in Greece*. London & New York.

Dalby, A. (2000), "*Topikos oinos*: the Named Wines of Old Comedy", in D. Harvey, J. Wilkins (eds.), *The Rivals of Aristophanes. Studies in Athenian Old Comedy*.

London, Duckworth-The Classical Press of Wales, 397-406.

Dalby, A., Grainger, S. (2000), *The classical cookbook*. London, British Museum Press.

Dana, M.(2012), "Le 'centre' et la 'périphérie' en question: deux concepts à recevoir pour les diasporas", *Pallas* 89: 57-76.

Danvila y Burguero, A. (1900), *Don Cristobal de Moura, Primer Marqués de Castel Rodrigo (1538-1613)*, Madrid, Real Academia de la Historia.

Daupias, N. (1957), "A exportação do sal pelo porto de Lisboa no princípio do século XVIII (Subsídios para a história do comércio do sal e do movimento do porto de Lisboa)", in *Boletim Clínico dos Hospitais Civis de Lisboa*, Lisboa, 21:157-168.

Decret, F., Fantar, M. H. (1988, 2ª ed.), *L'Afrique du Nord dans l'Antiquité*, histoire et civilisation des origines au Ve siècle. Paris, Payot.

Degani, E. (1997), "Βολβοί 'lampascioni'", in U. Criscuolo, R. Maisano (eds.), *Synodia. Studia humanitatis Antonio Garzya septuagenario ab amicis atque discipulis dicata*. Napoli, M. D'Auria Editore, 233-236.

Del Ciampo, L. A.; Ricco, R. G.; Ferraz, I. S.; Daneluzzi, J. C.; Martinelli Junior, C. E. (2008), "Aleitamento materno e tabus alimentares", *Revista Paulista de Pediatria* 26(4):345-349.

Desportes, F. (2001), "Os ofícios da alimentação", in J.-L. Flandrin e M. Montanari (org.), *História da Alimentação*, vol. 2, *Da Idade Média aos tempos actuais*, Lisboa, Terramar, 43-55.

Dessau, H. (1963). *Inscriptiones Latinae Selectae (ILS)*. Berlin, Weidmannos, 3 v.

Detienne, M. (1995 4ª ed.), "O mito: Orfeu no mel", in J. Le Goff, P. Nora, (orgs.), *História: novos objetos.*, Rio de Janeiro, Francisco Alves, 52-67.

Dias, J. J. A. (1992), "Un Banquet Royal au Portugal au XVI ème siècle", in M. Aurell et alli (coord.), *La Sociabilité à Table. Commensalité et Convivialité à Travers les Âges (Actes du Colloque de Rouen. 14-17 Novembre 1990)*, Rouen, Publications de l'Université de Rouen, 178: 155-158.

Dias, J. J. A. (org) (2004-2006), *Chancelarias Portuguesas. D. João I*, 4 vols, Lisboa, Centro de Estudos Históricos - Universidade Nova de Lisboa, (citada CHDJ).

Dias, J. J. A. (org.) (1999), *Chancelarias Portuguesas. D. Duarte*, vol. II, Lisboa, Centro de Estudos Históricos - Universidade Nova de Lisboa, (citada *CHDD*).

Dias, P. B. (2006) "O Catálogo dos sete pecados mortais- a sua presença na cultura antiga e contemporânea", *Boletim de Estudos Clássicos* 45: 95-99.

Dias, P. B., (2012) "Paulo e a controvérsia sobre os alimentos permitidos aos cristãos: a mesa entre dois mundos", in Ramos, J. et al. (coord.), *Paulo de Tarso: grego, romano, judeu e cristão*, Classica Digitalia, 115 – 129

Dias, P.B. (2008) "A linguagem dos alimentos bíblicos: sentidos para fome e a abundância", *Humanitas*, 60: 157-175.

Díaz y Díaz, M. ed. (1958), Eutrópio de Valência, *Eutropii Abbatis de Octo Vitiis ad Petrum Papam, Analecta Wisigothica* I, Salamanca, 27-35.

Dolhnikoff, M. (2012), *José Bonifácio de Andrada e Silva*, São Paulo, Companhia das Letras.

Dória, C. A. (2000), *A formação da culinária brasileira*. São Paulo, Publifolha.

Dosi, A., Schnell, F. (1986), *Le abitudini alimentari dei romani*. Roma, Quasar.

Duarte, M. D., 2005, " "Sacrum Convivium". Formas e conteúdos da cei do rei de Portugal na Idade Moderna a partir das figurações icónicas", in *De Arte, Revista de Historia del Arte*, 4, Universidade de Léon, 4: 89-120.

Dunbabin, K. M. D. (1999), *Mosaics of the Greek and Roman World*. Cambridge, University Press.

Dunbabin, K. M. D. (2003), *The roman banquet; images of conviviality*. Cambridge, University Press.

Duncan-jones, R. P. (1963), "Wealth and munificence in Roman Africa", *Papers of the British School at Rome*, 31: 159-177.

Dupont, F. (1989), "Gramática da alimentação e das refeições romanas", in J.-L. Flandrin, M. Montanari, (eds.), *História da alimentação*. São Paulo, Estação Liberdade: 199-216.

Edwards, M. W. (1975), "Type-scenes and Homeric Hospitality", *Transactions of the American Philological Association* 105: 51-72.

Elias, N. (1973), *La Civilisation des Moeurs*, Paris, Calman Lévy.

Ennaïfer, M. (1996), "*Xenia* and banquets", in M. Blanchard-Lemée et alii, *Mosaics of Roman Africa; floor mosaics from Tunisia*. London, British Museum Press: 65-85.

Eucydes, M. P. (2005). *Nutrição do lactente: base científica para a alimentação saudável*, Minas Gerais, Viçosa.

Eutrópio de Valência, Díaz y Díaz, M. ed. (1958), Eutrópio de Valência, *Eutropii Abbatis de Octo Vitiis ad Petrum Papam, Analecta Wisigothica* I, Salamanca, 27-35.

Fabietti, U. (1989), "Vegetal", in R. Romano (dir.), *Enciclopédia Einaudi*, v. 16: Homo-Domesticação-Cultura Material. Lisboa, Imprensa Nacional – Casa da Moeda, 210-224.

Fantar, M. H. et alii (1994), *La mosaïque en Tunisie*. Paris / Tunis, CNRS / Alif.

Faria, M. I. Pericão, M. da G. (1991), "Os fundos bibliográficos dos colégios universitários de Coimbra: algumas sugestões para o seu tratamento técnico", in *Universidade(s) – História, Memória, Perspectivas, Actas do congresso "História da Universidade"*, Vol. II. Coimbra, Comissão organizadora do congresso "História da universidade": 183-195.

Faria, M. I. R. de, e Tavares, P. M. (1990), "Aspectos de comer e estar à mesa no século XVII português", *Boletim do Arquivo da Universidade de Coimbra*, X: 271-311.

Fentress, E., ed. (2000), *Romanization and the City: creation, transformations, and failures* (Journal of Roman Archaeology, supp. 38): 221-226.

Ferrão, J. E. M., Loureiro, R. M. (2006), «Plantas viajantes o legado do Novo Mundo» in R. Loureiro (coord.), *Plantas Viajantes cores e sabores do Novo Mundo* catálogo da /exposição do mesmo nome. Centro Cultural do Lagos.

Ferreira, J. A. Pinto (1951), *Os Mesteirais na Administração Pública em Portugal. Subsídios para o Estatuto desta Classe. Compromisso e Estatuto da Confraria dos Alfaiates do Porto*, Porto, Edições Maranus.

Ferreira, J. L.(2008), *Gilberto Freyre e Câmara Cascudo: entre a tradição, o moderno e o regional.* Dissertação de Doutoramento apresentsada à Universidade do Rio Grande do Norte.

Ferreira, M. J. P. C S. (2004), "As Irmandades da Igreja de São Roque. Tempo, Propósito e Legado", *Revista Lusófona de Ciência das Religiões,* n.º 5-6: 201-215.

Ferrières, M. (2002) *Histoire des peurs alimentaires. Du Moyen Âge à l'aube du XXe siècle,* Paris, Seuil.

Ferro, J. P.(1996), *Arqueologia dos hábitos alimentares.* Lisboa, D. Quixote.

Février, P.(1989/1990), *Approches du Maghreb Romain*; pouvoirs, différences et conflits, 2 t. Aix-en-Provence, ÉDISUD.

Figueiredo, L. R. de A. (1999 2ª ed.), *O Avesso da Memória. Cotidiano e Trabalho da Mulher em Minas Gerais no século XVIII,* Rio de Janeiro, José Olympio Editor.

Finley, M. I. (1980), *A economia antiga,* Porto, Afrontamento.

Fiocruz (2010), *Pesquisa de prevalência de aleitamento materno nos municípios brasileiros.* Brasília.

Flandrin, J. (1986), "Pour une histoire du goût", in *La Cuisine et la Table. 5000 ans de Gastronomie,* nº especial de *L'Histoire,* 85: 13-19.

Flandrin, J. (2001), "Condimentação, Cozinha e Dietética nos séculos XIV, XV e XVI", in J.-L. Flandrin, M. Montanari, (eds.), *História da Alimentação, 2, Da Idade Média aos tempos actuais,* trad. port., Lisboa, Terramar: 95-110.

Flandrin, J. e Montanari, M. (2001), *História da Alimentação,* vol. 2, *Da Idade Média aos tempos actuais,* Lisboa, Terramar.

Flint, V. I. J., (1975), *The Elucidarius of Honorius Augustodunensis and Reform in Late Eleventh-Century England, Revue bénédictine,* 85: 178-189.

Fossier, R. (2010), *Gente da Idade Média,* Lisboa, Teorema.

Foucher, L. (1964), *Hadrumetum.* Tunis-Paris.

Fradier, G. (1997), *Mosaïques romaines de Tunisie.* Tunis, Céres.

Frank, A. G., Gills, B. K., (eds.) (1993), *The world system: five hundred years or five thousand?,* London-New York, Routledge.

Franklin, A. (1892), *La Vie Privée d'Autrefois : Arts et métiers, modes, mœurs, usages des Parisiens du XVIIe au XVIIIe siècle, d'après des documents originaux ou inédits,* 10 vols., Paris, Plon.

Frazão, F. (2003), *No Tempo em que Jogar às Cartas era Proibido. Século XV e XVI em Portugal,* Lisboa, Apenas Livros.

Frazão, F. (2010), *História das Cartas de Jogar em Portugal e da Real Fábrica de Cartas do século XV até à Actualidade,* Lisboa, Apenas Livros, 2010.

Freeman, P. (1993), "'Romanisation' and Roman material culture", *Journal of Roman Archaeology,* 6: 438-445.

Freitas, M. C. S., Minayo, M. C. de S.; Fontes, G. A.V. (2011), "Sobre o campo da Alimentação e Nutrição na perspectiva das teorias compreensivas", *Ciênc. saúde coletiva,* 16(1):31-38.

Freyre, G. (1973), *Casa Grande e Senzala.* Rio de Janeiro, José Olympio.

Freyre, G. (1993). *O Espetáculo das Raças - cientistas, instituições e questão racial no Brasil 1870-1930*. São Paulo, Cia. das Letras.

Freyre, G. (1995), *Raízes do Brasil*. São Paulo, Cia. das Letras.

Freyre, G. (1997), *Açúcar. Uma sociologia do doce com receitas de bolos e doces do Nordeste do Brasil*. São Paulo, Cia. das Letras.

Freyre, G. (2004), *Casa-grande e senzala*, Pernambuco, Global.

Freyre, G. (1996 7ª. ed.). *Manifesto regionalista*. Recife, FUNDAJ/ Ed. Massangan.

Funari, P. P. A. (2002), *Letras e coisas: ensaios sobre a cultura romana*, Campinas, SP, UNICAMP.

Gaffiot, F. (1998 52ª ed.), *Dictionnaire latin-française*, Paris, Hachette.

Gandavo, P. de M. (1964), *História da Província Santa Cruz e Tratado da Terra do Brasil*, Cadernos de História, São Paulo, Obelisco.

García Soler, M. J. (1995), "I cereali e il pane tra gli antichi greci", in O. Longo, P. Scarpi (eds.), *Nel nome del pane*. Trento, 383-390.

García Soler, M. J. (1997), "La alimentación en la época arcaica según la elegía y el yambo", *Veleia* 14 : 131-143.

García Soler, M. J. (1998), "La comida y la bebida en la lírica arcaica griega", in J. F. González Castro (ed.), *Actas del IX Congreso Español de Estudios Clásicos (Madrid, 27 al 30 de septiembre de 1995), Historia y arqueología* 6: 99-104.

García Soler, M. J. (2001), *El arte de comer en la antigua Grecia*. Madrid.

García Soler, M. J. (2002), "Los vinos de la comedia griega", *Douro – Estudos & Documentos* VII (13). *Actas del II Symposium de la Asociación Internacional de Historia y Civilización de la Vid y el Vino, Porto-Lamego-Vila Real, 10 a 12 de Septiembre de 2001*: 49-64.

García Soler, M. J. (2010), "El vino de los héroes homéricos", *Espacio, tiempo y forma, serie I: Prehistoria y Arqueología* n.s. 3: 107-113.

Gardiner, E. (1989) *Visions of Heaven and Hell Before Dante*, New York.

Garnsey, P. (1988), *Famine and food supply in the Graeco-Roman World*. Cambridge, University Press.

Garnsey, P. (1998), "As razões da política de aprovisionamento alimentar e consenso político na Antiguidade", in J.-L. Flandrin, M. Montanari (dir.), *História da alimentação*. São Paulo, Estação Liberdade, 238-253.

Garnsey, P. (1999), *Cities, peasants and food in Classical Antiquity*, essays in social and economic history. Cambridge, University Press.

Garnsey, P. D. A., Whittaker, C. R. (eds.) (1978), *Imperialism in the Ancient World*. Cambridge, University Press.

Garnsey, P., Saller, R. (1987), *The Roman Empire; economy, society and culture*. Berkeley-Los Angeles, University of California Press.

Gascou, J. (1972), *La politique municipale de l'Empire Romain en Afrique Proconsulaire de Trajan à Septime-Sévère*. Rome, École Française de Rome. (Collection de l'École Française de Rome).

Gentili, B., Prato, C. (1988), *Poetae Elegiaci. Testimonia et fragmenta. Pars I.* Teubner. Leipzig.

Giorgi, R. (2003) *Anges et Démons* (trd. fr. por Dominique Férault), Paris.

Gomes, J. P. (2013) "Entre o trato e a bagagem: circulação de faiança entre Lisboa e Salvador da Bahia (séculos XVI e XVII)", *Revista de Artes Decorativas*, 5: 179-196.

Gomes, R. C. (1995), *A Corte dos Reis de Portugal no Final da Idade Média*, Lisboa, Difel.

Gomes, R. C. (2011), "Os convivas do rei e a estruturação da corte (século XIII a XVI)", in A. I. Buescu e D. Felismino (coords.), *A Mesa dos Reis de Portugal*, Lisboa, Temas e Debates - Círculo de Leitores, 26-43.

Gomes, R. V., (2002), *Silves (Xelb) - Uma Cidade do Gharb al-Andalus. Território e Cultura*, Lisboa, Trabalhos de Arqueologia, nº 23.

Gomes, S. A. (1998), "As ordens mendicantes na Coimbra medieval: notas e documentos", *Lusitania Sacra* X/2ª série: 149-215.

Gomes, S. A. (2006), "Coimbra – Aspectos da sua paisagem urbana em tempos medievos", *Biblos* IV: 125-163.

Gomes, S. A. (2007), In Limine Conscriptionis: *Documentos, chancelaria e cultura no mosteiro de Santa Cruz de Coimbra (séculos XII a XIV)*, Coimbra, Palimage.

Gonçalves, I. (1988), "Acerca da alimentação medieval", in *Imagens do Mundo Medieval*, Lisboa, Livros Horizonte: 201-213.

Gonçalves, I. (1992-93), "A colheita régia medieval, padrão alimentar de qualidade (um contributo beirão)", *Revista da FCSH*, 6: 175-189.

Gonçalves, I. (1996), "Defesa do Consumidor na Cidade Medieval: os Produtos Alimentares (Lisboa, séculos XIV-XV)", *Um Olhar sobre a Cidade Medieval*, Cascais, Patrimonia: 97-116.

Gonçalves, I. (1997), "À Mesa, com o Rei de Portugal (séculos XII-XIII)", *Revista da Faculdade de Letras. História*, Porto, 2ª série, XIV : 15-32.

Gonçalves, I. (1999), "Sobre o pão medieval minhoto: o testemunho das Inquirições de 1258", *Arqueologia Medieval*, 6: 225-243.

Gonçalves, I. (2000), "A alimentação medieval: conceitos, recursos, práticas", in *Actas dos VI Cursos Internacionais de Verão de Cascais*, II, A *Alimentação*, Cascais, Câmara Municipal de Cascais, 29-48.

Gonçalves, I. (2004), "Entre a abundância e a miséria: as práticas alimentares da Idade Média Portuguesa", in A. A. Andrade e J. C. V. da Silva (coord.), *Estudos Medievais. Quotidiano Medieval: Imaginário, Representação e Práticas*, Lisboa, Livros Horizonte, 42-65.

Gonçalves, I. (2007), "A propósito do pão da cidade na Baixa Idade Média", H*istória da Alimentação*, *Turres Veteras*, IX, Lisboa, Colibri: 49-72.

Gonçalves, I. (2008-2009), "Um dia na cidade medieval", *Media Aetas. Cadernos de Estudos Medievais*, II Série, 3: 9-32.

Gonçalves, I. (2010), "A alimentação", in J. Mattoso (dir.), *História da Vida Privada em Portugal*, Bernardo Vasconcelos e Sousa (coord.), *A Idade Média*, Maia, Temas e Debates, 226-259.

Gonçalves, I. (2011), "A mesa itinerante dos nossos primeiros reis", in A. I. Buescu e D. Felismino (coords.), *A Mesa dos Reis de Portugal*, Lisboa, Temas e Debates - Círculo de Leitores, 82-99.

Goody, J. (1998) *Cozinha, Culinária e Classes. Um estudo de sociologia comparativa*. Oeiras, Celta Editora.

Greene, K. (1986), *The archaeology of the Roman economy*. London, Bastford.

Gregorius M. (2005) *Moralia in Job*, M. Adriaen (ed.), CCEL SL 140 A-B, 2 vols, Brepols.

Grimal, P. (1988), "Os prazeres da cidade", in P. Grimal, *A civilização romana*. Lisboa, Edições 70, 255-257.

Grottanelli, C. (1998), "A carne e seus ritos", in J. L. Flandrin, M.Montanari (dir.), *História da alimentação*. São Paulo, Estação Liberdade, 121-136.

Guardado, M.C.G. (1999) – *A Colegiada de São Bartolomeu de Coimbra em Tempos Medievais. (Das origens ao início do século XV)*, Coimbra, Faculdade de Letras.

Guedes, A. I. M. (2006), *Os Colégios dos Meninos Órfãos (séculos XVII-XIX). Évora, Porto, Braga*, Lisboa, Instituto de Ciências Sociais.

Guerreau-Jalabert, A. (1992a), «Aliments symboliques et symbolique de la table dans les romans arthuriens (XII-XIII siècles)», *Annales E.S.C.*, mai-juin, 3 : 561-594.

Guerreau-Jalabert, A. (1992b), «Les nourritures comme figures symboliques dans les romans arthuriens», in M. Aurell, O. Dumoulin e F. Thelamon (org.), *La Sociabilité à Table. Commensalité et Convivialité à Travers les Âges*, Actes du Colloque de Rouen, 14-17 novembre 1990, Rouen, Publications de l' Université de Rouen: 35-40.

Guimarães, M. L.L. S. (1988), "Nação e Civilização nos Trópicos: o Instituto Histórico Geográfico Brasileiro e o projeto de uma história nacional", *Revista Estudos Históricos*, Rio de Janeiro, 1: 6-27.

Hamilton, C. Y. (2005), *Os sabores da lusofonia: encontros e culturas*, São Paulo, Senac.

Hammond, P.W. (1996), *Food and Feast in Medieval England*. Phoenix Mill, Alan Sutton Publishing Limited.

Haro Cortès, M. (2010), "Et no andedes tras vuestra voluntad en comer ni en bever ni en fornicio", in N. Labère (org.) *Être à table au Moyen Âge*, études réunies et présentées para, Collection de la Casa de Velázquez (115), Madrid: 51-62.

Harris, W., (ed.) (2005), *Rethinking the Mediterranean*. Oxford, OUP.

Hayes, J. W. (1997), *Handbook of Mediterranean Roman Pottery*. London, British Museum.

Heath, M. (2000), "Do Heroes Eat Fish? Athenaeus on the Homeric Lifestyle", in D. Braund, J. Wilkins (eds.), *Athenaeus and his World. Reading Greek Culture in the Roman Empire*, University of Exeter Press, Exeter, 342-352.

Hémardinquer, J. (1970) *Cahiers des Annales*, 28, *Pour une Histoire de l'Alimentation*, Paris, Armand Colin.

Herculano, A. (1985), "Viagem a Portugal dos Cavaleiros Tron e Lippomani (1580)", in J. Custódio e J. M. Garcia (edts.) *Opúsculos*, vol. 4, Lisboa, Presença, 65-69.

Hernández Íñigo, P. (2006), "Abastecimiento y comercialización de la carne en Córdoba a fines de la Edad Media", *Meridies* VIII: 73-120.

Hingley, R. (2011), "Globalization and the Roman Empire: the genealogy of 'Empire'", *Semata* 23: 99-113.

Hitchner, R. B. (1988), "The University of Virginia – INAA Kasserine Archaeological Survey 1982-1986", *Antiquités Africaines* 24: 7-41.

Hitchner, R. B. (1990), "The Kasserine Archaeological Survey 1987", *Antiquités Africaines* 26: 231-260.

Horden, P., Purcell, N. (2000), *The corrupting sea: a study of Mediterranean History*. Oxford, Blackwell.

Horden, P., Purcell, N. (2005), "Four years of corruption: a response to critics", in W. Harris (ed.), *Rethinking the Mediterranean*. Oxford, OUP.

Horta, J. S. (1991), "A representação do Africano na literatura de viagens, do Senegal à Serra Leoa (1453-1508)", *Mare Liberum* 2: 209-339.

Houaiss, A. e Villar, M. de S. (2001), *Dicionário Houaiss da língua portuguesa*, Rio de Janeiro, Objetiva.

Huskinson, J., (2000), *Experiencing Rome; culture, identity and power in the Roman Empire*. London, Routledge/Open University.

Ichisato, S. M. T.; Shimo, A. K. K. (2001), "Aleitamento materno e as crenças alimentares", *Rev Latino-am Enfermagem* 9(5):70-76.

Ichisato, S. M. T.; Shimo, A. K. K. (2002) "Revisitando o desmame precoce através de recortes da história", *Rev. Latino-Am. Enfermagem* 10(4): 578-585.

Ignacio Pulido, J. (2007), *Os Judeus e a Inquisição no Tempo dos Filipes*, tradução de Cristina Venâncio, Lisboa, Campo da Comunicação.

Jacques, F. (1992), "La société", in J. Scheid, F. Jacques (eds.), *Rome et l'intégration de l'Empire*; 44 av. J.-C.-60 ap. J.-C., t. 1: Les structures de l'Empire Romain. 2. ed. Paris, PUF: 291-375.

Job, M. Adriaen ed. (2005), Gregorius Magnus, *Moralia*, CCEL SL 140 A-B, 2 vols, Brepols.

Joly, M. (1997), *Introdução à análise de imagens*. Campinas, SP, Papirus.

Jouanna, J. (2008), "Réflexions sur le régime des peuples dans la Grèce classique (Hérodote, I, 133; Hippocrate, *Ancienne médicine*, ch. 5; Thucydide, I, 6) et sur le sens des mots de la famille de δίαιτα", *REG* 1: 17-42.

Jouanna, J. (2012), "Dietetics in Hippocratic medicine: definition, main problems, discussion", in J. Jouanna, *Greek medicine from Hippocrates to Galen. Selected Papers*. Translated by N. Allies. Edited with a reface by Ph. van der Eijk. Brill, Leiden, Boston, 137-153.

Jouffroy, H. (1986), *La construction publique en Italie et dans l'Afrique romaine*. Strasbourg, Groupe de Recherche d'Histoire Romaine de l'Université des Sciences Humaines de Strasbourg (Études et Travaux 2).

Julien, C. (1994), *Histoire de l'Afrique; des origines à 1830*. 3. ed. Paris, Payot.

Kachani, A. T; Okuda, L. S.; Barbosa, A. L. R.; Brasiliano, S.; Hochgraf, P. B. (2008), "Aleitamento materno: quanto o álcool pode influenciar na saúde do bebê?"

Pediatria 30(4):249-256.

Kantorowicz, E. (1985, 1ª ed. 1957): *Los dos cuerpos del rey. Un estudio de teología política medieval*, Madrid, Alianza Editorial.

Keay, S., Terrenato, N., eds. (2001), *Italy and the West: comparative issues in Romanization*. Oxford, OUP.

Khader, A. B.A. B., (2003), *Image in stone; Tunisia in mosaic.*, Paris, *Ars Latina* & Tunisian Agency for the Development of Heritage and Cultural Promotion.

Koopmans, J. (2010), «Être vu à table. Théâtralisations du repas et de la nourriture à la fin du Moyen Age», in N. Labère (coord.) *Être à table au Moyen Âge*, Collection de la Casa de Velázquez (115), Madrid: 93-102.

Kózluk, M. (2012), "Se nourrir et se soigner: jardin et médecine pratique aux XVIe et XVIIe siècles", *Seizième Siècle*, 8: 209-225.

Lamboley, J.(1995), *Lexique d'Histoire et de Civilisation Romaines*. Paris, Ellipses.

Langhans, F. (1942), *As Antigas Corporações dos Ofícios Mecânicos e a Câmara de Lisboa*, Lisboa, Câmara Municipal de Lisboa.

Langhans, F. (1943-1946), *As Corporações dos Ofícios Mecânicos. Subsídios para a sua História, com um estudo de Marcelo Caetano*, 2 vols, Lisboa, Imprensa Nacional de Lisboa.

Langhans, F. (1948), *A Casa dos Vinte e Quatro. Subsídios para a sua História*, Lisboa, Imprensa Nacional de Lisboa.

Laurioux, B. (1992), *A Idade Média à Mesa*, Lisboa, Europa-América.

Laurioux, B. (2001), "Cozinhas medievais (séculos XIV e XV)", in J. L. Flandrin e M. Montanari (edits)., *História da Alimentação*, 2, *Da Idade Média aos tempos actuais*, trad. port., Lisboa, Terramar, 2001: 67-82.

Laurioux, B. (2002), *Manger au Moyem Âge. Pratiques et discours alimentaires en Europe au XIVe et XVe siècles*, Paris, Hachette.

Le Goff, J. (1992), "Saint Louis à table: entre commensalité royale et humilité alimentaire", *La Sociabilité à Table. Commensalité et Convivialité à Travers les Âges*, Actes du Colloque de Rouen, 14-17 novembre 1990, Rouen, Publications de l' Université de Rouen : 133-144.

Le Goff, J. (1994, ed. port original fr. de 1964) *A civilização do Ocidente Medieval*, t. 1, 290-294.

Le Goff, J. Truong, G. (2003) *Une Histoire du corps au moyen âge*, Paris.

Le Goff, J., Chartier, R. e Revel, J. coords.(1978) *La Nouvelle Histoire*. Paris, Retz.

Lepelley, C. (1981), *Les cités de l'Afrique Romaine au Bas Empire*, t: 2: Notice d'histoire municipale. Paris, Études Augustiniennes.

Leveau, P. (2007), "The Western Provinces", in W. Scheidel, I. Morris, R. Saller, (eds.), *The Cambridge Economic History of the Greco-Roman World*. Cambridge.

Lévi-Strauss, C. (1964-1968), *Mythologique*s 1 - *Le Cru et le Cuit*, 2 - *Du Miel aux Cendres*, 3 - *L'Origine des Manières de Table*, Paris, Plon.

Lévi-Strauss, C. (1968), "O triângulo culinário", in *Lévi-Strauss*. São Paulo, Documentos, 24-35.

Lévi-Strauss, C. (2003), *Antropologia estrutural*, Rio de Janeiro, Tempo Brasileiro.

Lévi-Strauss, C. (2005), *Mitológicas 2: Do mel às cinzas*. São Paulo, Cosac Naify.

Lévi-Strauss, C. (2006), *Mitológicas 3: A origem dos modos à mesa*. São Paulo, Cosac Naify.

Lévi-Strauss, C. (2010), *Mitológicas 1: O cru e o cozido*. 2. ed. São Paulo, Cosac Naify.

Lévi-Strauss, C. (2011), *Mitológicas 4: O homem nu*. São Paulo, Cosac Naify.

Lima, Carlos A. M.(2008), *Artífices no Rio de Janeiro (1790-1808)*, Rio de Janeiro, Apicuri.

Ling, R. (1998), *Ancient mosaics*. London, British Museum Press.

Lisón Tolosana, C. (1991), *La Imagen del Rey (Monarquia, Realeza y Poder Ritual en la Casa de los Austrias)*, Madrid, Espasa-Calpe.

Longo, O. (1998), "A alimentação dos outros", in J. L. Flandrin, M. Montanari (dir.), *História da alimentação*. São Paulo, Estação Liberdade: 266-276.

Luccock, J. (1975), *Notas sobre o Rio de Janeiro e partes meridionais do Brasil* (1808-1818), SP/BH. Edusp/ Itatiaia.

Lurker, M. (1997), *Dicionário de simbologia*. São Paulo, Martins Fontes.

Lussana, A .(1952), "Munificenza nell'Africa Romana", *Epigraphica* 14: 100-113.

Macedo, J. B. de (1982 2ª ed.), *Problemas de História da Indústria Portuguesa no século XVIII*, Lisboa, Editorial Querco.

Macedo, L. P. de (1960), *Lisboa de Lés a Lés. Subsídios para a História das Vias Públicas da Cidade*, 2.ª edição, vol. 2, Lisboa, Câmara Municipal de Lisboa, .

Maciel, M. E. (2004), "Uma cozinha brasileira", *Estudos Históricos*, Rio de Janeiro, 33: 25-39.

Madahíl, A. da R.(1943), "Pergaminhos do Arquivo Municipal de Coimbra", *Arquivo Coimbrão* VII: 300-335.

Magalhães, J. R. (1987), "Em Busca dos 'Tempos' da Inquisição (1573-1615)", *Revista de História das Ideias*, 9, 2.ª parte, Coimbra.

Magalhães, J. Romero e Salvado, J. P. (coords.) (2000), *A Carta de Pêro Vaz de Caminha*. Leitura paleográfica de E. Borges Nunes. Actualização ortográfica e notas de M. Viegas Guerreiro, Lisboa, Comissão Nacional para as Comemorações dos Descobrimentos Portugueses – Imprensa Nacional-Casa da Moeda.

Mahjoubi, A (1983), "O período romano e pós-romano na África do Norte", in Gamal Mokhtar (ed.), *História Geral da África*, v. 2: A África Antiga. São Paulo – Paris, Ática – UNESCO, 473-509.

Maia, F. P. S. (1992), "O regime alimentar no Mosteiro de Bustelo entre os século XVII e XIX", *Poligrafia*, 2: 173-196.

Maia, F. P. S. (1993), "À mesa com os Monges do Bustelo: algumas regras de conduta", *Humanística e Teologia*, Ano 14, Porto: 355-370.

Malakin, I., (ed.) (2009), *Greek and Roman Networks in the Mediterranean*. London.

Mamede, Z. (1970), *Luís da Câmara Cascudo: 50 anos de vida intelectual, 1918-1968*. Natal, Fundação José Augusto.

Manger et Boire au Moyen Âge, Actes du Colloque de Nice (15-17 octobre 1982) (1984), Paris, Les Belles Lettres.

Manton, E. L. (1988), *Roman North Africa*. London, Seaby / B. T. Batsford.

Manuppella, G. (1986), O *Livro de Cozinha da Infanta D. Maria* Prólogo, Leitura, Notas aos Textos, Glossário e Índices, Lisboa, Imprensa Nacional-Casa da Moeda.

Manuppella, G. (1987), *Livro de cozinha da Infanta D. Maria*. Imprensa Nacional-Casa da Moeda, Lisboa.

Manuppella, G., Arnaut, S. D., (1967), *Livro de cozinha da Infanta D. Maria de Portugal: primeira edição integral do Códice Português I. E. 33. da Biblioteca Nacional de Nápole*, Coimbra, Por ordem da Universidade.

Maravall, J. A. (1983), "La idea de cuerpo mistico en España antes de Erasmo", in *Estudios de Historia del Pensamiento Español*, I, *Edad Media*, 3ª ed., Madrid, Ediciones Cultura Hispanica,179-199.

Marenco, C. (1992), *Manières de Table, Modèles de Moeurs, 17e-20e siècle*, Cachan, Editions de l'ENS.

Margolin, J. e Sauzet, R. (1982), *Pratiques et discours alimentaires à la Renaissance, Actes du Colloque de Tours, 1977*, Paris, Maisonneuve et Larose.

Marques, A. H. de O. (1980), « A Pragmática de 1340 », in *Ensaios da História Medieval Portuguesa*, 2ª ed., Lisboa, Vega: 93-119.

Marques, A. H. de O. (2010, 6ªed.), *A Sociedade Medieval Portuguesa. Aspectos da Vida Quotidiana*, Lisboa, Esfera dos Livros.

Marques, A. H. de O. e Ferro, J. P. (1992), "L'alimentation au Portugal du Moyen Age au XVIIIe siècle", in M. Aurell, O. Dumoulin et F. Thelamon (coords.) *La Sociabilité à Table. Commensalité et Convivialité à Travers les Âges*, Actes du Colloque de Rouen, 14-17 novembre 1990, Rouen, Publications de l'Université de Rouen.

Marques, E. S.; Cotta, R.a M. M; Priore, S. E. (2011), "Mitos e crenças sobre o aleitamento materno", *Ciência & Saúde Coletiva* 16(5):2461-2468.

Marques, J. (1993),"Filipe III de Espanha (II de Portugal) e a Inquisição Portuguesa face ao Projecto do 3.º Perdão Geral para os Cristãos-Novos Portugueses", *Revista da Faculdade de Letras. História*, Porto, 2.ª série: vol. 10.

Marques, J. (1994), "O Arcebispo de Évora, D. Teotónio de Bragança, contra o Perdão Geral aos Cristãos-Novos Portugueses, em 1601-1602", *Congresso de História no IV Centenário do Seminário de Évora. Actas*, vol. I, Évora, Instituto Superior de Teologia, Seminário Maior de Évora, 1994.

Marquilhas, R. (2000), *A Faculdade das Letras. Leitura e Escrita em Portugal no século XVII*, Lisboa, Imprensa Nacional Casa da Moeda.

Marreiros, M. R. F. (1996), "Os proventos da terra e do mar", in M. H.da C. Coelho e Ar. L. de C. Homem (coord.), *Portugal em definição de fronteiras (1096-1325): Do Condado Portucalense à crise do século XIV*, in J. Serrão e A. H. de Oliveira Marques (dir.), *Nova História de Portugal*, vol. III, Lisboa, Presença.

Martins . M. de S. N. (2008), *Entre a Cruz e o Capital. As Corporações de Ofícios no Rio de Janeiro após a Chegada da Família Real 1808-1824,* Rio de Janeiro, Garamond,

Martins, A. A. (2003), *O Mosteiro de Santa Cruz de Coimbra na Idade Média*, Lisboa, Centro de História da Universidade.

Martins, M., (2011), *Poder e sociedade : a duquesa de Beja*, Tese de Doutoramento apresentada à Faculdade de Letras da Universidade de Lisboa;

Martins, R. (1993), "A alimentação medieval: práticas e representações", *Revista de Ciências Históricas*, Univ. Portucalense, VII: 67-82.

Martius, C.F. P. (1845), "Como se deve escreve a História do Brasil", *Revista do IHGB*, 6, 24: 381-403.

Matias, A. L. B. P. M. (1999) *O Porto em 1533 – Actas de vereações da cidade*, Tese de Mestrado apresentada à Faculdade de Letras da Universidade do Porto.

Matos, J. da C- (1998), *A Colegiada de São Cristóvão de Coimbra (sécs. XII e XIII)*, Tomar.

Mattingly, D. J. (1988), "The olive boom: olive surpluses, wealth and power Tripolitania", *Libyan Studies*, 19: 21-41.

Mattingly, D. J. (1996), "First fruit? The olive in the Roman World", in G. Shipley, J. Salmon (eds.), *Human landscapes in Classical Antiquity: environment and culture*. London-New York, Routledge, 213-253.

Mattingly, D. J. (ed.) (1993), *Dialogues in Roman Imperialism; power, discourse and discrepant experience in the Roman Empire* (Journal of Roman Archaeology, supp. 23).

Mattingly, D. J., Hitchner, R. B. (1993), "Technical specifications for some problems North Africa olive presses of Roman date", in M.-C. Amouretti, J.-P. Brun (eds.), *La production du vin et de huile en Méditerranée* (Bulletin de Correspondance Hellénique, supp. 26), 439-462.

Mattingly, D. J., Hitchner, R. B. (1995), "Roman Africa: an archaeological review", *Journal of Roman Studies*, 85: 165-213.

Mattoso, J. (2007), *D. Afonso Henriques*, Lisboa, Temas e Debates.

Mazzini, I. (1998), "A alimentação e a medicina no mundo antigo", J. L. Flandrin, M. Montanari (dir.), *História da alimentação*. São Paulo, Estação Liberdade: 254-265.

Mega, J. F.; Neves, E.; Andrade, C. J. (2011), "A produção da cerveja no Brasil", *Rev Citino* 1(1):34-42.

Melo, A. R. A. de S. (2009), *Trabalho e Produção em Portugal na Idade Média: o Porto, c. 1320-c. 1425*, Dissertação de Doutoramento apresentada à Fauldade de Letras da Universidade do Minho. (http://repositorium.sdum.uminho.pt/bitstream/1822/9896/2/PhD_Arnaldo%20Sousa%20Melo_volume%20I.pdf , consultado em 2013.10.25)

Menjot, D. (coord) (1984), *Manger et Boire au Moyen Âge : Actes du Colloque de Nice*. Les Belles Lettres, Paris.

Migne, J.P. s/d, Martinho de Braga, *De Ira; Pro Repellenda Iactantia; De Superbia; Exhortatio Humilitatis. Formula Vitae Honestae, Patrologia Latina*, vol. 172, cols 1109-1176, PL 72, cols 31-46.

Migne, J.P. s/d, *Patrologia Latina*, vol. 172, cols 1109-1176.

Miranda, M. A., Sousa, L.C. de (2011), "A 'mesa do rei' como metáfora do poder", in A. I. Buesco, D. Felismino (coords.), *A Mesa dos Reis de Portugal*, Lisboa, Temas e Debates - Círculo de Leitores, 383- 405.

Moatti, C. (2004), *La mobilité des personnes en Méditerranée, de l'Antiquité à l'époque: procédures de contrôle et documents d'identification.* Rome, École Française de Rome.

Moatti, C. (2008), *Mobility and controls in the Roman World.* Victoria, University of Victoria.

Moatti, C., Kaiser, C. (2009), *Gens de passage en Méditerranée, de L'Antiquité à l'époque moderne.* Paris, Maisonneuve et Larose.

Montanari, M. e Ilaria, P. (2012) « Entre le ventre et la gueule, dans la culture médiévale », in K. Karila-Cohen, F. Quelier (coord), *Le corps du Gourmand, D'Héraclès à Alexandre le Bien Heureux*, PUFR, 37-55.

Montanari, M. (1985), *L'Alimentazione contadina nell'alto Medioevo*, Napoli, Liguore.

Montanari, M. (1992 2ª ed.), *Alimentazione e cultura nel Medioevo*, Roma, Laterza.

Montanari, M. (1995), *La faim et l'abondance. Histoire de l'alimentation en Europe*, Paris, Seuil.

Monteiro, J. C. dos S.; Nakano, A. M.; Gomes, F. A. (2011), "O aleitamento materno enquanto uma prática construída. Reflexões acerca da evolução histórica da amamentação e desmame precoce no Brasil", *Invest Educ Enferm* 29(2): 315-321.

Montero, P. (2006), "Índios e missionários no Brasil: para uma teoria da mediação cultural", in P. Montero (org.), *Deus na Aldeia: missionários, índios e mediação cultural*, São Paulo, Globo.

Moreno Valero, M. (1989), "Religiosidad Popular en Córdoba en el siglo XVIII", in C. Álvarez Santaló, María J, Buxó e S. Rodriguez Becerra (coord.) *La Religiosidad Popular*, vol. 3 (*Hermandades, Romerías y Santuarios*), Barcelona, Anthropos.

Moreno, H. B. (1988), *Os Itinerários de el-Rei Dom João I (1384-1433)*, Lisboa, Instituto de Cultura e Língua Portuguesa.

Morris, I. (2005), "Mediterraneisation", in I. Mahlkin (ed.), *Mediterranean paradigms and Classical Antiquity.* London-New York, Routledge.

Morujão, M. do R. B. (2010), *A Sé de Coimbra: a instituição e a chancelaria (1080-1318)*, Lisboa, Fundação Calouste Gulbenkian e Fundação para a Ciência e Tecnologia.

Mota, S. M. (1990), "O Regime Alimentar dos Monges Bernardos no Final do Século XVIII", *Revista de Ciências Históricas*, Universidade Portucalense, V: 271-290.

Mott, Luís (2001), "Meu Menino Lindo: Cartas de Amor de um Frade Sodomita, Lisboa (1690) ", *Luso-Brazilian Review*, n.º 38, Madison, 97-115.

Mott, Luís (2005), "In Vino Veritas: Vinho e Aguardente no Quotidiano dos Sodomitas Luso-Brasileiros à Época da Inquisição", in R. P. Venâncio e H. Carneiro (org.) *Álcool e Drogas na História do Brasil*, São Paulo, Alameda, Belo Horizonte, Pontifícia Universidade Católica de Minas Gerais, 47-70.

Nakano, A. M. S.; Beleza, A. C.; Gomes, F. A.; Mamede, F. V. (2003), "Cuidado no "resguardo": as vivências de crenças e tabus por um grupo de puérpera", *Rev Bras Enfermagem* 56(3):242-247.

Neto, M. C. N. (1999) "Vivência Lisboeta", *Negros em Portugal – sécs. XV-XIX*, Lisboa, Comissão Nacional para as Comemorações dos Descobrimentos Portugueses.

Neto, M. L. A. C. M. C. S. (1959), *A Freguesia de Santa Catarina de Lisboa no 1.º quartel do século XVIII (Ensaio de Demografia Histórica)*, Lisboa, Centro de Estudos Demográficos.

Neto, M. S. (1997), "A Persistência Senhorial", in J.Mattoso dir., *História de Portugal*, vol. 3, *No Alvorecer da Modernidade. 1480-1620*, Lisboa, Estampa: 165-175.

Neves, C. M. L. B., (1980), *[HFCA] História Florestal, Aquícola e Cinegética. Colectânea de Documentos existentes no Arquivo Nacional da Torre do Tombo. Chancelarias Reais*, vol. I *(1208-1430)*, Lisboa, Ministério da Agricultura e Pescas - Direcção Geral do Ordenamento do Território.

Newhauser R., (1993) *The Treatise on Vices and virtues in Latin and the Vernacular*, Typologie des sources du moyen age occidental 68, Brepols.

Nunes, N. (2003), *O açúcar de cana na ilha da Madeira: do Mediterrâneo ao Atlântico. Terminologia e tecnologias históricas e actuais da cultura açucareira*, Dissertação de Doutoramento apresentada à Universidade da Madeira, (http://digituma.uma.pt/handle/10400.13/318, consultada em 7 de Agosto de 2013).

Odália, N. (1997), *As Formas do Mesmo* - ensaios sobre o pensamento historiográfico de Varnhagen e Oliveira Vianna. São Paulo, Editora da Unesp.

Oliveira, A. de (1971), *A Vida Económica e Social de Coimbra de 1537 a 1640*, Coimbra, Faculdade de Letras e Instituto de Estudos Históricos Dr. António de Vasconcelos.

Oliveira, A. de (2010), "O Motim de 1605", *Pedaços de História Local*, vol. 1, Coimbra, Palimage, 217-227.

Oliveira, C. R. de (1987), *Lisboa em 1551. Sumário*, organização e notas de José da Felicidade Alves, Lisboa, Livros Horizonte, 97-100.

Oliveira, E. F. de (1906), *Elementos para a História do Município de Lisboa*, vol. 15, Lisboa, Tipografia Universal, 373-379.

Olson, S. D. and Sens, A. (2000), *Archestratos of Gela. Greek Culture and Cuisine in the Fourth Century BCE*. Oxford.

Opitz, C. (1990), "O quotidiano da mulher no final da Idade Média (1250-1500)", in C. Klapisch-Zuber, *História das mulheres – a Idade Média*, Porto, Afrontamento.

Ornellas, L. H. (1978) *A alimentação através dos tempos*. Rio de Janeiro, FENAME, 9-49.

Paiva, J. P. (2011), *Baluartes da Fé e da Disciplina. O Enlace entre a Inquisição e os Bispos em Portugal (1536-1750)*, Coimbra, Imprensa da Universidade.

Paiva, J. P. (coord.) (2002), *Portugaliae Monumenta Misericordiarum*, v. 2, *Antes da fundação das Misericórdias*, Lisboa, União das Misericórdias Portuguesas.

Palla, M. J. (1996), "Manger et boire au Portugal à la fin du Moyen Age – texte et image", *Banquets et Manières de Table au Moyen Age*, Aix-en-Provence, CUER-MA.

Palla, M. J. (1998), "Cozinhar é contar uma história. O imaginário alimentar em Gil Vicente", *Actas do Quinto Congresso da Associação Internacional de Lusitanistas*, Oxford – Coimbra.

Palla, M. J. (trad.) (2008), *Livre de Cuisine de l'Infante Maria du Portugal femme d'Alexandre Farnèse*, Lisboa, IEM/FCSH.

Panella, C. (1986), "Le anfore tardoantiche: centri di produzione e mercati preferenziali", in Andrea Giardina, ed., *Società romana e impero tardoantico*, III. Roma-Bari, Editori Laterza, 251-284.

Panella, C. (1993), "Merci e scambi nel Mediterraneo tardoantico", in Andrea Giardina, L. Cracco Ruggini, A,. Carandini, eds., *Storia di Roma*, III.2. Roma, 613-697.

Panella, C., Tchernia, A. (1994), "Produits agricoles transportés en amphores: l'huile et surtout le vin", in *L'Italie d'Auguste à Dioclétien*. Rome, École Française de Rome, 145-165.

Paoli, U. E. (1956 2ª ed.), *Urbs; la vida en la Roma antigua*. Barcelona, Iberica, 117-137.

Patridge, B. (2004), *Uma história das orgias*. São Paulo, Planeta do Brasil.

Patrone, A. M. N. (1981), *Il cibo del rico ed il cibo del povero. Contributo alla storia qualitativa dell'alimentazione. L'area pedemontana negli ultimi secoli del Medio Evo*, Turín, Centro Studi Piemontesi.

Peacock, D. P. S., Benjaoui, F., Belazreg, N. (1989), "Roman amphora: production in the Sahel region of Tunisia", *Amphores*: 179-222.

Peacock, D. P. S., Benjaoui, F., Belazreg, N. (1990), "Roman pottery production in central Tunisia", *Journal of Roman Archaeology* 3: 59-84.

Pereira, E. (1979), *Subsídios para a História da Indústria Portuguesa. Com um Ensaio sobre as Corporações e Mesteres por Carlos da Fonseca*, Lisboa, Guimarães Editores.

Pereira, F. (2008), *Ofícios do Couro na Lisboa Medieval*, Lisboa, Prefácio.

Pereira, A. M. (2000), *A Mesa Real. Dinastia de Bragança*, Lisboa, Inapa.

Pereira, A. M. (2011), "'Ofícios de boca' na Casa Real Portuguesa (Séculos XVII e XVIII), in A. I. Buescu e D. Felismino (coords.), *A Mesa dos Reis de Portugal*, Lisboa, Temas e Debates - Círculo de Leitores.

Pereira, F. J., COSTA, José Pereira da, (1985), *Livros de contas da Ilha da Madeira : 1504-1537, Vol. I Rendas e Almoxarifados*, Coimbra;

Perlès, C. (1989), "Fogo", in R. Romano (dir.), *Enciclopédia Einaudi*, v. 16: *Homo-Domesticação-Cultura Material*. Lisboa, Imprensa Nacional – Casa da Moeda.

Pessanha, J. da S. (1914), Inventário da Infanta D. Beatriz – 1507", *Archivo Historico Portuguez*, Lisboa , Vol. IX: 64-110.

Picard, G. C. (1990), *La civilisation de l'Afrique Romaine*. 2. ed. Paris, Études Augustiniennes.

Pilcher, J., (ed.) (2012), *The Oxford Handbook of Food History*. Oxford, University Press.

Pimentel, A. F. (2003), *A Morada da Sabedoria. O paço real de Coimbra das origens ao estabelecimento da Universidade*. Coimbra, Faculdade de Letras.

Pimentel, M. C. et alii (2004), *Marcial. Epigramas*. Vol. IV. Introd. e notas de M. C. Pimentel; trad. D. F. Leão, P. S. Ferreira, J. L. Brandão. Edições 70, Lisboa.

Silva, P. P. (2005), *Farinha, feijão e carne seca, um tripé culinário no Brasil colonial*. São Paulo, Senac.

Piponnier, F. (2001), "Do lume à mesa: Arqueologia do equipamento alimentar no fim da Idade Média", in J. L. Flandrin e M. Montanari (dirs.), *História da Alimentação, 2, Da Idade Média aos tempos actuais*, trad. port., Lisboa, Terramar, 2001: 123-132.

Plasencia, P. (2005), *A la mesa con don Quijote y Sancho*, Barcelona, Puncto de lectura.

Pontique, É. le, (1971) *Traité Pratique ou le Moine*, 2 vols, A. Guillaumont, C. Guillaumont ed. e trad., SC 170-171, le Cerf.

Prado Junior, C. (1972), *Formação do Brasil Contemporâneo*. São Paulo, Cia. das Letras.

Priore, M. D. (1997), "Magia e medicina na colônia: o corpo feminino", in M. Priore, *História das mulheres no Brasil*, São Paulo, Contexto.

Raminelli, R. (1997), "Eva Tupinambá", in M. Priore, *História das mulheres no Brasil*, São Paulo, Contexto.

Randsborg, K. (1991), *The millennium AD in Europe and Mediterranean*; an archaeological essay. Cambridge, University Press.

Rau, V. (1984), *Estudos sobre a história do sal português*, Lisboa, Editorial Presença.

Raven, S. (1984), *Rome in Africa*. 2. ed. London – New York, Longman.

Rego, M. (coord.) (2ª. ed. 1998), *Livros Portugueses de Cozinha*, Lisboa, Biblioteca Nacional.

Rego, M. (1998, 2ªed.) *Livros Portugueses de Cozinha.*, Lisboa, Biblioteca Nacional.

Reis, J. P. L., *Algumas notas para a história da alimentação em Portugal*, Lisboa, Campo das Letras.

Reis, M. de F. (2007), "A Confraria da Avé-Maria do Convento de São Bento de Santarém: Afirmação e Prestígio dos Estatutos de Limpeza de Sangue", in L. F. Barreto et alli (coord.) *Inquisição Portuguesa. Tempo, Razão e Circunstância*, Lisboa, São Paulo, Prefácio.

Remesal, J. (1977/1978), Economía oleícola bética: nuevas formas de análisis, *Archivo Español de Arqueología* 51: 87-142.

Remesal, J. (1981), "Reflejos económicos y sociales en la producción de ánforas olearias béticas (Dressel 20)", *ICAA*. Madrid, Universidad Complutense: 131-153.

Remesal, J. (1983), "Transformaciones en la exportación del aceite bético mediados del siglo III d.C., *II CAA*. Madrid, Universidad Complutense: 115-129.

Remesal, J. (1986), *La annonna militaris y la exportación del aceite bético a Germania*. Madrid, Universidad Complutense.

Remesal, J. (1989), "Tres nuevos centros productores de ánforas Dressel 20 y 23. Los sellos de *Lucius Fabius Cilo*", *Ariadna* 6: 121-153.

Rich, A. (2008), *Dictionnaires des Antiquités Romaines et Grecques*. Singapour, Molière.

Richter, G. M. A., Milne, M. J. (1935), *Shapes and Names of Athenian Vases*. Metropolitan Museum of Art. New York.

Ritchie, C. I. A. (1995), *Comida e civilização; de como a história foi influenciada pelos gostos humanos*. Lisboa, Assírio & Alvim.

Robert, J. (1995), "Os prazeres da mesa", in J. N. Robert, *Os prazeres em Roma*. São Paulo, Martins Fontes, 121-152.

Rocha Pereira, M. H. (1992), *Eurípides, As Bacantes*. Introdução, tradução do grego e notas. Lisboa. Edições 70.

Rocha, R. (1998), *A Viagem dos Sabores. Ensaio sobre a História da Alimentação (séculos*

IX-XIX) seguido de 100 Receitas em que vários mundos se encontram, Lisboa, Inapa.

Rodrigues Moñino, A., (1956), *Viaje a España del Rey Don Sebastian de Portugal*, Editora Castalia, Valencia.

Rodrigues, A. M. S. A. (2011), "A mesa, o leito, a arca, a mula. Como se provia ao sustento e itinerância das rainhas de Portugal na Idade Média", in A. I. Buescu e D. Felismino (coords.), *A Mesa dos Reis de Portugal*, Lisboa, Temas e Debates - Círculo de Leitores, 44-63.

Rodríguez-Almeida, E. (1972), "Novedades de epigrafía anforaria del Monte Testaccio", *Recherches sur les amphores romaines*. Rome, École Française de Rome, 107-211.

Rodríguez-Almeida, E. (1979), "Monte Testaccio: i mercatores dell'olio della Betica", *Mélanges de l'École Française de Rome* 91: 874-975.

Rodríguez-Almeida, E. (1984a), "El emporio fluvial y el Testaccio: onomástica extra-anforica y otros problemas", II CAA. Madrid, Universidad Complutense, 133-161.

Rodríguez-Almeida, E. (1984b), *Il Monte Testaccio*. Roma, Quasar.

Romagnoli, D. (1991), "Cortesia nella città: un modello complesso. Note sull'etica medievale delle buone maniere", in D. Romagnoli (coord.) *La Città e la Corte. Buone e Cattive Maniere tra Medioevo ed Età Moderna*, con un saggio introduttivo di Jacques Le Goff, Milão, Ed. Angelo Guerini : 47-48 e pp.59-61 (trad. francesa, com alterações, *La Ville et la Cour. Des bonnes et des mauvaises manières* Paris, Fayard, 1995)

Romagnoli, D. (2001), « *Guarda no sii Vilan* : as Boas Maneiras à Mesa », in J. L. Flandrin e M. Montanari (dirs.), *História da Alimentação, 2, Da Idade Média aos tempos actuais*, trad. port., Lisboa, Terramar: 111-121.

Romani, M. A. (1997), "*Regalis coena:* aspetti economici e sociali del pasto principesco (Italia settentrionale secoli XVI-XIX)", in S. Cavaciocchi (dir.) *Alimentazione e Nutrizione secc. XIII-XVIII*. Atti della "Ventottesima Settimana di Studi" do Istituto Internazionale di Storia Económica "F. Datini"- Prato, 22-27 aprile 1996, Florença, Le Monnier, 719-740.

Rosellini, M. et Saïd, S. (1978), "Usages des femmes et autres *nomoi* chez les 'sauvages' d'Hérodote: essai de lecture structurale", *Annali della Scuola Normale Superiore di Pisa* 8. 3: 949-1005.

Rossa, W. (2001), *DiverCidade. Urbanografia do espaço de Coimbra até ao estabelecimento definitivo da Universidade*, Coimbra, Faculdade de Ciências e Tecnologia.

Rousselle, A. (1990), "A política dos corpos: entre procriação e continência em Roma", in P. S. Pantel, *História das mulheres – a Antiguidade*, Porto, Afrontamento.

Rowlands, M. et alii (eds.) (1987), *Centre and periphery in the Ancient World*. Cambridge: CUP.

Sá, I. G. (2004), "O Trabalho", *História Económica de Portugal 1700-2000*, organização de Pedro Lains e Álvaro Ferreira da Silva, Lisboa, Instituto de Ciências Sociais, 96.

Salvador, F. V. (1982), *História do Brasil: 1500-1629*, São Paulo Ed USP.

Salviat, F. (1986), "Le vin de Thasos. Amphores, vin et sources écrites", J.-Y. Empereur,

Y. Garlaand (eds.), *Recherches sur les amphores grecques*. Suppléments au Bulletin de Correspondance Helléniques 13: 145-196.

Sandre-Pereira, G.; Colares, L. G. T. ; Carmo, M. das G. T. do; Soares, E. de A.(2000), "Conhecimentos maternos sobre amamentação entre puérperas inscritas em programa de pré-natal", *Cad. Saúde Pública* 16(2):457-466.

Santana, F. (1988), "Lisboa 1800 – A Freguesia do Socorro", *Lisboa. Revista Municipal*, 2.ª série, n.º 24, Lisboa.

Santana, F. (1999), "Lisboa – 1800. Anjos e Arroios", *Boletim Cultural da Assembleia Distrital de Lisboa*, Lisboa, IV série, n.º 93, tomo 2.

Santana, F. (2000), "Lisboa 1800 – São Julião", *Arqueologia e História*, Lisboa, vol. 52.

Santana, F. (s/d), *Lisboa na segunda metade do século XVIII. Plantas e Descrições das suas Freguesias*, recolha e índices por Francisco Santana, Lisboa, Câmara Municipal de Lisboa.

Santos , B. C. C. (2005a), *O Corpo de Deus na América. A Festa de Corpus Christi nas Cidades da América Portuguesa – século XVIII*, São Paulo, Annablume, 85-92;

Santos , B. C. C. (2012), "Os Senhores do Tempo: a Intervenção do Bispado na Procissão de Corpus Christi no século XVIII", *Tempo*, 33: 165-190.

Santos, M. J. A. (1983), "O peixe e a fruta na alimentação da Corte de D. Afonso V: breves notas", *Brigantia*, III, 3: 307-343.

Santos, M. J. A. (1992), *O mais antigo livro de cozinha português: receitas e sabores*, sep. da *Revista Portuguesa de História*, XXVII.

Santos, M. J. A. (1997), *A Alimentação em Portugal na Idade Média. Fontes. Cultura. Sociedade*, Coimbra, Tipografia Lousanense.

Santos, M. J. A. (2002), *Jantar e Cear na Corte de D. João III. Leitura, Transcrição e Estudo de Dois Livros da Cozinha do Rei (1524 e 1532)*, Vila do Conde - Coimbra, Câmara Municipal de Vila do Conde, Centro de História da Sociedade e da Cultura.

Santos, M. J. A. (2005b), "A escrita serve à mesa. Um valioso livro da ucharia da casa d'El Rei D. João III", Actas do *VI Congresso Galiza - Norte de Portugal*, Chaves: 23-65.

Santos, M. J. A. (2006), "O Azeite e a Vida do Homem Medieval", in *Estudos em Homenagem ao Prof. Doutor José Amadeu Coelho Dias*, vol. II, Porto, Faculdade de Letras: 139-157.

Santos, N. P., Gama, A. (2011), "As tradições do pão, território e desenvolvimento", in N. Santos, L. Cunha (coords.), *Trunfos de uma Geografia Activa. Desenvolvimento local, ambiente, ordenamento e tecnologia*. Imprensa da Universidade de Coimbra, Coimbra: 273-282

Saraiva, J. da C., (1931), "Um jantar do século XVII", in *Feira da Ladra*, n. 1.

Saraiva, J. H. (1997), *Ditos Portugueses Dignos de Memória. História Íntima do século XVI*, 3ª ed., Lisboa, Europa-América.

Saramago, A. (2000), *Doçaria Conventual do Alentejo as receitas e o seu enquadramento histórico*. Sintra, Colares Editora.

Saramago, A. e Cardoso, A. H. (2000), *Para a História da Doçaria Conventual Portuguesa*,

Lisboa, CTT.

Sassatelli, G. (1998), "A alimentação dos etruscos", in J. L. Flandrin, M. Montanari, dir., *História da alimentação*. São Paulo, Estação Liberdade, 186-198.

Scheidel, W., Reden, S., eds. (2002), *The ancient economy*. London-New York, Routledge.

Schwarcz, L. M. (1989), *Os guardiões da nossa história oficial: os institutos históricos e geográficos brasileiros*. São Paulo, IDESP, Instituto de Estudos Econômicos, Sociais e Políticos.

Serafim, J. C. G. (2011), *Um Diálogo Epistolar. D. Vicente Nogueira e o Marquês de Niza*, Porto, CITCEM e Edições Afrontamento.

Serrão, Vítor (1983), *O Maneirismo e o Estatuto Social dos Pintores Portugueses*, Lisboa, Imprensa Nacional Casa da Moeda.

Shaw, B. D. (1982/83), "Eaters of flesh, drinkers of milk: the ancient Mediterranean ideology of the pastoral nomad", *Ancient Society* 13/14: 5-31.

Shaw, B. D. (1984), "Water and society in the ancient Maghreb: technology, property and development", *Antiquités Africaines* 20: 121-173.

Shaw, B. D.. (2001), "Challenging Braudel: a new vision of the Mediterranean", *Journal of Roman Archaeology*, 14: 419-453.

Sherratt, S. (Apr.-Jun. 2004), "Feasting in Homer", *Hesperia* 73. 2: 301-337.

Silva, A. A. M. (1990), *Amamentação: fardo ou desejo? Estudo histórico-social dos saberes e práticas sobre aleitamento na sociedade brasileira*. Dissertação de mestrado. Faculdade de Medicina de Ribeirão Preto da Universidade de São Paulo, Ribeirão Preto.

Silva, F. R. (2008) *Quinhentos /Oitocentos (Ensaios de História)*, Porto, Faculdade de Letras da Universidade do Porto.

Silva, I. A. (1996), "Reflexões sobre a prática do aleitamento materno", *Rev Esc Enf USP* 30(1): 58-72.

Silva, J. B. de A. e. (1998). *Projetos para o Brasil*. São Paulo, Cia. das Letras.

Silva, J. C. V. da (2010), "O Paço", in B. Vasconcelos e Sousa (coord.), *A Idade Média*, in J. Mattoso (dir.), *História da Vida Privada em Portugal*, Temas e Debates - Círculo de Leitores, 78-97.

Silva, M. H. (2011), *Pretas de Honra. Vida e Trabalho de Domésticas e Vendedoras no Recife do século XIX (1840-1870)*, Recife, Editora Universitária da UFPE, Salvador, EDUFBA,

Silva, M. S. (2012), *A rainha inglesa de Portugal. Filipa de Lencastre*, Lisboa, Círculo de Leitores.

Silva, M., org. (2003), *Dicionário Crítico Câmara Cascudo*. São Paulo, Perspectiva.

Simon Palmer, M. del C. (1990), "El cuidado del cuerpo de las personas reales: de los médicos a los cocineros en el real alcázar", *Le Corps dans la Société Espagnole des XVIe et XVIIe siècles*. Colloque International (Sorbonne, 5-8 octobre 1988), Études réunies et présentées par Augustin Redondo, Paris, Publications de La Sorbonne, 113-122.

Sissa, G. (1990), "Filosofias do género: Platão, Aristóteles e a diferença dos sexos", in P. S. Pantel, *História das mulheres – a Antiguidade*, Porto, Afrontamento.

Slim, H. (1996), "Spectacles", in Michèle Blanchard-Lemée et alii, *Mosaics of Roman Africa; floor mosaics from Tunisia*. London, British Museum Press, 188-217.

Soares, C. (2005), "A visão do "outro" em Heródoto", in M. C. Fialho, M. F. Silva, M. H. Rocha Pereira (eds.), *Génese e consolidação da ideia de Europa. Vol. I: de Homero ao fim da época clássica*. Imprensa da Universidade de Coimbra, 95-176.

Soares, C. (2009a), *Ciclope*. Introdução, tradução do grego e notas, in *Eurípides. Tragédias I*. Introdução geral de Maria de Fátima Sousa e Silva. Imprensa Nacional-Casa da Moeda. Lisboa, 23-108.

Soares, C. (2009b), "Bons selvagens e monstros malditos em Heródoto e Eurípides", in Maria de Fátima Silva (ed.), *Utopias & Distopias*. Imprensa da Universidade de Coimbra, 57-63.

Soares, C. (2012), "Receitas do mais antigo Guia Gastronómico: *Iguarias do Mundo* de Arquéstrato", in M. R. Cândido, (org.), *Práticas Alimentares no Mediterrâneo Antigo*. NEA-UERJ. Rio de Janeiro, 33-59.

Soares, C. (2013), "Matrizes clássicas gregas da História da Dieta: contributos da tratadística hipocrática", in C. Soares (coord.), *Espaços do Pensamento Científico da Antiguidade*. Ciclo de Conferências & Debates Interdisciplinares I. Coimbra, Imprensa da Universidade de Coimbra,13-36.

Sousa, D. F. F. de (2013), *Arte Doceira de Coimbra. Conventos e Tradições. Receituários (XVII-XX)*, Coimbra , Colares Editora.

Sousa, G. de V. e (2012), "Uma Loja de Tecidos em Ponta Delgada nos Finais do Século XVIII", *Matrizes da Investigação em Artes Decorativas III*, direcção de Gonçalo de Vasconcelos e Sousa, Universidade Católica do Porto, CITAR, 11-40.

Standage, T. (2005). *A história do mundo em 6 copos*. Jorge Zahar.

Stefanello, J., Nakano, A. M. S., Gomes, F. A. (2008), "Beliefs and taboos related to the care after delivery: their meaning for a women group". *Acta paul. Enferm*, São Paulo 21(2):275-281.

Stefanello, J.; Nakano, A. M. S.; Gomes, F. A. (2008), "Beliefs and taboos related to the care after delivery: their meaning for a women group". *Acta paul. Enferm*, São Paulo 21(2):275-281.

Stouff, L. (1970), *Ravitaillement et alimentation en Provence au XVe siècle*, Paris/La Haye, Mouton.

Strong, R. (2002), *Feast: a History of Grand Eating*, Londres, J. Cape.

Strong, R. (2004), *Banquete, uma história da culinária, dos costumes e da fartura à mesa*. Rio de Janeiro, Jorge Zahar.

Tavares, P. M. (1980), "Iguarias e manjares do século XVII", *História*, 21 (Julho): 36-42.

Tavares, P. M. (1999), *Mesa, Doces e Amores no século XVII português*, Sintra, Colares Editora.

Thébert, Y. (1990), "Vida privada e arquitetura doméstica na África Romana", in P. Veyne (org.), *Do Império Romano ao ano mil* , in P. Ariès, G. Duby (orgs.), *História da vida privada*, v. 1, São Paulo, Companhia das Letras, 300-398.

Thivel, A. (2000), "L'évolution du sens de ΔΙΑΙΤΑ", in J. A. López Férez (ed.), *La lengua científica griega*. Madrid: 25-37.

Thomas, R. (2000), *Herodotus in Context: Etnography, Science and the art of Persuasasion.* Cambridge University Press.

Thomas, R. (2006), "The Intellectual Milieu of Herodotus", in C. Dewald and J. Marincola (eds.), *The Cambridge Companion to Herodotus.* Cambridge University Press, 60-75.

Toma, T. S. (2011), "Aleitamento materno e políticas públicas: implicações para a saúde na infância e na vida adulta", in J. A. Taddei, , R. M. F. Lang, G. Longo-Silva e M. H. de A. Toloni, *Nutrição em saúde pública*, Rio de Janeiro, Rubio.

Torres, J. V. (1994) "Da Repressão Religiosa para a Promoção Social. A Inquisição como instância legitimadora da promoção social da burguesia mercantil", *Revista Crítica de Ciências Sociais*, 40: 109-135.

Toussaint-Samat, M., (1997), *Histoire Naturelle et Moral de la Nourriture*, Paris, Larousse.

Trindade, L. (2002), *A Casa Corrente em Coimbra. Dos finais da Idade Média aos inícios da Época Moderna*, Coimbra, Câmara Municipal.

Trindade, L. (2009), *Urbanismo na composição de Portugal*, Dissertação de Mestrado apresentada à Faculdade de Letras da Universidade de Coimbra.

Trindade, M. J. L. e Gaspar, J. (1973/1974), "A utilização agrária do solo em torno de Lisboa, na Idade Média, e a teoria de von Thünen". *Boletim Cultural da Junta Distrital de Lisboa* II/LXXIX-LXXX: 3-11.

Trindade, R. A. (2010), *Cerâmica medieval, século XII a meados do século XVI*, tese de Doutoramento apresentada à Faculdade de Letras da Universidade Nova de Lisboa, Lisboa.

Trombetta, S. (2005), "O momento festivo e a eternidade: a perpetuação da memória nos mosaicos de banquete", in R. M. da C. Bustamante, F. de S. Lessa (orgs.), *Memória e festa*. Rio de Janeiro, Mauad, 141-146.

Valeri, R. (1989a), "Alimentação", in R. Romano (dir.), *Enciclopédia Einaudi*, v. 16: *Homo-Domesticação-Cultura Material*. Lisboa, Imprensa Nacional – Casa da Moeda: 191-209.

Valeri, R. (1989b), "Fome", in in R. Romano (dir.), *Enciclopédia Einaudi*, v. 16: *Homo-Domesticação-Cultura Material*. Lisboa, Imprensa Nacional – Casa da Moeda: 169-190.

Varandas, C. P. R. (1999), *A Colegiada de S. Pedro de Coimbra das Origens ao Fim do Século XIV. Estudo Económico e Social*, Coimbra, Faculdade de Letras.

Vasconcelos, J. L. de (1893), *As raças humanas e a civilização primitiva*, 2ª ed., Lisboa, António Maria Pereira.

Vasconcelos, J. L. de (1983-88), *Etnografia Portuguesa*, 8 vols., Lisboa, Imprensa Nacional-Casa da Moeda.

Vasselin, M. (1999), "Des fastes de Bacchus aux beuveries flamandes : l'iconographie du vin de la fin du XVe siècle à la fin du XVIIe siècle », *Nouvelle Revue du XVIe Siècle,* 17/2 : 219-251.

Veiga, T. P. (2009) *Fastigimia*, Lisboa, INCM.

Veloso, C. (1992), *A Alimentação em Portugal no Século XVIII nos Relatos de Viajantes Estrangeiros*, Coimbra, Minerva.

Venâncio, R. P. (1997), "Maternidade negada", in M. Priore, *História das mulheres no Brasil*, São Paulo, Contexto.

Ventura, L. (2002), "Coimbra Medieval. 1. A gramática do território", *Economia, Sociedade e Poderes. Estudos em homenagem a Salvador Dias Arnaut*, Coimbra, Ausência: 23-40.

Ventura, L. (2003), "Coimbra Medieval: uma cidade em formação", in A. Alarcão (coord.), *Colecção de ourivesaria medieval, séculos XII-XV*, Lisboa, Instituto Português de Museus.

Ventura, L. (2006a), "As Cortes ou a instalação em Coimbra dos *fideles* de D. Sesnando", *Estudos em Homenagem ao Professor Doutor José Marques*, vol. III, Porto, Faculdade de Letras, 37-52.

Ventura, L. (2006b), *D. Afonso III*, Lisboa, Círculo de Leitores.

Verdier, Y. V (1978)., *Façons de dire, façons de faire. La laveuse, la couturière, la cuisinière*. Paris, Gallimard.

Verdon, J. (2002), *Boire au Moyen Âge*, Paris, Perrin.

Vernant, J., Detienne, M. (1990 2ª ed.), *La cuisine du sacrifice en pays grec*, Paris, Gallimard.

Veyne, P. (1976), *Le pain et le cirque*; sociologie historique d'un pluralisme politique. Paris, Seuil.

Veyne, P. (1990), "Prazeres e excessos", in P. Veyne (org.), *Do Império Romano ao ano mil*, in P. Ariès, G. Duby (orgs.), *História da vida privada*, v. 1, São Paulo, Companhia das Letras, 178-199.

Vidal-Naquet, P. (1995 4ª ed.), "Os jovens: o cru, a criança grega e o cozido", in J. Le Goff, P. Nora (orgs.), *História: novos objetos*, Rio de Janeiro, Francisco Alves: 116-140.

Vigarello, G. (2005), "Le corps du roi", in G. Vigarello (dir.), *De la Renaissance aux Lumières*, in A. Corbin, J. J. Courtine, G. Vigarello (dirs) *Histoire du Corps*, vol. 1 Paris, Seuil, 387-409.

Vinagre, R. D. Diniz, E. M. A.; Vaz, F. A. C. (2001), "Leite humano: um pouco de sua história", *Pediatria* 23(4):640-645.

Vincent-Cassy, M. (1992), "La *gula* curiale ou les débordements des banquets au début du règne de Charles VI", in *La Sociabilité à Table. Commensalité et Convivialité à Travers les Âges*, Actes du Colloque de Rouen, 14-17 novembre 1990, Textes réunis par Martin Aurell, Olivier Dumoulin et Françoise Thelamon, Rouen, Publications de l'Université de Rouen: 91-102.

Vitolo, M. R. (2008), "Importância do aleitamento materno", in M. V. Regina, *Nutrição da gestação ao envelhecimento*, Rio de Janeiro, Rubio.

Wattel, O. (1998), *Petit atlas historique de l'Antiquité Romain*. Paris, Armand Colin.

Webster, J., Cooper, N. J., ed. (1996), *Roman imperialism: post-colonial perspectives*. Leicester, School of Archaeological Studies of University of Leicester (Leicester Archaeology Monographs 3).

Wecowski, M. (2002), "Homer and the Origins of the Symposion", in F. Montanari (ed.), *Omero tremila anni dopo*. Edizioni di Storia e Letteratura, Roma, 627-637.

Who (1991), *Indicators form assessing breastfeeding practices*. Geneva, World Health Organization.

Who (2001), *The optimal duration of exclusive breastfeeding*, Geneva, World Health Organization.

Wilkins, J. M. and Hill, S. (2011), *Archestratus: Fragments from* The Life of Luxury. Prospect Books. Totnes, Devon

Witt, Aracy (1971), "Alguns conhecimentos sobre nutrição ligados à gestação e ao puerpério", *Rev Saúde Pública* 5:97-102.

Woolf, G. (1990), "World-systems analysis and the Roman Empire", *Journal of Roman Archaeology* 3: 44-58.

Woolf, G. (1992), "Imperialism, Empire and the integration of the Roman Economy", *World Archaeology* 23 (3): 283-293.

Zevi, F. (1965), "Appunti sulle anfore romane. La tavola tipologica del Dressel", *Archeologia Classica* 18 (2): 208-247.

Índice onomástico

Antropónimos

Afonso Henriques: 115, 118
Ájax: 39
Alcínoo: 36
António Vieira, Padre: 245, 246
Aquiles: 39
Atena: 36, 37, 45, 58
Brómio/Baco: 33
Calipso: 38
Cambises: 30, 37
Ceres: 44, 58
Circe: 36, 40
Ciro: 31
Deméter: 33, 35, 44, 58, 60
Eumeu: 39
Galeno: 146, 152, 287
Ganimedes: 37
Gláucon: 42, 43
Hefestos; 37
Hermes: 45
Hipócrates: 42, 146, 286
João IV, D.: 168, 225, 226, 229
Luís Álvares de Távora: 22, 219, 235, 241
Manuel I, D.: 119, 215, 217, 222
Máron: 30
Menelau: 36, 37
Mentes: 37
Nestor: 40
Pedro Álvares Cabral: 22
Pero Vaz de Caminha: 22, 23, 26, 27, 29, 30, 222, 289
Pisístrato: 36, 38
Polifemo: 30, 32, 33, 49
Prexaspes: 37
Psamético III: 30
Sileno: 33
Sócrates: 42, 43
Sorano: 287
Telémaco: 36-39
Ulisses: 30, 32-34, 36-39, 49
Vasco Luís, D.: 213, 222, 225, 226, 228, 229, 231, 234-237, 239, 240, 245, 246, 247, 250
Vicente Nogueira, D.: 213, 225-229, 231, 232, 234-246, 248-50
Zeus: 37, 38, 46, 48

Topónimos/Etnónimos:

África: 22, 51, 53, 54, 58-63, 65, 68, 114, 157, 254, 259, 260, 264

Africano: 28, 54, 55, 65, 66, 247, 259-63, 268, 269, 276, 280

Água de Runa: 122

Alentejo: 48, 90

América: 22, 254, 256, 261, 263, 270, 271

Ásia: 22, 47, 157, 260

Assafétida: 44

Atenas: 45

Bahia: 247, 265, 268, 281

Barcelona: 247, 265, 268, 281

Beirute: 49

Berberes: 23

Biblos: 49

Bizâncio: 43

Brasil: 18, 22, 24, 26, 50, 114, 156, 166, 169, 176, 177, 181, 185, 191, 247, 253, 254-73, 275-83, 285, 287, 289-91

Brasileiros: 50, 254, 257, 259, 269, 272, 278

Calípolis: 42

Ciclopes: 30, 32

Coimbra: 17, 34, 47, 71, 89, 97, 113-27, 121, 130, 131, 133-36, 172, 189, 192-96, 199, 211, 225, 237, 242

Cólofon: 40

Egeu: 39, 65

Egipto: 30, 80

Eiras: 118, 125

Éreso: 45

Éritras: 45

Etíopes: 30, 31

Europa: 40, 47, 72, 81, 114, 127, 154, 156, 211, 213, 256, 259, 260, 261, 289

Évora: 90, 94, 97, 117, 127, 154, 156, 162, 169, 170-72, 175-80, 184, 185, 187, 189-192

Fenícia: 46, 49, 58, 59, 61

Gregos: 19, 23, 25, 29, 32, 35, 38-40

Hélade: 47

Icária: 40

Índia: 22, 41, 103, 114, 156, 172, 177, 179, 180, 211, 228, 239, 247, 259, 268, 286

Ítaca: 30, 32

Itália: 60, 65, 72, 143, 210, 222, 227, 231, 245

Lâmpsaco: 42

Lesbos: 45, 46, 48

Lisboa: 48, 72, 90, 91, 93, 97, 100, 101, 103, 116, 118, 141, 154, 156, 158, 165-92, 196, 200, 213, 216, 220-22, 225, 228-30, 232-34, 238-40, 242-50

Livorno: 231, 243-246

Madeira: 26, 105, 152-55, 177, 179, 217, 220, 259, 261

Mar Negro: 19

Masságetas: 31, 34

Mauritânia: 23

Mediterrâneo: 19, 32, 52, 59, 65

Mênfis: 30

Mondego: 115, 116, 127, 136, 199

Montemor-o-Velho: 48, 91, 97, 174

Náucrates: 38, 47

Novo Mundo: 22, 26, 50

Oliveira de Azeméis: 48

Oriente: 26, 59, 114, 156

Palma: 105, 214

Península Ibérica: 81, 107, 134, 222, 261

Pernambuco: 176, 188, 191, 247, 268

Persas: 30, 31

Pérsia: 30, 31, 41, 222

Pilos: 38

Porto Seguro: 23

Portugal: 17, 18, 20, 26, 32, 40, 48-50,

99, 107, 109, 114, 115, 119, 127, 130, 136, 143, 145, 147, 152-54, 157, 159, 162, 165, 166, 172, 176-178, 183, 196, 199, 213, 214, 217-19, 226, 228, 229, 242, 246, 250, 253-65, 267-69, 288

Portugueses: 19, 24, 26, 27, 31, 50, 100, 108, 1142, 144, 155, 157, 202, 213, 214, 219, 222, 225, 226, 245, 247-50, 256-70, 273, 276, 281, 289, 290

Real Colégio de São Pedro de Coimbra: 193, 194, 196, 203, 211

Roma: 52, 55, 61, 62, 64, 65, 213, 225, 230, 244-46, 287

Romanos: 25, 44, 50, 51, 53-56, 59, 61-63, 146, 259, 272

Rua de Oleiros: 122

Rua dos Confeiteiros: 173, 174, 221, 249

Santa Clara: 91, 116, 118, 153, 239, 240, 246

Santa Cruz: 115, 116, 130

Santa Justa: 115, 116, 121, 122, 125-31, 134, 169

Santiago: 115, 116, 122, 123, 130, 176

Santo António dos Olivais: 118, 185

São Bartolomeu: 115, 116, 122, 123, 128, 130, 131, 132, 134, 135

São Martinho do Bispo: 118

São Paulo de Frades: 118

São Tomé: 26, 177

Sé de Coimbra: 122, 125-27

Sicília: 43, 55, 105, 152

Sinai: 41

Táfios: 37

Tasos: 45, 49

Tégea: 45

Terena: 48

Tessália: 45- 46

Tomar: 48, 219, 232

Tripoli: 49

Tupiniquins: 23, 24, 26, 27, 29, 30

Valongo: 48

Vaqueiros: 48

Vera Cruz: 22

Índice onomástico

ALIMENTAR (alimentos)

abetardas: 119

abóbora: 176, 177, 179, 201, 216, 217, 218, 219, 221, 247, 249, 250, 258.

açafrão: 103, 114, 136, 197, 209.

acelga: 258.

acepipe: 43, 264.

açúcar: 24, 25, 26, 97, 105, 120, 152, 153, 154, 156, 158, 167, 173, 175-81, 197, 203, 213- 23, 227-32, 234-39, 241, 244, 247, 254, 256, 261, 265, 281, 182, 283.

açúcar cristalizado: 25

açúcar de panela: 105

açucar em pão: 105

açúcar rosado: 24, 25, 175, 176, 179, 215, 221, 229, 231, 234, 247, 250

aeromeli: 41

agrião: 258

água: 23, 26, 27, 29, 37, 38-41, 55, 63, 82-84, 93, 101, 102, 105, 107, 109, 120, 122, 136, 148, 156-58, 161, 199, 215, 219, 223, 226, 237, 238, 277, 282.

água de flor: 26, 227

álcool: 283, 284

alecrim: 258

alfavaca: 258

alfenin: 176

alforge: 38

alho: 42, 120, 136, 151, 201, 258, 259, 285

almôndegas: 102

ambrósia: 46, 49

ameixas: 120, 210, 215, 216, 218, 232

amêndoa: 24-26, 105, 120, 167, 175-177, 179, 232, 233, 250, 256, 264

ananás: 156

animais domésticos: 39

animais selvagens: 39, 60

anis: 25

aperitivo: 44

aprovisionamento, 38, 94, 97, 150

arenque: 104

arroz: 27, 151, 197, 201, 208, 210, 257, 258, 280, 282

arroz de pato: 271

arroz doce: 166, 226, 265, 280, 281, 291

árvore: 29, 44, 126, 151, 229, 280

atum: 42, 43, 150

aveia: 120

avelãs: 120

aves: 43, 44, 101, 103, 119, 197, 198

azeite: 41, 43, 46, 52, 59, 63-67, 113, 119-24, 130-32, 136, 156, 196, 202, 211, 257, 264, 266

azeitona: 21, 42, 44, 63, 101, 137, 223, 226

azevia: 104

bacalhau: 150, 197, 199, 210, 257

bagaço: 101, 122

baganha: 122, 123, 131

banana: 260, 265

banha: 119, 185, 197, 202, 210, 263

batata: 114, 156

bebidas fermentadas: 259

beiju: 263, 264

beilhó: 26, 151, 265

beringela: 258

besugo: 104

biblino (vinho): 46, 49

bodalo: 104

boga: 104

boi: 29

bolbo: 42, 151

bolo: 25, 26, 167, 185, 254, 261-65, 271, 281

bolota: 42, 101, 120

bouquet: 49

bovinos: 39, 286

broa: 21, 263

Índice onomástico

cabra: 29, 39, 40, 264, 280, 281

caça: 39, 44, 54, 58, 90, 92, 98, 102, 107, 119, 120, 136, 149

cação: 104

cacho: 35, 45, 46, 58

cachucho: 104, 199

caju: 264, 265

cana de açúcar: 26, 105, 152, 214, 217

canafístula: 120

canela: 26, 103, 114, 120, 156, 259, 266

canja de galinha: 280, 282, 291

canjica: 260, 263, 280-82, 291

caprinos: 29, 286

carimã: 264, 265

carne: 30, 33, 36-39, 55, 58, 72, 85, 98, 101-04, 113, 114, 119, 120, 124, 125, 130, 132, 134, 136, 144, 148-50, 150, 156, 157, 159, 172, 197-99, 206, 207, 218, 227, 237, 238, 247, 257, 258, 260, 263-65, 282, 285

carneiro: 119, 135, 149, 197, 198, 210

carnes frias: 39

casquinhas: 218, 219

castanhas: 120, 208, 210

castas: 48

cauim: 259

caule: 44

cebola: 40, 120, 136, 151, 201, 258, 259, 265

cebolinha: 259

cenoura: 201, 258

centeio: 120, 127

cereal: 29, 31, 40, 44, 45, 101, 118

cerejas: 120, 151

cerveja: 161, 280, 283, 284

cevada: 32, 39, 40, 42, 45, 46, 120, 127, 149, 154

cheiros: 103, 228, 238, 257, 258

chicória: 197, 210, 258

chocolate: 156

chocos: 104

chouriço: 21

chuchu: 258

cidra: 120, 177, 217, 222, 228, 260

cidrada: 167, 219, 226-28, 235, 237, 238, 247, 249

cidrão: 26, 250

cinamomo: 103

coco: 260, 261, 264, 174

coelho: 103, 119, 120, 149, 185

coentro: 197, 203, 210, 126, 258, 266

cominho: 43, 111, 259

compota: 200, 223, 241, 262, 265

condimento: 97, 103, 120, 136, 195, 197, 201, 203, 206, 209, 257

conduto: 23, 38-40, 42, 43

confeitaria: 24, 25, 165-67, 169-71, 173-79, 181, 216, 220, 221, 239, 261, 271

confeiteiro: 24-26, 163, 165-86, 192, 213, 214, 217, 218, 220, 221, 226, 232, 247-49

confeito/confeite: 23-25, 102, 105, 166, 175, 176, 179, 185, 215, 221, 222, 223, 226, 231-33, 236, 249, 250

confraria (gastronómica): 20, 48, 59, 184, 185

congro: 104, 199

conserva: 21, 102, 105, 151-53, 158, 166, 167, 1696, 175, 176, 179, 200, 213-50, 260, 263

cordeiro: 119

couve: 201, 258, 265, 268

cravo: 25, 26, 103, 114, 156, 259, 266

creme: 26

dendê: 260

diacidrão: 176, 217, 218, 222

doçaria: 26, 48, 153, 166, 167, 172, 176, 179, 198, 220, 222, 223, 241, 256, 257, 260-62, 264

doce: 23-26, 30, 39-41, 102, 105, 114, 149, 152, 153, 157, 166-68, 172, 173, 175-77, 179, 183, 186, 197,

331

Índice onomástico

199, 200, 210, 213-15, 217, 222, 223, 225-50, 254, 256, 259-62, 265, 267, 280, 281, 291
droga: 31, 35, 40
empadas: 102, 104, 150, 151
enchido: 43, 103
endro: 258
enguia: 104
ervas (aromáticas): 26, 46, 101, 103, 152, 203
especialidade (gastronómica): 20, 25, 42, 43, 271
especiaria: 26, 97, 103, 114, 120, 136, 156, 203, 209, 216, 257, 259, 261, 281
espiga: 45
espinafre: 197, 198, 207, 210
faneca: 104
farinha: 45, 46, 127, 154, 254, 256, 257, 259, 261, 264, 265, 281, 282
farinha de cevada: 45
farinha de trigo: 45, 127, 261, 265
farofa: 258, 265
fartem/fartéis/fartes: 23-26, 167, 179, 247, 256
fava: 42, 43
feijão: 197, 201, 210, 257
figo: 23, 26, 42, 43, 58, 120, 260
figo seco: 43
filhós: 26, 37, 181, 278
flos vini: 49
folhados: 26
frango: 151, 197, 198, 207, 210
fruta: 23-25, 30, 54, 55, 58, 59, 97, 101, 102, 104, 105, 114, 118, 120, 126, 149-152, 157, 159, 166, 167, 174, 176, 177, 195, 197, 200, 201, 208, 210, 214, 216, 218-23, 226-28, 231, 237, 238, 257, 259, 260, 261, 265, 280, 281, 285
frutos secos: 26
frutos silvestres: 42

funcho: 258
gado: 29, 31, 32, 101, 119, 120, 136, 197
gado bovino: 39, 120, 197, 286
gado caprino: 32, 39, 120, 286
gado ovino: 32, 39, 120, 197, 286
gado suíno: 39, 120, 197
galhuda: 104
galináceo: 198, 282
galinha: 29, 119, 120, 149, 197, 198, 207, 210, 257, 260, 265, 280, 282, 283
geleia: 223, 241, 281
gengibre: 26, 103, 105, 114, 259
ginja: 228, 231, 234
goma de cedro: 25
goraz: 104, 199
gordura: 63, 119, 120, 122, 196, 202, 203, 237, 260, 263
grainha: 45
grão: 40, 45, 46, 61, 84, 101, 197, 201, 210, 217, 263
grão-de-bico: 42, 43, 268, 281
grous: 119
hortaliça: 114, 120, 126, 137, 152, 197, 201, 208, 210, 258
iguaria: 23, 24, 26, 31, 37, 38, 43, 50, 102, 104, 110, 151, 218, 222, 223, 228, 247
inhame: 29
lacticínio: 119, 120, 196
lagosta: 104
lampreia: 104, 150, 151
laranja: 114, 120, 167, 228, 247
lebre: 120
legume: 29, 31, 84, 114, 118, 120, 125, 126, 132, 136, 151, 152, 197, 201, 208, 209, 218, 222, 223, 282
leite: 25, 30, 32, 33, 42, 151, 157, 196, 211, 212, 218, 226, 276-88, 290, 291
leite de cabra: 264, 280

leite de coco: 261, 264
leite de vaca: 264, 280
leite fraco: 276, 285, 290, 291
leite humano: 277, 281, 287, 290
leite materno: 277, 278, 280, 282-84, 286, 287, 291
leiteiro: 25
lentilha: 120
lésbio (vinho): 46, 49
limão: 218, 260
língua de vaca: 197, 198, 210
linguado: 104, 197, 199, 210
lombo: 103, 210
louro: 259
lula: 104
malvasia: 105
maná: 41
mandioca: 256, 259, 261, 265
manjar: 103, 109, 150, 151, 163, 167, 196, 212, 218, 226, 256
manjericão: 258
manteiga: 119, 120, 167, 185, 196, 197, 202, 210, 263
maracujá: 265
marisco: 41, 102, 119, 136, 149
marmelada: 25, 153, 167, 175-177, 179, 215, 216, 218, 219, 221, 223, 228, 230, 231, 234-36, 238-41, 247, 247-50, 265
marmelo: 105, 177, 223, 228, 247, 260, 265
massa: 25, 26, 167, 228, 281
massapão: 24, 175, 176
mel: 26, 30, 31, 39, 40-42, 119, 120, 170, 177, 219, 221, 224, 229, 231, 234, 261, 265
melancia: 260
melão: 249, 260
mezinhas: 152, 202, 214, 218, 219
milhete: 59, 60
milho: 21, 114, 119, 120, 127, 257, 259, 263-65, 281, 282
mimos: 213, 223, 224, 234
mingau: 265, 281
mirra: 43
moreia: 104
mungunzá: 281
murta: 42
nabo: 197, 210, 258
néctar: 49
nozes: 120
noz-moscada: 259
óleo: 215, 260
óleo de palma: 265
oliveira: 118
ostras: 104, 184
ovelha: 29, 33, 39, 286
ovino: 39, 286
ovo: 26, 101, 120, 149, 151, 167, 197, 198, 210, 238, 249, 257, 260, 261, 266, 281, 285
ovos de galinha: 257, 260
ovos de jacaré. 260
pão: 17-29, 31-50, 52, 55, 82-85, 98, 101, 102, 105, 111, 113, 114, 120-23, 125, 127, 128, 136, 143, 144, 148, 154, 155, 156 167, 175, 198, 201, 201, 206, 208, 210, 256, 259, 263
pão branco: 45, 46, 154, 259
pão caseiro: 46
pão comercial: 46
pão escondido: 45, 46
pão *kondrinos*: 45, 46
pão *krimnites*: 45, 46
pão ralado: 25
papa: 198, 263, 266, 277
pasta: 42, 167, 177, 183
pastel/pastéis: 102, 150, 151, 167
paté: 42
pato: 197, 210, 260, 271

Índice onomástico

peixe: 42, 103, 104, 113, 114, 119, 124, 125, 132-34, 136, 149-51, 159, 162, 197-200, 207, 208, 210, 211, 226, 257, 258, 260, 271, 282, 285
peixe fumado: 197, 199, 210
peixe seco: 104, 260
pelames: 116
pepino: 210, 216, 218, 258
pêra: 120, 151, 176, 179, 217, 221, 237, 249, 250, 265
perada: 218, 219, 226, 229, 230, 235-39, 249, 265
perdiz: 103, 119, 120, 149, 224
peru: 156, 197, 210
pesca: 124, 132
pescada/pescado: 23, 43, 101, 102, 104, 132-34, 136, 149, 150, 197, 199, 210, 285
pessegada: 218, 219, 230, 231, 234, 236, 238
pêssegos: 151, 176, 217, 219, 219, 228, 230
petisco: 43
pimenta: 26, 103, 114, 119, 120, 136, 156, 259, 271, 285
pimenta malagueta: 259
pimenta-do-reino: 259
pinha: 25
pinhão: 25, 26, 210, 265
pinheiro: 25
pinhoada: 167, 247, 265
pirão: 258, 265
polvilho: 261
pomba: 119
porco: 39, 43, 44, 103, 119, 148, 181, 185, 197, 198, 207, 210, 257, 258, 263, 264, 282, 285
porco do mato: 258, 264
porco europeu: 257
porco ibérico: 264
presunto: 21, 27, 103

queijo: 21, 32, 33, 39-42, 46, 48, 55, 119, 120, 157, 196, 211, 212, 215, 223, 226
queijo curado: 120
rábano: 102, 201, 258
ração: 42, 43, 63
raiz: 101, 142. 151, 259, 263, 269
rebanho: 33
repasto: 31, 38, 107, 247
repolho: 197, 210
rodovalho: 104
rola: 119
romã: 58-60, 106
rosa: 25, 58, 59, 60, 176, 228, 234
ruibarbo: 120
ruivo: 197, 199, 210
sal: 39, 43, 44, 97, 149, 197, 210, 257, 260, 282
salmonete: 104
salmoura: 44, 260
salsa: 258
sama: 104
sardinha: 104, 149, 150, 197-99, 210, 257, 258
sargo: 104, 199
sarrabulho: 271
sílfio: 43, 44
sobremesa: 23-26, 42, 43, 105, 151, 153, 166
solho: 104
sonhos: 198, 263, 266, 280
sopa: 198, 263, 266, 280
suíno: 39
talos de alface: 218, 247, 250
tâmara: 41, 106
tamarisco: 41
tásio (vinho): 46
teta de porca: 43, 44
tomate: 156
tordo: 197, 198, 210

tortas: 102, 226

toucinho: 148, 149, 167, 196, 197, 202, 210, 266, 268

tremelga: 46

trigo: 29, 31-33-42, 45, 46, 61, 119, 120, 127, 149, 154, 257, 259, 261, 264, 265

truta: 104

uva: 33, 45, 58, 120, 257, 259, 260

vaca: 29, 102, 103, 119, 148, 149, 197, 198, 207, 210, 211, 264, 280, 286

veado: 39, 119

vegetal: 51, 55, 202, 283, 291

veneno: 31, 35

verdura: 92, 118, 195, 197, 201, 206, 208, 209, 258

videira: 32, 40

vinagre: 43, 197, 202, 209, 211, 286

vinha: 32, 46, 92, 119, 122, 126, 136, 180

vinho: 17-23, 25, 27, 28, 3-50, 55, 101, 102, 104, 105, 107, 113, 114, 118-20, 124, 128-30, 132, 136, 143, 144, 148, 154-56, 158, 160, 161, 197, 201, 202, 206, 209, 211, 226, 257, 259

vinho de pramno: 40

vinho de uvas: 259

vinho puro/estreme: 31, 31, 41

vinho tinto: 155

víscera: 4

Índice onomástico

Produção
(técnicas, objetos e processos)

abate: 31, 39, 134
acondicionamento: 219, 227-229, 234-36, 239-43, 248
açucareiro: 105
agomis: 107
albarrada: 23
ânfora: 49, 52, 64, 65
assado: 73, 237, 257, 262, 263, 281
assar: 102, 261
assento: 40, 108, 130, 136
bacia: 19, 37, 50, 179
baixela: 54, 96, 107, 110
banquete: 31, 38, 41-43, 54, 58, 60, 96, 97, 102, 106, 108, 110, 145, 152, 156, 158, 159, 222, 223, 226, 249, 256, 262
bar: 21
botica: 214, 215, 238, 243
brasido: 43
caça: 39, 44, 54, 58, 90, 92, 98, 102, 107, 119, 120, 136, 149
caçada: 39, 55, 59, 61, 93, 102, 105, 110
cadeira: 27, 40, 180
caixas: 177, 179, 180, 181, 219, 228-31, 233-36, 240-42, 248, 249
caldeira/caldeirão: 72, 103
caldo: 215, 260, 263, 283
cantina: 21
cardápio: 24, 218, 256, 267
cesto: 39, 40
conservar: 169, 218, 219, 220, 288
convívio: 20, 36, 37, 48, 106-108, 110, 272
copa: 98, 107-10, 116
cozinha: 21, 24-26, 35, 38, 51, 52, 71, 75, 89, 91-94, 96, 98, 100, 103, 104, 119, 120, 142, 143, 148, 149, 151, 158, 163, 171, 179, 193-96, 201-03, 211, 213, 218, 223, 226, 238, 253-58, 261, 263, 264, 266-68, 270-72
cozinhado: 149, 263
currais: 92, 113, 121
curtição: 116
delícia; 31, 45
ensopado: 266
entradas: 21, 44
escalfado: 263
esmagar: 42
estufado: 46
farnel: 21, 38
fogão de abóboda: 262
fogão de chapa: 262
forno: 45, 46, 113, 121-23, 127, 136, 262, 268
fornos de pão: 113, 121, 122, 136
frigideira: 262
fritura: 260, 262
fogo: 43, 51, 85, 87, 122, 219, 238, 260, 262
fruteiro: 25
fumeiro: 263
garrafão: 21
grelha: 43, 73, 149, 215, 262
grelhar: 75
guisado: 257, 263
krater: 34, 41, 47
kylix: 41
jarra/o: 31, 37
líquido: 41, 63, 156, 227, 241, 263, 277, 280, 285, 291
livro de cozinha: 148, 181, 193, 196, 218
mamadeira: 277, 286, 289
menu: 21, 23, 31, 38, 41, 42, 152, 257
mesa: 17, 18, 20, 23, 25, 27, 35-42, 44, 46, 47, 50-52, 55, 56, 58, 59, 67, 73, 89, 94, 96, 97, 100, 102-104, 106-111, 114, 141, 142-45, 147-63, 166, 167, 180, 183, 186, 188, 191, 194-96, 198, 200, 212, 216, 221-

Índice onomástico

23, 226, 227, 234, 247, 249, 250, 256, 281
moagem: 45
moinho: 127, 136
moquém: 260
objectos da mesa: 89
odre: 38
olaria: 64, 116, 242
padaria: 25, 221
panela: 105, 221, 229, 236, 238, 262
panos: 96, 103, 107, 228
pastelaria: 21, 25
pesos: 156, 167
phiale: 41
piparote: 105, 155, 221, 224
pisado: 73, 119
poia: 123, 127, 128
pomares: 92, 118
praça/ mercado: 45, 46, 63, 65, 66, 118, 119, 130, 136, 144, 211, 216, 231, 232
prato: 20, 21, 23, 25, 39, 42-44, 54, 56, 58, 59, 89, 100, 102-104, 150, 153, 158, 159, 184, 223, 235-37, 256, 260, 265, 267, 271, 281
preparação: 39, 40, 42, 43, 73, 124, 125, 134, 154, 172, 173, 177, 186, 218, 219, 222, 223, 227, 235, 281, 282
purificação: 37, 41, 78, 80
raça: 267, 269, 272
ralador: 40
receita: 20, 24-26, 43, 149, 151, 196, 202, 214, 218-220, 222, 223, 232, 241, 254, 256, 262, 265, 271, 281, 283
restaurante: 21
salva: 37, 180, 224, 241
serviço de mesa: 36, 40, 44
taberna: 21
tabuleiro: 48
taça: 37, 41, 44, 107, 241

tainha: 104, 197, 199, 210
tapeçarias: 98, 107
tasca: 21
toalha: 27, 107-10, 167, 180, 247
utensílio: 41, 97, 179, 257, 262, 277, 286
vaso: 37, 41, 64, 179, 235, 239, 286

Índice onomástico

OFÍCIOS/MESTERES

açougue: 129, 130, 134, 136
alcacel: 127
alfoz: 117
alitães: 104
almocreves: 116, 125
almotacé: 119
alveitar: 98
arauto: 97, 98, 110
armeiro: 107
azeiteiro: 131
azemel: 98
caçador: 59, 98
caminheiro: 98
camponês: 55, 117
carniceiro: 98, 113, 134, 135
cavalariço: 98
comerciante: 116, 124, 125, 130, 136, 287
comprador: 97, 98, 100, 101, 103, 104
confeiteiro(a): 24-26, 163, 165-87, 192, 213, 214, 217, 218, 220, 221, 226, 232, 247-49
conserveira: 169, 214, 231, 235, 238, 239, 246, 249
conserveiro: 214
copeiro: 26, 97 100, 163, 214
cozinheiro: 25, 26, 98, 100, 101, 104, 163, 222, 256, 267
despenseiro: 25, 97
dispensa: 19, 40, 96, 98, 103, 105, 130
doceiro: 25
enxerqueiras: 125
escanção: 37
escançaria: 104
escravo: 42, 54, 88, 166, 254, 269
escrivão da cozinha: 100
escudeiro: 37, 100, 103
falcoeiro: 98
ferrador: 98

guarda-resposte: 215, 224
governanta: 37, 38
homens de pé: 98
intendente: 33
jogral: 97, 110
lagareiro: 113, 130-32
lagar de azeite: 113, 121-23, 129-31, 136, 137
magarefe: 134, 135
manceba: 98, 101, 175
manteeiro: 96
marchante: 134
marisqueira: 125
mercador: 116, 125, 173, 242, 244
merceeiro: 125
mestre do relógio: 97, 98
metalurgia: 119
moço de câmara: 98, 101
moço de cozinha: 163
moço do monte: 98
moleiro: 127
negro/negra: 110, 146, 154, 238, 239, 259, 260, 269, 271, 279, 282, 289
oficiais: 89, 94, 96, 98, 100, 110, 167, 169, 175, 183, 220
olival: 118, 180
padeira: 125, 127, 128
panificação: 124, 127
pasteleiro: 25, 163, 166-69
peixeira: 125
periliteiro: 97, 98
porqueiro: 39
regateira: 125
regueifeira: 98, 100, 101
reposte: 97, 98, 153
reposteiro: 96, 97, 98, 100, 101, 107, 224
sapateiro: 98, 173, 180
sardinheira: 125
servo(a): 35, 37, 42, 86

Índice onomástico

serviçal: 37
tendeiro: 175, 182
tesoureiro: 103-05, 153
trinchador: 37
trinchante: 163
trombeteiro: 97, 110
uchão: 97
ucharia: 96, 148, 149, 163, 257, 267
vedor: 96, 100, 103, 108, 217
vendedeira: 125
verceira: 125
vinhateiro: 113, 12

Índice Comum

abelha: 25, 173, 261

abstinência: 78, 79, 82-84, 87, 104, 149, 150

aculturação: 50

africano: 28, 54, 55, 65, 66, 247, 259-63, 268, 269, 276, 280

alcáçova: 90-92, 116, 151, 162, 193

aleitamento artificial: 288

aleitamento materno: 275-79, 281, 283, 285-87, 289-91

algazaria: 119

alimentação mediterrânea: 34

alimentação portuguesa: 34, 49, 50

almedina: 115, 116, 123, 127, 129-31, 134, 136

almoço: 157

almuinha: 118, 126, 127, 137

amamentação: 169, 275-79, 283, 284, 286-91

ama de leite: 286-289

anfitrião: 20, 37, 54

antiguidade: 17, 22, 29, 35, 39, 47, 50, 52, 58, 61, 65, 152, 200, 266, 290

arrabalde: 91, 115-17, 122, 129, 130, 134, 136

astrologia: 146, 147

atrium: 55

audiência episcopal: 123, 126, 131

banquete(s): 31, 38, 41-43, 54, 58, 60, 96, 97, 102, 106, 108, 110, 145, 152, 156, 158, 159, 222, 223, 226, 249, 256, 262

bebé: 284, 286, 288

bestialidade: 22, 28, 33

bodas: 108, 109

botânica: 22, 44

brindar: 48

burguesia: 288

caloria: 284

canibalismo: 32, 33

carboidratos: 284

carta de quitação: 103, 104

casa corrente: 120

Casa da Rainha: 94, 96, 100, 101, 153, 217

Casa do Rei: 94, 96, 100. 105

Casa Real: 96-98, 102, 104, 105, 107, 110, 155, 159, 163, 217, 220, 256, 257

cavalariça: 121

ceia: 77, 102, 157, 158, 162, 237, 256, 271

celebração: 20, 36, 147, 155

cena: 19, 36-38, 54-56, 58, 72-74, 107, 157

cerimónia: 90, 108, 110, 159, 162, 260

Índice Comum

civilização: 20, 39, 50, 54, 67, 156, 163, 238
civilizado: 18, 22, 29-32, 34, 39
colegiada: 115, 121-123, 125-32, 134, 135
colegial: 194-97, 203, 212
colégio: 59, 176, 193-95, 199, 200, 203, 211
colónia: 26, 65, 166, 169, 262, 270, 276, 283, 289, 291
colonial: 26, 65, 166, 169, 262, 270, 276, 283, 289, 291
colono: 29, 32, 62, 260, 263
concelho: 114, 118, 156
Condes portucalenses: 115
conquista: 115, 118
consoada: 198
convalescência: 282
convalescente: 238, 282
convidado: 20, 54, 55, 58, 77, 106, 110
cortes: 90, 97, 108, 145, 256
crença, 29, 67, 68, 74, 142, 214, 257, 275, 276, 278, 279, 280, 282-84, 290, 291, 292
criança: 166, 167, 169, 277, 278, 280, 282, 286-88, 290
cultura: 17-20, 23, 27, 28, 50, 52, 53, 54, 61, 66-68, 74, 77, 80, 81, 108, 110, 113, 119, 126, 127, 142, 152, 165, 166, 214, 222, 224, 254-56, 268, 270, 276, 278-81, 285
cultura portuguesa: 19, 30, 247, 253
descobrimentos: 23
desmame precoce: 278, 287, 290
desnutrição: 278
diaita: 278, 287, 290
dieta: 17, 19, 22-24, 29, 31, 32, 35, 36, 42, 44, 50, 55, 58, 67, 113, 119, 123, 151, 194, 195, 196, 201, 203, 222, 237, 256-58, 260, 261, 265, 279, 282, 284-86, 291
dieta europeia: 19

dieta mediterrânea: 24, 35, 50
dieta portuguesa: 19, 32, 265
dízimo: 123, 126, 128, 131
domus: 53, 56, 67
embriaguez: 283
estereótipo: 28´
estômago: 43, 52, 71, 75, 77, 78, 82, 84, 85, 87, 88, 237, 267
exedra: 53, 56, 57, 67
família: 20, 37, 46, 53, 55, 56, 79, 105, 113, 127, 136, 172, 178, 216, 219, 246, 271, 277, 279, 283, 284, 287, 289
faraó: 30
fauna: 114, 257
fera: 22, 31, 33
fertilidade: 58, 118, 277, 290
festa: 20, 21, 26, 48, 97, 106, 110, 143, 154, 155, 158, 166, 250, 256, 281, 289
fisiologia: 51, 73, 77, 277, 278, 283, 285
flora: 114, 257
fome: 51, 73-76, 80, 82, 83, 145, 158, 160, 264, 278
foral: 115, 116, 118-20, 122, 130, 133
freguesia(s): 122, 123, 125, 127-29, 131, 132, 134, 168, 174
frio: 21, 27, 150, 162, 226, 281, 185
gastronomia: 20, 23, 35, 52, 150, 156, 163, 213, 218
gastrónomo: 47, 51
gourmet: 44
gravidez: 282
grinalda: 43
herança colonial: 270. 276, 291
higienização: 41
hipogalactia: 278
horta: 92, 113, 121, 258
hospitalidade: 30, 32, 36, 51, 53
identidade: 17, 20-22, 24, 29, 30, 36, 49, 50, 68, 165, 195, 201, 247, 250

iguador: 98
imus lectus: 56
incenso: 41, 43
indígena: 29, 257, 259, 260, 261, 262, 263, 281, 288
índio: 22, 23, 27, 29-31, 222, 263, 269, 270, 272, 273, 279, 281, 288
ingestão: 31, 38, 72, 78, 215, 237, 284
inventário: 142, 178, 179, 214, 215
jantar: 48, 51, 54, 56, 102, 106, 157, 158, 222, 226 237, 256, 261
jejum: 78, 84, 104, 149, 157, 162, 195, 211, 215, 271
jentaculum: 55
lactação: 277, 278, 281, 285, 286, 288, 290, 291
lactogogo: 276, 278, 279, 281-84, 291
lanche: 21
lazer: 21, 93, 157
leitoso: 280
limpeza: 41, 219, 223, 250
ludus / ludi gladiatorii: 59
lusofonia: 18, 19, 50, 237, 281
mãe: 31, 43, 153, 170, 171, 178, 215, 222, 276-80, 286-90
mama: 277, 290
mamilos: 288, 290
mantimento: 22, 23, 26, 30, 89, 154, 162, 266
manuscrito: 25, 73, 74, 214, 218, 219, 232, 235, 241
maternidade: 287, 290
materno : 172, 275-91
medicina: 146, 150, 152, 162, 163, 194, 214, 215, 237, 254, 283
medicina galénica: 150, 152
medida: 31, 63, 119, 156, 209
medius lectus: 56
mercenárias: 288, 289
merenda: 21, 157, 158, 223, 250
mesa régia: 89, 104, 144, 145, 159, 161, 221

mito: 39, 51, 52, 54, 58, 275, 276, 278, 279, 285, 290-92
monarca: 22, 37, 89-94, 96, 100, 102, 106-08, 114, 116, 118, 120, 130, 133, 145, 146, 154, 157, 158, 162, 220, 225
monarquia: 145, 147, 154, 159, 162
monteirinho: 98
mortalidade infantil: 277, 286, 288, 289
mos maiorum: 58, 67
mulher: 40, 97, 98, 100, 125, 128, 137, 154, 160, 166, 167, 169, 172-75, 177, 178, 182, 185, 186, 233, 247, 265, 277-84, 286-92
natal: 100, 106, 167, 195, 223, 224, 230, 246, 247, 254, 264
nómada: 31, 32
núcleo amuralhado: 115
nutrição: 76, 254, 258, 267, 278, 287, 291
nutricionista: 267, 275
nutriente: 38, 277, 284, 290, 291
nutriz: 276-79, 282, 284, 285, 290, 291
ostentação: 54, 58, 107, 144, 145, 147, 156, 158, 159
padrão alimentar: 22, 26, 30, 31, 32, 34, 50
palácio: 36-38, 89, 93, 236
paladar: 48, 103, 227, 256, 263, 264, 265, 267, 271
parida: 282
parto: 282, 286, 287
parturiente: 207, 279, 283, 285
pastor: 32
património alimentar: 17, 49, 50, 237
património imaterial: 17, 20
perfume/fragrância: 43, 58
perystilum: 55
posturas de 1145: 118, 119
prandium: 55

343

Índice Comum

primitivismo: 28
primitivo: 22, 27, 29, 39, 32, 50, 74
proibições: 52, 282
propriedade urbana: 115
proteínas: 198, 207, 267, 284, 287
provisões: 38, 257
puérpera: 282
quente: 43, 48, 59, 134, 146, 226, 282, 285
receita: 20, 24-26, 43, 149, 151, 196, 202, 214, 218-20, 222-24, 241, 254, 256, 262, 265, 271, 281, 283
refeição: 19, 19, 21, 23, 36, 37-40, 45, 48, 55, 58, 101, 102, 105, 107, 110, 157, 158, 162, 163, 221-23, 226, 262
regime enfiteutico: 123
regimento: 162, 169, 171, 176, 220, 221, 223, 242, 243
regionalismo: 272
relego: 120
remédio: 35, 82, 82, 236
resguardo: 98, 276, 282-85, 288
restrição alimentar: 276, 284
saúde: 27, 29, 35, 38, 42, 48, 77, 83, 146, 147, 150, 160, 162, 277, 278, 287-89
seios: 278, 288, 284
selvagem: 22, 27, 30-32, 39, 44
sepultura: 284
sibas: 104
silvestre: 17, 22, 23, 29, 31, 42, 50
simbólica alimentar: 147, 148
simpósio: 48
sobrevivência: 38, 51, 62, 178, 195, 286, 288, 289
soldalitas: 59
summus lectus: 56
tabu : 48, 260, 275, 276, 278, 279, 284, 285, 291, 292
teoria dos humores: 150, 162

terroir: 48, 49
Tribunal do Santo Ofício: 24, 165, 166, 171
Triclinium: 55, 56
turismo: 20
UNESCO: 17, 20
Utensílio: 41, 97, 179, 257, 262, 277, 286
útero: 277
venatio: 59, 60, 68
veneno: 31, 35
villa: 67
vínculo afetivo: 272, 287
xenia: 32, 36, 51, 53, 54, 56, 67, 68

www.ingramcontent.com/pod-product-compliance
Lightning Source LLC
Chambersburg PA
CBHW071229230426
43668CB00011B/1361